2020
빅 체인지

2020

새로운 10년을 지배하는 20가지 ICT 트렌드

빅 체인지

KT경제경영연구소 지음

한스미디어

5G와 AI가 만들어갈
초연결 사회의 미래

한국을 둘러싼 세계 정세와 경제 패러다임이 크고 빠르게 변화하고 있다. 도널드 트럼프 미국 대통령이 '미국 우선주의America First'를 내세우면서 시작된 미·중 무역 전쟁 여파로 보호주의가 확산되었고 세계 경제는 큰 충격에 휩싸였다. 설상가상으로 일본의 '화이트 리스트' 배제 조치로 발발된 한일 분쟁은 한국 경제에 새로운 직격탄으로 작용하며, 2020년 경제 성장률이 1%대를 벗어나지 못할 것이라는 국내외 기관들의 전망이 속속 발표되었다. 그야말로 세계 경제는 총체적 난국, '시계視界 제로'의 상황이다.

"위기는 기회"라는 말이 있듯이 지금의 경제 위기는 한국이 세계 시장의 주역으로 발돋움할 수 있는 기회가 될 수도 있다. 과거 IMF 위기를 초고속 인터넷 혁신으로 극복하면서 'ICT 강국'으로 자리매김했듯이 이번에도 역시 위기 극복의 열쇠는 ICT이다. ICT 기술을 활용한 4차 산업혁명에 한국 경제 성장의 해법이 담겨 있다.

3년 전인 2016년, 스위스 다보스에서 열린 세계경제포럼World Economic Forum에서 클라우스 슈밥 회장은 '4차 산업혁명'을 화두로 던지며 세계 경제 발전의 새로운 패러다임을 제시했다. 글로벌 컨설팅 업체인 맥킨지에 따르면 1차 산업혁명 당시 증기기관에 의한 생산성 증가율은 0.3%였고, 인터넷에 의한 3차 산업혁명의 생산성 증가율은 1차 산업혁명의 2배 수준인 0.6%로 증가했다. 그런데 ICT 기반의 4차 산업혁명은 이를 2배 이상 뛰어넘는 0.8~1.4% 수준으로 전망되고 있다. 이 때문에 세계 각국들은 경제 성장을 위해 4차 산업혁명 실현에 사활을 걸고 있다.

2020년을 맞이하고 있는 지금, 한국 사회는 4차 산업혁명으로 가는 길목에 놓여 있다. 4차 산업혁명의 핵심은 '가상 세계와 현실 세계의 융합'이다. 아날로그 정보로 가득한 현실 세계를 온라인의 가상 세계와 접목시키기 위해서는 필연적으로 '디지털화Digitalization'가 요구된다. 이것이 바로 4차 산업혁명의 본질인 '디지털 트랜스포메이션Digital Transformation'이다. 디지털 트랜스포메이션이 구현되기 위해서는 비정형화된 아날로그 정보를 디지털 데이터로 변환시키고, 산업 및 서비스에 ICT 기술을 활용하는 디지털화가 수반되어야 한다.

디지털 트랜스포메이션이 갖는 또 하나의 중요한 의미는 산업의 중심이 하드웨어에서 소프트웨어로 이동한다는 것이다. 구글, 아마존, 페이스북 등의 소프트웨어 기업들은 전통적인 하드웨어 기업들을 밀어내고 글로벌 시장을 지배하고 있다. 그 뒤를 이어 우버, 에어비앤비, 넷플릭스, 알리바바 같은 기업들이 등장해 세상을 집어삼키려 하고 있다. 아이폰, 아이패드, 애플 워치 등 혁신적인 하드웨어로 성장해온 애플마저도 클라우드 게임인 '애플 아케이드'와 '애플 TV 플러스'를 통해 소프트웨어 기업으로 변신하겠다고 선언했다. 이제 디지털 트랜스포메이션은 기업들에게 있어 '선택적 고려 사항'이 아닌 생존과 성장을 위한 '필수 과제'가 되었다.

디지털 트랜스포메이션을 성공적으로 실현시키기 위해서는 데이터를 가치 있게 활용하는 것에서 시작된다. 산재되어 있는 데이터를 연결하고 통합해 인과관계를 종합적으로 분석하여 예측 시뮬레이션으로 최적의 대안을 도출해야 한다. 이를 위해 데이터는 측정 가능한 형태로 확보되고, 확보된 데이터는 실시간으로 끊김 없이 흘러 다녀야 하며, 방대한 양의 데이터들은 빠른 속도로 처리되어야 한다. 그리고 이 역할을 수행하는 핵심 기반 기술GPT: General Purpose Technology 이 5G와 AI이다.

최대 전송 속도는 LTE 대비 20배, 지연시간은 1~4ms(0.001초)를 자랑하는 5G는 기술·산업 간 '융합'을 통해 '초연결 사회'에서 가장 중요한 촉매자enabler가 될 것이다. 예를 들어 자율주행차를 구현하기 위해서는 초저지연성이 매우 중요하다. 시속 100km로 달리는 차량에 정지 신호를 보낼 때 즉각적으로 반응하지 않으면 큰 사고로 이어질 수 있다.

5G의 초저지연성은 이러한 문제를 해결할 수 있다. 사물인터넷IoT을 통한 초연결성을 감당하기 위해서도 5G는 필수적이다. 자동차, 드론, 로봇까지 포함된 대규모 사물인터넷Massive IoT의 시대에서 대용

량 데이터 처리 요구가 증가하면서 5G의 역할은 더욱 커질 것이다.

5G가 초연결 사회의 촉매자 역할을 한다면, AI는 5G를 통해 모아진 데이터들을 분석하고 의미를 도출하는 지능화의 역할을 수행하게 된다. 사물인터넷의 확산으로 수집된 빅데이터들은 AI 알고리즘을 통해 분석되고 가치가 창출된다. 초연결 사회에서는 아파트, 호텔, 사무실, 공장 등 AI를 필요로 하는 곳 어디에서나 맞춤형 AI를 제공하는 'AI 에브리웨어_{AI Everywhere}'가 실현되는 것이다.

'초연결 사회'의 미래는 그리 멀지 않았다. 컴퓨팅 기술의 비약적 발전으로 모든 기기가 상호 연결되는 사물인터넷 시대가 성큼 다가왔다. 여기에 5G와 AI가 가세하면서 오프라인 데이터까지 포함한 온라인 플랫폼 BM은 더욱 정교화되고, 제조업 등 전통 산업 영역까지 플랫폼 BM이 확산되어 '제2의 인터넷 혁명_{2nd phase of the internet}'을 촉발할 것이다.

기업은 제품을 판매한 후에도 사물인터넷을 통해 제품을 지속적으로 관리할 것이다. 기업이 생산한 제품은 재화_{goods}보다 서비스에 더 가까워지고, 이를 통해 소비자는 더 많은 편익을 얻게 될 것이다. 테슬라는 고객에게 자동차를 판매한 후에도 온라인을 통해 차량의 상태를 관리하고, 원격센터에서 클릭 한 번만으로 차량의 주행거리 제한을 해제할 수 있다.

사물인터넷이 개별 가구로 확산되면서 '집'은 차세대 컴퓨팅 플랫폼으로 부상할 것이고, 'AI 스피커'는 가장 편리한 인터페이스로 주목받을 것이다. 기업들 역시 사물인터넷 기반의 행태 정보를 생산성 향상과 고객 서비스 개선에 적극적으로 활용할 것이다. 과거에는 측정이 불가능했던 정보들도 센서 기술과 AI의 활용으로 실시간 측정이 가능해져 업무 환경 개선이나 맞춤형 서비스 제공 등에 적용된다. 이러한 변화상들은 경제 전반에서 복합적으로 어우러지면서 성장의 원동력이 되고, 그 비중은 시간이 흐를수록 점점 더 커질 것이다.

한국 경제의 지속적인 경기 침체가 사회 전반을 무겁게 만들고 있다. 이 위기를 반전시킬 '디지털 트랜스포메이션'을 성공의 열쇠로 활용하기 위해서는 5G와 AI를 비롯한 다양한 ICT 기술의 융합이 필요하다. 그러한 관점에서 선정된 '2020 빅체인지'의 20가지 ICT 트렌드는 한국의 4차 산업혁명을 실현시킬 중요한 키워드들이라고 여겨진다.

VR, 클라우드, 스마트 모빌리티 등 본격적으로 시장을 만들어나가는 기술이 있는가 하면, 양자 컴퓨터, 엣지 컴퓨팅 등 혁신적인 개발을 통해 미래를 만들어나가는 기술도 있다. 기술뿐만 아니라 미·중 분쟁이나 테크 자이언트에 대한 규제 동향 등 급변하는 글로벌 환경을 파악하는 일도 4차 산업혁명 추진에 있어서는 매우 중요하다.

현재와 미래의 모든 ICT 트렌드를 파악하고 앞으로의 10년을 대비해야 하는 2020년은 한국 4차 산업혁명의 골든타임이다. 오랫동안 ICT 트렌드 연구를 해온 KT경제경영연구소의 역량과 노하우가 집약된 이 책은 작금(昨今)의 경제 위기를 극복하려는 많은 기업들에게 디지털 트랜스포메이션을 성공적으로 수행할 수 있도록 방향을 제시하고 도움을 주는 지침서 역할을 할 것이다.

불안한 세계 정세로 미래가 불투명한 지금, 그 어느 때보다 다가오는 큰 변화를 견뎌내고 이겨낼 수 있는 저력이 필요하다. 5G와 AI 기반의 '초연결'이 만든 플랫폼에 올라타 디지털 트랜스포메이션을 가속화시키고, 이를 통해 경제 위기를 극복하면 한국은 또 한 번 ICT 강국으로 거듭날 것이다. 그것이야말로 대한민국의 진정한 '빅 체인지'일 것이다.

2019년 11월

KT경제경영연구소장 김희수

차례

3장 기술이 미래를 만든다, 퓨처테크

4장 세상의 변화에 주목하라, 테크이슈

PART

1

빅 체인지,
초연결 시대가 온다

5G·AI·사물인터넷으로 구현될 초연결 사회

ICT 트렌드를 돌아보다

시작은 아이폰이었다

ICT의 역사는 크게 두 가지 혁신적 산물의 등장 이전과 이후로 나뉜다고 볼 수 있다. 하나는 오늘날 인터넷 세상을 만드는 데 있어서 큰 공헌을 한 월드와이드웹www이다. 인터넷이 등장한 것은 50년이 넘었지만 인터넷이 대중의 일상으로 들어온 것은 1989년 월드와이드웹이 등장한 이후부터다. 웹은 인터넷 사이트를 브라우저로 손쉽게 보여주는 기술로, 1989년 3월 영국 유럽입자물리연구소CERN에서 근무하던 물리학자이자 소프트웨어 공학자 팀 버너스 리Timothy John Berners Lee가 맨 처음 개발해 공개했다. 2019년은 이 웹이 등장한

지 30주년이 되는 해였다.

인터넷이 없는 세상이란 상상도 할 수 없는 지금, 세계를 연결하는 이 거미집web의 등장은 "가장 영향력 있는 우리 시대 혁신"이라고까지 평가받고 있다.

또 하나의 역사적인 산물은 바로 스마트폰, 더 정확히는 스티브 잡스가 만든 '아이폰'의 등장이다. 스마트폰도 아이폰이 등장하기 이전부터 여러 회사에서 개발되어 출시된 바 있었지만 대중적인 인기를 끌지는 못했다. 일부 기업용 단말로만 활용된 스마트폰의 용도도 주로 비즈니스맨들의 이메일 송수신이나 간단한 웹 검색 정도였다. 아이폰이 등장하기 전까지 대부분 사람들의 주 인터넷 이용 수단은 노트북이나 데스크톱 PC였다.

그러다가 2007년 1월 스티브 잡스가 처음 세상에 아이폰[1]을 선보이자 사람들은 충격과 함께 환호를 보냈고, 이후 아이폰으로 촉발된 스마트폰 경쟁은 ICT 업계를 넘어 세계 산업 전반 및 우리 일상까지 송두리째 바꿔놓았다. 처음 아이폰이 등장했을 때 4GB 스토리지 모델이 499달러, 8GB 버전이 599달러였는데, 일부 전문가들은 조작하기 어렵고 비싼 가격 때문에 아이폰은 성공하기 어려울 것이라고 예견했다. 하지만 그 예견은 틀렸으며, 아이폰은 인류를 모바일 인터넷 세상으로 이끌었다. 인터넷과 전화, 음악을 하나로 융합한 아이폰은 혁신을 상징하는 대표적인 산물이 되었고, 스마트폰이 대중 속에 자리 잡을 수 있게 길을 터준 선봉장 역할을 했다.

웹의 등장으로 인류는 새로운 차원의 지식과 정보의 세상을 경험하게 되었다. 인터넷이라는 온라인 세상을 통해 수많은 정보가 공유

음악과 전화, 인터넷을 결합시켜 대중을 열광시킨 초대 아이폰

자료: 해외 언론 종합

되고 다양한 가치가 창출되었다. 그리고 아이폰으로 촉발된 스마트폰의 등장으로 인류는 모바일 인터넷이라는 보다 자유로운 세상을 경험하게 되었고, 10여 년의 시간 동안 스마트폰은 단순한 디지털 기기를 넘어 ICT 및 글로벌 산업 전반을 쥐락펴락하는 '게임 체인저'로 자리매김했다.

지난 10년간 ICT 트렌드를 지배해온 '모바일 인터넷'

아이폰 등장 이후 ICT 업계는 PC 중심에서 스마트폰 중심으로 빠르게 산업이 재편되었다. 특히 국내에서는 2011년 4G LTE가 상용화되면서 스마트폰의 수요가 급격히 증가했고 모바일 인터넷 시장은 급성장하게 되었다.

이는 ICT 트렌드를 통해서도 알 수 있다. KT경제경영연구소에서는 매년 국내외 ICT 산업 동향을 분석하여 다음 해에 주목할 만한 이슈 및 트렌드를 선정해왔고, 2013년부터는 보고서 및 책자를 통해 발표했다. 2013년부터 연구소가 발표해온 ICT 트렌드 키워드들을 살펴보면 '모바일 메신저', '모바일 광고', '모바일 헬스케어', '모바

일 커머스' 등 모바일 인터넷 서비스가 매해 빠지지 않고 등장함을 알 수 있다.

스마트폰이 대세를 이루던 ICT 트렌드에 변화가 생긴 것은 2016년이었다. 알파고와 이세돌 9단의 대결 이후 한국에는 인공지능AI 붐이 불어닥쳤고, AI는 한순간에 ICT 산업의 핵심으로 급부상했다. 또 하나 그해 한국 사회를 강타한 것이 바로 '4차 산업혁명'이다.

2016년 1월 스위스 다보스에서 열린 세계경제포럼WEF에서 "우리는 지금까지 우리가 살아왔고 일하고 있던 삶의 방식을 근본적으로 바꿀 기술 혁명의 직전에 와 있다. 이 변화의 규모와 범위, 복잡성 등은 이전에 인류가 경험했던 것과는 전혀 다를 것이다"라며 클라우스 슈밥 세계경제포럼 회장은 '4차 산업혁명'을 중요 논의 과제로 꺼내 들었다. 4차 산업혁명은 기업과 국가에 있어 성장을 위한 주요 과제로 떠올랐고, 4차 산업혁명의 핵심 인프라로 차세대 네트워크인 '5G(5세대 이동통신)' 기술이 주목을 받기 시작했다.

알파고와 4차 산업혁명 붐을 타고 2017년부터 ICT 트렌드의 주요 키워드로 등장한 5G와 AI는 지금까지도 빠지지 않고 핵심 트렌드로 언급될 정도로 국내외 ICT 산업에서 중요한 위치를 차지하고 있다.

그리고 또 하나 주목할 만한 트렌드가 바로 '자동차'이다. '스마트카', '스마트 모빌리티', '자율주행차' 등 키워드는 조금씩 다르지만, 결국 ICT와 자동차가 결합해 자동차 산업의 새로운 패러다임을 제시했다는 점에서 자동차 분야는 계속 관심을 가지고 지켜봐야 할 영역이다.

'미디어' 역시 '모바일 미디어'에서 '스마트 미디어', '실감형 미디어'

로 변화하기는 했지만 매년 트렌드에서 빠지지 않고 등장하는 주요 키워드 중 하나이다. 5G의 상용화로 대용량의 초고화질 미디어가 지연 없이 자연스럽게 전송 가능해짐에 따라 실감형 미디어에 대한 대중의 관심은 앞으로 더욱 높아질 전망이다.

지난 트렌드들을 돌이켜보면, 과거에 예측했던 상당수의 트렌드들이 현재에 이르러 우리 일상에 자리를 잡고 서비스로 제공되어

KT경제경영연구소가 전망해온 ICT 트렌드

2014	2015	2016	2017	2018	2019
알뜰폰(MVNO)	중저가 폰	ICT 융합	AI	5G	5G
IoT	스마트 미디어	빅데이터	5G	스마트 시티 & 스마트 그리드	AI
OTT	모바일 메신저	IoT	MR	스마트 카	블록체인
모바일 메신저	클라우드 컴퓨팅	핀테크	자율주행차	블록체인	차세대 모빌리티
모바일 광고	중국 ICT 시장	스마트 카	생체 인증	스마트 농업	미디어 빅뱅
웨어러블 컴퓨터	IoT	스마트 에너지	핀테크 2.0	실감형 미디어 (VR·AR)	실감형 미디어 (VR·AR)
엔터프라이즈 모빌리티	스마트 홈	스마트 미디어	O2O	양자 기술	리테일 혁명
정보 보안	모바일 헬스케어	스마트 헬스케어	데이터 커머스	AI 어시스턴트	
빅데이터	O2O	융합 보안	산업인터넷 사물인터넷	디지털 트윈	
모바일 커머스	차세대 스마트 디바이스	망 중립성	플랫폼 경제	O4O	

* 2014, 2015, 2017년 트렌드는 KT경제경영연구소가 발표한 'ICT 10대 주목 이슈' 보고서에서 발췌.
  2016, 2018년 트렌드는 「한국을 바꾸는 10가지 ICT 트렌드」에서 발췌.
  2019년 트렌드는 KT경제경영연구소에서 작성한 'IT 메가비전 2019 ICT 7대 트렌드' 발표 자료에서 발췌.

하나의 시장을 형성하고 있음을 알 수 있다. 2014년도에 전망했던 OTTOver The Top 서비스를 보더라도 당시에는 넷플릭스나 유튜브가 국내에서 지금처럼 크게 인기를 얻지는 않았던 시기였다. 하지만 네트워크의 발전과 스마트폰 단말 화면의 대형화, 그리고 AI에 기반한 추천 기능 등이 개발되면서 OTT는 비약적으로 발전했고, 현재는 가장 강력한 미디어 플랫폼으로 위세를 떨치고 있다. 2014년부터 매년 핵심 트렌드로 선정되었던 사물인터넷IoT도 칩 가격의 하락과 인터넷 속도 증대로 이제는 모든 사물에 네트워크 기능이 탑재될 만큼 우리 생활 속에 깊숙이 파고들었다.

지난 10년간 ICT 업계를 지배해온 '모바일 인터넷 시대'가 이제 새로운 국면을 맞이하려 하고 있다. 다가올 2020년을 시작으로 향후 미래 10년을 관통할 ICT 트렌드는 무엇일지 법고창신法古創新의 마음으로 살펴보도록 한다.

4차 산업혁명, 경제 위기를 넘어 성장의 기회로

위기의 한국 경제

다가올 2020년의 세계 경제는 미·중 무역 및 기술 전쟁, 정치적 불안정성 확대, 부채 증가 등으로 경제 하방 리스크가 증대될 것으로 예상된다. 미국, 중국, 일본, 유럽 등 모든 주요 국가의 경기 하락이 예상되는 가운데, 특히 미·중 분쟁으로 전 세계 경기 하강이 과거 어느 때보다 길어질 것으로 우려된다. 미국 연방준비위원회Fed는

	미국 2.0%	감세 정책 효과 약화, 무역 전쟁에 의한 수출 부진, 소비 감소 트럼프 행정부의 정책 불확실성으로 성장률 하락 전망
	중국 5.7%	무역 전쟁에 의한 수출 감소와 소비 둔화, 과다 부채로 인해 성장률 하락이 전망. 경기 둔화가 빨라질 것이라는 우려가 높음
	유로 지역 1.0%	세계 교역이 위축되어 독일의 수출 감소 및 제조업 부진으로 경기 둔화 예상. 노딜 브렉시트 우려에 따른 하방 리스크 확대
	일본 0.6%	고용 확대에도 임금 상승이 제한적이고 소비세 인상(8%→10%)으로 내수 개선이 크지 않아 경기 둔화 전망

자료: OECD(2019.9)

경기 불확실성에 대비해 10년 만에 금리를 인하하는가 하면, 세계 주요국도 금리 인하 및 마이너스 금리를 지속하는 등 세계 경제 시야는 한 치 앞을 내다볼 수 없는 상황이 되고 있다. 이러한 세계 경제에 대해 IMF는 위태로움precarious, OECD는 취약함fragile이라는 표현을 쓰며 부정적인 평가까지 내렸다.

한국 경제 역시 예외는 아니다. 미·중 무역 전쟁 및 한일 무역 갈등, 경제 심리 악화 등으로 경기 하강 요인이 확대되면서 여러 연구기관 및 글로벌 투자은행은 한국 경제 성장률을 1% 후반~2% 초반대로 예측치를 하향 조정했다.

특히 국내외 경기 하락, 저물가, 투자 및 수출 감소가 지속되면서 구조적 장기 경기 불황과 디플레이션 경고 목소리가 높아지고 있다. 수요 감소로 2019년 초부터 물가 상승률이 0%대를 기록하면서 저성장·저금리·저물가라는 일본의 '잃어버린 20년'과 유사한 상황을 맞이하고 있는 것이다.

1980년대 최고 호황기를 맞았던 일본은 1990년에 들어서면서 버블 경제가 붕괴되기 시작했다. 1980년대까지 거침없이 성장하던 일본 경제는 하루아침에 몰락했고 20년간 침체되었다. 급등했던 부동산 시장의 버블이 붕괴하고, 이에 따른 은행 부실이 기업과 가계의 부도로 연결되어 경제가 장기 침체 국면에 접어든 것이다. 그로 인해 경기 전반이 침체의 늪에 빠지면서 불황이 이어지는 악순환에 빠졌는데, 일본 정부는 경제 활성화를 위해 다양한 통화 정책과 재정 정책을 도입했지만 장기 불황을 탈피하지 못했고 결국 '잃어버린 20년'의 긴 터널을 거쳐야만 했다.

한국은 일본에 비해 내수시장 규모가 상대적으로 작고 중국, 미국 등 수출 시장에 대한 의존도가 크다. 미·중 무역 전쟁과 한일 무역 분쟁이 장기화되면 경기 침체는 더 심각해질 것이다. 외교안보 문제

한국 경제 위기에 대한 전문가들의 경고

- **Paul Krugman(뉴욕시립대학 교수, 2008년 노벨경제학상 수상)**
  한국 경제에 디플레이션이 나타나는 것을 막기 위해 정부의 과감하고 즉각적인 조치가 필요(2019.9).

- **Nouriel Roubini(뉴욕대학 교수)**
  미·중 무역 전쟁 격화에 따라 글로벌 경기 침체가 불어닥칠 것이며, 한일 경제 갈등으로 한국 잠재 성장률이 하락할 수 있음(2019.8.28).

- **한국은행**
  세계 경제의 침체 가능성, 소위 'R(recession)의 공포'가 부쩍 늘어났다(2019.8).

자료: 언론 종합

도 변수이다. 이러한 여러 변수가 겹치고 글로벌 금융위기가 또다시 발생할 경우 한국의 경제 성장률은 일본처럼 0%대 또는 심지어 마이너스를 기록할 수도 있다. 하지만 경제 위기 리스크가 높아졌음에도 정부 부채·재정 적자 확대, 저금리 등으로 인해 양적 완화, 재정 확대 등의 정책 집행 역시 쉽지 않은 것이 현실이다.

결국 성장의 해법은 신산업 육성에 있다. 그리고 그 신산업은 AI, IoT, 로봇, 자율주행차, 드론, 바이오헬스 등 4차 산업혁명을 근간으로 한 미래 기술에서 찾을 수 있다.

4차 산업혁명과 경제 성장

인류는 4차 산업혁명이라는 새로운 산업혁명기로 진입하고 있다. 육체노동을 기계가 대신하고 마차가 기차와 자동차로 대체된 1~2차 산업혁명의 패러다임 변화와 비교할 때 AI 로봇이 사람의 인지 활동을 대신하고 스스로 학습까지 가능한 세상, 자율주행차를 타고 다니는 세상이 된다는 것은 비교가 안 될 정도로 더 큰 한계 극복을 시사한다. 그만큼 모든 영역에서 생산성이 대폭 증가하고 생각지 못했던 신산업들이 출현할 것이다. 컨설팅 그룹 액센츄어는 AI 활용으로 2035년까지 미국, 일본, 독일 등 주요 12개 선진국의 노동생산성 40%, 경제 성장률은 연평균 2배 증가할 전망을 내놓기도 했다.[2]

ICT 혁신을 통한 4차 산업혁명이 경기 침체를 극복하고 정체돼 있는 생산성 향상을 통해 경제 성장의 새로운 기회로 작용할 것이라는 주장은 많은 전문가가 역설한 바 있다. 하버드 경영대학원의 마이클 포터Michael Porter는 "IoT는 정보혁명 내 3차 웨이브로 1, 2차 웨이브(자동화, 인터넷)에 비교해 한층 더 큰 폭의 혁신, 생산성 향상, 경제 발전을 촉발할 것"이라는 의견을 제시했다. MIT 경영대학원의 에릭 브린욜프슨Erik Brynjolfsson은 "무어의 법칙이 둔화되더라도 디지털 기술은 다른 연관 영역에서 보완적 혁신complementary innovation과 결합해 전체적으로는 기하급수적 혁신이 지속될 것"이라는 견해를 밝히고 있다. 미국 노스웨스턴대학의 조엘 모키어Joel Mokyr는 "원리 이해를 위한 기초과학에 기반을 둔 오늘날의 기술 혁신은 지금까지의 어떤 혁신과도 질적으로 다르며, 글로벌 경제의 저성장 문제를 해결해 줄 열쇠"라고 했다.

다만 그 효과는 1~2년 내에 바로 나타나지는 않을 수 있다. 짧게는 4~5년, 길게는 10년 이상이 지나야 사회 전반에 걸쳐 ICT를 도입한 가시적 효과가 나타날 것이다. 이에 대해 에릭 브린욜프슨은 ICT와 같은 혁신 기술의 도입은 생산성 증가를 불러오나 이는 시차를 두고 나타나며, 과거 1·2차 산업혁명 시기와 1990년대 이후 ICT 도입 시기에서 유사한 모습이 관찰되고 있음을 지적하고 있다.

증기기관, 전기, ICT와 같은 산업혁명적 기술은 보완적 기술(조직 혁신, 업무 프로세스 개선, 교육훈련 등)이 도입된 이후 시차를 두고 생산성 증가에 반영되므로 도입 초기에는 생산성 향상에 큰 영향이 없었다. 1890년대 미국에서 전기가 처음 도입된 이후 약 30년 동안 증기기관을 주 동력으로 이용하던 생산과정이 전기를 활용할 수 있도록 변화한 이후에야 생산성이 증가했다.[3]

ICT 역시 기업이 투자하고 5~7년이 경과한 이후에 성과가 발생했는데 이는 ICT 장비에 투자한 이후 소프트웨어 도입, 교육, 업무 절차 개선이 이루어져야 생산성 향상이 발생한다는 것을 의미한다. 미국의 경우 1970년대 후반~1990년대 초반의 ICT 투자가 1990년대 후반~2000년대 초반 생산성 증가를 이끌었던 것으로 나타났다. ICT 투자와 생산성 간의 시차는 한국에서도 나타나는데 KDI(2010)의 연구에 의하면 1980년대 후반~1990년대 중반의 ICT 자본 확대가 10여 년의 격차를 둔 이후 2000년대 초반 생산성 증가가 발생한 것으로 평가된다.

4차 산업혁명이 경제 성장에 크게 기여할 것이라는 주장에 대해 반론도 만만치 않다. 로버트 고든Robert Gordon, 타일러 코웬Tyler Cowen 등 소위 기술 비관론자들은 2차 산업혁명 혁신 기술(전기, 자동차, 가전 등) 등이 가져다준 1950~1960년대의 장기적 경제 호황기와 실질적인 삶의 질 개선 효과를 들어 1990년대 중반~2000년대 중반의 짧은 경제 호황에 그친 ICT 혁명(3차 산업혁명)의 성장 기여도를 낮게 평가하기도 한다.

그러나 1차 산업혁명을 기반으로 2차 산업혁명기에 더 광범위하게 더 큰 폭으로 기술 발전이 이루어졌고 상당한 시차를 두고 장기적인 경제 성장을 가져왔듯이 4차 산업혁명은 3차 산업혁명을 토대로 삶에 직접 영향을 미치는 세상의 모든 것(물리계)과 가상계가 밀결합되고 나노와 바이오 분야와도 융합되는 거대한 시너지 빅뱅, 브린욜프슨이 말하는 조합적 혁신combinational innovation을 이룰 것이다.

장기적 저성장에 직면한 유럽, 일본 등 주요국에서 5G, AI, VR·AR, 자율주행, 스마트 팩토리 등 미래 ICT 기술에 적극 투자하고 관련 제도 개선, 연구개발 지원 및 민간과 공동으로 기술 개발에 나서고 있는 것도 4차 산업혁명에서 새로운 성장동력을 보기 때문일 것이다.

'초연결 사회'를 실현시킬 기반기술 5G와 AI

모든 사물이 네트워크로 연결된다

영국의 경제주간지 《이코노미스트》 2019년 9월 13일자에 미래를 예측한 흥미로운 기사가 실렸다. 제목은 '모든 사물에 탑재된 칩Chips with everything'으로 과거 대비 엄청나게 저렴해진 컴퓨터와 센서 비용으로 세상 모든 사물에 칩이 탑재되고 이로 인해 사물인터넷이 구현되면서 미래에는 모두가 네트워크로 연결되는 초연결 사회가 될 것이라는 내용이다.

《이코노미스트》에서는 2019년 8월 미국 동부 해안을 휩쓸었던 허리케인 도리안Dorian의 사례를 들었는데, 당시 태풍이 덮치자 전기차 제조사인 테슬라Tesla는 허리케인 경로에 있는 고객들의 자동차 운행거리 제한을 해제시켜 1회 충전으로 더 먼 거리를 갈 수 있게 했다. 테슬라의 라인업 중 일부 모델들은 소프트웨어에 의해 배터리의 운행거리가 제한되는데, 태풍이 접근하자 테슬라는 팔로 알토Palo Alto에서 키보드를 한 번 두드린 것만으로 이 제한을 해제하고 운전자들이 배터리의 완전 용량에 접근할 수 있도록 임시 허용한 것이다.

이 사례는 초연결 사회 트렌드의 한 부분으로, 앞으로는 기저귀와 커피머신에서 젖소, 공장 로봇에 이르기까지 모든 사물에 컴퓨터와 네트워크 연결 기능을 심는 것이 점차 보편화될 전망이다. 2035년까지 인터넷에 연결된 컴퓨터는 1조대에 달할 것이며, 이 컴퓨터들은 식품 포장에서 교량, 의복 등 모든 것에 내장될 것이다. 그로 인해 소비자들은 편리함을 얻을 것이고, 제품들은 새로운 가치를 창출한다. 아마존의 스마트 초인종에는 모션센서와 비디오카메라가 내장되어 있어 초인종이자 CCTV의 기능까지 수행한다. 이로 인해 아마존은 고객에게 '디지털 방범' 기능을 제공하고 경찰에게는 범죄에 관련된 동영상을 제공할 수 있다.

컴퓨터 칩 가격, 기기 간 연결을 제공하는 통신 비용, 그리고 데이터 저장 비용이 기하급수적으로 하락함에 따라 사물인터넷은 '제2의 인터넷 혁명'을 촉진시키고 있다. 소형화된 카메라에서 자이로스코프, 가속도계에 이르기까지 모든 것을 탑재한 스마트폰의 보급 확대는 소형 센서 비용을 떨어뜨리는 데 일조했다. 투자은행인 골드만삭스Goldman Sachs에 따르면 사물인터넷에 사용되는 센서의 평균 비용이 2004년 1.30달러에서 2014년에는 0.60달러로까지 떨어졌다. 1MB 데이터 저장 비용도 1956년에는 무려 9200달러(현재 가치 8.5만 달러)였지만, 2019년에는 겨우 0.00002달러밖에 들지 않는다.[4]

1조 개의 저렴한 컴퓨터만 가지고는 사물인터넷을 완성할 수 없다. 이 컴퓨터들을 서로 연결해야 하는데, 통신에서의 데이터 처리 비용 역시 기술이 발전하여 비용이 줄어들었다. 인터넷 비용은 계속 낮아지면서 보급이 확산되었고, 2018년 기준으로 세계 인구의 51.2%가 인터넷을 이용하고 있다고 국제전기통신연합International Telecommunications Union은 발표했다.

이로 인해 과거에는 전투기, 우주선, 미사일 등 국방 분야에 컴퓨터가 탑재되는 수준이었지만, 지금은 PC·노트북, 스마트폰 보편화에 이어 건물, 도시, 전구, 매트리스 등 모든 사물에 컴퓨터 칩이 내장되는 사물의 컴퓨터화가 진행 중이다.

특히 1단계 인터넷 혁명이 온라인 데이터를 활용하는 플랫폼 BM 성장을 촉진했다면, 2단계 인터넷 혁명은 오프라인 데이터까지 포함해 온라인 플랫폼 BM이 더욱 정교화되고, 제조업 등 전통산업 영역까지 플랫폼 BM이 확산되어 '생산성 혁명'을 촉발할 것이다. 센서 기술의 진화와 다양한 분야에서의 센서 도입으로 그동안 정량적으로 측정이 어려웠던 데이터까지 정량화로 수집이 가능해지고, 여기에 5G 네트워크까지 가세하면서 초연결 사회로의 진입은 더욱 가속화될 전망이다.

초연결 사회로의 변화는 소비자에게 편의성을, 기업에게는 생산성 향상의 기회를 제공할 것이다. 사물인터넷이 개별 가구로 확산되면서 '집'은 차세대 컴퓨팅 플랫폼으로 부상하고, 음성이 가장 편리한 인터페이스로 자리매김하면서 'AI 스피커'가 스마트 홈의 중심이 될 것이다. 창문 자동인식 블라인드, 로봇 청소기, 수면 패턴을 추적하는 매트리스 등 이미 다양한 분야에서 다수의 ICT 기업들이 스마트 홈 분야에서 독자 플랫폼으로 경쟁 중인데, 글로벌 ICT 시장조사기관인 IDC에 따르면 스마트 홈 기기 판매량은 2019년 8억 3300만 대에서 2023년에는 2배로 증가할 전망이다.

기업 입장에서는 센서를 통해 수집된 정보를 생산성 향상과 고객 서비스 개선에 활용할 수 있다.

독일 대기업 지멘스Siemens는 스위스의 추크Zug에 사무실을 재건축했는데, 지멘스의 새로운 사무실은 '스마트 인프라Smart Infrastructure', 즉 센서와 분산 컴퓨팅이 이용되고 있는 최첨단 빌딩이다. 근로자는 휴대폰으로 사무실의 온도와 조도를 조절할 수 있고, 나중에는 AI 시스템이 개별 근로자들의 선호도를 학습해 자동으로 사무실의 냉난방을 조절한다. 또한 앱을 사용해 빈자리를 찾고, 카페테리아의 점심 메뉴를 브라우징하고, 회의실을 예약하고, 고장 난 모니터 교체 등의 필요한 유지보수를 신청할 수 있다.

이 빌딩에는 2018년에 지멘스가 인수한 미국 기업 인라이티드Enlighted가 만든 수백 개의 센서가 설치됐다. 이 센서는 빌딩의 조명기구와 통합되어 전력을 공급받으며, 저해상도 적외선 카메라, 블루투스 네트워킹 비콘, 에너지 소비와 실내 온도, 조도를 측정하는 센서를 지원한다. 각각의 센서는 다른 센서와 함께 무선 네트워크를 구성한다. 이 센서들은 햇빛의 조도를 계속해서 추적해 어두운 날에는 인공조명의 조도를 높이고 맑은 날에는 낮춘다. 그 결과 에너지 소비량은 30%가량 절감할 수 있고, 동시에 조명 개선으로 직원들의 생산성은 20% 이상 높일 수 있다.

이 모든 것이 센서를 통해 그동안 측정이 어려웠던 것들을 정량화할 수 있었기에 가능한 것이다.

이외에도 보험회사들은 가속, 코너링, 브레이크 사용 등에 대한 운전 데이터를 수집하는 블랙박스를 차량에 설치해 분석용 데이터를 보험사로 보낼 의향이 있는 운전자들에게 할인 서비스를 제공하고 있다. 이제껏 인터넷 활용도가 크지 않았던 농축산업에도 사물인터넷이 접목되어 성장 가능성이 높은 시장으로 평가받고 있다. 예를 들어 오스트리아의 스막텍_{SmaXtec}은 젖소에 센서를 심어 질병 상황 등을 체크해 조기 치료 및 항생제 사용을 억제하고, 아일랜드의 케인더스_{Cainthus}는 카메라로 소의 영양 수준, 질병 상황을 모니터링할 수 있게 한다. 선진국에만 8000만 마리, 전 세계로는 2억 7800만 마리의 젖소가 있는 이 시장은 매우 매력적인 시장이 아닐 수 없다.

사물인터넷과 5G, AI로 구현될 초연결 사회의 도래는 개인은 물론 기업의 성장 방식을 크게 변화시킬 것이다. 데이터는 더욱 중요해지고 이 데이터를 능수능란하게 다루는 기업만이 생산성 혁명에 성공할 것이다. 이는 이미 최첨단 산업 분야에서 그 결과가 가시적으로 나타나고 있다. 영국의 거대 제트엔진 제조사 롤스로이스_{Rolls-Royce}는 1962년 '파워 바이 더 아워_{Power by the Hour}' 서비스를 출시하고 시간당 고정된 비용으로 엔진을 유지보수하고 수리했다. 이 서비스의 디지털 혁신은 2002년에 시작되었는데, 그동안 롤스로이스는 제품을 지속적으로 실시간 모니터링하는 역량을 구축했다. 실시간 데이터는 롤스로이스의 엔지니어들이 엔진이 비행하는 동안 마모도를 모니터링할 수 있음을 의미한다. 수리가 필요한 경우 지상에 수리팀을 대기시킬 수도 있고, 조종사에게 비행 요령을 제안해 수십만 달러의 연료 비용을 절감할 수 있다.

비즈니스가 변화한다는 것은 기업 문화 및 조직 운영까지도 바뀐다는 것을 의미한다. 롤스로이스는 항공 엔지니어뿐 아니라 컴퓨터 프로그래머도 채용한다. r2 데이터 랩스_{r2 Data Labs}로 불리는 롤스로이스의 내부 소프트웨어 부서는 스타트업처럼 운영되며, 데이터의 홍수를 신규 비즈니스로 바꾸기 위한 새로운 방식을 모색하고 있다. 기존 직원들도 비즈니스 환경 변화에 맞게 업무 역량을 강화해야 한다. 그래서 에듀테크를 활용한 업스킬링Upskilling과 리스킬링Reskilling 은 더욱 중요해진다.

초연결 사회의 촉매자 역할을 하는 5G

앞으로 다가올 초연결 사회에서 5G에 주목해야 할 이유는 명확하다. 초고속, 초저지연, 초연결의 속성을 지닌 5G는 이종 기술·산업 간 '융합'을 본격적으로 가능하게 함으로써 세상의 변화를 이끄는 가장 중요한 촉매자enabler가 될 것이기 때문이다.

4차 산업혁명의 핵심은 개별적으로 발달한 기술 간 융합이라고 할 수 있다. AI, IoT, 클라우드, 빅데이터와 같은 기술이 기존 산업에 접목되고 다양한 산업 간 경계가 무너지면서 새로운 부가가치를 창출하게 된다.

이와 같이 5G를 기반으로 새로이 창출되는 시장 기회가 확산됨에 따라 긍정적인 사회경제적 효과도 증폭될 것으로 예상된다. KT경제경영연구소는 2030년 국내 10개 산업 및 4개 기반 환경에서 47.8조 원의 사회경제적 파급효과가 일어날 것으로 분석했고 GSMA에서는 글로벌 기준으로 5G의 사회경제적 파급효과가 2024년 131억 달러에서 2034년에는 5650억 달러로 폭발적으로 늘어날 것이라 예측했다. 이처럼 5G로 촉발되는 우리 사회의 긍정적인 변화는 다양한 산업 영역에서 폭넓게 관측될 것이다. 글로벌 선도 통신 사업자도 이러한 변화에 대응하여 발 빠른 준비에 나서고 있다.

5G 시대가 도래하면 이전 세대의 통신과 달리 전 산업 영역에 걸쳐 막대한 사회경제적 파급효과를 촉발할 것으로 예측됨에 따라 주요 선진국과 경제 강국을 중심으로 국가 차원의 5G 주도권 경쟁이 심화되고 있다. 미국은 보안을 이유로 화웨이의 5G 장비 재제를 선언하고 동맹국들에게도 동참할 것을 요구하고 있으며, 중국은 이에 대응하여 자국 장비에는 보안 문제가 없음을 적극적으로 해명하는 상황이다.

이처럼 세계 주요국들은 5G 시장을 선점하여 전후방 산업 및 융복합 산업을 선도하고자 지속적으로 노력 중이다. 5G 기반의 디지털 트랜스포메이션Digital Transformation이 국가 간 경쟁으로까지 확대됨에 따라 각 기업들은 차별화된 경쟁력을 갖추기 위해 AI, 빅데이터 등의 신기술을 적용해 핵심역량을 강화해나가고 있다. 기존에 성공을 거둔 기업일지라도 새로운 패러다임에 대응하지 못하면 한순간에 시장 경쟁력을 잃고 퇴출되는 일이 흔히 목격되기 때문이다. 50년 전통의 월마트Walmart의 시가총액은 아마존에 역전당한 지 오래이고, 유명 호텔 체인 메리어트Marriott나 힐튼Hilton도 숙박 공유업체 에어비앤비Airbnb의 등장으로 고전을 면치 못하고 있다.

기업들은 5G 기반의 디지털 트랜스포메이션에 맞춰 자사의 생존을 위한 핵심역량 강화와 새로운 비즈니스 모델 발굴에 사활을 걸고 있다. 이러한 변화에 대응한 노력은 전 산업에 걸쳐 동시다발적으로 나타나고 있다.

'AI Everywhere'로 우리의 삶을 빅 체인지하다

사물인터넷의 확산으로 초연결 시대로의 진입 준비는 모두 완료되었다. 여기에 5G 상용화로 초연결 사회의 실현은 더 빠르게 진행되고 더 넓게 확장될 것이다. 이제 남은 것은 1조 개의 컴퓨터로 이루어진 세상에서 생성될 모든 데이터를 모으고, 이를 모두 이해하는 것이다. 여기에 필요한 것이 바로 AI이다. 첨단 AI 기술은 대량의 미가공 데이터에서 유용한 패턴을 추출할 수 있게 한다. 그리고 클라우드 데이터센터에서는 훨씬 강력한 AI 머신으로 각 칩에서 수집한 데이터들을 수집하고 분석하여 유용한 정보로 이용자에게 다시 제공할 것이다.

소프트뱅크 손정의 회장은 앞으로 한국이 집중해야 할 것은 "첫째도 AI, 둘째도 AI, 셋째도 AI"라며 AI는 인류 역사상 최대 수준의 혁명을 불러올 것이라고 AI의 중요성을 강조했다. 알파고 열풍 이후 한국 사회의 주요 트렌드로 자리 잡은 AI는 한국의 미래를 책임질 핵심 성장동력으로 부상했다.

5G와 함께 초연결 사회의 기반기술로 작용할 AI는 AI 에브리웨어AI Everywhere로서 AI를 필요로 하는 모든 개인과 기업에 AI가 제공되고, 여기서 형성된 플랫폼을 통해 수많은 제품과 서비스가 만들어지면 엄청난 경제적 가치가 창출될 것이다.

KT경제경영연구소가 맥킨지의 전 세계 AI 사회경제적 가치 수치에 근거해 추산한 한국의 AI 경제적 가치는 2030년 약 540조 원에 이른다. 이는 AI 도입으로 한국 GDP가 약 1.6%포인트 추가적으로 성장해 창출되는 수치로, GDP의 약 19%를 AI가 기여한다는 것이다. 참고로 미국은 GDP의 21%, 중국은 GDP의 18% 정도를 AI가 기여할 것으로 전망되고 있다.

스마트폰 혁명이 인간의 삶에 커다란 변화를 불러온 것처럼 10~20년 후면 AI가 생활과 업무 전반을 송두리째 바꿔놓을 것이다. AI를 필요로 하는 모든 곳에 AI를 제공하고, 더 나아가 5G를 통해 곳곳에 산재한 지능들을 연결해 더욱 혁신적인 AI를 만들고 플랫폼의 역할을 수행하게 될 것이다. 이것은 개인 및 기업들에게 강력한 힘을 주고, 더 나은 세상을 만들 수 있도록 한다.

현재 많은 ICT 기업들이 자사의 AI 기술을 다양한 서비스와 산업 영역에 접목시켜 생태계를 구축, 확대해나가고 있는 만큼 기업들에게 AI는 미래 생존을 결정짓는 필수 요소가 되었다. AI를 활용해 디지털 트랜스포메이션에 성공하는 기업만이 살아남는다. 이것이 2020년 이후 장기적 관점에서 큰 그림의 시각으로 AI를 지켜보고 어떻게 이용할지 고민해야 하는 이유이다.

다가올 미래 10년, 초연결 시대를 맞아 주목해야 할 미래 ICT 기술들

2020 빅 체인지 ICT 트렌드 선정 방법

매년 ICT 트렌드 선정 작업을 하면서 가장 큰 고민은 산업과 사회 전체를 관통하는 큰 흐름의 중심을 잡는 일이었다. 특히 『2020 빅 체인지』의 경우는 2020년이 새로운 10년을 맞이하는 첫해인 만큼 단순히 2020년 한 해의 트렌드만을 전망하는 것이 아니라 10년 뒤 혹은 그 이상까지도 이어질 수 있는 트렌드를 조망할 필요가 있었다.

그런 관점에서 빅 체인지, 즉 미래의 가장 큰 변화라고 할 수 있는 '초연결 사회'로의 진입은 매우 중요한 의미를 갖는다. 스마트폰의 등장으로 모바일 인터넷 환경이 마련되었고, 사물인터넷의 대두로 모든 사물들이 연결될 수 있는 토대가 충분히 갖춰졌다. 이제 여기에 초고속, 초저지연, 초연결의 속성을 지닌 5G 네트워크와 방대한 데이터를 처리해 스스로 움직이게 해주는 AI가 결합하면 초연결 사회의 실현은 더욱 가속화될 것이다. 초연결 사회를 구현하고 한국의 4차 산업혁명을 견인할 미래 성장동력의 중심에는 5G와 AI가 있다. 이 2개의 기반기술은 향후 10년 이상 한국 사회의 미래를 책임지고 흔들림 없는 중심 축 역할을 수행하면서 다양한 가치를 창출할 것이다.

『2020 빅 체인지』에서는 '2020년'에 의미를 부여하는 측면에서 '20'개의 ICT 트렌드를 선정하고자 했다. 이 트렌드들의 중심에는 빅 체인지의 핵심 동인이자 기반기술인 5G와 AI가 자리 잡고 있다. 그리고 이 2대 기반기술을 활용해 다양한 가치를 창출할 수 있는 융합 기술들을 2020년 이후의 미래 트렌드로 선정하기로 했다. 다만 이번 트렌드에서는 기존에 다뤘던 기술 트렌드뿐만 아니라 국내외 환경 변화를 분석하고 이것이 국내 규제·정책 및 사업 추진 등에 영향을 줄 수 있는 이슈까지도 포괄적으로 분석해 트렌드에 포함시키기로 했다.

이러한 큰 틀 하에서 트렌드 선정 작업은 기술·비즈 파트와 이슈 파트로 나누어 진행했다. 기술·비즈 파트에서는 5G와 AI를 중심으로 이용자에게 편의와 가치를 제공해 새로운 시장을 창출하고 경제 성장을 견인할 수 있는 기술 혹은 서비스가 무엇이 있는지를 살펴보

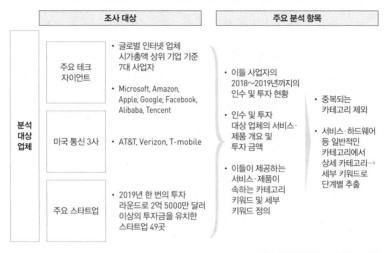

글로벌 ICT 기업들의 투자 동향 분석을 통해 1차 트렌드 키워드 도출

조사 대상		주요 분석 항목	
분석 대상 업체	주요 테크 자이언트	· 글로벌 인터넷 업체 시가총액 상위 기업 기준 7대 사업자 · Microsoft, Amazon, Apple, Google, Facebook, Alibaba, Tencent	· 이들 사업자의 2018~2019년까지의 인수 및 투자 현황 · 인수 및 투자 대상 업체의 서비스·제품 개요 및 투자 금액 · 이들이 제공하는 서비스·제품이 속하는 카테고리 키워드 및 세부 키워드 정의	· 중복되는 카테고리 제외 · 서비스·하드웨어 등 일반적인 카테고리에서 상세 카테고리→세부 키워드로 단계별 추출
	미국 통신 3사	· AT&T, Verizon, T-mobile		
	주요 스타트업	· 2019년 한 번의 투자 라운드로 2억 5000만 달러 이상의 투자금을 유치한 스타트업 49곳		

자료: KT경제경영연구소, 로아컨설팅

았다. 또한 지금 당장은 시장이 없더라도 미래 성장 가능성이 보이는 이른바 '시드 기술Seed Technology'도 분석 대상에 포함시켰다.

ICT 트렌드를 파악하는 데 있어서 가장 유용한 정보는 글로벌 기업들의 투자 동향을 살피는 것이다. 기본적으로 트렌드는 투자의 흐름에 큰 영향을 받는다. 특히 기술 개발에 막대한 투자가 수반되어야 하는 ICT 산업 특성상 기업들의 투자 동향을 살펴보면 산업의 큰 흐름이 어디로 가는지를 가늠할 수 있다. KT경제경영연구소는 로아컨설팅과 함께 아마존, 구글, 마이크로소프트, 알리바바 등 글로벌 ICT 기업 및 미국 통신 3사, 주요 스타트업들의 최근 1~2년 사이의 투자 동향을 조사 분석했다. 어떤 기업을 인수하고 어느 분야에 투자했는지를 카테고리별로 분류해 조사했고, 이를 토대로 세부 키워드를 도출해 이 기업들이 주목하고 있는 미래 기술들이 무엇인지를 파악하고자 했다.

글로벌 ICT 기업들의 투자 동향을 통해 클라우드, VR, AR, 스마트 모빌리티 등 약 30여 개의 트렌드 키워드를 도출할 수 있었는데, 투자 동향에 기반한 키워드는 과거에 개발돼온 기술들이 결과로서 나타나는 경우가 많아 미래 트렌드까지 아우르기에게는 다소 한계가 있다. 이 부분은 정성적 분석을 통해 보완했는데, 국내외 언론이나 ICT 전문 잡지, 서적, 칼럼, 전문가 인터뷰, 국내외 컨퍼런스 참관, 그리고 정부의 ICT 정책 등을 참고해 다가올 미래에 가장 크게 주목을 받고 성장 가능성이 높은 기술이나 서비스들을 분석해 트렌드로 선정했다. 예를 들면 밀리테크나 프롭테크는 최근 들어 국내 언론에서도 자주 등장하는 키워드로, 해외에서도 관련 전문 서적이 출간되는 등 주목도와 성장 가능성이 높은 분야이다.

이런 과정을 거쳐 도출된 트렌드 키워드들 중 최종적으로 5G의 속성과 AI 활용을 통해 시너지가 창출되고 신규 시장을 창출할 것으로 기대되는 기술 트렌드 12가지를 선정했다. 그리고 이 기술 트렌드들은 시장 관점에서 충분한 잠재 고객이 존재하고 비즈니스상으로 의미가 있을 것으로 보이는 '비즈테크'와 미래 시장을 만들기 위해 혁신적 기술 개발에 매진하고 있는 '퓨처테크'로 구분했다.

이 둘의 구분은 가트너Gartner가 제시하고 있는 하이프 사이클Hype Cycle 모델[5]에 근거하여 분류했는데, 정성적 분석으로 인해 경계가 모호할 수 있지만 기술의 진화 정도와 시장의 성장 속도에 따라 트렌드를 다르게 봐야 한다는 의미에서 구분해본 것이다. 특히, '퓨처테크'는 먼 미래가 아닌 곧 우리 앞에 등장할 근미래의 기술을 의미한다.

예를 들어 실감형 미디어인 VR과 AR의 경우 VR은 단독형 VR 단말이 판매되고 관련 서비스가 출시될 정도로 비즈니스적으로 유의미한 시장이 형성돼가고 있어 '비즈테크' 영역에 속한 반면, AR은 마이크로소프트의 홀로렌즈 발표로 대중들의 많은 기대를 모았음에도 불구하고 배터리 문제나 비싼 단말 가격, 솔루션 부재 등으로 아직 상용화까지는 많은 기술적 개발이 필요한 상황이다. 현재 AR 분야는 AR 글래스 형태로 기술 개발이 이루어지고 있어 AR은 '퓨처테크' 영역으로 분류했다. 이렇게 같은 실감형 미디어 카테고리라고 할지라도 기술적 진화 정도와 시장 성장 속도에 따라 서로 다른 관점으로 트렌드를 봐야 할 필요가 있다.

이러한 기준으로 도출된 비즈테크 트렌드 'VR', '클라우드', '스마트 모빌리티', '스마트 팩토리', '클라우드 게임', '프롭테크' 등 6개 분야는 2020년 이후 본격적으로 시장이 개화될 것으로 기대된다.

퓨처테크 트렌드로는 '양자 컴퓨터', 'AR 글래스', '밀리테크', '협업 로봇', '엣지 컴퓨팅', '저궤도 위성통신'이 선정되었는데, 이 기술들은 지속적인 개발을 통해 한계를 극복하고 산업 패러다임마저 변화시킬 만한 혁신 기술로 많은 주목을 받고 있다.

한편 이슈 파트는 현재 급변하고 있는 국내외 ICT 산업 환경을 분석해 ICT 기술 발전에 따라 발생할 수 있는 다양한 이슈들을 전망하고 규제정책 수립이나 신규 사업 추진 시 어떻게 대비해야 할지에 초점을 맞추어 트렌드를 선정했다. 화웨이를 둘러싼 미국–중국 간 기술 분쟁이나 페이스북 암호화폐 '리브라Libra' 개발 발표에 따른 세계 각국의 동향, 디즈니와 애플의 미디어 서비스 출시로 예견되는 OTT 시

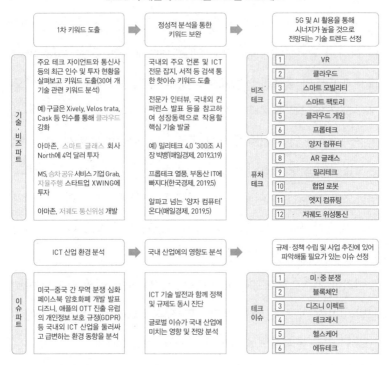

2020 빅 체인지 ICT 트렌드 도출 프로세스

1차 키워드 도출	정성적 분석을 통한 키워드 보완	5G 및 AI 활용을 통해 시너지가 높을 것으로 전망되는 기술 트렌드 선정

기술·비즈 파트

| 주요 테크 자이언트와 통신사 등의 최근 인수 및 투자 현황을 살펴보고 키워드 도출(30여 개 기술 관련 키워드 분석)

예) 구글은 Xively, Velos trata, Cask 등 인수를 통해 클라우드 강화

아마존, 스마트 글래스 회사 North에 4억 달러 투자

MS, 승차 공유 서비스 기업 Grab, 자율주행 스타트업 XWING에 투자

아마존, 저궤도 통신위성 개발 | 국내외 주요 언론 및 ICT 전문 잡지, 서적 등 검색을 한 핫이슈 키워드 도출

전문가 인터뷰, 국내외 컨퍼런스 발표 등을 참고하여 성장동력으로 작용할 핵심 기술 발굴

예) 밀리테크 4.0 '300조 시장 빅뱅'(매일경제, 2019.3.19)

프롭테크 열풍, 부동산 IT에 빠지다(한국경제, 2019.5)

알파고 넘는 '양자 컴퓨터' 온다(매일경제, 2019.5) | **비즈 테크**
1 VR
2 클라우드
3 스마트 모빌리티
4 스마트 팩토리
5 클라우드 게임
6 프롭테크

퓨처 테크
7 양자 컴퓨터
8 AR 글래스
9 밀리테크
10 협업 로봇
11 엣지 컴퓨팅
12 저궤도 위성통신 |

ICT 산업 환경 분석	국내 산업에의 영향도 분석	규제·정책 수립 및 사업 추진에 있어 파악해둘 필요가 있는 이슈 선정

이슈 파트

| 미국–중국 간 무역 분쟁 심화 페이스북 암호화폐 개발 발표 디즈니, 애플의 OTT 진출 유럽의 개인정보 보호 규정(GDPR) 등 국내외 ICT 산업을 둘러싸고 급변하는 환경 동향을 분석 | ICT 기술 발전과 함께 정책 및 규제도 동시 진단

글로벌 이슈가 국내 산업에 미치는 영향 및 전망 분석 | **테크 이슈**
1 미·중 분쟁
2 블록체인
3 디즈니 이펙트
4 테크래시
5 헬스케어
6 에듀테크 |

장 빅뱅, 유럽의 개인정보 보호 규정GDPR 시행 등 기술 트렌드만으로는 파악하기 어려운 이슈들을 분석해 '테크이슈'라는 영역으로 분류했다. 테크이슈로는 '미·중 분쟁', '블록체인', '디즈니 이펙트', '테크래시', '헬스케어', '에듀테크'가 2020년 이후 관심을 갖고 지켜봐야 할 중요한 이슈로 선정되었다.

비즈테크

비즈테크로 분류된 'VR', '클라우드', '스마트 모빌리티', '스마트 팩토리', '클라우드 게임', '프롭테크'의 6개 트렌드는 기존의 서비스나 제품이 새로운 시장 수요를 창출해 성장해가거나 융합을 통해 기존에 없던 신규 시장을 창출해 수익원을 발굴한다.

VR은 지금까지 허들로 작용했던 HMD_{Head Mount Display} 단말의 가격 하락했고 경량화에 성공하면서 PC나 콘솔, 스마트폰 없이 단독으로 VR 콘텐츠를 감상할 수 있는 일체형 기기가 보급 확대됨에 따라 본격적인 시장 성장이 예상된다. 기존의 VR 주 타깃이 게임을 주로 하는 10대 중심이었다면, 향후 VR 시장의 주 고객층은 개인 미디어 시청을 선호는 30~40대가 될 가능성이 높고, 국내에서도 퍼스널 미디어 기기로 포지셔닝하여 VR 상품을 출시하고 있다. 또한 소셜 VR 등 기존 미디어에서는 경험할 수 없었던 새로운 체험 가치 제공으로 VR 시장은 본격적인 수익화 단계에 진입하려 하고 있다.

클라우드_{Cloud}는 말 그대로 '미운 오리 새끼'에서 '황금알을 낳는 거위'로 탈바꿈하며 중흥기를 맞이하고 있다. 통신 기술의 발전과 데이터 처리 수요의 증가, 보안 기술의 진화 등에 힘입어 기업 고객들의 클라우드 수요가 급증하고 있는 가운데 2020년부터는 기업의 ICT 자원을 빌려 쓰는 구독형 소프트웨어 중심의 클라우드 2.0, 클라우드 온리_{Cloud-only} 시대로 전환될 전망이다. 이에 따라 온라인 서비스로 창업을 희망하는 1인 기업이나 벤처 등의 고객 수요가 새롭게 창출될 것으로 보이고, 더 나아가 AI나 블록체인 등 고도화된 ICT 자원까지도 클라우드를 통해 제공해 새로운 시장이 형성될 것으로 기대된다.

스마트 모빌리티는 차량의 소유에서 공유 단계를 거쳐 '이용'의 단계로 접어들면서 '서비스'의 개념으로 확장되었다. 차량 소유의 필요성은 점차 감소하고 모빌리티 플랫폼 중심의 통합 이동 서비스, 이른바 MaaS_{Mobility as a Service} 시장이 창출되고 성장할 것이다. 특히 공유 킥보드, 공유 자전거 등의 마이크로 모빌리티 이용자가 급증함에 따라 우버와 같은 차량 공유 서비스 기업들도 마이크로 모빌리티 영역으로 사업을 확장하는 등 이 시장에 대한 성장 전망은 밝은 편이다. 또한 5G 상용화로 자율주행 기술도 개발 속도가 빨라지고 있는데, 완성차 업체들은 자체적으로 자율주행 기술을 개발하면서 공유 비즈니스에도 투자하고 있어 미래에는 공유 플랫폼을 통한 자율주행 서비스 시장도 크게 성장할 것으로 예상된다. 그뿐만 아니라 전동 킥보드, 에어택시, 에어버스 등 세상 모든 탈것에 자율주행 기술이 도입되어 차량 이외의 신규 시장을 개척할 것으로 기대된다.

5G로 개화하는 스마트 팩토리는 단순 자동화 공장이 아닌, 제품의 기획·설계·생산·유통·판매 등 전 과정을 ICT로 통합한 기술의 총집합체라고 할 수 있다. 무엇보다 5G를 기반으로 하여 2020년을 기점으로 품질 고도화 및 커버리지 확장을 위한 단계로 나아갈 계획인데, 이에 따라 AI와 로봇, 자율주행, VR·AR 등 핵심 기반기술의 연구개발이 안정기에 접어들고, 주요 시장은 빠르게 성장하게 될 것이다. 스마트 팩토리에서 활용되는 모든 ICT 기술들은 제조업 근간을 뒤흔드는 혁신의 핵심 동력으로 작용하며 각 분야에서 새로운 시장을 만들어나갈 것이다.

클라우드 게임은 기존에 존재했던 클라우드 기술과 게임 서비스가 만나 새로운 시장을 만든 경우이다. 특히 초고화질의 게임 영상과 지연 없는 실시간 반응을 체감하기 위해 5G의 초고속과 초저지연의 속성을 이용한다는 점에서 5G의 킬러 콘텐츠로 자리매김할 것으로 전망된다. 또한 구글의 '스타디아'나 애플의 '아케이드'와 같은 구독형 클라우드 게임 서비스의 등장으로 게임의 넷플릭스화가 본격화되는 등 게임 플랫폼 주도권 확보를 둘러싼 시장의 치열한 경쟁도 예상된다.

프롭테크PropTech는 부동산Property과 기술Technology의 합성어로, ICT 기술을 활용해 부동산 서비스를 보다 효율화하고 개선하는 것, 다시 말해 부동산의 개발, 구매, 판매, 임대, 관리의 모든 부동산 관련 프로세스에 ICT 기술을 활용하는 것을 의미한다. 이미 해외에서는 '질로우Zillow'와 같은 온라인 중개 서비스가 등장해 어느 정도 프롭테크 시장이 성장세에 접어들었지만, 국내에서는 최근 1~2년 사이에 프롭테크 기업에 대한 대규모 투자가 진행되는 등 이제서야 본격적인 성장 가능성을 보이고 있다. 향후 빅데이터, 인공지능, 블록체인 등 진화된 ICT 기술의 도입을 통해 부동산 산업의 투명성과 유동성이 빠르게 개선되면 시장 성장은 더욱 가속화될 전망이다.

퓨처테크

퓨처테크로 분류된 '양자 컴퓨터', 'AR 글래스', '밀리테크', '협업 로봇', '엣지 컴퓨팅', '저궤도 위성통신'은 혁신적 기술 개발을 통해 서비스를 차별화하거나 사회적 문제를 해결하는 데에 지향점을 두고 있다.

양자 컴퓨터는 그 자체로 퓨처테크, 즉 미래 기술이다. 현재 인터넷 상거래에서 가장 많이 쓰이고 있는 RSA 암호(공개 키 암호 시스템) 해독에 있어 슈퍼컴퓨터가 3300년 걸릴 시간을 양자 컴퓨터는 단

1초 만에 처리한다. 이 차원이 다른 속도를 지닌 양자 컴퓨터가 대중들 앞에 등장하기까지는 아직은 시간이 필요하지만, 그 시기는 예상보다 더 빨리 올 수도 있다. IBM, 구글, 인텔 등 전통의 ICT 기업들이 범용성을 갖춘 양자 컴퓨터 개발에 박차를 가하고 있는 가운데 D-웨이브D-Wave나 아이온큐IonQ 등 신생 기업들도 양자 컴퓨터 상용화를 서두르고 있어 양자 컴퓨터가 제약, 유통, 바이오 등 각 산업 분야에서 활약할 날이 그리 멀지는 않아 보인다.

AR 글래스는 사실 2013년에 '구글 글래스'가 발표되면서 VR보다 먼저 대중화될 것으로 예상되었다. 그러나 여러 기술적 문제로 구글 글래스는 결국 시장에 출시되지 못한 채 사라졌고, 그 뒤 마이크로소프트의 홀로렌즈가 등장하면서 다시금 AR에 대한 대중들의 기대는 높아졌지만 여전히 상용화가 되기까지는 갈 길이 멀어 보인다. 높은 단말 가격과 불편한 조작 등이 허들로 작용하고 있는데, 이를 개선하기 위해 스마트폰 기반 연결형 글래스 및 홀로그램 기반의 유저 인터페이스UI가 개발 중이다. AR 분야의 선두주자인 매직리프나 애플 등을 중심으로 일반 소비자용 AR 글래스 개발이 한창인 가운데 제조업 분야나 교육 현장 등 B2B 시장에서의 AR 수요는 점차 증가할 것으로 예상된다.

군사Military와 기술Technology의 합성어인 밀리테크MiliTech는 ICT 혁신 기술의 보고寶庫와도 같다. AI 로봇의 자율무기화나 전자기·레이저를 활용한 군사 무기, 인공위성 무력화 기술, 정보 보안과 고속 처리를 위한 양자 컴퓨터 기술 등 현존하는 최신 기술들을 군사력에 접목시켜 국방력 강화는 물론 국가의 ICT 기술력 증진에도 일조한다.

미국, 프랑스, 러시아, 독일, 영국, 중국, 일본 등 세계 선진국들은 밀리테크 산업에의 대규모 투자를 통해 AI, 로봇, 3D 프린터 등 ICT 기술을 테스트하는 한편, 군사력 강화 및 군 복지에도 적극 활용하고 있다.

협업 로봇에서는 센싱 기술과 자율적 AI의 도입으로 작업 환경에 스스로 최적화하는 로봇이 연구개발 중이다. 기존의 로봇은 주어진 명령에 따라 단순 작업을 반복하는 수준이었지만, 최근에 개발되고 있는 협업 로봇은 수차례 반복되는 행동을 학습하면서 스스로 가장 효율적인 패턴을 찾아내 작업을 수행하고, 환경이 변하면 바뀐 환경에 맞게 작업 프로세스를 바꾸는 등 인간처럼 '스스로 생각하는' 수준에까지 이르렀다. 협업 로봇은 앞으로 산업 현장뿐만 아니라 가사나 사무실, 레스토랑 등에도 도입되어 보다 많은 곳에서 인간과 '협업'하게 될 것으로 전망된다.

엣지 컴퓨팅은 중앙으로 집중되는 데이터를 고객 단에서 실시간, 병렬적으로 처리하도록 분산시켜주는 혁신적 기술이다. 특히 별도의 엣지 통신센터를 둔 5G MEC_{Mobile Edge Computing}는 지연시간을 대폭 단축시켜주어 5G 서비스 품질을 크게 향상시킨다. 이에 따라 MEC 기반의 드론 관제나 자율주행차, 엣지 IoT 등 다양한 B2B 분야에서 엣지 컴퓨팅 기술이 도입될 것으로 전망되고, 시장 주도권을 둘러싼 통신 사업자와 거대 ICT 기업 간의 합종연횡도 활발해질 것으로 예상된다.

저궤도 위성통신은 지구 상공 700~2000km의 저궤도에 다수의 위성을 배치해 세계 어디서나 이동통신 서비스를 받을 수 있게 하는 위성 휴대 통신 서비스 시스템이다. 테슬라와 아마존이 인터넷 소외 지역을 없애기 위해 경쟁적으로 저궤도 위성을 쏘아 올리고 있는 가운데 최근에는 많은 스타트업들이 IoT 통신에 특화된 이른바 '나노 위성'이라고 하는 소형 저궤도 위성 통신 산업에 도전해 뉴 스페이스 New Space IoT 분야를 개척하고 있다.

테크이슈

테크이슈에서는 ICT 업계에서 불거지고 있는 여러 이슈들을 분석해 국내 산업에 미치는 영향이나 규제·정책 측면에서 짚고 넘어가야 할 부분들을 파악하고자 했다.

전 세계적으로 가장 뜨거운 관심사인 미·중 분쟁은 기술 패권을 둘러싼 두 나라의 한 치의 양보 없는 경쟁으로 2020년 이후에도 주목해서 봐야 할 이슈이다. 특히 2019년 10월 7일에 미국 정부가 화웨이에 이어 중국 기업 8곳을 추가로 제재 리스트에 올렸는데, 이 8개 기업 중 절반이 AI 관련 기업이라는 점에서 중국의 ICT 기술 수준이 미국을 위협할 만한 수준에까지 이르렀음을 알 수 있다. 2020년 이후 4차 산업혁명의 핵심 기반기술로 작용할 5G와 AI의 주도권이 어디로 가느냐에 따라 글로벌 시장의 판도는 크게 변할 수 있고, 이에 따른 한국의 산업 및 기업들도 많은 영향을 받을 것이다.

블록체인은 지금까지 혁신 기술 트렌드로 많은 주목을 받아왔었다. 그러나 비트코인으로 대표되는 암호화폐의 투기성 문제나 작업 증명에 따른 비효율성 문제, 51% 공격 가능성의 제기 등으로 현재는 장미빛 전망에 대한 거품이 많이 사라진 상황이다. 그러나 블록체인 자체가 가진 기술적 잠재성은 여전히 유효하다. 그리고 2019년 6월 페이스북이 암호화폐 '리브라'를 발행하겠다고 발표하면서 블록체인은 다시금 세상의 주목을 받게 된다. 세계 각국의 정부와 금융기관은 수용이냐 규제냐를 놓고 심각한 고민에 빠지게 되었는데, 현재 페이스북의 일 이용자 수는 15억 명으로 리브라 프로젝트가 성공한다면 신용카드를 뛰어넘는 네트워크 우위를 확보할 수 있다는 점에서 기존 금융업체들에는 매우 위협적일 수 있다. 암호화폐만이 아니더라도 블록체인은 그 기술적 특성 때문에 도입을 고려하는 많은 기업이나 지자체들에게 여전히 '뜨거운 감자'이다. 그럼에도 기술적 진전은 진행되고 있어 2020년 이후에도 계속해서 관심을 가지고 지켜봐야 하는 이슈임에는 분명하다.

절대 강자 넷플릭스가 독주해온 OTT 시장은 2020년 들어 새로운 판도 변화가 예상된다. 2019년 11월에 디즈니 플러스와 애플 TV 플러스 OTT 서비스가 출시되기 때문이다. 무엇보다 〈어벤져스〉 시리즈로 전 세계 영화계를 석권한 마블 콘텐츠와 개봉만 하면 박스오피스를 뒤흔드는 〈스타워즈〉 시리즈, 〈토이스토리〉, 〈인크레더블〉 등 아이나 어른 모두에게 사랑받는 픽사 애니메이션과 같이 강력한 콘텐츠로 중무장한 디즈니 플러스의 위용은 넷플릭스뿐만 아니라 미디어 업계 전반에까지 위협적으로 다가온다. 디즈니 플러스가 OTT 플랫폼의 영역을 넘어 자동차, 쇼핑, 스마트 홈 등 다양한 산업 분야로까지 확장되는 '디즈니 이펙트'가 실현된다고 하면 국내 기업들도 이에 대한 대비책을 지금부터 마련해야 할 필요가 있을 것이다.

테크래시tech-lash는 기술tech과 역풍backlash의 합성어로 구글, 아마존, 애플, 페이스북 등의 거대 ICT 기업들, 이른바 테크 자이언트들에 대한 반발심과 제재 가하기가 나타나는 현상을 의미한다. 사실이 문제는 어제오늘의 일은 아니다. ICT 기술 발전과 함께 이를 토대로 플랫폼 사업을 추진해온 기업들은 고객들에게 편리함과 재미, 정보 등을 제공해 많은 호응을 받으며 성장해왔다. 그러나 점차 특정 기업에 대한 쏠림 현상이 심해지고, 여기에 해킹 및 개인정보 유출 문제까지 겹쳐지면서 테크 자이언트들에 대한 강력한 규제가 필요하다는 목소리가 높아지게 되었다. 엘리자베스 워런 미국 민주당 상원의원은 '반反독점'을 명분으로 아마존, 구글, 페이스북 등의 분할·해체까지 언급했고, 유럽에서는 개인정보 보호 규정 시행을 통해 구글, 페이스북 등에 엄청난 액수의 과징금을 부과하기도 했다. 최근에는 애플, 구글, 아마존 등 모든 디지털 기업에 대해 법인세와는 별도로 3%의 세금을 부과하는 디지털세Digital Tax까지 등장해 테크 자이언트들에 대한 견제는 더욱더 강화될 전망이다. ICT 산업을 성장동력으로 삼고 있는 한국도 테크래시 문제는 결코 쉽게 지나칠 수만은 없는 이슈일 것이다.

4차 산업혁명은 IT 산업뿐만 아니라 전 산업군에 걸쳐 영향을 미치고 있는데 그중 의료 분야에서의 변화는 매우 두드러진다. 특히 스마트 헬스케어 영역에서 환자가 병원을 방문하지 않고 통신장비로 연결된 의료장비를 통해 진료를 받을 수 있는 원격의료는 초연결 시대로 대변되는 4차 산업혁명 시대와 가장 적합한 의료 분야라는 평가를 받는다. 전 세계 원격의료 시장도 폭발적인 성장세를 보여 2018년 383억 달러(약 45조 7700억 원)였던 시장 규모는 2025년

1305억 달러(약 156조 원)까지 성장할 것으로 전망된다. 다만 헬스케어 산업의 급성장에도 불구하고 국내 원격의료 산업은 의사와 환자 간 원격의료가 불가능한 점 등 풀어야 할 여러 문제로 인해 진척이 더딘 상태다. 해외 병원의 경우 국내법에 제약을 받지 않아 해외 병원과 연계해 국내 환자에게 원격의료 서비스를 제공하는 업체도 등장하는 등 역차별 논란까지 불거지고 있는데, 이러한 상황을 타개하고자 최근에는 병원을 플랫폼으로 한 스마트 헬스케어 서비스가 개발되어 의료의 선진화를 추진하고 있다.

에듀테크EduTech는 교육Education과 기술Technology의 합성어로 ICT 또는 첨단 디바이스를 활용한 학습을 의미한다. 에듀테크는 두 가지 측면에서 의미가 있을 수 있는데, 하나는 100세 시대 도래에 따른 평생학습의 효율적 수단이라는 측면이다. 린다 그래튼Lynda Gratton 교수가 주장한 교육과 일이 계속해서 반복되는 '다단계 인생Multi-Stage Life'에서 전통적인 교육 방식으로는 평생학습을 지속적으로 해나가기가 어렵다. "100세까지 꾸준히 배우고 일할 각오로 인생을 계획하지 않으면 노년은 축복이 아니라 저주가 될 수 있다"는 말처럼 에듀테크는 100세 시대를 살아가는 현대인들에게 매우 중요한 화두로 다가올 것이다. 또 하나의 측면은 4차 산업혁명 시대에서 기술 인재 확보를 위한 업스킬링과 리스킬링의 중요성이 대두되고 있다는 점이다. 기업의 성장 및 생존 문제와도 직결되는 기술 인재 확보는 세계 각국의 치열한 ICT 인재 확보 경쟁과도 맞물리면서 에듀테크 활용을 통해 기업들이 해결해야 할 중요한 과제 중 하나로 급부상하고 있다.

1차 키워드 도출을 해 분석한 글로벌 ICT 기업 투자 동향 자료

		2018년~2019년 상반기 인수 및 투자 현황	
		인수한 업체	투자 라운드
Tech Giant* * Internet Trend 2019 보고서_ 글로벌 인터넷 업체 시가총액 상위 기업 기준	1. Microsoft	19	15
	2. Amazon	7	14
	3. Apple	12	2
	4. Google	14	15
	5. Facebook	7	2
	6. Alibaba	8	17
	7. Tencent	3	40
* Alibaba, Tencent는 2019년 상반기 투자만 반영			
** 동일한 스타트업에 대해 여러 번의 투자 Round에 참여한 경우는 최근 Round만 표기			
미국 통신 3사(AT&T, Verizon, T-Mobile)		8	9
2019년 이후 Hyper-Giant* 투자를 유치한 스타트업		49	
* 한 번의 투자 라운드로 2억 5000만 달러 이상의 투자금을 유치한 스타트업			
Total		241	

투자 동향 분석을 통해 도출된 1차 카테고리 키워드

카테고리	세부 카테고리	카테고리	세부 카테고리
서비스	커머스(O2O 포함)	오토모티브	자율주행
	커뮤니케이션·커뮤니티		전기차(충전소 포함)
	핀테크		커넥티드 카
	미디어(음원, 비디오, 게임, 이미지)	AI·빅데이터	AI
	모빌리티		빅데이터
	교육	기타 카테고리	
	헬스케어	개발 플랫폼	
	AR·VR	AR 기술	
	스마트 홈	사이버 보안	
하드웨어	모바일 디바이스 제조(부품 포함)	통신·네트워크	
	AR 글래스 제조(부품 포함)	클라우드	
	스마트 홈 디바이스	암호화폐	
	충전 또는 배터리	대체식품 제조	
	칩셋·센서	항공우주	
	로봇		
	IoT·IIoT		

자료: KT경제경영연구소, 로아컨설팅

주체	투자 대상	기업 개요	금액	카테고리
MS	DNAnexus	정밀 의료 분야 연구를 위한 클라우드 기반 플랫폼	$58M	의료
	Voicea	업무 환경에서의 음성 활용도를 높이는 AI 스타트업	$14.5M	AI
	Hazy	GDPR 충족 지원 데이터 시큐리티 스타트업	$1M	
	XWING	조종사가 필요 없는 자율주행 항공 스타트업	$4M	자율주행
	Sarcos	원격 비주얼 감시를 수행하는 로봇	$30M	로봇
	Human Inc	스마트 헤드폰 스타트업	$21.2M	모바일 디바이스
	Grab	싱가포르에 기반을 둔 승차 공유 서비스	–	모빌리티
	Syntiant	NDP(Neural Decision Pprocessor) 칩을 개발 중	$25M	칩셋·센서
	Graphcore	머신러닝 알고리즘 특화 프로세싱 하드웨어 IPU(Intelligence Processing Unit)를 개발	$200M	칩셋·센서
	ClearMotion	차량 충격 흡수 기술을 대체하려는 스타트업	$115M	자율주행
	Databricks	Apache Spark 빅데이터 분석 엔진 개발사	$250M	빅데이터
	Loggi	브라질의 배달 서비스를 제공	$150M	커머스
	Kano	아동용 코딩 교육 디바이스 스타트업	–	교육
구글	Chushou	중국 모바일 비디오 라이브 스트리밍 플랫폼		미디어
	Trifacta	머신러닝 분석에 필요한 데이터 전처리 업무를 담당	$48M	클라우드
	Fynd	인도 최대의 패션 O2O 서비스	—	커머스
	Edwin	TOEFL 테스트 서비스 제공	—	교육
	Go Moment	호텔 위한 텍스트 기반의 인공지능 컨시어지 서비스	—	AI
	JD.com	커머스 서비스 제공	$550M	커머스
	Aiva Health	헬스케어 스타트업	—	헬스케어
	GOJEK	인도네시아의 승차 공유 스타트업	$920M	모빌리티
	Deliv	대형 유통업체의 배송 네트워크 역할 수행	$40M	커머스 배송
	ABEJA	일본의 AI·머신러닝 스타트업	—	AI
	Ionic Security	데이터 시큐리티 플랫폼	$40M	사이버 보안
	Dunzo	인도의 하이퍼 로컬 퍼스널 컨시어지 앱	$684.2M	커머스(O2O)
	lowRISC	칩 디자인을 위한 오픈소스 실리콘 커뮤니티	—	칩셋·센서
	KaiOS Technologies	스마트 피처폰 운영체제 개발업체	$50M	개발 플랫폼

PART

2

한국을 바꾸는
20가지 ICT 트렌드

1장

한국의 4차 산업혁명을 견인하는 2대 기반기술

현실이 된 5G,
2020년 더욱 진화된 5G를 만난다

| 5G | -

기다려온 5G 시대의 도래

오랜 준비 끝에 결실 맺은 '세계 최초 5G 상용화'

2019년 4월 3일. 모두가 잠든 밤 11시에 국내 이동통신 3사(KT, SK 텔레콤, LG유플러스)는 5G 1호 가입자를 대상으로 일제히 스마트폰을 개통했다. 그리고 과학기술정보통신부는 이에 근거해 세계 최초 스마트폰 기반 5G 상용화를 공식 발표했다. 미국의 통신사 버라이즌 Verizon보다 2시간 빨리 5G 상용화를 선언함으로써 한국은 세계 최초 5G 서비스 타이틀을 따냈다. 평창 동계올림픽의 5G 시범 서비스, 2018년 12월 기업 고객 대상 이동형 동글 5G 서비스에 이어 스마트폰 세계 최초 서비스까지 파죽지세로 5G 상용화를 이뤄낸 것이다.

자료: 버라이즌 홈페이지

원래 미국의 버라이즌은 4월 11일경에 5G 서비스를 시작하겠다고 예고했었다. 그런데 갑자기 버라이즌이 4월 4일에 5G 서비스를 상용화할 가능성이 높다는 정보가 입수되었다. 원래 4월 5일을 5G 상용화 'D-day'로 생각했던 한국은 버라이즌의 조기 상용화 움직임에 대한 정보를 듣고, 5G 상용화 일정을 서둘러 앞당기기로 했다. 자칫 잘못하다가는 2년 전부터 5G 세계 최초 상용화를 위해 준비해온 정부와 기업들의 노력이 물거품이 될 수도 있는 순간이었다.

버라이즌이 원래 일정보다 서둘러 5G 출시를 앞당긴 이유는 도널드 트럼프 미국 대통령이 5G 세계 최초 상용화를 재촉했기 때문이다. 퀄컴Qualcomm의 5G 모뎀칩 양산 일정에 맞춰 2019년 5월을 목표로 상용화를 준비했던 버라이즌은 트럼프 대통령의 요청으로 4월 11일 5G 스마트폰 출시 일정을 발표했다가, 한국이 4월 5일을 '5G 상용화 D-day'로 준비한다는 소식을 접하자 부랴부랴 일정을 앞당겨 4월 4일에 5G 상용화를 선언하기로 한 것이다.

오랜 준비 과정을 거쳐 마침내 '세계 최초 5G 상용화'라는 타이틀을 거머쥐면서 5G에 기반을 둔 4차 산업혁명 경쟁에서 한국은 한 발짝 앞서나가게 되었다.

사실 2016년 말까지만 해도 5G 상용화는 2020년 이후에나 가능할 것으로 보였다. 4차 산업혁명의 핵심 인프라가 될 5G의 표준을 확정하고 개발하는 데 있어 4년은 너무나도 부족한 시간이었다. 하지만 2017년 2월 스페인 바르셀로나에서 열린 '모바일월드콩그레스 MWC 2017'에서 KT는 2019년에 세계 최초로 5G를 상용화하겠다는 비전을 제시했고, 2018년 2월 평창 동계올림픽에서 세계 최초로 5G 기술을 시연하며 상용화의 가능성을 한층 높였다. 그리고 2018년 12월에 기업 고객을 대상으로 한 라우터 기반 5G 서비스 개시로 5G의 첫 포문을 열었고, 마침내 2019년 4월에 일반 고객을 대상으로 한 5G 서비스를 출시했다.

'세계 최초 5G 상용화'의 의미는 단순한 타이틀 획득 그 이상이다. 세계 최초 5G 상용화를 선언한 순간부터 표준을 비롯한 모든 분야에서 5G 시장을 주도한다는 의미다. 5G 상용화 준비 과정을 통해 한국의 기술력과 영향력이 높아지는 것은 물론, 세계 최초 달성을 통해 국가와 기업 브랜드 이미지가 높아진다. 물론 세계 최초가 세계 최고를 보장하지는 않는다. 5G 서비스 전쟁은 지금부터 시작이다.

이제부터 5G에서 중점을 둘 부분은 '킬러 콘텐츠' 확보다. 5G는 초고속, 초고용량, 초저지연의 특성을 지닌 통신 기술이다. 이전처럼 단순히 '속도가 빠릅니다'라는 식의 경쟁이 아니라 자율주행차, 스마트 팩토리 등 한국의 4차 산업혁명을 견인할, 전혀 새로운 서비스의 상용화를 위한 '핵심' 인프라다. 5G 시대의 성패를 좌우하는 것도 결국은 소비자가 공감하고 체감할 수 있는 5G 서비스와 킬러 콘텐츠를 확보하는 것이다.

5G 상용화 이후 무엇이 달라졌나

340만 명. 5G 상용화 이후 6개월간 가입한 국내 5G 이용자 수다. 5G 상용화 당시 상정했던 연내 가입자 200만 명 목표를 훌쩍 뛰어넘는 수치다. 가입자 수는 이처럼 빠르게 증가하고 있는데, 과연 우리의 생활은 5G 상용화 이후 무엇이 달라지고 변화했을까?

가장 큰 변화는 데이터 사용량에서 나타났다. 2019년 7월 기준 휴대폰 단말기별 트래픽 현황(과기정통부 자료)에 따르면 5G 스마트폰의 한 가입자당 월평균 트래픽은 약 24.7GB로 집계됐다. 같은 기간 4G 가입자의 트래픽은 약 9.7GB, 3G는 0.3GB로 나타났다. 가입자당 월평균 5G 데이터 트래픽은 상용화를 시작한 4월 22.4GB를 기록한 이후 5월 18.3GB로 다소 하락했지만 6월(23.4GB)에 이어 7월까지 다시 증가 추세를 이어갔다. 4G LTELong Term Evolution 가입자와 비교해 5G 가입자가 약 2.5배 정도 데이터를 더 사용한 것이다.

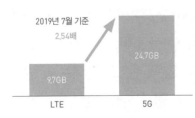

LTE와 5G의 데이터 사용량 비교

2019년 7월 기준
2.54배

24.7GB

9.7GB

LTE   5G

자료: 과기정통부, KT경제경영연구소 재작성

KT의 5G 기반 VR 스포츠 서비스 영상

자료: KT

이 같은 5G 데이터 사용량 증가는 무제한 요금제와 각종 콘텐츠가 나온 것이 원인으로 꼽힌다. KT가 5G 무제한 요금제의 첫 포문을 연 이후, 통신사들은 게임·야구·아이돌 등을 중심으로 한 가상현실VR: Virtual Reality과 증강현실AR: Augmented Reality 등 데이터 소모량이 많은 콘텐츠를 잇달아 선보였고, 고객은 기존 LTE에서는 체험하지 못했던 새로운 차원의 콘텐츠를 5G 스마트폰으로 즐긴 것이다.

또 다른 변화는 세계 최초 5G 상용화를 이뤄낸 한국을 바라보는 세계 각국의 시선이다. 세계 최초 5G 상용화 이후 한국의 5G 사업을 벤치마킹하기 위한 해외 통신 사업자들의 방문이 이어지고 있다. 독일과 러시아를 비롯해 영국, 일본, 홍콩, 핀란드, 싱가포르, 말레이시아, 베트남, 남아프리카공화국 등 현지 통신 사업자들은 한국을 방문해 국내 5G 상용화 현장을 찾아 노하우를 배우기도 했다.

5G 스마트폰에 있어서도 혁신적인 폴더블폰이나 듀얼스크린폰 등을 선보이며 5G 시장을 리드하고 있는 모습을 보여 한국은 5G 강국으로서의 위상을 드높이고 있다.

5G 다시 보기

5G가 상용화됐어도 대중들에게 여전히 5G라는 용어는 생소할 수 있다. 5G는 5th Generation, 즉 5세대 이동통신 기술을 뜻하는 말로, 현재 대부분의 스마트폰에서 쓰고 있는 무선통신은 4세대 LTE이다. 5G는 4G LTE 다음 세대의 무선통신 기술이다.

2015년 10월 국제전기통신연합International Telecommunication Union, ITU에서는 5세대 이동통신5G의 공식 명칭을 'IMT-2020'으로 명명하고 5G 비전 권고안을 마련한 이후, 세계 각국은 이 기준에 따라 5G 기술을 개발

5G의 3대 특징 초고속, 초연결, 초저지연

초고속	초연결	초저지연
20Gbps	개/km²	1ms
LTE X 20배	LTE X 10배	LTE X 1/10배
Everywhere, Anytime	Everything Connected	Real time Interaction

| 언제 어디서나 무선으로 대용량 데이터 전송 | 모든 사물 연결 및 데이터 수합 가상 모델 구축 및 제어 | 원거리 실시간 사물 제어 및 방송·콘텐츠 이용 |

| Wireless Broadband, Immersive Media | IoT, Digital Twin, Smart city, Drone | Autonomous things, Game·Broadcast |

자료: KT

했다. 여기서 제시한 5G의 가장 중요한 특징은 초광대역 이동통신eMBB, enhanced Mobile Broadband, 초고신뢰·저지연URLLC, Ultra-Reliable and Low Latency Communications, 초연결성mMTC, massive Machine Type Communications 등 세 가지 활용 시나리오usage scenario와 함께 8개의 핵심 성능 지표key performance capability index이다.

5G의 가장 큰 특징인 최대 전송 속도는 다운로드 20Gbps, 업로드 10Gbps로 LTE 대비 20배 수준이다. 지연시간Latency은 시나리오에 따라 1~4msmilliseconds, 0.001초을 요구하는데, LTE 지연시간이 30~50ms 정도임을 감안하면 획기적인 감소이다. 초연결성을 의미하는 단위면적(1km²)당 접속 가능한 기기의 수도 100만 개이며, 전송 가능한 트래픽 양도 10Mbps로 LTE대비 100배 수준이다.

2020년 5G 시장을 전망하다

2020년 5G 전망 ① 5G 1000만 시대가 열린다

5G 가입자 수가 2019년 9월 초에 300만 명을 돌파했다. 4월에 세계 최초 상용화를 선언한 지 불과 5개월 만에 달성한 수치다. 5G 상용화 당시 2019년 연내 가입자 목표가 200만 명이었다는 점을 감안하면 예상보다 상당히 빠른 속도다. 국내 5G 가입자 수는 5월부터 3개월 연속 50만 명 이상을 기록했고, 상용화 4개월 만에 200만 명을 돌파했다. 2011년 9월 30일 국내에 출시된 4G LTE의 경우 2012년 2월 6일에 200만 명을 넘었는데 이보다도 1주일가량 빠른 증가세다.

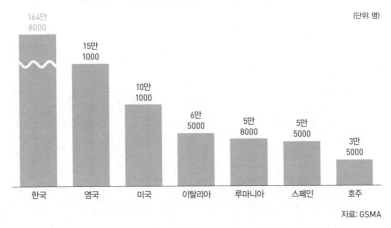

전 세계 5G 가입자 수 상위 국가 비교(2019년 6월 말 기준)

(단위: 명)

164만 8000 / 15만 1000 / 10만 1000 / 6만 5000 / 5만 8000 / 5만 5000 / 3만 5000

한국 / 영국 / 미국 / 이탈리아 / 루마니아 / 스페인 / 호주

자료: GSMA

전 세계 5G 가입자 수를 비교해봐도 한국의 증가세는 압도적이다. 세계이동통신사업자협의회GSMA에 따르면 2019년 6월 말 기준 5G 상용화 국가는 13개국이고 상용화 사업자는 25개사다. 한국을 비롯해 미국, 유럽 7개국(핀란드, 독일, 이탈리아, 루마니아, 스페인, 스위스, 영국), 중동 2개국(UAE, 바레인), 호주에서 5G 서비스를 제공 중이다. 이 국가들이 확보한 5G 가입자 수는 213만 명으로 추정되는데, 이 중 한국이 164만 8000명으로 77%를 차지했다. 한국보다 2시간 늦게 5G를 상용화한 미국의 10만 1000명과 비교하면 16배 수준이다.

여기에는 5G에 대한 정부와 기업의 전폭적인 지원과 마케팅이 큰 영향을 주었지만, 빠르고 고품질의 통신 서비스를 원하는 한국 소비자들의 성향이 반영된 측면도 있다. 5G 기지국도 9만 곳 이상 구축됐다. 기지국이 빠르게 구축됨에 따라 주요 도시와 인구 밀집 지역 위주로 5G 품질이 향상되면서 가입자 만족도 또한 점차 높아져

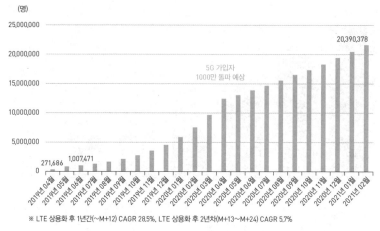

국내 5G 가입자 수 전망

(명)

25,000,000

20,000,000

15,000,000

10,000,000

5,000,000

0

5G 가입자
1000만 돌파 예상

20,390,378

271,686 1,007,471

2019년 04월 2019년 05월 2019년 06월 2019년 07월 2019년 08월 2019년 09월 2019년 10월 2019년 11월 2019년 12월 2020년 01월 2020년 02월 2020년 03월 2020년 04월 2020년 05월 2020년 06월 2020년 07월 2020년 08월 2020년 09월 2020년 10월 2020년 11월 2020년 12월 2021년 01월 2021년 02월

※ LTE 상용화 후 1년간(~M+12) CAGR 28.5%, LTE 상용화 후 2년차(M+13~M+24) CAGR 5.7%

자료: 과기정통부 통계자료 근거해 KT경제경영연구소 추정

2019년 말에는 가입자가 500만 명을 상회할 것으로 보인다. 그리고 현재의 추세를 유지한다고 가정하면 2020년 중에는 가입자 1000만 명을 돌파할 것으로 전망된다.

컨설팅 기업 가트너Gartner는 2023년까지 전체 휴대전화 판매량의 절반 이상을 5G폰이 차지할 것이라고 전망했는데, 5G 스마트폰의 점유율은 2020년 10%에서 2023년에는 56%로 증가할 것으로 내다봤다. 5G의 영향으로 스마트폰 시장은 2020년 2.9% 성장할 것으로 전망했다.

또 하나, 5G 1000만 가입자 달성에 힘을 보탤 것으로 예상되는 것이 바로 5G 알뜰폰이다. 알뜰폰은 이동통신 재판매 서비스의 애칭으로 '알뜰한 요금'의 휴대폰을 의미한다. 이동통신 사업자인 KT, SK텔레콤, LG유플러스로부터 망을 임차해 가상 이동통신망을 구축한 뒤 이용자에게 자체 브랜드로 통신 서비스를 제공하는 사업이다. 단말기 약정 등에서 벗어나 더욱 저렴한 요금으로 통신 서비스를 이용할 수 있는 장점이 있다.

정부의 알뜰폰 활성화 방안에 맞춰 이통 3사는 2019년부터 5G 망도매 제공에 나서는데, KB국민은행이 처음으로 5G 망을 빌려 5G 요금제를 출시했다. 다만 가입자 규모가 작은 알뜰폰 사업자에게 있어 고가의 5G 단말 수급 등의 걸림돌은 존재한다. 알뜰폰 사업자는 가입자 기반이 작아 스마트폰 제조사에 대한 협상력이 작기 때문이다. 그러나 향후 중저가형 5G 스마트폰이 보급 확대됨에 따라 5G 알뜰폰 수요도 늘어날 것으로 기대되고 있다.

해외 상황을 보면 영국이 세계 최초 5G 알뜰폰 출시를 공식화했는데, 영국 스카이모바일은 통신 사업자 O2의 5G 네트워크를 빌려 2019년 11월에 런던, 에딘버러, 카디프, 벨파스트 등 6개 도시에서 5G 서비스를 시작한다. O2는 2019년 11월에 5G를 상용화하는데, 이에 맞춰 스카이모바일 역시 동시에 5G MVNO를 시작한다. 유럽 최대 위성방송사 스카이TV 알뜰폰 계열사인 스카이모바일은 5G 알뜰폰과 콘텐츠 결합을 차별화 요소로 내세웠다. 이용자는 화웨이 메이트20X 5G 스마트폰을 제공받는 '스왑24' 상품에 가입해 매월 36파운드(약 5만 2000원)를 지불하면 된다. 10GB 데이터가 기본 제공되고 8GB까지 추가 가능하다. 이통사가 신규 네트워크 상용화와 동시에 알뜰폰에 임대하는 것은 이례적인 일로, O2는 알뜰폰이 활성화된 영국 시장 특성을 고려해 저렴한 요금제로 5G 저변을 확대하고, 서비스 안정도를 높여가겠다는 계획이다. O2의 경쟁사인 쓰리

세계 최초로 5G 알뜰폰(MVNO)을 출시한 영국의 스카이모바일

자료: 스카이모바일 HP

UK 역시 LTE와 동일한 수준인 5G 유심 요금제를 출시해 시장 반응을 살필 예정이다.

　아울러 스마트폰의 양대 산맥 중 하나인 아이폰은 2020년에 발표될 모델에 5G 모뎀 칩이 탑재되어 5G를 지원하게 될 전망이다. 5G 스마트폰 시장에 애플의 아이폰까지 가세하면 국내뿐만 아니라 전 세계 5G 가입자 수는 폭발적으로 증가할 것으로 예상된다.

2020년 5G 전망 ② 폴더블폰 등 대화면 5G 스마트폰의 등장

　매년 독일 베를린에서 열리는 유럽 최대 가전·IT 전시회인 국제가전박람회 'IFAInternationale Funkausstellung 2019'에서 가장 주목을 끌었던 제품은 바로 삼성전자가 심혈을 기울여 만든 폴더블 스마트폰 '갤럭시 폴드'였다. 한 차례 실패를 겪고 절치부심한 끝에 선보인 갤럭시

폴드는 스마트폰 하드웨어 폼팩터 혁신의 정점을 찍으며 새로운 스마트폰의 주역으로 급부상했다.

기존보다 약 50% 얇은 새로운 복합 폴리머Polymer 소재의 디스플레이와 정교한 힌지를 새롭게 개발해 사용자는 반복적으로 화면을 부드럽게 접고 펼 수 있다. 휴대성과 대화면이라는 두 마리 토끼를 모두 잡은 갤럭시 폴드는 미래 5G 시대를 이끌 혁신적인 스마트폰이라는 찬사를 받으며 세계의 주목을 모으고 있다. 첫 폴더블 스마트폰이라는 프리미엄으로 워낙 인기가 높은 탓에 일반 스마트폰의 2배 넘는 가격임에도 제품을 구매하려고 하는 사람들이 줄을 잇고 있다.

이에 대항한 중국은 화웨이를 필두로 샤오미, 오포 등이 폴더블 스마트폰 개발에 박차를 가하고 있다. 샤오미는 2019년 1월에 소셜 미디어 웨이보에 새로운 폴더블폰을 소개한 바 있고, 중국 TV 제조

갤럭시 폴드와 화웨이메이트X의 폴더블폰 대결

자료: Youtube 및 언론 종합

사 TCL은 2020년에 폴더블폰을 선보일 것이라고 한다.

이처럼 5G 폴더블폰에 대한 기업과 대중들의 관심이 고조되고 있는 가운데 시장조사업체인 카운터포인트리서치는 2019년 약 40만 대의 폴더블폰이 생산될 것으로 예상했다. 그리고 2020년 폴더블폰 출하량을 전년도의 8배 수준인 320만 대, 2021년은 1080만 대, 2022년은 2740만 대, 2023년 3680만 대로 전망했다.

폴더블이 5G에서 갖는 의미는 대화면을 통한 고화질 미디어, 게임 서비스 이용으로 지금보다 더 많은 데이터를 필요로 한다는 점이다. 폴더블폰, 듀얼스크린폰 등 넓어진 화면에서 보다 선명한 고화질의 영상을 감상하게 되면 그에 따른 데이터 사용량도 크게 늘어난다.

실제로 2019년 7월 기준 5G 가입자 1인당 평균 데이터 사용량은

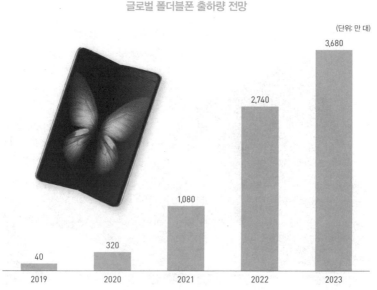

글로벌 폴더블폰 출하량 전망

(단위: 만 대)

자료: 카운터포인트리서치

24.7GB로 LTE 가입자의 9.7GB에 비해 2.54배나 많았는데, 앞서 언급한 바 있는 게임·야구·아이돌 등을 중심으로 한 VR 및 AR 등 데이터 소모량이 많은 초고화질UHD 콘텐츠 및 멀티뷰 동영상 감상이 늘어났기 때문으로 추정된다. 폴더블폰이나 듀얼스크린폰에서 제공하는 대화면은 이런 멀티미디어 콘텐츠의 소비를 더욱 증폭시킬 것이다.

시장조사업체 스트래티지 애널리틱스SA에 따르면, 2019년 기준 전체 스마트폰 출하량 중 화면 크기가 6인치 이상인 대화면 스마트폰 비중은 최초로 30%를 돌파해 31.1%를 차지했다. 2023년에는 대화면 스마트폰 비중이 52.5%에 이를 것으로 전망해 미래 5G 시대에서는 접거나 돌돌 말아 가지고 다니는 대화면 스마트폰을 여기저기서 보게 될 것이다.

2020년 5G 전망 ③ SA와 28GHz로 5G 진화

5G 시대가 도래했지만 5G 기술 개발은 여전히 현재진행 중이다. 특히 5G가 자랑하는 초고속, 초연결, 초저지연성이 제대로 실현되기 위해서는 SAStand Alone, 즉 단독모드의 구현이 필수적인데 2020년에는 5G SA 단독모드 구축으로 더 진화된 5G 속성이 구현될 전망이다.

5G에는 SA와 NSA의 두 가지 모드가 존재하는데, 현재 우리가 쓰고 있는 건 NSANon-Stand Alone, 비단독모드다. 비단독모드는 기존의 LTE와 5G 망을 혼용해 쓰는 것이다. 이에 반해 단독모드는 5G로만 통신할 수 있는 모드다. 단독모드와 비단독모드는 모두 국제표

준기구 3GPP3rd Generation Partnership Project가 인정한 글로벌 5G 통신 규격이다. 단독모드와 비단독모드 통신망 규격을 따르면 전 세계 어디서나 5G 통신 서비스가 가능하다. LTE와 5G를 동시에 쓰는 비단독모드의 경우 3GPP가 2017년 12월에 발표한 5G의 첫 번째 표준안이다. 그렇다면 왜 5G 상용화 시작 단계부터 SA, 단독모드로 하지 않았을까?

사실 5G를 상용화했다고 해서 모든 사람이 5G 네트워크를 쓸 수 있는 것은 아니다. 5G 네트워크 전국망 구축에는 많은 시간과 노력이 필요하다. 5G 상용화 초기, 커버리지가 부족할 때 데이터가 끊길 것을 대비해 기존 LTE 망도 함께 사용하도록 설계된 표준 기술이 바로 NSA, 비단독모드다.

비단독모드가 단독모드로 가기 위한 '선행 단계'라고 해서 단독모드보다 열등한 기술은 아니다. 현재 수준에서 비단독모드, 단독모드 방식에 관계없이 5G 고객 체감 품질은 거의 동일하다. 과거에 LTE가 상용화됐음에도 불구하고 안정적인 통신 환경 제공을 위해 한동안 3G 망을 같이 쓴 것과 같다고 보면 된다. 5G 통신망 구축 초기부터 안정적인 통신 환경을 조성하기란 쉽지 않다. 5G 상용화 초기에 대량의 기지국을 구축하는 데 시간과 비용이 많이 들기 때문이다. 이 때문에 5G 신호를 잘 잡지 못하는 곳에서는 신속히 LTE로 전환, 통신 지연 혹은 끊김 현상을 막는다. 비단독모드는 통신의 연속성을 보장하기 위한 기술인 셈이다.

다만 비단독모드는 5G가 독립적으로 운용되지 않기 때문에 성능이 제한적이다. 5G 기지국이 갖춰졌지만 LTE 인프라에 대한 의존도

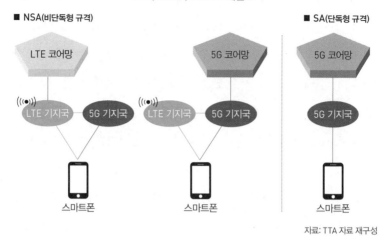

5G의 NSA와 SA모드 개념도

■ NSA(비단독형 규격)　　　　　　　　　　　　　　■ SA(단독형 규격)

LTE 코어망　　　　　5G 코어망　　　　　5G 코어망

LTE 기지국　5G 기지국　LTE 기지국　5G 기지국　5G 기지국

스마트폰　　　　　스마트폰　　　　　스마트폰

자료: TTA 자료 재구성

가 높기 때문이다. 5G와 LTE가 자주 전환되기 때문에 단말기 배터리 소모도 크다. 신호를 바꾸기 위한 전력 소모가 커 스마트폰 배터리가 빨리 닳는 것이다.

또한 단독모드는 비단독모드보다 데이터 처리 효율이 3배 이상 높다. 가상현실, 증강현실, 초고화질 콘텐츠, 자율주행, 스마트 팩토리 등 주요 5G 서비스를 수월하게 제공할 수 있다. 비단독모드는 물론 기존 LTE보다 전송 속도가 빠르고 지연시간도 짧아졌지만, 진정한 5G 서비스 구현에는 한계가 있다. 진화된 5G가 되려면 단독모드가 필수적이다. 5G의 특징 중 하나인 20Gbps 속도는 초고주파대역 서비스에서만 구현 가능한데, 초고주파대역 통신을 적용하기 위해서는 초저지연 통신과 고효율 데이터 처리를 지원하는 단독모드 방식의 네트워크가 필요하다.

단독모드 방식에 대한 기술 표준은 이미 확정됐는데, 한국정보

통신기술협회TTA가 참가하고 있는 세계 통신 기술 표준 기구 3GPP
는 2018년 6월 미국에서 기술총회를 열고 단독모드 네트워크와
28GHz 대역주파수 활용을 포함한 '릴리즈Rel 15' 표준안을 승인한
바 있다. 릴리즈는 5G 기술 표준의 진척도를 나타내는 것으로 뒤에
붙은 숫자가 클수록 최근에 발표됐음을 의미한다. 5G 단독모드 표
준은 초고속 광대역 통신eMBB뿐만 아니라 초저지연 통신URLLC과 대
규모 사물인터넷IoT 연결mMTC까지 하나의 망으로 서비스 제공이 가
능하도록 설계됐다. 또한 연결성과 확장성도 개선되어 밀리미터 대역
까지 가능한 모든 스펙트럼을 지원하고 초저지연으로 자원의 효율
성까지 높인다. 데이터 전송률 역시 한층 개선된다.

2020년에 단독모드 구현을 위해 통신사들은 기술 개발에 한창
이다. KT는 5G 비단독모드 코어 장비에 컵스CUPS: Control & User Plane
Separation 구조를 적용했는데, CUPS 기술을 탑재한 5G 코어 장비는
신호 처리 장치와 사용자 트래픽 처리 장치를 분리해 독립적으로 운
영할 수 있다. 즉 2020년에 단독모드 전환 시 소프트웨어 업그레이
드만으로도 단독모드 전용 코어 장비 교체 없이 바로 단독모드 기
반 5G 네트워크 전환이 가능하다. 개발 중에 있는 초고주파대역
28GHz 기지국 장비 실물도 공개했는데, 28GHz 통신은 SA 단독모
드 통신 체계가 자리를 잡아야 성능을 발휘할 수 있다. SK텔레콤과
LG유플러스 역시 2020년 SA 상용화를 위해 준비 중에 있다.

5G의 단독모드가 도입된다고 해서 LTE가 완전히 사라지지는 않
을 것이다. 오히려 단독모드에서 5G를 LTE와 결합시키면 속도 지연
성을 더 낮출 수 있다. 이는 비단독모드에서 단순히 5G 대신 LTE를

사용하는 병합 기술과는 차원이 다르다. 실제로 멀티무선 접속 기술을 적용한 실험에서 5G와 LTE를 병합해 이용할 때 초기 접속 지연 시간은 2배 이상 단축됐다. 또한 이 기술이 적용되면 단말기와 코어망 사이에 연결되는 다수의 무선망을 동시에 또는 선택적으로 활용해 속도를 높일 수 있으며 전송 신뢰성 또한 높일 수 있다.

이렇게 2020년에는 5G SA, 단독모드의 도입으로 초저지연·초연결·초고속의 5G 제공이 가능해지고, 이를 통해 고객은 더 빠르고 안정적으로 5G 네트워크를 이용할 수 있다. 특히 기업 전용 5G 특화 서비스인 스마트 오피스, 스마트 팩토리 등 지연에 민감한 기업 대상의 서비스를 활성화하는 데 크게 기여할 것으로 보인다. 더 나아가 5G가 자율주행차, 헬스케어, 스마트 시티 등으로까지 확장되면 5G 인프라를 기반으로 한 '초연결 사회'가 실현될 것으로 기대된다.

2020년 5G 전망 ④ 기업 전용 5G와 모바일 엣지 컴퓨팅으로 B2B 시장 성장

5G 상용화 이후 가입자가 빠르게 증가하면서 5G에 대한 일반 소비자들의 관심과 기대는 점점 높아져가고 있다. 그런데 5G에 대해 높은 기대를 갖고 있는 것은 일반 소비자뿐만이 아니다. 기업들 역시 5G 도입을 절실히 원하고 있다.

캡제미니 리서치 인스티튜트Capgemini Research Institute가 발표한 「산업 운영 영역에서의 5G」 보고서에 따르면, 설문조사 기업의 75%는 5G가 향후 5년 내에 디지털 혁신을 주도할 것으로 보고 있다. 실제로 5G는 인공지능AI: Artificial Intelligence이나 고급 데이터 분석보다 높은 순위로 나타났는데, 그 이유는 5G가 실시간 이미지 처리, 엣지 분석,

고급 자동화, AR·VR과 같은 기술의 상용 개발을 추진하는 데 있어 연결성 엔진이자 기반기술이 되기 때문이다.

그리고 설문조사 대상 기업의 65%는 2년 이내에 5G를 적용할 의사가 있다고 밝혀 기업들은 5G 특성을 활용해 자사 상품이나 서비스의 가치를 극대화시키고자 하는 니즈가 충분히 있음을 알 수 있다. 한국도 2년 이내 5G 도입을 희망하는 기업 비중이 58%나 된다. 기업들이 5G 투자에 적극적인 이유는 운영상 보안 요인이 가장 크다. 통합 인증 프레임워크, IoT 네트워크를 위한 강력한 인증 프로토콜, 그리고 더 진화된 디바이스 인증 보호를 통해 5G는 이전 세대 통신보다 더 안전하다.

기업의 디지털 트랜스포메이션Digital Transformation에 있어 가장 중요한 5G 기능은 네트워크 슬라이싱에 의해 실현되는 '서비스 품질 보장QoS'일 것이다. 5G 네트워크는 99.9%의 네트워크 가용성과 보다 높은 신뢰성으로 4G보다 높은 수준의 QoS를 제공할 수 있다.

기업들은 높은 보안성과 QoS가 보장된 5G를 통해 각 산업 현장의 문제를 해결하는 한편, 자사 상품의 차별화를 위해서도 5G를 이용하려 하고 있다. 그러다 보니 해킹 등의 외부 위협 없이 안전한 5G를 운영하고자 하는 기업들의 니즈가 발생했고, 이를 해결하기 위해 등장한 것이 '기업 전용 5G'이다.

기업 전용 5G는 별도의 네트워크 장비를 통해 일반 5G 네트워크와 분리된 기업 전용 5G 망을 기업 고객에게 제공해 안전한 업무 환경과 초고속·초저지연성을 제공하는 기업 전용 서비스다. 기업 전용 5G는 전용 게이트웨이Gateway를 통해 개인 가입자를 위한 일반 통신

엣지 컴퓨팅을 활용한 실시간 분석	• 5G의 더 빠른 무선통신, 향상된 안정성 및 10~100배 더 많은 장치를 연결할 수 있는 기능은 대규모의 기기에 대해 실시간 정보를 제공할 수 있으며, 이는 엣지 컴퓨팅을 통해 실시간 인사이트로 전환 • 5G는 애플리케이션의 온디맨드 구축 또는 데이터 전송과 같은 엣지 및 클라우드 리소스의 유연한 관리를 지원
원거리 생산 라인에 대한 비디오 관제	• 5G의 빠른 무선 통신으로 보안 관제를 위한 고품질 실시간 비디오 자료 제공
분산된 생산 라인에 대한 원격 제어	• 5G의 서비스 품질 보장 및 초안정, 초저지연 네트워크로 중앙지휘센터에서 원격 공장을 실시간 운영 가능
AI 기반 원격 동작 제어 (협업 로봇, 자율주행차, 드론 등)	• 5G의 빠르고 안정적인 데이터 전송 기능은 센싱 또는 원격 제어 능력을 적절한 수준의 보안으로 제공 가능
실시간 서비스와 장애 알림	• 5G 네트워크의 초저지연으로 원격 시스템의 실시간 비상 종료 가능 • 5G는 안정적이고 안전한 네트워크를 통해 더 많은 기기를 연결할 수 있는 기능을 활용해 모니터링 및 경보 시스템의 효율성 제고
AR·VR 활용 원격 운영, 유지보수, 훈련 솔루션	• 5G의 초저지연 및 고대역폭은 클라우드 기반 고해상도 AR·VR 서비스 개발을 지원하며 도입 촉진
예보·예방적 유지보수	• 5G는 AI·애널리틱과 더불어 더많은 장치에서 실시간 데이터 수집량을 증가시킴으로써 예측·예방 유지 관리 기능을 강화 • 5G는 짧은 지연시간과 높은 신뢰성으로 인해 원격 유지보수를 실현

자료: Capgemini Research Institute, "Industrialcompanies' survey on 5G", 2019.3.4.

망과 임직원을 위한 기업 내부망 접속 데이터를 분리한 것이 서비스의 핵심으로, 인증을 거친 단말기만 접속을 허용하기 때문에 해킹 등 보안사고를 방지할 수 있다. 별도의 구축 비용과 애플리케이션 설치 없이 전국 어디서나 이용할 수 있는 것이 강점이다.

기업 전용 5G는 '기업 전용 LTE' 대비 초고속·초저지연의 고품질 데이터를 제공하는 것은 물론, 기업별 니즈에 맞게 회선별로 3~

20Mbps(초당 메가비트)로 속도 제어QoS: Quality of Service를 선택할 수 있는 기능이 추가됐다. 예를 들어 교통신호 제어 및 온습도 측정 등 IoT 단말을 관제하는 기업 고객은 3Mbps, 드론 촬영 및 영상 전송이 필요한 미디어 기업 고객은 10~20Mpbs의 속도 제어 옵션을 선택할 수 있다.

실제로 기업 전용 5G를 도입한 조선소는 5G 네트워크에 연결된 AR 글래스와 지능형 CCTV를 통해 생산 현장에서 문제가 생길 경우 신속하게 파악하고 해결한다. 안전요원의 목에 건 넥밴드형 360도 카메라를 통해서는 사각지대 없이 조선소 현장의 영상을 실시간으로 관제센터에 전송하는 등 5G 기반의 다양한 솔루션도 적용 가능하다.

기업 전용 5G 서비스는 제조업뿐만 아니라 의료, 유통, 방송 등 미디어 분야에서도 활용 가능하다. 특히 유통 분야에서는 물류센터의 무인이송 차량과 자동경로 차량AGV: Automated Guided Vehicle에 5G 네트워크를 적용해 창고 관리를 자동화할 수 있으며, 방송 산업에서는 일반망과 분리된 방송사 전용 5G 네트워크를 통해 초고화질 영상을 지연을 최소화해 전송할 수 있다. 한마디로 기업 전용 5G를 통해 기업 고객들은 자신들의 상황에 맞는 맞춤형 통신이 가능해지는 것이다.

이 기업 전용 5G에 모바일 엣지 컴퓨팅Mobile Edge Computing까지 가세해 5G의 속성은 극대화된다.

5G의 세 가지 특성인 초고속, 초연결, 초저지연성 중 많은 기업이 특히 요구하는 속성이 바로 초저지연성이다. 기존에는 핸드오버, 과금 등의 이유로 단말에서 발생한 모든 트래픽이 중앙 게이트웨이에

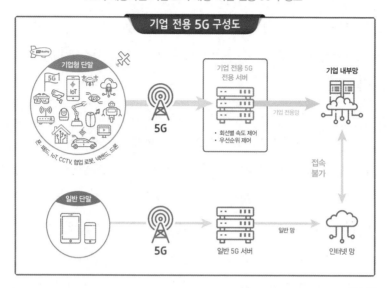

자료: KT

전달되어 단말-서비스 간의 물리적 거리가 수십~수백 km에 이르고 수십 밀리세컨즈$_{ms}$의 지연이 발생되었다. 하지만 지금까지는 무선망을 쓰는 다수가 스마트폰이었고 전화, 인터넷, 메세징 서비스가 주를 이루었기 때문에 중앙 집중형 망 구조가 큰 문제가 되지 않았다. 그러나 다양한 종류의 IoT가 출현하고 드론, 센서, VR 등의 기기가 등장함에 따라 초저지연을 요하는 서비스가 등장함에 따라, 이 모든 데이터를 중앙 게이트웨이로 전달해 처리하기에는 한계가 있다.

5G의 초저지연 특성을 최대한 활용하기 위해서는 사용자 단말기에서 발생하는 데이터를 최대한 사용자와 가까운 곳에서 처리해야 한다. 그래서 개발된 것이 모바일 엣지 컴퓨팅 기술이다. 모바일 엣지 컴퓨팅MEC: Mobile Edge Computing이란 통신 서비스 사용자 가까운 곳에

서버를 배치, 데이터를 처리하는 기술을 의미한다. 스마트폰-기지국-교환국-인터넷 망-데이터센터의 4단계 데이터 전송 과정을 스마트폰-기지국으로 줄여 데이터 전송 지연시간을 최소화하는 것이 핵심이다.

고객과 가까운 곳에 소규모 데이터센터를 설치, 데이터 전송 구간을 줄여 초저지연 서비스를 가능케 하는 MEC는 즉시성이 요구되는 자율주행 자동차나 대용량 데이터를 신속하게 처리해야 하는 가상현실VR과 증강현실AR 구현에 필수다. 또한 MEC는 엣지를 단말기 가까이에 전진배치해 초지연 응답을 제공할 뿐만 아니라 백홀망의 트래픽을 절감해 효율적인 네트워크 운영을 가능하게 한다.

KT는 서울과 부산, 대전, 제주 등 8곳에 5G 엣지 통신센터를 구축했는데, 서울과 부산에는 네트워크에 컴퓨팅 설비까지 추가 구축한 5G 엣지 클라우드Edge Cloud를 구축하기도 했다.

기업 고객 대상으로 제공되는 기업 전용 5G 망에 MEC를 구축하면 대폭 향상된 초저지연 효과로 기업, 공공기관 등에 맞춤형 서비스를 제공할 수 있다. 대표적인 분야가 스마트 팩토리다. 대량의 제조 업무를 수행하는 공장에 5G를 접목하면 생산량을 극대화할 수 있기 때문이다. 최근 많은 공장들이 스마트 팩토리로 변신 중인데 여기에 5G 플랫폼이 적용되고 있다.

기업들은 MEC를 통해 데이터 전송 구간을 획기적으로 줄일 수 있어 비용 절감과 생산성 확대를 기대할 수 있다. 협업 로봇이나 웨어러블에 MEC를 적용하면 5G로 구동되는 다양한 기기의 응답 속도를 올릴 수 있다. 극한의 응답 속도를 요구하는 클라우드 게임, 자율주행, 실시간 생중계 등에서도 MEC 기술은 유용하게 쓰일 수 있다.

2019년 하반기부터는 B2B 시장 대상 5G 팩토리 메이커스가 상용화되는데, 5G 기반의 협업 로봇과 머신 비전Machine Vision, 통합 관제 시스템까지 총망라한다. 그리고 여기에 MEC와 클라우드Cloud 기술이 접목되면 기업들의 디지털 트랜스포메이션은 더욱 가속화될 전망이다. 5G 엣지 서비스는 B2B 전 산업 영역으로 확대되어 향후 AI·IoT·빅데이터 등 ICT와 연계해 기업 고객의 비즈니스 혁신을 도울 것이다. 2020년, 기업 전용 5G와 MEC로 개화될 B2B 시장은 새로운 수익 창출의 엘도라도로 떠오를 것이다.

2020년 5G 전망 ⑤ 5G 상용화로 재도약을 노리는 중국의 ICT 기업들

2020년 5G 상용화를 예정했던 중국 정부가 갑작스럽게 2019년 6월 4개 통신사에 5G 영업 허가를 부여했다. 2019년 말로 예정됐던 것보다 6개월 이상 앞당겨 허가를 내준 것이다. 9억 명 가입자를 보유한 차이나모바일은 상하이·항저우·광저우·쑤저우·우한 5개 도시에서 5G 대규모 외부 테스트를 진행했고, 베이징·청두·선전 등 12개 도시에서 5G 네트워크를 운용 중이다. 차이나유니콤과 차이나텔레콤도 각각 18개, 12개 도시에서 테스트 및 시범 운용을 추진했다. 중국 재정부가 전액 출자한 차이나브로드캐스팅 네트워크도 5G 영업 허가증을 발급받았는데, 기존 유선 TV와 인터넷 분야에서 무선통신 영역까지 사업을 확장할 전망이다.

중국 전국 5G 상용화는 1~3년 더 걸릴 것으로 보이지만, 다른 국가도 아닌 중국의 5G 상용화는 글로벌 시장의 판도를 바꿀 만큼이나 위협적이다. 2025년 중국의 5G 이용자 수는 4억 5000만 명으로 예상되고 있다.

　중국 정부가 5G 상용화를 앞당긴 이유는 미·중 무역 갈등에 따른 중국 통신장비업체의 손실을 만회하고, 침체에 빠진 스마트폰 시장을 살리기 위해서라고 분석되고 있다. 좀 더 구체적으로는 미·중 분쟁으로 위기에 빠진 화웨이를 구하기 위해서다.

　독일 시장조사업체인 IP리틱스IPlytics에 따르면 중국 기업이 보유한 5G 표준필수특허SEP: Standard Essential Patent [1]는 전체의 34%로, 특히 화웨이가 보유 중인 표준필수특허는 2019년 3월 말 기준 1554건으로 전 세계 1위다. 기지국 관련 특허 수가 많다. 한국이 보유한 표준필수특허 비중은 25%, 미국과 핀란드 비중은 각각 14%다. 4G에서는 한국과 중국이 보유한 표준필수특허 비중은 각각 22%로 동일했는데, 중국이 11%나 더 높다.

　그럼에도 미·중 분쟁과 보안 문제 등으로 전 세계 기업들이 화웨이 장비 도입을 망설이면서, 그 틈을 타고 한국 기업이 크게 약진했다. 미국의 IT 시장조사업체 델오로Dell'Oro 보고서에 따르면, 2018년 4분기와 2019년 1분기 글로벌 5G 무선접속망RAN 시장에서 삼성전자 점유율은 37%로 1위였다. 세계 최초 5G 상용화라는 배경과 함께 화웨이 제재 효과가 나타난 것이다.

　상황이 이렇다 보니 중국 정부로서는 더 이상 손 놓고 있을 수만은 없게 됐다. 화웨이는 이미 30개국의 46개 통신사와 5G 통신장비 공급계약을 맺었는데, 이번 중국 정부의 조기 5G 영업허가 발급으로 중국 통신사들의 화웨이 장비 도입도 가속화될 전망이다. 중국이 본격적으로 5G 투자에 나서면 통신장비 점유율 구도도 다시 화웨이가 1위로 올라설 것으로 보인다. 단말, 장비, 가입자 규모 면에서 다른 나라를 압도하는 중국이 5G에 올인하게 되면 5G의 주도권은 자연스럽게 중국으로 넘어갈 가능성이 높다.

5G가 창출하는 경제적 가치도 어마어마한데, 중국정보통신연구원이 발표한 '5G 산업 경제 공헌'을 보면 2020~2025년 중국 5G 상용화에 따른 경제 효과는 10조 6000억 위안(약 1803조 원)으로 추산된다. 300만 개 일자리도 창출될 전망이다.

중국의 5G 시장은 저가형 5G 스마트폰과 파격적인 데이터 요금제로 벌써부터 과열 양상을 보이고 있다. 비보의 5G폰인 '넥스S 5G'의 가격은 5698위안(약 95만 8000원), '아이쿠 프로'는 3998위안(약 67만 2000원)으로 대부분 4000~6000위안 수준이다. 화웨이의 5G폰 '메이트20X' 최고 스펙 단말 가격도 6800위안(약 114만 3000원) 정도이다.

'5G 데이터 100GB 무료' 프로모션도 진행하고 있는데, LTE 요금제에 가입하면 5G가 터지는 곳에서는 5G 100GB 데이터를 무료로 이용할 수 있다는 것이다. 프로모션이기는 하지만 5G의 경험을 넓힌다는 측면에서 소비자들에게 인기가 높다.

인프라와 단말, 요금제까지 갖춰지고 여기에 다시 한 번 알리바바, 텐센트, 바이두 등의 중국 ICT 기업들이 올라타 5G 서비스를 제공한다면 그 영향력은 상상 이상이다. 지금의 스마트폰을 중심으로 글로벌 모바일 시장을 장악한 중국 ICT 기업들이 5G 시장에서는 어떤 서비스로 세계를 공략할지 귀추가 주목되고 있다.

2020년 5G 전망 ⑥ 다양한 5G 모듈 탑재 디바이스 등장에 대한 기대

앞으로 다가올 초연결 사회에서는 다양한 스마트 기기의 연결 및 각종 데이터 수집과 제어, 전송을 위해 5G 환경이 필수적이다. IHS 마킷 분석에 따르면, 2025년까지 400억 개의 디바이스가 IoT로 연결될 것으로 전망하고 있으며 5G의 초연결성은 스마트 홈·오피스, 스마트시티 등에서 큰 변화를 일으킬 것으로 예상된다. 스마트 홈이나 오피스의 경우 AI 플랫폼이 탑재된 사물과 직접 소통하는 형태의 생태계가 만들어질 것으로 예상된다. 스마트 시티는 5G를 기반으로 각종 시설물이 마치 인간의 신경망처럼 도시 구석구석까지 연결되어 상황에 따라 발생하는 빅데이터를 실시간으로 교환하며 동작하는 도시를 의미한다. 5G는 도로와 전력망, 가스관, 수도 등 도시 인프

도시 전체가 다양한 디바이스를 통해 5G로 연결

자료: 일본 총무성

라를 ICT와 융합해 그 운용을 지능화하는 데 활용될 수 있다.

이 안에서 사용되는 각종 디바이스에는 5G 모듈이 탑재되어 기존 통신망으로는 구현이 어려웠던 초고화질 미디어 서비스나 지연이 없는 실시간 서비스 등을 실현시킨다. 이렇게 되면 스마트폰 중심이었던 세상은 다양한 디바이스를 통해 어디서나 5G를 체감할 수 있는 세상으로 변화하게 될 것이다.

다만 5G 모듈 개발 속도와 배터리 문제, 단말 가격의 고가화 등으로 인해 5G 모듈이 탑재된 디바이스가 등장하기까지는 다소 시간이 걸릴 것으로 예상된다. 그래서 그 때까지는 5G 스마트폰을 중심으로 한 디바이스 확산이 우선적으로 진행될 것이다. 2020년 5G 상용화를 앞둔 일본의 통신 사업자인 NTT 도코모가 구상하고 있는 '마이 네트워크My Network'가 여기에 해당된다.

NTT 도코모가 5G 상용화를 앞두고 내세운 마이 네트워크는 5G 스마트폰을 허브로 하여 다양한 주변기기를 접속시켜 새로운 기술을 통한 경험을 제공하겠다는 것이 목표다. 주변 기기로는 VR과 AR HMD(헤드 마운트 디스플레이), 웨어러블 장치, 360도 카메라 등 첨단 기술을 활용한 기기들이 개발 중이다. 실제로 도코모는 AR 개발업체인 미국의 매직리프Magic Leap와 자본·업무 제휴를 맺고, 이 회사에 출자해 향후 AR 기기를 일본에서 독점 판매하는 한편, 콘텐츠 플랫폼의 일본어화, 자사 계정과의 연계, 콘텐츠의 공동 개발까지도 추진할 방침이다. 매직리프에서 출시되는 AR 기기는 일단은 5G 스마트폰을 통해 데이터 전송이 이루어지는 방식이지만, 향후 지속적인 기술 개발을 통해 5G 모듈이 탑재된 완전 독립형 기기를 만들 계획이다.

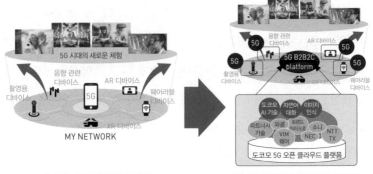

NTT 도코모의 마이 네트워크 구상 및 향후 전략 방향

5G 초기에는 스마트폰을 허브로 하여
다양한 디바이스를 연결, 체험 가치 확대

향후 5G 모듈 탑재 디바이스가 개발되면
이들을 클라우드 플랫폼상에서 통합·연결

자료: NTT 도코모, KT경제경영연구소 재작성

5G를 이미 상용화한 한국도 초기에는 5G 스마트폰을 경유해 데이터를 전송하는 기기들을 출시해 소비자들에게 5G를 통한 새로운 경험을 제공하고 있다.

2019년 6월에 출시된 웨어러블 '넥밴드형' 카메라는 전방에 2개, 후면 중앙에 1개 총 3개의 카메라가 탑재되어 최대 4K UHD 영상 촬영이 가능하다. 촬영된 영상은 기기가 직접 스티칭 작업을 거쳐 360도 영상으로 만들어준다. 목에 거는 넥밴드 카메라여서 두 손이 자유롭고, 다른 액션캠의 경우 특정 액세서리가 필요하지만 넥밴드형이기 때문에 바로 착용해 쓸 수 있다. '360 라이브 스트리밍'을 이용하면 5G 테더링을 통해 유튜브와 페이스북에 실시간 영상을 전송할 수 있어 1인 크리에이터에게 큰 호응을 얻을 것으로 기대된다.

국내 최초 4K$_{UHD}$급 독립형 무선 VR 헤드셋$_{HMD}$ '슈퍼 VR'도 5G 디바이스 보급 확대의 첨병 역할을 한다. 스마트폰 착용이 필요 없는

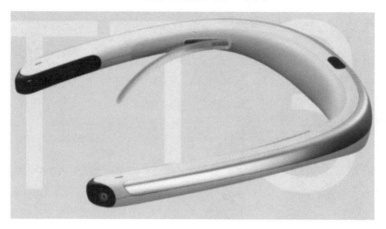

자료: KT

독립형 HMD인 슈퍼 VR은 4K 화질을 제공하는데, 5G 테더링을 통해 5G 네트워크를 사용할 수 있다. 비교적 고가인 VR HMD 대비 상대적으로 저렴한 하드웨어와 구독형 서비스 형태로 제공되는 풍부한 콘텐츠를 통해 VR 사용자 저변을 확대하는 데 주력하고 있다. VR에 대한 대중적 관심이 확산되고 어느 정도 자리 잡게 되면 이후에 5G 모듈이 탑재된 HMD 출시를 통해 5G VR을 소비자들에게 체감토록 할 계획이다.

한국과 마찬가지로 5G를 상용화한 미국 통신사들도 VR, AR 기기를 통해 5G 생태계를 확장해나가려고 전력 투구 중이다. 이동통신사인 버라이즌은 다양한 실감형 콘텐츠를 개발하기 위해 여러 회사들과 협력하고 있다. 협력 회사 중 에바코스트Evacoast는 180도에서 16대의 고화질 카메라를 사용해 사람을 비디오로 캡처한 후에 VR 기기 혹은 스마트 글라스에 3D 이미지를 제공하는 가상 피팅룸을

버라이즌이 매직리프와 개발 중인 '매직리프 원'

개발했다. 또한 서드아이 젠ThirdEye Gen은 실감 기술의 소프트웨어를 사용해 원격 지원을 제공하는 AR 글라스를 개발했는데, 향후 5G 모듈까지 탑재해 출시할 계획이다. AT&T 역시 2018년부터 매직리프에 투자했고 2019년 4월부터 매직리프의 AR 기기 '매직리프 원Magic Leap One'을 미국 내에서 독점 유통하기 시작했다. 이 기기는 현재 4G 기반이지만, 추후 5G 기반으로 고도화될 예정이다.

사회 곳곳에서 활약이 기대되는 5G

5G로 개화할 B2B 시장들

세계 최초 5G 상용화를 선언한 후 정부는 발 빠르게 이동통신사 및 통신 단말·장비 제조사 등으로 구성된 '5G플러스 전략위원회'를 출범시키고, 범국가 차원의 5G플러스 전략을 발표했다.

여기서 주목할 부분은 5G를 중심으로 한 대규모 투자와 전·후방 산업에 미칠 광범위한 파급효과다. 기존 통신 서비스가 일반 소비자와 B2C 시장 중심으로 서비스를 확대했다면, 5G는 B2C는 물론 산업 현장 및 B2B(기업 간 거래)에서도 크게 활약할 것으로 기대되고 있고, 이에 주목한 정부도 B2B 영역에서의 5G 활용을 적극적으로 지원하고 투자하겠다는 방침이다. 5G 망 구축이 단순 인프라 구축에 그치지 않고, 4차 산업혁명에 대응하면서 글로벌 기업들과 경쟁하기 위해 5G를 중심으로 국가 차원의 신성장동력을 확보하기 위한 전략이 바로 5G 플러스 전략인 것이다.

5G플러스 5대 전략 산업

구분	선정 이유 및 기대 효과
실감 콘텐츠	• 모바일 VR, AR, 대용량 클라우드 게임 등으로 미디어·엔터테인먼트 등 B2C 분야 5G 초기시장 성장 주도
스마트 공장	• 5G 초저지연, 초고속 특성 활용으로 제조 생산 라인의 유연성 강화 • 다품종·소량생산 등 수시로 변화하는 제조 공정과 비용 제약 고려 시 협업 로봇, 클라우드·AI 연계 등을 통한 제조 혁신
자율주행차	• 차량과 차량(V2V), 차량과 인프라(V2) 등 초저지연 통신을 제공해 긴급 상황 정보 공유 등 독립 주행 방식 한계 극복 지원 • 세계적 수준 국내 자동차 산업(생산량 6위)과 ICT 접목으로 5G 기반 자율 주행·인포테인먼트 시장 기회 창출
스마트 시티	• 5G 기반 교통 관제 시스템 고도화, 화물차 군집 주행, 드론·로봇 활용 배송 등 교통·물류 분야 혁신 서비스 창출 • 5G 기반 재난·안전 플랫폼으로 초고화질 영상 송·수신, 정밀측위 등 신속한 사고 감지와 실시간 현장 대응 체계 고도화
디지털 헬스케어	• 5G 활용으로 응급의료 등 실시간 대응이 필수적인 서비스 안전성과 신뢰성 확보로 의료 서비스 품질을 개선 • 모바일을 통해 건강 상태 능동적 상사 관리 지원

자료: 과기정통부

특히 정부가 추진하는 5대 전략 산업인 실감 콘텐츠, 스마트 공장, 자율주행차, 스마트 시티, 디지털 헬스케어는 5G가 우선적으로 활용되고 2020년 이후 본격적으로 시장이 개화할 것으로 예상되는 분야이므로 눈여겨봐 둘 필요가 있다.

5G로 2030년 47조 원의 사회경제적 가치 창출

5G는 4차 산업혁명의 인프라로 전 산업에 영향을 미치기 때문에 5G가 제공하는 사회경제적 가치는 규모가 크고 다양하다. 여기서 말하는 사회경제적 가치는 네트워크 사업자의 수익을 의미하는 것이 아니다. 각 산업 영역의 제조사, 소비자, 서드파티3rd Party 기업들이 5G를 통해 얻게 되는 기회와 효과를 의미한다.

KT경제경영연구소는 지난 2018년에 5G 도입에 따른 주요 산업 및 환경 변화를 분석한 「5G 사회경제적 파급효과 분석」 보고서를 발표했는데 자동차, 제조, 헬스케어, 보안, 유통, 금융 등 5G 주요 10개 산업 및 스마트 시티, 스마트 홈 등 4개 기반 환경에 대해 5G가 제공하는 사회경제적 가치는 2025년에 최소 30조 3235억 원, 2030년 최소 47조 7527억 원으로 추산됐다. 이는 해당 연도의 예상 국내총생산GDP의 약 2% 수준이며, 이미 현실화된 서비스 중심으로 수치화 가능한 편익만을 추정한 것으로 향후 새로 나타날 서비스들을 고려하면 보다 더 큰 사회경제적 효과를 기대할 수 있을 것으로 전망된다.

10개 산업 분야 중 특히 눈여겨봐야 할 영역은 스마트 팩토리를 중심으로 한 제조업 분야와 자동차 산업, 미디어 분야, 그리고 사회

KT경제경영연구소가 분석한 5G의 사회경제적 파급효과

5G의 사회경제적 파급효과, 2030년까지 최소 47.8조 원

10개 산업 42.3조 원

자율주행, 인포테인먼트 등 **자동차** 7.3조원

빅데이터, 블록체인, 핀테크 등 **금융** 5.6조원

고객 맞춤형 쇼핑, VR·AR 기반 서비스 빅데이터 기반 상권분석 고도화 등 **유통** 2.5조원

스마트 그리드, 관리 효율화 등 **에너지** 1.1조원

제조 15.7조원 생산성 향상, 스마트 팩토리 등

2.9조원 **헬스케어** 질병 예방·관리, 원격의료, 의료 빅데이터(보험, 제약 R&D) 등

5G의 사회경제적 가치 총 **47.8** 조원

2.8조원 **운송** 자율 군집 주행, 드론, 교통 관제 시스템 고도화 등

0.26조원 **농업** 스마트 팜, 데이터 기반 농업 솔루션 등

0.72조원 **보안·안전** 영상 기반 물리보안 서비스, 재난·재해 현장 구호 등

3.6조원 **미디어** VR·AR, 8K 실감형 미디어

4개 기반 환경 5.4조 원

| 스마트 시티 0.91조 원 | 스마트 오피스 3.64조 원 | 스마트 홈 0.29조 원 | 비도시 지역 0.56조 원 |

※ 5G가 제공하는 가치는 다양하지만 생산성 향상, 고객 만족도 개선 등 5G 효과를 수치로 명확하게 계산할 수 없는 경우가 대부분으로, 본 사회경제적 가치는 5G가 영향을 미칠 주요 10개 산업, 4개 기반 환경에서 수치화가 가능한 최소 수준의 가치를 분석, 상대적 가치를 비교하지 않음

문제 해결로 관심이 높아지고 있는 보안 안전 분야다.

4차 산업혁명의 대표 산업인 제조업은 5G를 통한 스마트 팩토리 혁신이 주목된다. 무선 기반 제조장비로 작업 현황을 실시간 공유하여 효율성을 높이고 AR 기반 원격 진단, 거리의 한계를 넘는 공장 간의 통합 생산 등 차세대 스마트 팩토리 도입이 본격화될 전망이다. 향후 불량률 감소 및 원가 절감, 나아가 맞춤형 생산 역량 강화를 통한 매출 증대 효과까지 기대할 수 있다.

자동차 산업은 텔레매틱스 가치 증가 등으로 2025년 3조 3000억 원, 2030년 7조 2000억 원의 가치가, 미디어 산업은 VR이나 AR 등 실감형 미디어Immersive Media 시장 성장으로 2025년 2조 5000억 원, 2030년 3조 6000억 원의 가치가 발생할 것으로 전망됐다.

한편 산업 영역 외에도 5G는 2030년 도시, 비도시, 가정, 사무실 등 우리가 생활하는 기반 환경에 최소 5조 4087억 원의 사회경제적 편익을 제공할 것으로 예상되는데, 산업 영역이 시장의 확대, 운영 비용의 감소 등에 초점을 맞추고 있다면 기반 환경의 편익은 범죄율 감소, 이산화탄소 발생 감소, 이동시간 감소 등 사회적 비용에 초점을 맞추어 분석했다.

사회문제 해결에 기여하는 5G

5G는 산업 현장뿐만 아니라 재난·재해 및 보안 등에서도 활용도가 높아 사회 전반에 산재한 여러 문제를 해결하는 수단으로 사용될 것이다. 화재 등 재난 현장에서는 효율적인 화재 진압과 인명 구조를 위해 소방대원의 원활한 의사소통이 매우 중요하다. 그러나 현재 상황은 대형 화재 발생 시 소방본부와 소방대원들이 한 개의 주파수로 교신하기 때문에 혼선이 발생할 뿐 아니라 무전기 사용이 폭주할 경우 긴급을 요하는 사항을 신속하게 공유하기 어렵다.

5G를 활용하면 화재 현장에서 소방대원-소방대원, 소방대원-지휘본부 사이의 신속한 음성·영상 통신 기술인 PTTPush-To-Talk, 그룹별 작전 수행을 지원하기 위한 그룹 통신GCSE: Group Communication System Enabler 등을 효율적으로 제공할 수 있을 것으로 기대된다.

고층 건물 내부에 위치한 소방대원의 통신 환경이 음영 지역 때문에 정보 송수신에 제한이 발생하는 경우 소방대원 간의 멀티홉Multi-hop 중계를 통해 통신 환경 보장이 가능하도록 만들 수 있다. 멀티홉이란 무선기기끼리 정보를 중계하고 전송하는 통신 체계이다. 무선 네트워킹을 이용해 통신망이 차단된 재난 지역에 와이파이를 탑재한 드론을 띄워 긴급 통신망으로 활용해 드론이 수집한 정보를 중계하고 전달하는 방식이다.

5G는 특정 트래픽에 대한 우선 제어권을 부여할 수 있어 화재 현장에 순간적으로 트래픽이 집중되는 경우 소방대원 간의 통신처럼 중요 트래픽을 우선적으로 처리함과 동시에 기존의 통신 트래픽 수용 또한 가능하도록 제어 프로세스를 작동할 수 있는 장점이 있다.

화재, 지진, 태풍 등 재난·재해 상황이 발생한 경우에는 상황 파악과 구조 작업을 진행하기 위해 통신 수요가 폭발적으로 증가한다. 그러나 통신 폭주 상황으로 휴대폰 연결이 원활하지 않거나 재난·재해로 통신망이 유실되는 경우도 있다. 보통 대형 재난 사태가 발생하면 임시 기지국 장비가 설치된 차량을 현장에 파견하는데, 도로 시설이 파괴됐거나 산림이 많은 지역에는 인프라를 복구하기까지 많은 시간이 소요된다. 통신망이 두절되면 구조자는 피해 지역에 대한 정보가 부족하고 조난자는 대피에 어려움을 겪으며 재난 상황의 골든타임을 놓치기 쉽다.

이를 위해 드론, 무인비행선 등을 활용한 상공에서의 긴급 통신망 구축이 주목받고 있다. 비행체에 기지국 안테나를 탑재해 상공에서 특정 지역에 통신 커버리지를 제공하는 것이다. 유실된 기지국 대신 다른 지역의 기지국 또는 임시로 설치된 통신 기지국 차량을 활용해 새롭게 통신망을 구축한다. 기존에 활용하던 응급통신 차량은 안테나 고도 제한으로 넓은 면적의 통신을 커버하지 못했는데, 비행체를 사용하면 고층 건물에도 통신 커버리지를 제공할 수 있다.

지진, 눈사태 등 재난·재해가 빈번한 일본이 특히 이 기술에 주목하고 있다. 총무성 주관 하에 NTT 도코모와 KDDI가 각각 기지국 기능을 탑재한 드론 기지국을 개발한 상태다. 재난 지역이 아닌 기지국 전파를 드론에 탑재한 중계 안테나가 수신해 상공에서 휴대폰 통신 권역을 만들어내는 실증실험을 추진했다.

5G는 기존 망과 달리 네트워크 슬라이싱Network Slicing 기술을 활용한 우선 제어권이 있어 구조 활동 관련 데이터에 우선권을 적용할 수 있다. 이를 통해 구조 활동에 필요한 망의 안정성을 확보함과 동시에 트래픽 과부하를 유연하게 대응할 수 있어 신뢰도 높은 통신망을 제공한다. 네트워크 슬라이싱은 5G 이동통신의 핵심 기술로, 네트워크의 도로를 소프트웨어적으로 구분해 적용시키는 것을 말한다. 도로의 폭은 그대로 두고 차선을 나누어 이용하는 것이 포인트인데, 차선 폭이 좁은 만큼 네트워크 운영 효율을 극대화하는 것이 중요하다.

[5G 활용 사회문제 해결 사례] ① 구조대원의 웨어러블 기기 활용

소방대원들이 스마트 워치, 스마트 방화복 등 웨어러블 기기를 착용하면 산소 레벨, 체온, 수분, 심장박동 수, 기타 생체 신호 등 대원들의 생체 징후Vital Sign를 현장 지휘본부에서 실시간으로 모니터링할 수 있다. 지연 없이 전송되는 생체 정보 분석을 통해 소방대원에게 발생하는 이상 징후를 감시하고 조기 대응해 안전사고를 미연에 방지할 수 있다.

현장 지휘 담당자는 무선 피트가 장착된 헬멧과 넥밴드 카메라 등을 착용해 사건 현장을 직접 보는 것처럼 파악하고, 현장 내부에서 소방대원이 파악할 수 없는 정보까지 결합해 최적의 대응 방법을 결정한다. 웨어러블 디바이스를 활용해 소방대원 위치 정보를 파악, 화재 진압과 구조 작업에 소방대원들을 전략적으로 배치하고 효율적으로 방화 및 구조 작업을 진행할 수 있다.

또한 구조 작업 현황과 화재 상황을 내부 소방관에게 효율적으로 전달해 구조 작업이 원활하게 진행될 수 있도록 돕는다. 체코 방화복 제조사 굿프로GoodPRO의 소방복 '스마트프로SmartPRO'는 주변의 온도·습도·독성 및 가스 등을 탐지할 수 있는 센서를 부착해 위험 상황을 측정 및 모니터링하고 소방관의 위치 정보를 실시간으로 공유할 수 있다. 이를 통해 소방관은 보다 안전한 환경에서 구조 활동을 펼칠 수 있게 된다.

현장 내부에 있는 소방대원과 외부 현장에 있는 지휘본부가 정보를 공유할 수 있도록 고화질 영상 수신을 보장하고 동시에 소방대원의 위치에 기반한 맞춤형 정보를 실시간으로 제공한다.

이때 데이터를 무압축 방식으로 전송하는 과정에서 발생하는 지연시간을 최소화하기 위해 HDHigh Definition보다 2배 개선된 화질인 풀HDFull HD급 영상을 무압축으로 전송할 필요가 있다. 이 경우 소방대원 1인당 약 1.24Gbps의 데이터 전송 속도Data Rate가 발생할 것으로 예상된다. 따라서 대형 화재 발생 시 소방대원이 5명만 투입되어도 기존 망에서는 데이터 처리가 불가능하다.

또한 소방대원의 바이탈 사인 정보 전송시 초저지연·고신뢰URLLC: Ultra-Reliable and Low Latency Communications 특성이 보장되는 5G를 이용하는 경우 서비스 제공이 용이하며, 헬스케어 서비스에 준하는 1~10ms 정도의 지연시간이 보장된다.

[5G 활용 사회문제 해결 사례] ② 로봇을 통한 구호 활동

2011년 일본 후쿠시마 원전 사고에서 무인기가 원자로 건물 상부를 정찰하고 로봇이 인간을 대신해 건물에 들어가 조사를 했다. 이를 계기로 재난 현장에서 로봇의 역할이 주목받고 있다. 건물 붕괴 위험이 남아 있거나 잔여 화학물질 위험이 있는 사고 현장에는 구조 대원이 들어가기 위험하다. 혹은 물리적으로 사람의 접근이 어려운 재난 현장도 있다. 이런 현장에 로봇이 다양한 형태로 도움을 줄 것으로 기대된다.

재난 현장에서 사람이 접근하기 어려운 상황에는 1차적으로 고화질 카메라를 탑재한 로봇을 원격조정해 현장 상황을 정찰하고 구조 요청자를 탐색하고 조난자 상태를 파악, 구호 물품을 전달하는 것이 가능하다. 이외에 2차 사고 방지를 위해 밸브 잠금, 스위치 조작 등의 긴급 작업을 수행하거나, 더 나아가 구조대원 진입을 위해 구조 경로상 장애물을 제거하는 작업 등을 진행할 수 있다.

작은 실수가 인명 피해와 재산 피해로 연결되기 쉬운 재난 환경에서 활용되는 로봇의 오작동은 치명적이다. 따라서 재난 현장에서는 로봇이 스스로 판단해 문제를 해결하는 것보다 사람과의 협력이 필수적이다. 재난 대응 작업은 필연적으로 다양한 집단의 상호작용에 기반한다. 즉 기존의 재난 대응 시스템에 편입해 구조대원과 호흡을 맞추는 것이 가장 중요하다. 또한 끊김 없는 통신과 초저지연·고보안성 보장이 필수적이다. 따라서 다수 로봇을 실시간으로 정밀 제어하기 위해서는 종단에서 초저지연·고신뢰로 제어 가능한 5G 망이 필수적이다.

원격지에서 접근할 때에는 현장에 대한 정확한 정보가 꼭 필요하다. 이때 로봇들이 실시간으로 촬영하는 4K 해상도의 3D 입체 영상이나 센서 정보 등을 전송하기 위해서는 초고속 대용량 네트워크 환경이 갖춰져야 한다.

[5G 활용 사회문제 해결 사례] ③ 원격 응급 진료

5G를 이용하면 응급환자 이송 과정에서 구급대원이 환자의 병력과 생체 정보를 자동 수집해 의료기관에 전달하는 것이 가능하다. 구급차에서 구급대원은 환자 감시 장치에서 수집되는 환자 혈압, 맥박, 산소포화도 등 생체 정보를 실시간으로 전송할 수 있다.

또한 응급대원은 초고해상도 카메라로 환자 상태를 촬영해 환자 의식 상태, 동공 반응 등 환자 상태와 중증도, 처지 방법을 결정한다. 이때 의료진이 직접 구조원에게 응급조치를 지도할 수 있다.

MWC 2019에서 스페인 카탈루니아 자치구는 5G 기반의 구급차를 공개했다. 구급차에는 3대의 고해상도 카메라 및 원격통신이 가능한 의료장비가 설치되어 원거리에 있는 의료진에게 실시간으로 도움을 요청할 수 있는 체계를 갖추고 있다. 향후 V2X 기능을 탑재해 병원으로의 이송에 최적화된 도로를 안내해줄 것으로 기대되고 있다.

원격 응급 진료는 환자 반응에 기민하게 반응하는 것이 핵심이기 때문에 원격수술 등 헬스케어 영역과 같이 높은 수준의 초저지연·고보안성을 요한다. 5GPPP5G Public-Private Partnership Association에 따르면 건강 정보의 원격 모니터링 서비스의 경우 30ms 이하의 지연을 보장해야 한다. 또한 응급 이동체 내에서 환자의 정보를 전송해야 하기 때문에 시속 300km가 넘는 이동 환경에서도 안정적으로 데이터를 전송해야 한다.

전문가 인터뷰(5G 사업부서)
2020년 대중들은 스마트 팩토리를 통해 진화된 5G를 체험

질문) 2020년 주목해야 할 5G와 관련된 중요한 이슈에는 무엇이 있는가?

2020년 5G의 기반 환경이 이슈가 될 것이다. 기반 환경이 업그레이드되어야 초고속, 초연결, 초저지연이라는 진화된 5G 네트워크 속성을 구현할 수 있다. 그래야만 대중들이 5G의 가치를 피부로 느낄 수 있을 것이다. 이를 위해서는 단순히 5G 기지국을 설치하는 것에서 그치는 것이 아니라 이와 관련된 기반 환경 조성과 업그레이드가 필요하다.

질문) 5G가 향후 주목해야 할 분야는 어디인가?

스마트 팩토리 분야다. 2018년에는 5G 세부 영역을 탐색하는 단계였다. 2019년에는 5G 상용화에 맞추어 B2C 서비스와 다양한 B2B 서비스들이 시작되었다. 2020년에는 B2B 영역을 중심으로 5G 서비스들이 본격화될 것으로 예상된다. 그 중 스마트 팩토리는 5G B2B 영역 확장에 결정적인 역할을 할 것으로 전망된다. 스마트 팩토리는 타 세부 영역과 비교해 집약적이다. 그렇기 때문에 투자 대비 성과가 빠르게 나올 수 있는 영역으로 주목받고 있다. 스마트 팩토리가 B2B 영역에서 5G 확산의 첨병 역할을 담당할 것이다.

질문) 스마트 팩토리를 주목해야 하는 이유는 무엇인가?

스마트 팩토리는 5G B2B 영역에서 가장 빨리 성과를 낼 수 있는 영역이다. 정부는 5G B2B 분야에서 자율주행, 스마트 시티, 스마트 팩토리를 주목하고 있다. 그중에서 스마트 팩토리는 투자 대비 성과가 빠르게 나올 수 있는 영역이다. 정부는 중소벤처기업부를 중심으로 스마트 팩토리와 관련된 예산을 2019년 3120억 원 확보한 상태이다. 2019년 8월 추경을 통해 500억 원을 추가 확보하여 스마트 팩토리를 장려하고 있다.

질문) 기업들이 5G 기반 스마트 팩토리 도입 시 체험할 수 있는 편익에는 어떤 것이 있나?

생산성 향상이다. 특히 중소기업은 인력 부족 문제가 심각하다. 주 52시간 근무제 도입으로 근로자들의 근무시간이 한정되어 있다. 이러한 인력 부족 문제를 해결하기 위해 협업 로봇 도입을 검토하는 기업들이 많다. 중소기업들은 5G 네트워크상에서 협업 로봇을 실시간으로 제어하여 전체적인 생산성을 향상시킬 수 있다. 정부에서도 스마트 팩토리 프로젝트를 통해 중소기업들이 생산성을 향상시키는 것을 지원하고 있다. 중소벤처기업부는 중소기업들이 요건에 맞추어 스마트 팩토리 추진 시 소요되는 비용의 50%를 부담하고 있다. 이를 통해 중소기업들은 저렴한 비용으로 공장의 생산성 향상을 도모할 수 있다.

질문) 5G 기반의 스마트 팩토리 사업을 추진하면서 고려해야 할 사항은 무엇인가?

스마트 팩토리에서 많이 활용되고 있는 머신 비전이나 협업 로봇은 현재 관제를 위한 데이터만 네트워크상으로 전송하고 있다. 머신 비전과 협업 로봇을 무선으로 실시간 제어하려면 초고속, 초연결, 초저지연이라는 5G의 속성들이 필요하다. 이를 위해 5G 기반기술들의 발전이 필요하다. KT는 다양한 5G 스마트 팩토리 프로젝트의 POC(기술 검증)를 진행해 5G 기반기술 발전과 도입에 앞장서고 있다.

일상이 된 AI,
'AI Everywhere'로 비상하다

| AI |

첫째도 둘째도 셋째도 AI

위기의 한국에 손정의 회장이 건넨 세 가지 해법

일본의 통신 회사이자 ICT 기업인 소프트뱅크 회장 손정의는 'ICT 정보기술로 인류를 행복하게 하자'는 원대하면서도 확고한 신념을 가지고 있다. 그리고 그 신념을 실현하기 위해 항상 새로운 ICT 기술에 주목하고 가능성이 보이는 기술에 대해서는 아낌없이 투자를 하고 사업을 추진했다. 특히 재일교포 3세로 한국에 대해 각별한 애정을 갖고 있는 손정의 회장은 한국이 경제적으로 위기를 겪을 때마다 이러한 자신의 신념을 토대로 진심 어린 조언을 해주어 위기를 극복하는 데 많은 도움을 주었다.

1998년 당시 IMF로 한국 경제가 그 어느 때보다 어려웠던 시기에 위기를 극복하고자 김대중 대통령은 당선 직후 손정의 회장을 불러 조언을 구한 바 있었다. 김대중 대통령은 "이러다가는 정말 한국이 망할 것 같은데 어떻게 하면 좋겠느냐, 손 회장이 좋은 아이디어가 없느냐"고 단도직입적으로 물어보았다. 그러자 손정의는 주저하지 않고 바로 세 가지의 방법이 있다고 말했다. "첫째 브로드밴드(초고속 인터넷), 둘째 브로드밴드, 셋째 브로드밴드입니다."

만남이 있은 그다음 주 '정보통신망에서 세계 제일이 되고 모든 학교에 인터넷 회선을 보급하겠다'고 하는 내용의 대통령령이 발표됐다. 그리고 그 후 한국의 초고속 인터넷은 세계 제일이 됐다.[1]

그로부터 20여 년이 지난 2019년 7월 4일, 손정의 회장은 또다시 한국의 청와대를 방문했다. 이번에는 일본의 화이트리스트(수출심사 우대국) 제외 조치 등으로 한일 관계가 악화되고, 이로 인해 반도체 등 한국의 주력 산업이 심각한 타격을 받을 것으로 우려되는 상황이었다. 문재인 대통령과의 만남에서 손정의 회장은 미래 한국이 나아가야 할 새로운 세 가지 해법을 제시했다.

"앞으로 한국이 집중해야 할 것은 첫째도 AI, 둘째도 AI, 셋째도 AI입니다."

손정의 회장은 "한국과 일본 모두 중국, 미국에 비해 AI 대응이 늦었다. 한국이 인터넷 강국이었던 만큼 이제는 AI 강국으로 가기 위해 노력해야 한다"고 강조하면서 "AI는 인류 역사상 최대 수준의 혁명을 불러올 것"이라며 교육, 정책, 투자, 예산 등 AI 분야에 대한 전폭적 육성을 제안했다. 또한 "젊은 기업가들은 열정과 아이디어가

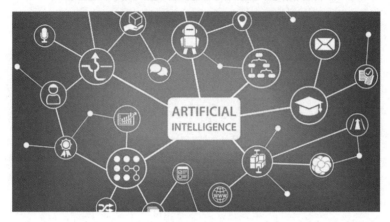

자료: imagimob.com

있지만 자금이 없다. 그렇기 때문에 유니콘(기업 가치가 10억 달러 이상인 스타트업)이 탄생할 수 있도록 투자가 필요하다. 이렇게 투자된 기업은 매출이 늘고, 이는 일자리 창출을 가져오며 글로벌 기업으로 확장될 것"이라고 AI 기업 투자의 중요성에 대해 설명하기도 했다.

AI는 자율주행·협업 로봇·블록체인 같은 신산업과 의료·바이오는 물론 군사·안보와 무기체계까지 송두리째 바꿔놓을 4차 산업혁명의 핵심이다. 미국·중국을 비롯한 세계 각국이 AI 경쟁력 우위에 서기 위해 국가 자원을 집중 투입해 'AI 전쟁'을 벌이고 있는 것도 이 때문이다. 이러한 상황 속에서 한국도 과학기술정보통신부에 AI 전담 부서를 신설하는 등 글로벌 AI 국가 경쟁력 강화를 위해 발빠르게 대응하고 있다.

AI만이 살길이다

구글, 아마존, 마이크로소프트, 페이스북, 애플 등 세계적인 ICT 기업들은 미래 성장동력으로 모두 AI에 집중하고 있다. 지난 20년 동안 AI 관련 기업을 가장 많이 인수한 기업은 구글이었다. 구글은 딥마인드를 포함해 2000년부터 2019년 5월까지 AI 관련 기업 19개 사를 인수했다. 2위는 애플로 16개사를 인수했고, 뒤를 이어 마이크로소프트가 10개, 아마존, 페이스북, 인텔, 세일즈포스 등이 각각 7개사를 인수했다.

이러한 과정을 통해 구글은 알파고를 세상에 선보였고, 아마존은 알렉사라는 AI과 함께 이를 탑재한 AI 디바이스 '에코'를 출시해 각 가정과 기업에 확산시켰다. 마이크로소프트는 10억 달러를 연구랩인 오픈 AI에 투자해 범용 AI 개발에 박차를 가하고 있다. 국내에서도 KT를 비롯한 국내 유수의 기업들이 AI 솔루션 및 서비스 개발에 주력하며 'AI 컴퍼니'로의 전환을 서두르고 있다.

중국 역시 자본력과 방대한 데이터를 무기로 AI 주도권 확보를 위해 맹추격 중이다. 미국의 데이터혁신센터Center for Data Innovation가 발표한 'AI 경쟁 누가 우승하는가? 중국, EU, 아니면 미국?Who Is Winning the AI Race: China, the EU or the United States?'에 따르면, AI 개발·연구에 있어 현재는 미국이 앞서 있지만 그 뒤를 중국과 유럽이 추격하고 있다고 설명했다. 2017년과 2018년에 벤처캐피털 및 사모펀드가 AI 관련 신생 기업에 투자한 금액을 보면 미국이 169억 달러로 가장 높았고, 그다음이 중국으로 135억 달러, 유럽은 28억 달러 규모로, AI 개발에 많은 관심이 집중되고 있음을 알 수 있다.

AI의 중요성은 주요 컨설팅 기관들이 발표한 보고서에도 잘 나타나 있다. 가트너는 '2020년 기업들이 주목해야 할 주요 전략 기술 트렌드'를 통해 10가지의 기술을 다음과 같이 제시했다. ① 초자동화Hyperautomation, ② 다중 경험Multiexperience, ③ 전문성의 민주화Democratization of Expertise, ④ 인간 증강Human Augmentation, ⑤ 투명성 및 추적성Transparency and Traceability, ⑥ 자율권을 가진 엣지The Empowered Edge, ⑦ 분산형 클라우드Distributed Cloud, ⑧ 자율 사물Autonomous Things, ⑨ 실용적 블록체인Practical Blockchain, ⑩ 인공지능 보안AI Security.

이 중 블록체인을 제외한 9개 기술이 AI와 직간접적으로 연관이 있을 정도로 AI는 향후 기업 전략 수립에서 중요한 역할을 할 것으로 기대되고 있다. 가트너는 AI를 고도의 프로세스 자동화와 인간 지능 증강 기술의 핵심 변혁 기술로 보고 '인간 중심의 스마트 공간' 구현에 있어 핵심적 기능을 수행할 것이라고 전망했다.

글로벌 컨설팅 업체인 맥킨지는 「Applying AI for social Good」이라는 보고서를 통해 AI가 전통적 비즈니스 영역과 상업적 솔루션을 넘어 사회적 문제 해결을 위한 도전에 직면하고 있는 개인과 그룹을 돕는 솔루션으로 확장할 것이라고 전망했다. 맥킨지는 160개의 AI 활용 소셜 임팩트Social Impact 창출 사례를 분석하여 AI 적용 시 파급 효과가 높은 10개의 사회문제 도메인을 선별했는데, 특히 커머셜 섹터 등에서 활발히 활용되는 컴퓨터 비전이나 대화 및 음성 인식, 자연어 이해 기술 등이 사회적 임팩트 창출에도 광범위하게 사용 가능하다고 강조했다. 안면인식 기술을 활용해 실종 아동을 찾거나 이미지 및 비디오 자동 분류 기술로 선정적 내용을 필터링하고, 숲속에서 전기톱 소리 식별로 불법 벌목을 감시 예방하는 것이 대표적인 사례이다.

'초연결 사회'에서 AI는 스피커를 넘어 모든 사물에 탑재되어 고객의 경험을 혁신하고 기업의 사업 프로세스를 트랜스포메이션 Transformation하며, 국가의 경쟁력을 강화하는 데 기여할 것이다. 소프트뱅크가 인수한 세계 2위 반도체 설계 회사 ARM은 반도체 중에서도 AP Application Processor, 즉 스마트폰에 들어가는 CPU를 설계한다. 애플이나 안드로이드 스마트폰에 사용하는 AP의 대부분은 ARM의 설계에 기반을 두고 있다. 전 세계적으로 약 30억~40억 대의 스마트폰이 사용되고 있는데, 그 스마트폰의 엔진을 100% 맡고 있는 것이 바로 ARM의 프로세서다. 그리고 이 ARM의 프로세서는 앞으로 스마트폰뿐만이 아니라 스마트 카, 사물인터넷 가전, 게임기 등 모든 기기에 들어가기 시작할 것이다.

ARM이 만든 1조 개의 AI 칩은 전 세계에 확대되고 글로벌 네트워크로 연결된다. 거기서 수집되는 데이터들은 자율적으로 학습 및 분석되어 전 지구적 패러다임 변화를 이끌어낸다. 방대한 데이터에 기반해 AI가 정확하게 예측하고 이를 통제하는 기업만이 미래를 지배할 수 있는 것이다. 이것이 바로 '첫째도 둘째도 셋째도 AI'를 강조한 이유이다.

다양한 산업과 연계하여 가치를 창출하는 'AI 생태계' 조성도 중요하다. 1000억 달러(약 120조 원) 규모의 '비전펀드'는 소프트뱅크를 포함해 아부다비 국부펀드, 애플, 폭스콘Foxconn 등이 출자했는데, ARM을 비롯해 원웹OneWeb(위성통신), 우버(차량 공유), 쿠팡(전자상

거래), PAYTM(모바일 결제) 등 다양한 분야에 투자되어 AI 기술을 발전시키는 동시에 궁극적으로는 하나의 생태계를 이루도록 연결시킨다.[2]

전자상거래 시장을 예로 보면, 비전펀드로부터 10억 달러를 투자받은 스타트업 플렉스포트는 기업을 대상으로 온라인 화물 운송 예약 서비스를 제공하는데, AI를 활용해 항공에서 해상, 트럭, 철도까지 효율 높은 운송 경로를 찾고, 최적의 수송 과정을 수행한다. 한편 보스턴 다이내믹스Boston Dynamics나 샤프트Saft가 만드는 보행 로봇은 플립카트, 토코피디아 등의 거대한 물류 창고에서 작업 로봇으로 활용될 수 있다. 이렇게 AI 생태계는 단순한 투자를 넘어 AI를 통한 자동화로 비즈니스를 혁신시키고 투자 기업들 간에서 시너지를 낼 수 있도록 환경을 조성한다.

기업들의 AI 도입도 훨씬 수월해진다. 기존에는 AI 단말을 만들기 위해 복잡한 프로그램 개발이 필요했지만, 앞으로는 클라우드 AI 플랫폼에 접속하기만 하면 음성인식부터 서비스 실행까지 처리해주기 때문에 손쉽게 AI 제품을 만들 수 있게 된다. AI 플랫폼은 음성인식, 음성합성, 자연어 처리 등과 같은 기반기술을 비롯해 생활 비서, 추천 음악 등의 서비스도 제공하고 있어 AI 도입을 원하는 기업들은 상황에 맞는 AI 기술과 서비스를 바로 이용할 수 있다.

AI는 점차 하드웨어에서 소프트웨어 플랫폼으로 거듭남에 따라 언제 어디서나 만날 수 있는 공기와도 같은 존재가 되어가고 있다. 이제 모든 기업들은 점차 범용화돼가고 있는 AI를 어떻게 차별화된 서비스로 고객들에게 제공할 것인지를 고민해야 한다. "AI를 지배하는 자가 미래를 지배한다"는 말처럼 기업들에게 있어 AI는 생존과 성장을 좌우하는 '황금열쇠'인 것이다.

'AI Everywhere'로 펼쳐지는 신세계

스마트폰 혁명이 인간의 삶에 커다란 변화를 불러온 것처럼 10~20년 뒤면 AI가 생활과 업무 전반을 송두리째 바꿔놓을 것이다. 세상 모든 지능을 연결하고 모든 사람의 역량을 강화해서 더 나은 세상을 만드는 것, 이것이 AI가 궁극적으로 지향하는 목표이다. AI를 필요로 하는 모든 곳에 AI를 제공하고, 더 나아가 5G를 통해 곳곳에 산재한 지능들을 연결해 더욱 혁신적인 AI를 만들고 플랫폼의 역할AI as a Platform을 수행하게 될 것이다. 이것은 개인 및 기업들에게 강력한 힘을 주고, 더 나은 세상을 만들 수 있도록 한다.

이를 위해 KT를 비롯한 구글, 아마존 등의 ICT 기업들은 자사의 AI 기술을 다양한 서비스와 산업 영역에 접목시켜 생태계를 구축, 확대해나가려 하고 있다. 인공지능은 더 이상 하이프hype 기술이 아니며, 몇몇 서비스나 상품에 인공지능을 적용해 기업의 혁신성을 홍보하던 시절도 지났다. 이제 기업들에게 인공지능은 미래 생존을 결정짓는 필수 지렛대가 됐다. 인공지능을 활용해 트랜스포메이션에 성공하는 기업만이 살아남는다. 이미 많은 글로벌 기업들의 미래 구상의 중심에는 AI가 자리해 있다.

구글: AI로 모두를 이롭게 하는 구글 건설하기

구글의 개발자회의I/O 캐치프레이즈는 2017년 'AI 퍼스트AI First', 2018년에는 '모두를 위한 AIAI for Everyone'를 내세웠다. AI는 이제 구글 전략 비전의 'One of Them'이 아닌 주인공 자체이다. 그리고 2019년 I/O에서 구글은 '모두를 이롭게하는 구글 건설하기Building a more helpful Google for everyone'를 선언하면서 AI 기술의 혁신성을 보여주기보다는 AI 기술의 방향성, 즉 사람 중심의 AI 기술, 책임감 있는 AI 기술, AI의 사회적 임팩트 등을 강조했다. 구글의 연구개발R&D 조직 10군데 가운데 7군데가 인공지능 관련 연구를 진행한다. 기초연구 분야의 결실은 구글 내부 효율화, 기존 서비스의 혁신, 신제품 개발 등으로 스필오버Spill Over된다. 구글은 또한 클라우드 전용 인공지능 칩 'TPUTensor Processing Unit'를 개발하는 등 인공지능을 구글 클라우드 서비스의 경쟁력 강화 무기로 활용한다.

구글의 AI 캐치프레이즈 및 비전

"모두를 이롭게 하는 구글을 건설하기"
"Building a more helpful Google for everyone"

① 전사 미션과 AI 전략의 정렬	② 책임감 있는 AI 강조	③ AI의 Social Impact 강조
구글의 미션: 전 세계 정보를 체계화하여 모두가 접근할 수 있고 유용하게 만드는 것	AI 훈련 데이터의 편향성 검증을 위한 새로운 리서치 접근법	장애를 가진 분들을 위한 접근성 강화 • 유튜브 영상 자막 제공, 'Live Caption' • 구음 장애를 돕는 '유포니아 프로젝트'
AI 비전: 모든 사람들이 삶에서 목표를 이루기 위해 AI가 유용한 도구가 되는 것 • 듀플렉스 on the web, 지메일 스마트 컴포즈 기능 등 공개	프라이버시 개선 사항: 구글 계정 상의 제어 기능 강화, 구글 맵스에서의 시크릿 모드 등	구글 AI 임팩트 챌린지 우승팀 발표 • 전 세계 각지의 사회적 효과 창출 우수 스타트업 20개 선발

자료: 구글 블로그 및 국내외 언론 종합

아마존: AI 플라이휠 전략

아마존 인공지능 사업의 전면에는 '에코Echo' 단말이 있다. 전 세계적으로 가장 많이 팔린 인공지능 음성 스피커다. 그러나 아마존 인공지능 전략의 본체는 아마존의 핵심 사업인 '커머스' 영역의 근저에 존재한다. 아마존은 연례 AI·ML(머신러닝) 관련 개발자 컨퍼런스인 're:MARS'에서 로봇과 자율주행을 강조한다. 물류센터에서 일하는 로봇들과 연내 상용화 예정이라는 드론 배송 서비스인 프라임 에어를 떠올려볼 수 있다.

또한 아마존은 내부적으로 'AI 플라이휠AI Flywheel' 전략을 강조한다. 한 부서의 인공지능 성과와 다른 부서의 인공지능 성과를 연계해 선순환 구조를 만드는 것이다. 가령 무인매장 아마존 고Amazon Go에 쓰이는 수천 대의 카메라는 사람이 진열대에서 물건을 집는 모습을 인식하는데 특화되어 있는데, 이를 다시 물류센터Fulfillment center에 적용해 작업자들이 선반에 올려놓은 물건들을 추적하는 데 사용하는 것이다.

마이크로소프트: AI 퍼스트 전략

마이크로소프트MS는 전사 전략 방향을 '모바일-클라우드 퍼스트First' 전략에서 2017년도 6월의 회계실적 보고 이후부터 AI, 클라우드 중심의 전략으로 변경했다. 마이크로소프트의 AI 사업은 다른 회사들에 비해 개방성과 실용성을 강조한다. 인공지능 기술을 기반으로 다양한 AI 애플리케이션을 구현하고 있지만, 한 축으로는 'AI 플랫폼'을 통해 파트너와의 협업을 강조하고 있다. 마이크로소프트는 AI 플랫폼상에서 개발자들이 손쉽게 고도의 AI 알고리즘을 활용할 수 있도록 개발 소스를 제공하고 'AI 스쿨', 'AI Lab', 'AI 데모 Demos' 등 교육 환경과 테스트베드 환경을 제공하고 있다.

스페인 텔레포니카: HaaC

스페인의 글로벌 통신업체 텔레포니카Telefonica는 2018년 AI 음성 비서인 아우라Aura를 전 세계 6개국에서 출시한 데 이어 2019년에는 디스플레이형 음성비서 단말인 무비스타홈Moviestarhome을 출시했다. 2020년에는 가정이 AI를 중심으로 홈 IoT, 스마트 단말들이 연계되어 다양한 생활 가치 기반의 서비스들을 향유할 수 있는 'HaaCHome as a Computer' 비전을 제시할 예정이다.

중국 바이두: 올인 AI 전략

중국의 인터넷 기업 바이두는 중국의 3대 인터넷 기업 BATBaidu, Alibaba, Tencent 중에서도 AI에 가장 많이 올인하고 있다. 실제로 바이두는 2017년부터 '올인 AIAll in AI' 전략을 추진하겠다고 선포했고, 2013년경부터 딥러닝 테스트 랩을 세우는 등 일찌감치 AI의 가치에 주목하고 있었다.[3]

바이두의 인공지능은 크게 두 축으로 활용된다. 첫 번째는 검색 등 기존 사업 영역의 경쟁력을 강화시키는 것이다. 두 번째는 하드웨어 영역으로 샤오두Xiaodu 등 스마트 스피커 영역과 '아폴로Apollo'로 불리는 자율주행 플랫폼이 있다. 최근에는 화웨이와의 AI 칩 파트너십을 체결하고, '클라우드+AI 사업' 추진을 천명하는 등 AI를 활용해 단순 소프트웨어 기업에서 한 단계 도약하려는 모습을 보이고 있다.

일본 소프트뱅크: AI 군群 전략

소프트뱅크는 약 127조 원 규모의 소프트뱅크 비전펀드 2호 설립을 발표했다. 비전 펀드 1호 사업은 2017년 118조 원 규모로 설립되어 출범 2년 동안 실리콘밸리 등지의 AI 혁신 기업에 투자했다. 손정의 회장은 2019년 결산설명회 자리에서 'AI 트래픽' 시대의 도래를 강조한다. 기존의 인터넷 트래픽은 지능이 없는 정보 교환 위주의 트래픽이었다. 그러나 AI 시대에는 데이터의 교환을 통해 예측, 추론 등 새로운 지능이 가미되게 된다. 소프트뱅크는 비전 펀드 2호 사업을 통해 이러한 AI 트래픽 또는 '지혜 인터넷' 시대를 주도할 수 있는 확장 전략을 구사할 것으로 예상된다.

소프트뱅크의 AI 군 전략 진용

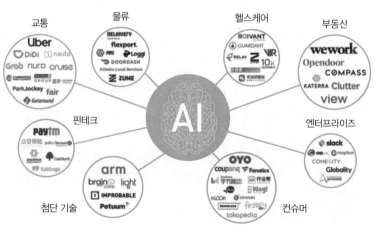

자료: 소프트뱅크, 2019년 결산설명회 자료(2019.5.9)

통신 사업자인 KT는 5G 준비와 함께 AI 사업자가 되기 위한 준비를 해왔고, 그 시작이 기가 지니 GiGA Genie였다. 특히 기가 지니는 단순히 AI 단말로서 역할하기보다는 비즈니스로의 가능성을 확장시키기 위해 다른 ICT 사업자와는 달리 IPTV 셋톱으로 시장에 론칭했다. 그리고 이제는 홈뿐만 아니라 호텔, 자동차, 고객센터 등 AI 지니를 필요로 하는 모든 곳에 탑재하고 있고 Genie Everywhere, 향후에는 서드 파티 파트너사들이 KT의 AI 지니를 활용해 더 큰 밸류를 만들 수 있도록 산업계를 위한 더 큰 플랫폼 생태계를 만들어나갈 계획이다.

KT의 AI 기술은 현재 음성인식이나 컴퓨터 비전 같은 자연적 상호작용 Natural Interaction 기술 개발에 집중하면서 궁극적으로는 지능 혁

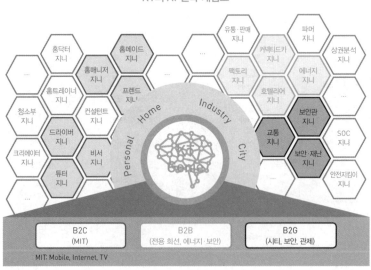

KT의 AI 전략 개념도

자료: KT

신이라는 AI 본래의 원천기술 개발을 강화해 다양한 산업계의 빅데이터를 연결시켜 분석·판단, 예측·추론 등 더 큰 지능을 창출하는 임파워링 싱킹Empowering Thinking 기술 개발에 주력해나갈 계획이다. 스스로 네트워크 장애 원인을 학습 및 분석해 상황을 예측하고 실시간으로 조치하는 AI 솔루션 닥터 로렌(유선망)과 닥터 와이스(무선망) 등과 같이 KT는 내부 효율성을 위해 개발된 AI 서비스를 향후 타 산업이나 기업 고객 등 필요로 하는 곳에 제공해 생산성을 향상시키는 식으로 생태계를 만들어나갈 방침이다. 이것은 구글이 내세우고 있는 '모두를 이롭게 하는 구글 건설하기'에서의 AI 역할과 일맥상통한다고 볼 수 있다.

'AI Everywhere'로 2030년 540조 원의 경제적 가치 창출

'AI 에브리웨어AI Everywhere'로 AI를 필요로 하는 모든 개인과 기업에 AI가 제공되고, 여기서 형성된 플랫폼을 통해 수많은 제품과 서비스가 만들어지면 엄청난 경제적 가치가 창출될 것이다.

많은 글로벌 시장조사기관에서는 미래 10년 동안 AI가 창출할 경제적 가치를 산출했는데, 세계적인 회계법인 컨설팅 기관인 PwC의 경우 2030년까지 AI가 세계 경제에 15.7조 달러(약 1경 8840조 원)를 기여할 것이라고 전망했다. 글로벌 컨설팅 업체인 액센츄어Accenture는 2035년까지 12개 국가 16개 산업 영역에서 14조 달러(약 1경 6534조 원)의 경제적 효과 창출 및 38% 이상의 기업 수익성 제고 효과가 있을 것이라고 분석하기도 했다.

세계적인 컨설팅 업체인 맥킨지Mckinsey의 글로벌 연구소Mckinsey

Global Institute 역시 2018년 9월 발간한 「인공지능이 세계 경제에 미치는 영향Notes from the frontier: Modeling the impact of AI on the world economy」 보고서를 통해 2030년 인공지능이 전 세계에 미치는 경제적 가치를 13조 달러(약 1경 5600조 원)로 추정했다.

물론 인공지능의 경제적 가치는 연구기관별로 각기 다른 데이터와 방법론을 활용해 분석하기 때문에 정확한 전망치가 상이하다. 하지만 인공지능이 기반기술로서 사회 전반에 큰 영향을 준다는 점에서는 모든 조사기관들이 맥락적으로 같은 흐름이다.

이 중 맥킨지는 AI 리딩국가 4개국의 AI 경제적 가치를 추정했는데 이 4개국은 미국, 중국, 한국, 스웨덴으로, 특히 한국의 AI 기여율을 미국 수준만큼 높이 평가하고 있다.

맥킨지는 경제적 가치를 분석하기 위해 인공지능의 활용 범위를 5개 영역으로 정의했다. 맥킨지가 분류한 5대 영역에는 컴퓨터 비전Computer Vision, 자연어Natural Language, 가상 어시스턴트Virtual Assistant, 로봇 프로세스 자동화RPA:Robot Process Automation, 첨단 머신러닝Advanced Machine Learning이 있다. 그리고 활용 여부를 판단하기 위해 인공지능 채택 및 활용 정도에 따라 4단계로 분류했다. 인공지능 관련 투자를 집행하기 시작하는 '채택Adoption' 단계, 기업들의 인공지능 관련 투자 범위를 확대하는 '확산Diffusion' 단계, 기업들이 일부 프로세스에서 인공지능을 활용하기 시작하는 '활용Absorption' 단계, 기업들이 인공지능의 5개 활용 분야를 전 프로세스에 걸쳐 완전히 활용하는 '완전 활용Full Absorption' 단계로 분류했다. 맥킨지는 세 번째 단계인 활용 단계 이상을 중심으로 인공지능의 경제 가치를 추산했다.

AI의 사회경제적 가치 분석을 위한 주요 평가 항목

미시적 요인	디지털화	
	경쟁 압박	
거시적 요인	AI 관련 지표	AI 투자
		AI 연구 활동
		AI와 자동화로 인한 잠재적인 생산성 향상
	AI 인에이블러	디지털 총자원 사용량
		혁신 기반
		인적자원
		연결성
		노동시장 구조 및 유연성

자료: Mckinsey Global Institute

경제적 가치 분석은 크게 미시적 요인Micro Factor과 거시적 요인Macro Factor으로 나눠 이루어졌다. 미시적 요인에서는 디지털화Digitalization와 경쟁 압박Competitive Pressure을 중심으로 살펴본다. 거시적 요인으로는 AI 관련 지표AI related indicators 3개와 AI 인에이블러AI Enablers 5개가 존재한다. AI 관련 지표에는 AI 투자AI Investment, AI 연구 활동AI Research Activities, AI와 자동화로 인한 잠재적인 생산성 향상Potential Productivity boost from AI and automation이 있다. AI 인에이블러에는 디지털 총자원 사용량Digital Absorption, 혁신 기반Innovation Foundation, 인적자원Human Capital, 연결성Connectedness, 노동시장 구조 및 유연성Labor-market Structure and Flexibility을 주요 지표로 분석한다.

맥킨지가 발표한 내용을 토대로 2030년 기준 한국의 AI 경제적 가

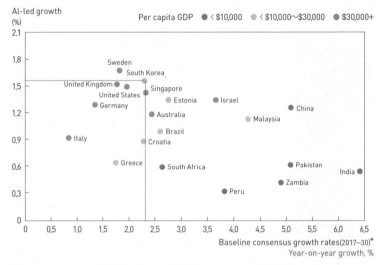

세계 주요국의 연간 경제 성장률 및 AI 도입에 따른 성장률

AI-led growth (%)

Per capita GDP ● < $10,000 ● < $10,000～$30,000 ● $30,000+

Baseline consensus growth rates(2017–30)*
Year-on-year growth, %

* Consensus based on IHS MARKit, Economist Intelligence Unit, and Oxford Economist
NOTE: Numbers are simulated figures to provide directional perspectives rather than forecasts.

자료: 맥킨지, KT경제경영연구소 재작성

치를 산출해볼 수 있는데, 맥킨지가 추정한 한국의 연평균 경제 성장률은 2.3%로 이를 2030년까지 적용해보면 2030년 기준 한국의 GDP는 2조 159억 달러이다.[4] 여기에 AI를 적극적으로 도입해 전 산업 영역에 확대시키게 되면 연평균 경제 성장률은 AI 도입 효과로 인해 약 1.6%포인트 상승한 3.9%로 증가한다. 이 증가분이 AI를 통해 창출되는 경제적 가치로 4506억 달러(약 540조 원)에 이를 것으로 전망된다. 참고로 맥킨지에서 추정한 'AI 도입에 따른 GDP 증가율'을 보면 한국이 스웨덴에 이어 두 번째로 높다. 그만큼 한국의 AI 활용 가능성을 높이 평가하고 있다는 것이다.

아울러 AI의 본격적 도입은 사람들로 하여금 더욱 효율적인 시간 활용을 가능하게 하는데, 2017년 액센츄어 분석에 따르면 AI 도입으로 노동생산성Labor Productivity은 최대 40%까지 올릴 수 있을 것으로 내다보고 있다. 인간의 개입 없이 스스로 대응하는 지능형 자동화 프로세스를 통해 가상 워크포스Virtual Workforce를 구축하고, 이로 인해 낮은 부가가치의 업무는 AI가 담당하고 인간은 고차원적인 생산 활동에 전념함으로써 노동과 자본의 생산성은 높아지는 한편, 새로운 혁신의 가능성은 확산된다는 것이다.

스스로 생각하고 판단하는 '자율 AI'로의 진화

일상의 작은 패턴까지도 파악해 분석하는 AI[5]

애플과 마이크로소프트, 구글 등 글로벌 ICT 기업을 두루 거치며 기계 학습과 패턴 인식을 연구해온 리카이푸Lee Kai-fu 박사가 저술한『AI 슈퍼파워AI Superpower』에서 "세상은 데이터의 시대age of data로 바뀌었다"고 설명하고 있다. 그리고 AI의 핵심은 이 데이터를 어떠한 알고리즘으로 분석하고 얼마나 정확하게 예측하느냐에 달려 있다고 했다. 리카이푸 박사는 AI를 데이터 원천과 알고리즘에 따라 크게 네 가지의 물결로 구분했다.

첫 번째 물결은 '인터넷 AIInternet AI'다. 인터넷 유저가 브라우징하면 '클릭 vs. 비클릭', '구매 vs. 비구매' 등으로 데이터가 자동 라벨링된다는 점을 활용한다. 유튜브, 아마존 커머스 등에 쓰이는 '추천 엔진'이 이에 해당한다. 틱톡 앱 운영업체인 중국의 AI 미디어 기업 바이트댄스Bytedance는 사용자의 클릭 데이터를 기반으로 고도의 맞춤형 뉴스피드를 제공해 시가총액이 무려 85조 원에 이른다.

두 번째 물결은 '기업 AIBusiness AI'다. 일반적인 기업들은 수십 년간 축적돼온 고객 데이터strong features들을 보유하고 있다. 여기에 AI는 전문가들도 포착하기 어려운 일상의 미묘한 패턴들weak features을 포착해 데이터화하여 기업이 보유한 고객 데이터와 결합시켜 상관관계를 분석한다. 예를 들어 대출과 관련해서 기존 금융 서비스에서는 학력이나 연봉, 직업 등 표면적으로 드러난 데이터들을 활용해 고객의 신용도를 평가했다. 그런데 중국의 신생 핀테크 업체 스마트 파이낸스Smart Finance의 AI 알고리즘은 휴대폰 타이핑 속도나 배터리 소모 등 일상에서 발생되는 생활 패턴들을 데이터화하고 이를 고객 데이터와 연결시켜 분석해 신용도를 평가한다.

세 번째 물결은 '지각 AIPerception AI'다. 지각 AI 단계는 앞선 두 단계와 달리 하드웨어가 강조된다. 가정부터 도시까지 보급된 센서와 스마트 디바이스들이 만들어내는 '수조 개의 센서 경제a Trillion-Sensor Economy'는 물리적 세계를 디지털화시키고 AI는 이를 분석하고 최적화한다.

그리고 네 번째 물결이 궁극적으로 지향하고 있는 '자율 AI Autonomous AI'다. 앞에서 설명한 세 가지 AI에서 수집되는 모든 데이터들과 고도의 알고리즘 분석을 통해 스스로 판단하고 결정하여 실행에 옮긴다. 인간의 개입이 거의 없는 '꿈의 AI' 단계인 것이다. 자율 AI는 특정 작업을 반복하는 기본 자동화를 뛰어넘어 변화하는 환경을 감지하고 동적으로 대응할 수 있다. 캘리포니아 소재 스타트업 트

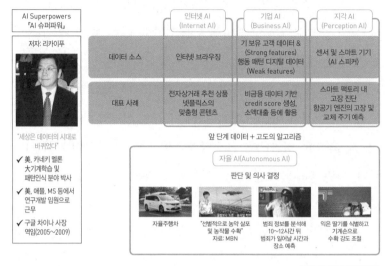

AI의 4단계 물결

AI의 핵심은 데이터와 알고리즘
비정형 데이터까지 수집 가능한 센싱 기술로 수조 개의 센서 경제의 도래
궁극적으로 AI는 스스로 결정하고 행동하는 '자율 AI'로 발전

AI Superpowers 『AI 슈퍼파워』		인터넷 AI (Internet AI)	기업 AI (Business AI)	지각 AI (Perception AI)
	데이터 소스	인터넷 브라우징	기 보유 고객 데이터 & (Strong features) 행동 패턴 디지털 데이터 (Weak features)	센서 및 스마트 기기 (AI 스피커)
	대표 사례	전자상거래 추천 상품 넷플릭스의 맞춤형 콘텐츠	비금융 데이터 기반 credit score 생성, 소액대출 등에 활용	스마트 팩토리 내 고장 진단 항공기 엔진의 고장 및 교체 주기 예측

저자: 리카이푸

"세상은 데이터의 시대로 바뀌었다"

✓ 美, 카네기 멜론 大기계학습 및 패턴인식 분야 박사

✓ 美, 애플, MS 등에서 연구개발 임원으로 근무

✓ 구글 차이나 사장 역임(2005~2009)

앞 단계 데이터 + 고도의 알고리즘

자율 AI(Autonomous AI)

판단 및 의사 결정

| 자율주행차 | "선별적으로 농약 살포 및 농작물 수확" 자료: MBN | 범죄 정보를 분석해 10~12시간 뒤 범죄가 일어날 시간과 장소 예측 | 익은 딸기를 식별하고 기계손으로 수확 강도 조절 |

자료: KT경제경영연구소

랩틱Traptic은 딸기의 흰색 점들을 판별해 잘 익은 딸기와 상한 딸기 등을 구분하고, 기계손으로 딸기가 다치지 않게 조심스럽게 수확할 수 있도록 하는 AI를 개발했다. 또한 식물 구조를 이해하고 딸기를 파지할 위치를 밀리미터의 정확도로 결정한다.

기존의 AI 연구가 주어진 명령어와 데이터에 기반해 얼마나 정확하고 효율적으로 정해진 패턴대로 행동하는지에 주목했다면, 앞으로의 AI는 주어진 환경을 분석해 스스로 판단하고 결정해 움직이는 예측과 추론 AI가 중심을 이룰 것이다. 또한 5G와 결합하면서 데이터를 실시간으로 처리하도록 하는 엣지 AI도 차세대 AI를 이끌 중요한 분야로 주목받고 있다.

• 예측 기계 AI

AI가 부상하던 초기에는 '반응형 AIReactive AI' 성격이 강했다. 사람의 언어와 문장을 알아듣고 사람처럼 반응했다. 사람처럼 물체를 식별할 수 있는 능력도 많은 놀라움을 선사했다. AI의 진정한 잠재력은 방대한 데이터에서 숨은 패턴까지 발견하는 분석 능력에 있다. 데이터에서 발견한 패턴을 미래에 적용하면 '예지豫知'가 된다. 소프트뱅크의 손정의 회장은 2019년 3월기 결산 설명회에서 AI를 '예측력Prediction'으로 정의한다. 손정의 회장은 차량 공유 서비스를 예로 든다. 차량 수요 정보를 일정한 열분포 형태의 지도로 표현한 후 이를 바탕으로 '비 오는 날 금요일 밤 7시에 뉴욕 5번가 교차로의 각 코너 지점'에 몇 명의 수요 고객이 있는지 15분 간격으로 예측한다. 이 예측 정보를 차량 주인들에게 제공하면 차량 주인들은 손님이 있을 장소로 미리 움직일 수 있기 때문에 빈 차로 도로를 주행하는 시간을 줄일 수 있다.

OECD가 작성한 「AI in Society」라는 보고서에서도 AI의 가장 주된 경제적 파급력economic characteristics으로 '예측력'을 꼽는다. 최근의 AI의 발전은 예측의 비용을 감소시키고, 예측의 품질을 높일 수 있다고 설명한다. 예측 활동은 인간의 많은 활동 영역에서 투입 요소input로 활용되기 때문에 AI의 예측력은 사회경제적인 변혁 효과가 클 것이라고 평가한다.[6]

영국 런던을 기반으로 한 데이터 과학 스타트업 미가코어Migacore는 항공사 및 온라인 예약업체들로부터 받은 빅데이터와 외환거래 등 금융 데이터, 뉴스 플랫폼, SNS 등의 정보를 종합해 AI가 여행 관련 사업자들에게 특정일에 대한 특정 항공편 수요를 미리 예측해 알려준다. 여행 관련 업체들은 이를 통해 최적화된 다이나믹 프라이싱을 추진할 수 있다.

• **추론 AI**

뉴욕대학의 게리 마커스Gary Marcus 교수는 현재의 AI를 '고도의 인풋Input−아웃풋Output 맵핑' 기술로 정의한다.[7] AI에게 데이터라는 인풋을 투입하면 AI가 학습 결과를 바탕으로 가장 정답에 가까운 아웃풋을 맵핑시켜준다는 의미다. 게리 마커스 교수는 지금까지의 AI 분야의 성과의 대부분은 이러한 맵핑 기술을 활용한 '인식Perception' 분야에서 이루어져 왔다고 평가한다.

그림의 왼쪽과 같이 자율주행차가 도로 위의 객체를 인식하는 성공률은 높다. 하지만 오른쪽의 그림과 같이 동일하게 한쪽 손을 들고 도로가에 서 있는 사람들의 의도를 인간이 추론해내는 것처럼 AI가 직관적으로 알 수는 없다.

컴퓨터 비전Computer Vision 알고리즘의 경우에도 단순히 데이터의 픽

자율주행차의 시각인식 기능으로 본 딥러닝의 한계점

AI가 할 수 있는 것   AI가 할 수 없는 것

정지   히치 하이킹   자전거 좌회전 신호

▶ 객체, 사물 인식은 능숙하나 의도 파악 불가

자료: Coursera, Andrew Ng 강의 중

셀값이 자신이 학습한 결과와 가장 매칭이 많이 되는 확률적 답안을 제시하는 방식이라고 볼 수 있다. 이미지 데이터상의 객체에 대한 고유한 지식 및 특성 자체를 이해하거나 객체와 객체 또는 객체와 배경 간의 인과관계를 이해한 것은 아니라고 볼 수 있다.

많은 AI 전문가들은 AI가 '추론' 및 '상식 활용' 능력을 갖추어야 한다고 생각한다. 일반적인 머신러닝ML: Machine Learning의 개념은 대규모의 데이터 학습을 기반으로 한다. 그러나 기계 추론Machine Reasoning은 이미 배운 지식과 개념, 지식 간의 관계를 활용할 수 있어야 한다. 즉 단순히 A를 투입했을 때 정답은 B라는 것만을 아는 것이 아니라 '파라미터 X를 변경하면 어떻게 되지?', '이 작동의 부작용은 무엇이지?' 등의 객체들 간의 관계까지 종합하여 사고해야 하는 문제에 있어서도 능력을 발휘하는 것을 말한다.

• 엣지 AI

지금까지의 AI는 중앙 집중형 클라우드 서버 방식이 주를 이루었다. 단말단에서 수집된 데이터가 AI 프로세싱을 거치기 위해서는 원거리의 클라우드 서버까지 전송되어야 했다. AI가 산업 등에 도입되면 실시간성Low-latency이 보장되어야 하는 경우가 많다. 제조업 분야에서 AI가 검품 작업을 할 경우 대용량의 이미지 데이터를 클라우드 서버까지 전송하는 과정에서 병목이 발생할 수 있다. 이럴 경우 엣지단의 클라우드 등에 컴퓨팅 능력을 구현해 전송시간 지연 및 병목을 예방할 필요가 있다.

사람의 움직임이나 대화, 표정 등을 실시간에 가깝게 감지하고 사

엣지 AI의 주요 활용 사례

홈에서 스마트 카메라는 출입하는 사람의 신원을 식별	디바이스상에서 유저 데이터를 남기지 않고 즉각적으로 얼굴 및 객체 인식	즉각적인 주행 의사 결정	유아 모니터링, 드론, 로봇, 기타 디바이스의 컴퓨터 비전 기능은 별도의 인터넷 연결 없이 상황에 반응
Edge AI Usecase nest Nest의 IQ 카메라 aws AWS의 Deep Lens	애플의 뉴럴 엔진 화웨이의 AI 프로세서	맞춤형 AI 칩 (TESLA)	(intel) Myriad X

자료: CB Insight(2019), KT경제경영연구소 재작성

람과의 상호작용이 필요한 AI 솔루션 분야에서 5G의 초저지연성이 필요하다. 예를 들어 수상한 사람을 감지해 스마트 유리에 비추는 AI 서비스를 가정해보면 유리에 표시되는 것이 1초라도 늦는다면 무용지물이 된다.

5G 망이 구축된 도로를 달리는 자율주행차를 생각해보면 5G 망이 연결된 기지국까지는 초저지연 통신을 보장받을 수 있다. 그러나 기지국에서 데이터센터까지 인터넷으로 연결되는 구간에서는 저지연을 보장받을 수 없다. 그렇기 때문에 데이터를 수집해 분석하여 처리하는 것을 최소 지연이 보장되는 구간 내에서 할 수 있도록 하는 것이 해결책이 될 수 있고, 차량과 직접 연결된 곳이 바로 '네트워크 엣지'다.[8]

엔비디아Nvidia, 퀄컴, 애플 그리고 많은 신규 스타트업들이 엣지에서의 AI 프로세싱을 실현할 독점적인 칩 개발에 매진하고 있다. 마이크로소프트는 2018년 3분기에만 자사 클라우드 서비스 '애저Azure'에 100가지의 새로운 기능을 추가했는데, 보안Security과 같은 기존 기

능 강화 측면 외에 IoT와 엣지 AI 등 새로운 기능 추가에도 중점을 두었다고 밝혔다. 엔비디아는 로보틱스와 산업 IoT 분야에서 엣지 컴퓨팅 애플리케이션 개발을 위한 'Jetson AGX Xavier'라는 이름의 컴퓨팅 칩을 출시했다.[9]

2020년 주목할 만한 AI 기술

① AI의 눈이 진화한다, 컴퓨터 비전

컴퓨터 비전Computer Vision은 컴퓨터에 시각을 부여해 이미지를 분석함으로써 유용한 정보를 생성하는 기술이다. 컴퓨터 비전 기술은 컴퓨터나 로봇 등을 통해 얼굴, 건물 등의 다양한 객체를 인식하는 데 응용되며, 인공지능 기술이 발전하면서 객체인식 기술의 진화 속도는 빨라지고 있다. 컴퓨터가 사물을 정확하게 인식해 유용한 정보를 제공할 수 있게 되면서 컴퓨터 인터페이스 변혁이 일어나고 있다. 아이폰 X에는 얼굴을 인식하는 기능인 페이스 IDFace ID가 탑재됐고, 스마트폰의 카메라를 이용한 신용카드 스캔 등의 기술이 실제로 적용되고 있다.

컴퓨터 비전은 이미지 혹은 영상 처리Image Processing 기술과는 다소 다른 개념이다. 영상 처리는 영상을 조작하는 모든 행위를 의미하지만, 컴퓨터 비전은 사람이 인식하는 것처럼 '이해'하는 것에 목적이 있다. 이미지에서 인식할 수 있도록 특징을 추출하는 것과 찾아낸 특징을 매칭하는 것이 주요 목표다. 즉 컴퓨터가 이해하도록 특징을 추출하는 행위는 컴퓨터 비전이고, 특징이 잘 나타나도록 이미지를 변형시키는 행위는 영상 처리다. 그렇기 때문에 컴퓨터 비전을 수행하기 위해서는 반드시 영상 처리가 필요하다.

컴퓨터 비전은 인공지능의 한 분야로, 딥러닝 기술이 확장한 분야라고 볼 수 있다. 영상에서 물체의 감지detection, 인식recognition, 분류segmentation, 위치location 파악을 하거나 연속 영상에서 물체를 추적할 때, 인간의 자세와 팔다리 움직임을 3차원으로 추정estimation할 때, 콘텐츠에 따라 디지털 영상을 탐색content-based image retrieval 시에 컴퓨터 비전 기술이 요구된다.

컴퓨터 비전은 먼저 인간의 눈, 시신경, 뇌가 하는 작업을 수학적으로 이해하고, 이를 그대로 혹은 비슷하게 수행할 수 있는 컴퓨터 시스템을 만든다. 최근에는 시각 정보뿐만 아니라 청각, 촉각 등 대부분의 감각 분석을 통합해서 실시한다. 구글, 애플, 페이스북, 테슬라 등 글로벌 ICT 기업들은 컴퓨터 비전에 적극적으로 투자하고 기술 개발에 매진하고 있는데, 2020년 이후에는 이를 기반으로 한 상용화 서비스들이 등장할 것으로 기대된다.

구글은 보쉬Bosch, 엔비디아 등 다양한 분야의 기업들과 협업해 탱고 프로젝트를 진행했다. 탱고Tango 프로젝트는 모바일 기기가 실제 현실 세계를 학습해나가게 하는 프로젝트로, 센서를 이용한 동작 감지, 원근 거리 이해, 시각 정보를 해석한 공간 인식 등 모바일 기기의 카메라가 사람의 눈, 시신경, 뇌가 하는 역할을 그대로 수행하게 하는 것을 목표로 했다. 스마트폰뿐만 아니라 태블릿, 웨어러블 등 모바일 기기 전체를 대상으로 실시했으며 고성능, 대용량의 컴퓨터가 아닌 일반 소비재 기기에서도 컴퓨터 비전 기술을 활용할 수 있도록 하는 상업화 기술의 초석이다.

애플의 전기자동차 프로젝트의 핵심 기술도 바로 컴퓨터 비전 기술이다. 구글, 테슬라, 혼다 등 차세대 자동차 기술에 거의 모든 업계 거물 기업들이 뛰어든 가운데 애플에서도 비밀리에 자동차 프로젝트를 시작한 것으로 알려졌다. 자동차 업계 전문가뿐만 아니라 컴퓨터 비전, 딥러닝Deep Learning 등 인공지능 전문가들이 2015년에 해당 프로젝트로 대거 옮겨 갔고, 디자인뿐 아니라 혁신적인 컴퓨터 비전 기술 상용화가 기대되는 중이다.

페이스북의 모멘츠Moments는 이미지와 비디오 속의 개개인을 인지해 이를 사용자와 매치, 수많은 파일 속에서 각자의 파일을 자동으로 관리해주는 프로그램이다. 그룹 내에서 따로 사진이나 동영상을 주고받거나 편집할 필요 없이 자동 싱크로 해당되는 사람과 공유할 수 있게 하는 애플리케이션이다. 고도의 컴퓨터 비전과 딥러닝을 이용해 컴퓨터가 이미지를 보고 판단하는 능력이 정확도 98%에 이르며, 5초 안에 8억 장 이상의 이미지를 분석한다. 궁극적으로는 웹상의 모든 이미지에서 자신의 사진이나 동영상을 자동으로 찾아주어 개개인이 온라인 사생활을 관리할 수 있게 된다.

테슬라는 자율주행차 핵심 기술을 보유하고 있는 스타트업 딥스케일DeepScale을 인수했다. 딥스케일은 저전력 프로세서를 사용하면서 매우 정확한 컴퓨터 비전 기술을 보유하고 있는 회사다. 딥스케일의 프로세서는 센서, 맵핑, 계획 제어 시스템으로 작동하며, 자동차가 주변 상황을 이해할 수 있도록 도와준다. 원래 일론 머스크Elon

Musk는 자율주행 자동차 개발에 레이저 센서LIDAR 대신 카메라 기술만으로 충분하다고 했다. 타 자동차 회사들은 레이저 센서 기술인 LIDAR를 자율주행차의 핵심 부품으로 도입하고 있는 상황인데, 테슬라는 LIDAR가 비싸고 크기가 크다고 지적하며, 완전 자율주행차는 카메라와 레이더, 초음파만으로 충분하다고 주장했다. 딥스케일 인수는 카메라를 통해 주행 도로나 물체를 인식하기 위해 필요하다는 배경에서 이루어진 것으로 보고 있다.

② 단순 업무도 생각하며 할 수 있다, RPAI

"일본의 경쟁력은 과거 세계 1위였지만 최근 30년간 급격히 저하되고 있다. 일본의 가장 큰 문제점 중 하나는 바로 노동인구가 매년 줄어들고 있다는 사실이다. 일본의 어두운 현실을 타개할 해결책으로 로보틱 프로세스 자동화RPA와 AI에 주목하고 있다."

소프트뱅크 손정의 회장은 2019년 6월에 개최된 '이매진 도쿄 2019' 기조연설에서 일본의 노동력 문제 해결의 수단으로 RPA와 AI를 결합한 'RPAI'를 강조했다.

"로봇 소프트웨어인 봇Bot은 365일, 매일 24시간 일할 수 있다는 특징이 있다. 주말도 없이 24시간 일한다는 것은 하나의 봇, 즉 한 명분의 봇으로 인간 노동시간의 5배나 더 일할 수 있다는 의미가 된다. RPA를 활용하면 하나의 봇을 통해 5명이 처리할 수 있는 업무를 수행할 수 있으며 뛰어난 생산성으로 디지털 워커당 10배의 노동력 상승 효과를 경험할 수 있다."

지금 많은 글로벌 기업들은 RPAI에 주목하고 있다. RPA란 단순반복 업무를 미리 프로그래밍한 소프트웨어를 활용해 자동화하는 기술이다. 4~5년 전부터 일본, 미국, 유럽 글로벌 기업들이 도입하기 시작해 전방위로 확산됐고, 한국에서도 2년 전부터 대기업 위주로 도입된 이후 점차 중견·중소 기업은 물론 컨설팅과 세무·회계 같은 개별 전문 직종에까지 접목되고 있다. 단순하고 반복적인 업무에 도입되고 있어 직원들의 만족도도 높고 기업의 생산성을 높여주는 역할을 하고 있다.

RPA는 반복적이고 정형적인 대량의 업무를 자동으로 처리해주는데 금융, 보험, 헬스케어, 에너지 등의 산업군에서 많이 활용되고 있다.

네덜란드 글로벌 금융회사인 ING은행은 2009년부터 RPA를 활용해 타사와의 합병 과정에서 RPA 봇을 이용해 100만 명 이상의 고객과 상품을 이동시키고 종이 서류를 디지털화했다. 호주뉴질랜드은행은 일반 감사와 인증 프로세스에 RPA를 도입해 트랜잭션 조사, 펀드 추적, 계정 조정, 펀드 리콜 등의 업무에 활용하고 있다.

글로벌 의료기기 전문 기업 보스톤사이언티픽은 서류 생성과 디지털 인보이스 발행, 인보이스의 SAP 시스템 업데이트, 데이터 입력, 보고서 요약 및 발행 과정 등 약 50개 이상의 다양한 작업에 RPA를 도입해 자동화했다. 이를 통해 연간 24만 달러(약 2억 8000만 원)의 비용을 절감했다. 독일 의료기기 기업 지멘스 헬시니어스Siemens Healthineers도 데이터 수집에 있어 오류 발생을 최소화하기 위해 RAP 봇을 도입해 다양한 소스에서 DNA 데이터나 유전 정보를 자동으로 수집하는 역할을 수행한다.

이 밖에도 월마트, 도이체방크, AT&T, 뱅가드, 언스트앤드영EY, 월그린 등 다양한 산업 분야의 글로벌 기업들이 RPA를 도입해 운영 중이다. 글로벌 컨설팅 업체 HfS 리서치에 따르면, 전 세계 RPA 시장은 2019년 23억 4400만 달러(약 2조 7700억 원)에서 2022년 43억 800만 달러(약 5조 1000억 원)로 성장할 전망이다.

최근 들어 RPA는 단순한 자동화를 넘어서 AI와 결합해 판단이 필요한 업무 영역으로 확대되고 있다. 즉 사람처럼 인지하고 생각하는 RPA인 것이다. 사람이 데이터를 수집하고 분석해 행동으로 옮기는 것처럼 RPAI는 RPA 기술을 바탕으로 빅데이터를 수집·분석해 비즈니스 프로세스를 개선한다. 예를 들어 RPA 업무 자동화를 위해 문서를 인식할 때 데이터의 위치를 코딩으로 지정해줄 경우 위치가 변경되면 오류가 발생한다. 하지만 AI를 도입해 학습을 시키면 위치가 변경되어도 데이터를 인식할 수 있다. 게다가 학습이 진행될수록 데이터 인식에 대한 정확도는 점점 더 높아진다. 초보적인 단순 업무에서 한 단계 더 진화된 '사고를 요하는 단순 업무'까지도 RPAI로 처리할 수 있게 되는 것이다.

손 정의 회장은 "이미 기업들은 RPA를 통해 단순반복 업무에서 이미 인간 10배의 생산성을 보이고 있다"고 설명하며 "RPA와 AI가 접목된 RPAI는 25배까지 효율이 올라갈 것"이라고 전망하기도 했다. 소프트뱅크그룹은 2020년 말까지 4000명분의 RPAI 기반 디지털 워커를 도입하기로 결정했다.

KT 역시 RPAI를 컨택센터에 접목시킨 자동화 솔루션 'KT AICCAI Contact Center'를 통해 상담에 소요되는 시간을 줄여 생산성을 높였다.

기존에는 고객이 컨택센터 상담원과 상담을 시작할 때 상담원이 고객의 이름, 생년월일 등의 정보를 직접 확인하느라 시간이 걸렸었다. 그런데 본인 확인 절차에 있어서 AI가 고객의 목소리를 듣고 바로 인증해주는 '목소리 인증'을 도입함에 따라 상담 건당 24초 걸리던 시간이 5초로 크게 단축되는 효과를 거두었다. 또한 고객 상담 내용 분류 및 상담 요약 등의 업무 자동화를 통해서도 15초 정도의 소요 시간을 단축해 연간 약 40억 원의 비용 절감 효과가 예상되고 있다. 이처럼 RPAI는 생산성 제고에 핵심적 역할을 제공하는 기술로 많은 주목을 받고 있어 향후 기업 내 도입이 확산될 것으로 전망된다.

③ 인간의 뇌를 모방하다, 인공신경망

무엇이든 물어보면 척척 막힘없이 대답을 하는 사람을 종종 보게 된다. "저 사람은 정말 박학다식博學多識하네"라며, 그 사람의 뇌 속에는 얼마나 많은 지식과 정보가 들어 있을지에 대해 감탄하기도 한다. 그러면서 뇌에 컴퓨터 칩을 끼워 필요한 지식을 그때마다 꺼내 쓸 수 있으면 어떨까 하는 말도 안 되는 상상을 하기도 한다. 그런데 이 상상을 현실로 옮기고자 한 이가 있다. 바로 테슬라의 CEO인 일론 머스크다.

2019년 7월, 일론 머스크는 자신이 1억 달러(약 1175억 원)를 투자한 기업 뉴럴링크Neuralink의 기자간담회에서 뇌와 컴퓨터를 연결하는 기술을 공개했다. 뉴럴링크는 2016년에 일론 머스크가 비공개적으로 1억 달러를 투자해 설립한 BCIBrain-Computer Interface, 뇌–컴퓨터 인터페이스 스타트업이다. 뉴럴링크가 발표한 기술은 침습형 BCI로, 머리카락 4분의 1 두께의 얇은 실 모양의 전극을 뇌에 이식해 무선으로 컴퓨터와 신호를 주고받는 기술이다. 기존에는 딱딱한 바늘 같은 전극을 뇌에 삽입했는데, 이것은 장기적으로 뇌 손상을 불러일으킬 수 위험이 있었다. 뉴럴링크는 머리카락보다 얇은 미세 폴리머 소재를 사용해 이 같은 문제를 해결한 것이다.

뉴럴링크가 목표로 하는 것은 인간 대상 BCI 기술을 통해 무선으로 데이터를 전송하는 것이다. 이 기술로 장애를 극복하는 플랫폼을 만들어 신체 마비, 절단 등으로 고통을 겪는 환자를 로봇 의수와 연결해 다시 움직일 수 있도록 해주거나 시각·청각·언어 장애 등을 겪는 사람을 돕고자 하는 것이 일론 머스크의 생각이다. 뇌에 삽입된 센서로 데이터가 전송되면 환자는 생각만으로 문자 메시지를 입력하거나 마우스 커서를 움직이고, 웹 페이지를 탐색하는 게 가능해질 거라는 것이다.

일론 머스크는 "궁극적으로 우리는 AI와의 공생을 이룰 것"이라고 밝혔는데, 장기적으로 뇌와 컴퓨터를 연결하는 BCI 기술을 통해 인간과 AI를 결합하는 방식으로 두뇌 이용을 극대화시키겠다는 계획이다.

공상과학 영화에나 나올 법한 일론 머스크의 원대한 계획이 당장 실현되기는 어렵겠지만 인간의 뇌를 닮은 AI의 핵심인 인공신경망을 개발하고자 하는 노력은 많은 기업들에 의해 진행 중이다.

인공신경망artificial neural network은 기계 학습과 인지과학에서 생물학의 신경망에서 영감을 얻은 통계학적 학습 알고리즘이다. 쉽게 말해 인간의 신경 구조를 모방해 만든 머신러닝 기법이다. 인공신경망은 시냅스의 결합으로 네트워크를 형성한 인공 뉴런(노드)이 학습을 통해 시냅스의 결합 세기를 변화시켜 문제 해결 능력을 가지는 모델 전반을 의미하기도 한다.

인공신경망은 데이터 관찰로부터 원하는 함수를 추론하는 데 사용할 수 있다. 이것은 매우 복잡한 데이터를 사용하거나 사람의 주관적인 판단이 필요한 부분에 유용하게 사용될 수 있다. 함수 추론이나 회귀분석, 시계열 예측, 근사 모델링, 패턴 인식, 인공기관의 움직임 조정이나 로봇 제어, 컴퓨터 수치 제어 등에 많이 활용되는데, 최근에는 의료 분야, 특히 여러가지 암 진단에 이용되고 있다. 인공신경망 기반 폐암 검출 시스템은 암 진단의 정확성과 속도 향상을 이루었고 전립선암에도 사용됐다. 이 시스템은 많은 환자의 데이터로부터 특정한 모델을 만들어서 해당 모델과 특정 환자를 비교해 진단한다.

실제로 구글은 인공신경망 기반 'LYNA_{Lymph Node Assistant}'라는 AI를 훈련시켜 다른 건강한 림프절에 전이될 위험이 있는 유방암을 진단하도록 하고 있다. 그런 다음 암의 병기를 알아보는 TNM 분류법으로 암이 얼마나 퍼졌는지 상태를 알아본다. 전이성 림프절 단계는 1~4단계로 분류되는데, 이때 아주 작은 수준의 전의는 겨우 38%만 인간 의사가 발견할 수 있다. 의료진이 각기 다른 슬라이드를 여러 번 검토할 시간이 없기 때문이다. 이런 경우 LYNA가 큰 도움이 된다. LYNA는 암이 없는 슬라이드로 전이된 암을 99% 탐지했고, 암이 어떤 위치로 전이됐는지 정확하게 짚어냈다. 그중 일부는 너무 작아서 숙련된 병리학자들도 알아보기 힘든 위치였다. LYNA는 인간 병리학자가 놓친 암 전이 부위를 탐지해 최종 진단을 내리는 데 도움을 준다.

인텔은 2019년 7월에 디지털 뉴런 800만 개를 활용한 신경 모방 시스템 '포호이키 비치Pohoiki Beach'를 공개했다. 인간의 뇌신경 구조를 모방한 컴퓨팅 기술을 하드웨어로 구현한 AI 시스템으로, 그래프 검색이나 복잡한 수학 연산 처리 등에 유용하다. 기존 중앙처리장치 CPU보다 최대 약 1000배 빠르고, 에너지 효율은 100배나 좋다. 인텔은 2019년 말에는 디지털 뉴런 개수를 1억 개로 늘릴 계획인데, 실현만 되면 AI의 한계로 계속 지적돼온 계산량과 방대한 에너지 소비 문제가 어느 정도 해결될 것으로 보인다.

인간의 신경망을 모방해 만든 뉴럴 네트워크neural network[10]는 2020년 이후 더욱 진화 발전해 로봇 청소기, 세탁기, 냉장고, 에어컨 등 다양한 제품에 탑재될 전망이다. 뉴럴 네트워크는 인간의 뇌 신경망을 모방해 딥러닝 알고리즘의 처리성능을 획기적으로 개선했는데, 영상과 음성 데이터를 종합적으로 처리하고 학습해 사용자의 감정과 행동에 대한 인식을 고도화하고 상황을 판단해 맞춤형 AI 서비스 제공이 가능해진다. 스스로 학습하고 추론도 할 수 있어서 네트워크가 연결되지 않은 상황에서도 AI가 환경 분석을 통해 기능을 수행한다.

오늘날 AI는 스마트폰과 스피커에 국한되지 않고 스마트 가전, 자동차 등 다양한 제품과 학교, 병원, 스포츠 경기장, 공공시설 등 주위의 모든 환경에 도입되는 등 일상 곳곳에서 우리의 삶을 편리하게 또 안전하게 해 주고 있다. 더 나아가 사회적 약자가 일상생활에서 겪는 사회문제까지도 AI 기술을 활용해 해결하고 있어 AI의 활용도는 점점 더 확대될 것이다. 수많은 AI 사례 중 앞으로 우리 생활 속에서 '집사' 역할을 충실히 할 것으로 기대되는 일상 속 AI 사례를 소개한다.

맞춤형 쇼핑 서비스를 제공하는 AI 스피커

아마존의 에코, 구글의 구글 홈, KT의 기가 지니 등 AI 스피커는 전 세계에 7800만 대[11]가 판매될 만큼 이제 대중화의 길로 접어들었다. AI 스피커의 주 용도는 아직까지 음악 감상이나 가전기기 제어가 중심이다. 그런데 AI 스피커가 사용자 정보와 구매 이력, 상품 정보, 현재 유행 등을 종합 분석해 사용자에게 맞는 제품을 추천하면서 새로운 쇼핑 플랫폼으로 주목을 받고 있다.

KT 기가 지니는 사이트나 앱에서 열람된 관심 상품을 파악해 고객들에게 추천 쇼핑 서비스를 제공한다. 추천 쇼핑 서비스를 실행하면 연계된 홈쇼핑 채널을 기반으로 카테고리별 베스트셀링 상품, 신제품, MD 추천 상품, 굿딜 등 고객에 맞는 다양한 제품을 추천한다. 이를 위해 기가 지니는 빅데이터 분석으로 데이터 속 고객의 숨은 의미를 파악하고, 고객이 선호하는 제품을 파악한다. 그런 다음 데이터들을 머신러닝에 학습시킨다. 알고리즘을 정교화시키면 AI가 실시간으로 수집되는 데이터를 바탕으로 스스로 학습해가며 고객들에게 의미 있는 추천 상품을 제공할 수 있다.

AI 스피커는 지금 TV에 나오는 제품을 고객이 음성으로 주문하면 바로 쇼핑할 수 있도록 도와줄 수도 있다. 드라마를 시청하다가 여주인공이

인공지능 기반 추천 쇼핑 서비스

"지니야,
추천 쇼핑 실행해줘!"

자료: KT

입고 있는 옷이 맘에 들어 바로 구매하고 싶다면 AI 스피커에 "지니야,
지금 드라마에 나오는 여주인공이 입고 있는 옷을 주문해줘"라고 말만
하면 된다. PC로 검색할 필요도, 홈쇼핑 채널에 전화를 할 필요도 없다.
음악, 홈 IoT에 이어 쇼핑 플랫폼으로까지 점차 영역을 확대하고 있는 AI
스피커는 이제 각 가정에 1대 이상 보급되어 '생활 속의 AI 집사'로 자리
매김할 것이다.

안면인식으로 개찰구를 통과하는 중국의 지하철역

출퇴근 시간 때마다 붐비는 지하철역. 특히 교통카드를 터치하며 들어가
고 나오는 개찰구는 승객들의 대기 행렬로 더욱 혼잡하다. 중국의 실리
콘밸리라고 불리는 선전시 지하철도 출퇴근 시간대에 많은 사람이 이용
하고 있어 굉장히 붐비는데, 선전시 푸텐역에서는 AI의 얼굴인식 기술을
이용해 결제하는 시스템을 실험 중이다. 시민들은 출입구에 설치된 태블
릿 PC 크기의 화면에 얼굴을 인식해 지하철을 탈 수 있다.

이 시스템이 본격적으로 도입되면 사람들이 붐비는 출퇴근 시간대에 더

얼굴인식을 활용한 지하철 탑승 시스템

중국 선전시 푸텐역
출입구에 설치된
화면에 얼굴인식

자료: 홍콩사우스차이나모닝포스트

욱 효율적으로 지하철을 이용할 수 있는데, 선전시는 하루 500만 건까지 지하철 탑승을 위한 빠른 결제가 가능할 것으로 기대하고 있다.

안면인식을 통해 결제를 하기 위해서는 승객이 자신의 얼굴 정보를 사전에 등록하고 이 정보를 결제 수단과 연결시켜야 한다. 안면인식 결제 기능은 이미 중국에서 많이 활용되고 있다. KFC 항저우점에서는 안면인식만으로 상품을 결제할 수 있다. 안면인식 시스템을 고도화하기 위해서는 충분한 이미지 데이터를 머신러닝에 학습시켜야 한다. 데이터를 충분히 학습한 AI 알고리즘은 탑승구에 설치된 카메라를 통해 지하철 탑승객의 이미지를 인지하고 분석해 탑승객을 확인한 후 자동으로 탑승객의 연결 계좌를 통해 요금을 부과하게 된다.

쉬지 않고 돌아다니며 매장 내 문제점을 해결해주는 AI 관리 로봇

수많은 종류와 다양한 형태의 물건들로 가득한 마트 안의 상품들을 일일이 관리하는 것은 쉬운 일이 아니다. 게다가 일손이라도 부족하면 물건이 다 떨어진 진열대의 재고 보충조차 쉽지 않다. 그래서 등장한 것이 AI 기반 매장 관리 로봇이다.

매장 관리 로봇은 센서를 이용해 사람과 장애물을 피해 매장을 돌아다니며 제품들이 잘 진열되어 있는지 머신 비전 기술을 활용해 조사한다. 또한 매장 진열대들을 확인해 재고를 보충해야 할 때를 알려주며 진열 중인 제품에 이상이 있는지 확인한다.

미국 스타트업 뱃저 테크놀로지스Badger Technologies는 매장 관리 로봇을 개발해 Food Lion 슈퍼마켓 체인에 공급하고 있는데, 많은 노동력이 필요했던 매장 관리 업무가 매장 관리 로봇을 활용하면서 효율적으로 변화하고 있다.

매장을 관리하는 AI 로봇을 개발하기 위해서는 자율주행 기술, 센서, 머신비전 등이 필요하다. 센서를 바탕으로 로봇은 매장 내에서 사물과 공간을 파악해 자율적으로 움직인다. 또한 로봇은 매장 안을 돌아다니다 문제를 발견하면 이미지 캡처 기술을 이용해 매장에 물건이 떨어져 있거나 위험물이 있는지도 파악한다. 이런 작업은 마트 자산이 파손되거나

슈퍼마켓을 관리하는 매장 관리 로봇

자료: Badger Technologies

손님들이 다치는 일을 막을 수 있다. 문제를 발견한 로봇은 즉시 매장 직원에게 이 사실을 알리고 문제가 완전히 해결될 때까지 로봇은 자리에서 대기한다.

매장 관리 로봇은 머신 비전 기술을 활용해 매장 선반을 촬영하여 재고 상태를 확인할 수도 있다. 로봇이 진열대 한 구간을 스캐닝하는 데 필요한 시간은 약 90초로 이는 일반 직원의 같은 업무 수행 시간보다 월등히 빠르다. 재고 보충이 필요하면 직원들에게 정보를 제공해주어서 효율적으로 매장 관리를 진행할 수 있다.

졸음 운전을 방지하는 안전지킴이 AI

최근 5년간 국내 고속도로 사망사고의 원인을 살펴보면 졸음 및 주시 태만이 65.9%로 가장 높았다. 졸음 운전만 막을 수 있다면 대형 사고 발생률은 크게 낮아질 수 있다.

운전자가 졸거나 운전 중 산만해지면 AI가 이를 알아채고 경고를 해주는 솔루션이 등장해 주목을 끌고 있는데, AI가 운전자의 상태를 계속 확인하고, 집중력이 떨어지거나 졸게 되면 소리와 화면으로 경고하게 된다. 상황이 위급하다고 판단되면 AI가 직접 차량 통제권을 가져가 운전자 대신 차량을 조작할 수도 있다.

기존의 졸음 운전 방지 기술은 부착형 팔찌나 착용 센서를 주로 활용했지만, 이제는 AI 컴퓨터 비전 기술로 운전자의 얼굴과 표정을 인식하고, 센서 기술로 온·습도 등 환경 데이터까지 종합해 분석하는 고차원적 기술로 발전했다.

AI 컴퓨터 비전 기술이 탑재된 카메라는 운전자의 얼굴과 표정 변화를 관찰하고, 적외선 센서는 운전자의 체온이 떨어지는지 여부를 감지한다. 또한 환경 센서는 차내 밝기를 감지한다. 체온이 떨어지거나 실내 조명이 어두워지면 졸음 발생 가능성이 높아지기 때문이다.

일본의 한 전자 회사는 사람이 졸음이 올 때의 얼굴 표정과 움직임, 눈

운전자의 얼굴을 인식해 졸음 정도를 파악하는 인공지능 시스템

인공지능 카메라가
운전자의 표정, 목각도,
자세 등을 분석해
'산만도', '졸음', '하품',
'감정 상태' 등을 분석

자료: Affectiva, 인공지능 신문

깜박임에 대한 다양한 측정 결과를 AI에 학습시켜 AI 기반의 졸음 방지
시스템을 구축했다. AI는 졸음을 측정하는 얼굴 표정 및 눈꺼풀 움직임
과 관련된 1800개의 매개변수를 추출할 수 있게 되었고, 이를 통해 운전
자의 현재 졸음 및 15분 후의 졸음 수준까지 분석할 수 있다.

AI로 농사 일을 한결 수월하게

농사에 ICT 기술을 접목시킨 스마트 팜 분야에서 최근에는 AI를 도입해
농사 일이 더욱 효율적이고 수월하게 진화하고 있다.

미국에서는 옥수수, 콩, 목화밭에 뿌리는 농약의 양이 매년 14억 kg이
넘는 것으로 집계되고 있다. 잡초 제거도 중요하지만 농약의 유해 성분이
체내에 들어갈 위험도 무시할 수는 없다. 그래서 등장한 것이 AI 트랙터
로봇이다.

AI 트랙터는 상추 밭을 지나면서 싹이 돋기 시작한 상추와 그 옆에서 싹
이 돋은 잡초를 구분한다. 잡초가 있다는 것을 확인한 후에는 트랙터 기
계를 이용해 정확히 제거한다. AI 로봇을 사용할 경우 농작물에 살포되
고 있는 제초제량을 90% 줄일 수 있다. 미국 캘리포니아 주의 팜와이즈
FarmWise가 개발한 레터스봇은 상추 밭을 지나면서 1분 동안에 5000장
의 장면을 촬영하고, 사진 정보를 바탕으로 0.02초 만에 상추 싹과 잡초

팜와이즈가 개발한 잡초 자동 식별 및 제거 로봇

자료: FarmWise, AGDAILY

싹을 정확하게 구분해낸다. 이렇게 학습된 지식을 바탕으로 상추 싹 부근에서 함께 자라나고 있는 다양한 잡초 싹들을 정교하게 제거해낼 수 있다.

AI의 이미지 인식 기술을 이용하면 농작물의 병해를 진단하고 치료할 수도 있다. 농부들이 농작물의 사진을 올리면 AI가 병충해 패턴을 발견한 뒤 정확한 병명으로 진단하고 그에 맞는 치료법을 알려준다. AI를 활용해 농부들이 병충해를 잘못 판단하는 것을 방지하고, 전문적인 지식을 전달해 농작물이 제대로 된 치료를 받을 수 있도록 지원한다.

AI 기능 탑재 드론으로는 정확하게 농작물의 상태를 파악하고 그에 꼭 맞는 비료 살포가 가능하다. 드론과 땅속 센서를 통해 토양의 온도와 습기, 농작물의 영양 상태 등 자료를 모으고, 이 자료를 AI가 분석해 농작물 수확량을 극대화하는 비료 및 물을 뿌리는 시점과 위치 등을 판단한다. AI 드론은 바람의 강도에 따라 조절해 약제 낭비가 거의 없고, 최근에는 농약 10리터를 뿌릴 수 있는 대형 드론도 개발되어 넓은 지역도 살포가 가능하다.

AI로 기업에 맞는 인재를 채용한다

최근 많은 기업이 인재 채용에 AI를 활용하고 있다. 예전에는 지원자들의 인적 사항을 분류하고 등급을 매기는 정도에 활용했다면, 이제는 자기소개서를 읽고 분석하거나 면접을 통해 지원자의 발언이 거짓인지 아닌지까지 판단할 수 있다.

AI는 자기소개서 분석을 통해 먼저 기본적인 검사를 수행한다. 맞춤법 오류, 반복 단어 등의 결함을 찾아내어 수만 건의 자기소개서에서 채용 담당자가 발견하기 힘든 문제의 소지가 있는 부분을 AI가 자동으로 걸러 낸다. 지원한 기업의 기업명을 잘못 작성하거나 경쟁사 기업명을 기재하는 경우도 잡아낼 수 있다.

표절 검사도 가능하다. 인터넷에 올라온 자기소개서 예시를 그대로 쓰거나 다른 사람이 작성한 자기소개서를 베껴서 제출했을 경우 80% 이상 표절 여부를 확인할 수 있다. 기업마다 기준은 다르지만, 일반적으로 20% 이상의 표절률을 보이면 서류 전형에서 탈락한다. 전체 표절률이 낮더라도 문항별 표절률이 40% 이상이라면 탈락 처리될 수 있다.

AI 기술의 진화로 자기소개서 평가까지도 이루어질 수 있다. 물론 최종 결정은 인사 담당자가 하지만, AI는 사람의 최종 결정을 지원하는 기초 분석을 수행한다. 기 합격한 우수 지원자의 자기소개서를 분석해 자기소개서의 문장을 능력, 경험, 신념, 지원 동기 등 분류에 따라 점수를 매기고, 그 점수로 기준을 정해 대상자를 선정하는 것이다. AI의 평가가 절대적일 수 없지만, 채용 담당자나 면접관이 빠르게 지원자를 파악하는 데는 도움을 줄 수 있다. AI가 자기소개서를 분석해 다양한 평가 요소들을 자동으로 정리하면 기업은 투입되는 비용, 인력, 시간을 현저하게 줄일 수 있다. 지원자 입장에서도 사람의 선입견과 편견이 제외된 객관적인 평가를 받을 수 있다는 점에도 메리트가 있다.

KT도 채용 절차의 객관성을 높이기 위해 지원자의 서류 검토에 AI 시스템을 도입하여 자기소개서를 분석해 지원자의 직무와 인성 부합도 등을 평가하고, 표절 여부 등을 검수한다.

AI는 서류 심사뿐만 아니라 면접에도 활용되고 있다. 국내 주요 기업 150개 및 대학교 등에서는 신입사원 및 신입생 선발에 AI 면접을 도입하고 있는데, 이들은 면접관 성향이나 선입관에서 벗어나 채용 면접에 객관성을 높이기 위해 AI를 활용하고 있다.

AI 면접은 마이크, 웹캠이 설치된 컴퓨터만 있으면 어디서나 가능하다. 면접은 특정 사이트에 접속해 본인 인증 절차를 마친 후 주어진 질문에 답변하는 방식으로 진행된다. 기업은 기본 성향, 상황 대처, 전략 게임 등의 질문을 하는 과정에서 머신러닝을 통해 사내 고성과자의 성향 데이터와 면접자를 비교 분석한다.

KT 지니뮤직은 신입사원 공채에 AI 기반의 인적성 검사를 도입했다. 검사 과정에서 입력된 지원자의 영상 정보와 음성 정보를 실시간으로 분석하는데, 답변 시 표정과 목소리를 빅데이터 기반으로 분석해 지원자의 성향 등을 파악할 수 있다. 또한 전략 게임 수행을 통한 뇌신경과학 알고리즘 기반의 통합 역량을 과학적으로 분석하고 평가할 수 있다. '블록 쌓기', '원반 쌓기' 등을 하거나 '화면 속 인물의 기분 맞추기' 등의 전략 게임을 통해 대인관계 능력을 예측하고 직무 적합성을 평가한다. 이 과정에서 입력된 지원자의 영상 정보와 음성 정보를 실시간으로 분석해 대면적 신뢰도를 측정함으로써 면접 시 면접관의 성향이나 선입관으로 인해 발생할 수 있는 오류를 줄이고, 공정하고 객관적인 평가로 우수한 역량을 지닌 인재를 선발할 수 있다.

AI를 활용한 인재 채용이 전 세계적으로 확산되고 있는 추세이지만, 창의적이고 각 기업에 맞는 최적의 인재를 발굴하기 위해서는 보다 정교하고 합리적인 알고리즘 개발이 필요하다. AI는 수많은 지원자가 만들어놓은 데이터 분석을 통해 최적점을 도출하는 도구이기 때문에 오히려 AI가 축적한 데이터에 기반한 정형화된 인재만 양산할 수 있는 부작용도 있을 수 있다. 채용 진행 과정에서 소요되는 시간과 비용 등을 절감할 수 있는 장점이 존재하지만 기업에게 가장 필요한 창의적이고 윤리적인 인재를 확보하기에는 아직 본질적 한계를 지니고 있다. 이 때문에 구글, 아마존, 페이스북은 우수한 지원자를 선발하기 위해 채용 심사 과정에 수개월을 투입하고 수많은 면접관을 육성, 교육시켜 면대면 면접도 강화하고 있다. AI는 기업의 인재 채용에 있어 공정성과 정확성을 높이는 데 큰 도움을 줄 수 있다. 하지만 AI에게만 인재 평가의 모든 것을 맡겨서는 안 된다. 지원자의 역량을 검증하기 위해 다양한 면접 방식을 도입하고 AI의 알고리즘도 기업 기준에 맞게 더욱 세밀하게 개발해야 한다. 그래야만 4차 산업혁명에 맞는 최고의 인재를 적재적소에 맞게 활용할 수 있을 것이다.

2장

새로운 시장이 열린다,
비즈테크

개인 미디어로
돌파구를 찾다
| VR |

VR, 영화 속 상상에서 현실 속 가상으로

SF 영화에나 나올 법한 기술들이 현실화되고 있는 시대다. 1980년 대를 강타했던 영화 〈백 투 더 퓨처〉 시리즈에는 지금은 일상이 된 화상 통화가 미래 기술로 등장한다. 그뿐만이 아니다. 지면을 떠다니는 스케이트보드, 신발끈을 자동으로 묶어주는 운동화 등 영화적 상상에 불과했던 기술들이 현실화되며 우리의 삶이 더욱 다채로워지고 있다.

가상현실VR: Virtual Reality 또한 영화적 상상의 대명사다. 〈백 투 더 퓨처 2〉(1989)에도 VR이 등장하며, 2018년 개봉작 〈레디 플레이어 원〉에서는 더욱 화려한 VR의 미래가 펼쳐진다. 흥미로운 사실은 두 영

1989년작 〈백 투 더 퓨처 2〉의 VR(좌)과 2018년작 〈레디 플레이어 원〉의 VR(우)

자료: 영화 〈백 투 더 퓨처 2〉(좌), 〈레디 플레이어 원〉(우)

화 모두 명감독 스티븐 스필버그Steven Spielberg의 지휘 아래 제작된 영화라는 점이다. 실현 가능한 상상을 스크린으로 옮기는 그의 능력을 생각해보면 〈레디 플레이어 원〉 속 VR의 미래가 현실화될 날도 그리 멀지 않아 보인다.

〈레디 플레이어 원〉의 등장인물들은 오아시스OASYS라는 'VR 세계 속 가상공간'에서 만나 '현실 세계의 동작'으로 컨트롤되는 게임을 즐기며, 자신을 대표하는 '아바타'를 통해 소통한다. 영화의 토대가 되는 이 설정은 현실 속에서 각각 소셜 VR, 룸스케일 VR, VR 아바타의 형태로 실현되고 있다.

소셜 VR은 멀리 떨어진 이용자들이 VR 공간에서 만나 다양한 활동과 소통을 즐기는 서비스이며, 룸스케일 VR은 공간 전체를 활용하는 VR 기술로 최근 출시되고 있는 6-DoF 기반의 VR HMD가 주도하고 있다. 6-DoF는 고개의 움직임만 인식했던 3-DoF와 달리 이용자의 위치와 주변 환경을 인식해 보다 역동적인 VR 체험을 가능케한다. VR 아바타는 이모티콘 같은 단순한 모델링에서 나아가 실제 이용자의 얼굴을 똑같이 모사하거나 현재의 표정을 인식하는 수준으로

DoF Degrees of Freedom
VR의 트래킹 기술 용어로, VR을 통해 인간의 시선 및 움직임 등을 구현한 기술 수준을 의미한다.
HMD Head Mounted Display
머리에 착용하는 형태의 디스플레이 장치. 대부분의 VR 기기는 HMD의 형태로 구현된다.

진화해 소통의 재미를 높이고 있다.

현재 VR은 VR만의 가치를 제공하는 개인용 미디어로 진화 중이다. 기존 VR이 스마트폰이나 TV로 즐길 수 있는 콘텐츠를 보다 몰입된 환경에서 '시청'하는 데 중점을 두었다면, 미래의 VR은 소셜 VR, 룸스케일 게임 등 VR 특화 콘텐츠와의 '상호작용'에 초점을 맞추고 있다. 1968년 이반 서덜랜드 Ivan Sutherland에 의해 최초의 VR HMD가 탄생한 이후 반세기 만에 이룩한 성과다.

2020년부터 시작될 퍼스널 VR 시대

모바일 기기의 반열에 올라선 VR HMD

'슈퍼마리오'와 '포켓몬스터'로 잘 알려진 게임 회사 닌텐도. 현 게임 시장 최고참인 닌텐도에도 지우고 싶은 과거가 있으니, 바로 세계 최초의 개인용 VR 게임기 '버추얼 보이 Virtual Boy'다. 1995년 출시된 버추얼보이는 40년이 넘는 닌텐도 게임기 역사에서 가장 저조한 판매량인 전 세계 77만 대에 그쳤다. 닌텐도 창업 이후 현재까지 유일하게 100만 대 판매를 달성하지 못한 제품이다. 닌텐도의 처참한 실패 후 개인용 VR 시장은 약 20년간 침묵을 지켰다.

그렇게 20년간 잠잠했던 시장에 신생 HMD 제조사 오큘러스 Oculus가 출사표를 던진다. 오큘러스는 2012년 개발자 버전의 VR HMD인

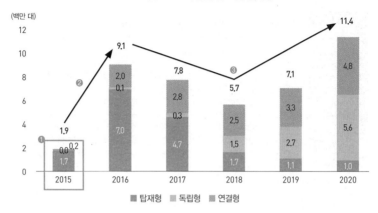

2015~2020년 HMD 타입별 글로벌 판매량

(백만 대)

■ 탑재형 ■ 독립형 ■ 연결형

자료: IDC, KT경제경영연구소 재구성

'리프트 DK_{Rift Development Kit}'를 공개하며 명맥만 이어가던 VR 시장에 활기를 불어넣었고, 2014년에는 글로벌 플랫폼 기업 페이스북에 인수되며 큰 화제가 됐다. 페이스북과 오큘러스에 의해 재점화된 개인용 VR 시장은 이후 크게 세 번의 변화를 거쳐 지금에 이르게 된다.

• 1기_모바일 탑재형 HMD로 시장 개화

역설적이게도 개인용 VR 시장의 본격적인 개화는 리프트 DK와 같은 연결형 HMD가 아닌 저가의 모바일 탑재형 HMD에 의해 이뤄지게 된다. 2014년 6월 구글이 출시한 '카드보드_{Cardboard}'와 2014년 9월 삼성이 출시한 '기어 VR'이 모바일 탑재형 HMD의 대표 주자들이다. 복잡한 연결이나 설정 없이 기존에 사용하던 스마트폰을 끼우는 것만으로도 누구나 손쉽게 VR 체험이 가능했고 무엇보다 VR을 즐기기 위해 수십만 원에 달하는 비용을 쓸 필요가 없다는 장점이

모바일 탑재형	• 스마트폰 등 모바일 디바이스를 HMD에 장착하는 방식 • 가격은 가장 저렴하나, 활용 가능한 VR 콘텐츠 및 활용성이 제한적 • 삼성 '기어 VR', 중국 '폭풍마경', 구글 '카드보드' 기반 HMD 등
PC/콘솔 연결형	• PC나 콘솔 등 고성능 컴퓨팅 기기에 HMD를 유선으로 연결하는 방식 • 우수한 성능과 다양한 VR 콘텐츠가 장점이나 HMD 및 주변 기기가 고가 • HTC 'VIVE', 오큘러스 'Rift 시리즈', 소니 'PlayStation VR' 등
독립형	• 스마트폰이나 PC·콘솔과 연결하지 않고 독립적으로 활용 가능한 HMD • PC·콘솔 연결형에 비해 낮은 가격이 장점이나 동적 VR 콘텐츠에 제한 • 오큘러스 'Go' 및 'Quest', HTC 'VIVE Focus', 피코 'G2' 등

있었다.

하지만 그에 따른 단점도 존재했다. 스마트폰의 디스플레이를 눈 가까이에서 봐야 했기에 콘텐츠 품질에 대한 불만이 많았고 배터리 문제, 발열, 불편한 인터페이스 등 사용 시의 불편함도 컸다. 또한 동적으로 제작된 VR 콘텐츠를 고정된 시점으로 봐야 했기에 어지럼증을 호소하는 이용자들도 많았다. 모바일 탑재형 HMD가 VR 시장 개화에 기여한 것은 사실이지만 한편으로는 VR에 대한 부정적 인식을 심어준 계기가 된 것이다.

• 2기_PC·콘솔 연결형 HMD로 시장 급성장

그로부터 1년 뒤인 2016년, 고성능으로 무장한 PC·콘솔 연결형 HMD들이 출시되면서 부정적 인식들이 반전되기 시작했다. 오큘러스의 '리프트Rift CV(개발자 버전 이후 4년 만에 정식 출시된 소비자 버전)', HTC의 '바이브Vive', 소니의 '플레이스테이션PlayStation VR'이 같은 해에 출시됐다. 연결형 HMD들은 고성능 게임 구현을 위해 고가 책정이 불가피했고 센서, 컨트롤러 등 주변 기기 비용도 무시할 수 없는 수준이었다.

2016년 VR 시장은 연결형 HMD의 높은 가격 부담에도 불구하고 전에 없던 급성장을 맞이하게 된다. 연결형 HMD는 이미 게임에 대한 지불 의사가 높은 헤비 유저들을 겨냥한 제품일뿐더러 이 시기 VR이 새로운 엔터테인먼트로 확산되면서 VR 게임룸 등 새로운 시장도 열리게 됐기 때문이다.

연결형 HMD가 개인용 VR 시장의 초석을 다진 이후 이를 대중으로 확산하기 위한 많은 시도들이 있었다. 그럼에도 여전히 높은 가격과 VR에 대한 부정적 인식이 진입장벽으로 작용하며, VR 시장은 2016년 한 번의 급성장 이후 이렇다 할 재도약의 계기 없이 지속적인 부진을 겪게 된다.

• 3기_독립형 HMD로 성장 정체 해소

2018년부터 보급되기 시작한 독립형 HMD들은 판매 부진을 해소하는 결정적 계기가 된다. 새로운 VR 경험을 자신만의 HMD로 확대하고자 했던 많은 소비자들이 중저가 독립형 HMD를 구매하기 시작했고 이를 계기로 2019년 VR 판매는 다시 증가 추세로 돌아서게 된다.

2019년 현재까지 오큘러스의 'Go', HTC의 '바이브 포커스VIVE Focus' 등 별도의 연결 없이 무선으로 이용할 수 있고 가격도 현저히 낮아진 제품들이 대거 출시돼왔다. 연결형 HMD가 제공하는 고사양 게임 대신 영상 시청과 가벼운 게임, 그리고 소셜 VR에 특화된 개인용 미디어로서의 활용도가 매력으로 작용하고 있다. 독립형 HMD는 복잡한 사용성과 높은 가격에 부담을 느끼는 소비자들을 두루 만족시키며 VR의 확산을 견인 중이다. 이에 2020년에는 연결형 HMD의 판매 대수도 상회할 것으로 보인다.

5G가 예고하는 VR 콘텐츠의 혁신

5G 상용화는 ICT 시장의 많은 변화를 예고하는 사건이었다. 단순히 네트워크가 초고속으로 빨라지는 수준을 넘어 초저지연, 초연결의 속성을 바탕으로 우리가 보고 즐기는 콘텐츠의 형태까지 바꿀 수 있는 혁신이기 때문이다. 가장 큰 수혜는 VR에 돌아갔다. 제조사, 통신사, 플랫폼 사업자 가릴 것 없이 많은 업체들이 VR을 5G의 킬러 콘텐츠로 지목했기 때문이다.

5G의 '초고속·대용량'은 진정한 VR 구현에 가장 필요한 속성이다. VR은 정지 화면을 기준으로 가로 약 3만 개, 세로 약 2만 4000개로 구성된 총 7억 2000만 개의 픽셀 정보를 필요로 한다. 여기에 좌우 회전까지 고려하면 약 25억 개의 엄청난 픽셀 정보를 감당해야 한다. 또한 1초당 60개에서 120개의 프레임을 처리해야 화면이 흐리게 변하는 모션 블러Motion Blur 현상을 막을 수 있다.

따라서 일반적으로 VR 영상은 기존 영상 대비 약 4배 많은 데이터 용량을 소비하며 적어도 800Mbps 이상의 데이터 전송 속도가 필요하다. 2018년을 기준으로 한국의 LTE 평균 다운로드 속도가 150.68Mbps[1]임을 감안하면 5G 없이는 구현하기 힘든 수준이다.

그다음 중요한 5G의 속성은 '초저지연·고신뢰'이다. 각종 스포츠 경기, 드라마 감상, 게임 구동을 VR로 실감나게 경험하기 위해서는 고화질 영상뿐만 아니라 높은 FPS_{Frame Per Second, 1초당 프레임 수} 기반의 영상 제공이 필요하다.

VR 영상을 60FPS로 구현하기 위해서는 16.67ms 이내의 전송이 필요하게 되고 이를 위해서는 초저지연의 5G 통신망이 필수다. LTE 네트워크의 지연시간이 평균적으로 30~50ms임을 감안하면 1~4ms 수준의 5G 지연시간은 획기적인 감소라고 할 수 있다.

퍼스널 VR의 개막을 위한 결정적 요인들

2020년에는 기존 VR의 한계들이 개선되면서 본격적인 VR의 대중화가 시작될 전망이다. 특히 디바이스 분야의 획기적인 발전이 변화의 흐름을 견인하고 있다. 5G 탑재 모델의 등장, 6-DoF 기술의 확산, 디바이스 가격의 하락 등 2020년부터 시작될 VR 시장의 변화는 멀게만 느껴졌던 '퍼스널 VR'의 개막을 앞당길 결정적 요인으로 꼽힌다.

• 5G 탑재 모델의 등장

결론부터 말하자면, 2020년 이후 5G 탑재 모델을 출시할 계획이라고 공식 발표한 제조사는 아직 나타나지 않았다. 하지만 칩 제조사 퀄컴이 VR을 지원하는 5G 전용 칩을 공개하면서 5G 탑재 모델 출시를 위한 기술적 토대는 마련된 상황이다.

퀄컴이 2018년 12월 출시한 '스냅드래곤_{Snapdragon} 855'는 VR, AR, AI 등 차세대 기술을 지원하는 세계 최초의 5G 전용 칩이다. 스냅드래곤 855 탑재 모델은 초고속, 초저지연 네트워크를 기반으로 VR 콘텐츠를 구현할 수 있다. 스냅드래곤 855는 무겁고 불편한 착용감과 유선 연결로 인한 활용성 제한으로 시장 확대에 어려움을 겪고 있는 VR HMD에 혁신을 가져다줄 것으로 기대된다.

또한 퀄컴은 2019년 2월 개최된 MWC 2019를 통해 스냅드래곤 855 생태계의 확대를 위한 이니셔티브를 출범했다. 다양한 VR 사업자들이 참여한 가운데 대만 제조사 에이서Acer의 신규 VR HMD '에이서 뷰어Acer Viewer'와 중국 제조사 피코Pico가 개발 중인 VR HMD에 가장 먼저 스냅드래곤 855가 탑재될 예정이다.

• 6-DoF 기술의 확산

5G 탑재가 다가올 미래의 혁신이라면, 6-DoF 기술의 확산은 현재진행형 혁신이다. 특히 2019년에는 VR 시장의 대세가 3-DoF에서 6-DoF로 이동하는 행보들이 눈에 띈다.

삼성의 기어 VR, 오큘러스의 Go 등 VR 초기 확산에 기여한 기존 보급형 VR HMD들은 대부분 3-DoF 트래킹 기술을 채택해왔다. 이용자의 시선만을 표현할 수 있는 3-DoF의 특성상 게임, 체험 등 이동과 움직임이 필요한 콘텐츠를 즐길 때는 두통과 어지럼증을 동반하기도 했다. 또한 다양한 움직임을 통해 재미를 주는 룸스케일 VR을 즐기려면 6-DoF가 채택된 고가의 VR HMD를 구입하거나 VR 게임룸을 방문해야 했다.

그러나 2019년부터 보급형 VR HMD에도 6-DoF가 도입되는 사례가 등장하기 시작한다. 오큘러스는 2019년 5월 출시된 400달러(약 48만 원) 중저가 모델인 '퀘스트Quest'에 6-DoF를 채택해 주목을

- **3-DoF**
움직임을 고정한 채 목을 원점으로 시선의 상하(Roll), 좌우(Yaw), 기울임(Pitch)만을 표현. 착석한 상태로 영상 감상 등 정적인 콘텐츠를 즐기기 적합.
- **6-DoF**
인간의 시선(3-DoF)뿐 아니라 사이드 이동(X), 위아래 이동(Y), 앞뒤 이동(Z)까지 표현 가능. 공간을 이동하면서 게임, 체험 등 보다 동적인 콘텐츠도 활용 가능.

끌었다. 6-DoF의 도입으로 어지럼증 문제가 개선됐을 뿐만 아니라 가정에서도 손쉽게 VR 게임룸 수준의 룸스케일 VR 구현이 가능해졌다.

• 디바이스 가격의 하락

반면 이러한 현상을 걱정하는 목소리도 존재한다. 5G 탑재와 6-DoF로의 개선은 결국 VR 디바이스 가격의 상승으로 이어지고, 따라서 개인용 VR의 대중화는 더욱 늦어질 것이라는 우려 때문이다. 하지만 최근 들어 VR HMD의 가격이 점차 하향 평준화되는 등 대중들의 선택의 폭을 넓혀주는 긍정적인 변화들이 발견되고 있다.

고성능 VR HMD의 가격 하락을 주도하고 있는 대표적인 사업자는 바로 오큘러스다. 앞서 언급한 퀘스트는 게임에 특화된 우수한 성능에도 불구하고 400달러에 출시됐으며, 2019년 3월 'GDC(게임개발자회의) 2019'를 통해 공개한 '리프트 S'도 퀘스트와 같은 400달러 수준의 가격으로 공개됐다. 특히 리프트 S의 경우 600달러(약 72만 원)였던 전작의 가격대를 3분의 2 수준으로 내렸으며 별도로 구매해야 했던 위치 센서를 기기 내에 탑재해 소비자들의 비용 부담을 크게 낮췄다는 강점이 있다.

2019년 오큘러스의 주도로 VR HMD의 가격 선이 400달러 안팎으로 낮아지면서 2020년부터는 시장 점유율 확보를 위한 VR HMD 제조사 간의 가격 전쟁이 심화될 것으로 보인다. 젊은 얼리어답터들의 전유물이었던 VR이 누구나 쉽게 구매할 수 있는 일상 기기로 바뀌면서 VR 시장은 또 한 차례의 성장 국면에 다다른 것이다.

격랑의 시기를 지나 순풍을 탄 VR 시장

도입기를 지나 성장기에 진입한 VR 시장

• 시장 규모

시장조사업체 슈퍼데이터SuperData(시장조사업체 닐슨Nielson의 자회사)에 따르면, 2019년 글로벌 VR 시장 규모는 약 62억 달러(약 7.4조 원)를 기록했다. 향후 VR 시장은 연평균 성장률CAGR 38%로 꾸준히 성장해 2022년에는 약 163억 달러(약 19.5조 원) 규모에 육박할 전망이다. 이를 VR 하드웨어와 소프트웨어 시장으로 구분해보면 향후 VR 시장 구조의 변화를 감지할 수 있다.

2019년까지 고성장을 기록하고 있는 VR 하드웨어 시장의 성장세는 조금씩 하강하는 반면, VR 소프트웨어 시장은 2020년에 VR 하드웨어의 성장세를 뛰어넘는 높은 성장률을 기록할 전망이다. VR 시장의 고질적인 문제로 지적돼왔던 킬러 콘텐츠의 부재 역시 2020년을 기점으로 점차 해결돼갈 것으로 보인다. 또한 2022년 이후

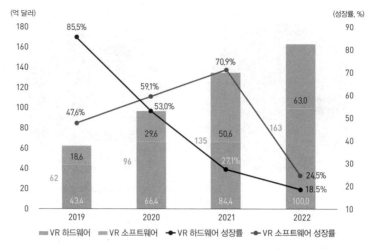

2019~2022년 VR 시장 규모 및 분야별 성장률 전망

자료: SuperData, KT경제경영연구소 재구성

에는 VR 시장이 성숙기에 접어들며 견조하게 성장해나갈 것으로 예상된다. 스마트폰 시장이 시장 개화 이후 약 7년 만에 성숙기에 접어들었음을 감안하면 묘한 기시감이 느껴지는 대목이다.

• 주요 사업자 점유율

2015년부터 시작된 VR 시장 주도권 경쟁이 어느덧 5년차에 접어들었다. 많은 사업자들의 각축전을 거쳐 현재 VR 시장은 소니, 오큘러스, HTC, 삼성 등 주요 4개 사업자가 주도하고 있다. 4개 사업자를 중심으로 본 2018년 VR 시장 점유율 1위는 소니이며, 그 뒤를 오큘러스, 삼성, HTC가 이어받고 있다.

주목할 만한 사실은 이 결과가 바로 전년도인 2017년의 시장 점유율과는 판이하게 다른 양상을 보이고 있다는 점이다. 2017년 시장

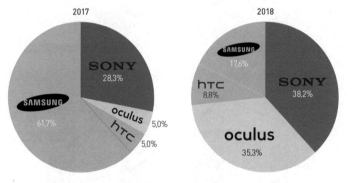

2017~2018년 VR 주요 사업자 시장 점유율 변화

자료: SuperData, KT경제경영연구소 재구성

점유율에서 압도적인 1위를 차지하고 있던 삼성은 1년 뒤인 2018년에는 3위로 밀려났고, 반대로 2017년 시장 점유율 하위권을 맴돌던 오큘러스는 단 1년 만에 VR 시장 2위 사업자로 뛰어올랐다. 오큘러스의 급성장은 탑재형 HMD 시장의 감소 추세와 맞물려 출시된 Go의 선전 덕분인 것으로 해석된다.

다양한 HMD 라인업을 무기로 앞세운 오큘러스와 강력한 콘솔 경쟁력을 무기로 한 소니의 2파전 양상은 앞으로 더욱 심화될 전망이다. 실제로 슈퍼데이터는 오큘러스의 퀘스트가 출시 당해인 2019년에만 약 130만 대의 판매고를 기록할 것이라고 예측했다.[2] 소니의 경우 플레이스테이션 VR의 2019년 3월 기준 누적 판매가 약 420만 대를 돌파했으며 이는 2019년 1분기에만 약 50만 대를 판매한 수치다.[3] 이러한 오큘러스와 소니의 양강 구도, 계속되는 HTC의 추격 등 VR 시장의 변화를 이해하기 위해서는 VR 사업자들의 동향을 예의주시할 필요가 있다.

2nd Society, 2nd Segment 그리고 2nd Screen

해외_VR 콘텐츠 고도화로 수익화 단계에 진입

• 오큘러스_2nd Society: VR 인구 10억 명을 목표로 소셜 VR 주력

2014년 페이스북의 인수 이후에도 하위 사업자에 머물렀던 오큘러스는 오랜 시간 갈고닦은 경쟁력을 바탕으로 2018년부터 본격적인 파상공세를 펼치고 있다. 오큘러스는 'VR 인구 10억 명 확보'[4]를 목표로 비게이머들을 위한 개인용 VR에 주력 중이다. HMD 분야에서는 라이트 유저와 헤비 유저를 모두 만족시킬 수 있도록 모델군을 다각화하고 있으며, 콘텐츠 분야에서는 소셜 VR 서비스로 차별화에 나섰다.

이를 위해 오큘러스는 어떤 사업자보다도 빠르게 HMD 라인업 구축을 완료했다. 2018 5월 출시한 Go를 시작으로 2019년 3월에는 리프트 S, 5월에는 퀘스트를 출시하며 고사양·저사양 시장과 연결형·독립형 시장까지 모두 아우르는 촘촘한 라인업을 보유하게 됐다. 지금까지 오큘러스가 출시한 VR HMD 모델별 포지셔닝을 정리하면 다음 페이지 표와 같다.

또 한 가지 주목할 점은 모든 디바이스의 가격이 400달러(약 48만 원)를 넘지 않는다는 사실이다. 동급의 HTC 디바이스가 100만 원에 육박[5]한다는 점을 고려하면 가격 경쟁력 또한 매우 우수하다. 오큘러스는 고성능의 HMD를 낮은 가격에 출시하며 VR 대중화를 통한 시장 기회 발굴까지도 염두에 두고 있는 것으로 보인다.

오큘러스 VR HMD 모델별 포지셔닝

Go		2018년 5월	199달러(32GB) 249달러(64GB)	저사양 (3-DoF, 동영상)	독립형
Rift S		2019년 3월	399달러	고사양 (6-DoF, 게임)	연결형 (고사양 PC 필요)
Quest		2019년 5월	399달러 (64GB)	고사양 (6-DoF, 게임)	독립형

현재 오큘러스는 HMD뿐 아니라 VR 플랫폼, VR 콘텐츠 영역으로도 영향력을 확대 중이다. 특히 VR의 미래라고 불리는 소셜 VR 분야에서는 경쟁사들 중 가장 앞선 모습이다. 대표적인 예가 바로 2019년 10월 공개한 '호라이즌Horizon'이다. 호라이즌은 기존 소셜 미디어의 모든 요소를 집약한 소셜 VR 서비스로 먼 거리의 VR 이용자들이 하나의 가상공간에 모여 아바타로 소통하거나 게임, 이벤트 등을 함께 즐길 수 있다.

현재 오큘러스 스토어에는 이와 같은 소셜 VR을 포함해 약 1000개 이상의 전용 앱이 등록돼 있다. 오큘러스 스토어는 다양한 독점 콘텐츠를 바탕으로 오큘러스의 차세대 수익원으로 부상 중이다. 페이스북의 VR 총괄 앤드류 보스워스Andrew Bosworth는 "퀘스트 출시 2주 만에 500만 달러(약 60억 원) 규모의 콘텐츠 매출이 발생했다"[6]고 언급하기도 했다.

• HTC_2nd Segment: 소비자 시장을 넘어 기업 시장으로 확장

오큘러스의 전략이 개인용 VR 시장에 대한 선택과 집중이라면, HTC는 이와 상반된 확장형 전략을 추진하고 있다. 영상, 게임 등 개인용 엔터테인먼트 기기로만 인식되고 있던 VR을 기업용으로 확대하는 이례적인 행보다. 이것이 가능한 이유는 HTC가 VR 사업자 중 가장 우수한 HMD 성능과 플랫폼 경쟁력을 보유하고 있기 때문이다.

특히 2019년에는 기업용 VR HMD를 대거 공개하며 B2B 시장에 진출하고자 하는 강한 의지를 보이고 있다. HTC는 2019년 6월 기업용 시장을 겨냥한 '바이브 프로 아이VIVE Pro Eye'와 '바이브 포커스 플러스Vive Focus Plus'를 잇따라 출시했다. 바이브 포커스 플러스 출시 행사에서는 VR HMD를 실제 의료 실습과 안전 교육에 사용하는 사례를 포함시켰고, 바이브 프로 아이에는 산업용 AR 기기에 공통적으로 포함된 아이-트래킹Eye-Tracking, 시선 추적 인터페이스를 탑재했다. 현재 아이-트래킹은 양손의 자유를 통해 산업 현장의 다양한 작업을 돕고 있다.

HTC의 또 다른 무기는 바로 플랫폼이다. 현재 HTC는 VR 게임을 전담하는 '스팀Steam' 플랫폼과 뛰어난 확장성의 '바이브포트Viveport' 플랫폼을 함께 운영 중이다. HTC의 VR 게임을 전담하는 스팀은 미국 게임 업체 밸브Valve가 서비스하고 있는 글로벌 1위 온라인 게임 유통 플랫폼으로 약 1700여 개의 유명 타이틀을 보유하고 있으며, 현재까지도 HTC 핵심 플랫폼으로 협력 중이다.

바이브포트는 다방면에 걸친 VR 특화 콘텐츠를 바탕으로 HTC 확장 전략의 구심점 역할을 하고 있다. 2018년 9월에는 경쟁사 오큘러스의 리프트에 바이브포트를 개방했고, 2019년 6월에는 마이크로소프트의 AR 기기인 WMRWindows Mixed Reality[7]에도 바이브포트를 연동했다. 특히 WMR과의 협력은 VR과 AR 플랫폼이 연동된 최초

HTC가 출시한 기업용 VR HMD

VIVE Focus Plus(2019년 4월)			VIVE Pro Eye(2019년 5월)		
독립형	6-DoF	799달러	연결형	6-DoF	2000달러

사례로 바이브 앱 개발자들이 WMR에서 구동 가능한 콘텐츠를 만들 수 있도록 했다.

또한 HTC는 바이브포트를 바탕으로 VR 시장에 구독형 서비스를 정착시키기 위한 노력을 기울이고 있다. HTC가 2019년 4월 출시한 '바이브포트 인피니티Infinity'는 월 12.99달러(약 1만 5000원)로 600개 이상의 VR 콘텐츠를 즐길 수 있는 업계 최초의 구독형 VR 서비스다. HTC의 목표는 2019년 말까지 바이브포트 인피니티를 통해 전체 매출의 80%를 달성하는 것이다.

국내_ 2nd Screen: VR을 개인용 스크린으로 확대

HMD 제조사들이 VR 시장을 주도하고 있는 해외와 달리 국내는 통신사를 중심으로 VR 시장이 형성돼 있다. 오큘러스와 HTC 등 글로벌 제조사들이 HMD 기술력을 바탕으로 새로운 VR 경험을 제공하고 있다면, 국내 통신사들은 각 사의 모바일 미디어 플랫폼을 VR로 확대한 '2nd 스크린으로서의 VR'에 더욱 무게를 두고 있다.

국내 통신사들은 모바일TV, IPTV, 음악, 게임 등 다양한 분야의 미디어 서비스를 보유하고 있을 뿐 아니라 세계에서 가장 빠른 5G 상용화를 시작한 만큼 VR 서비스 경쟁력도 높은 수준이다. 더욱이 통신 3사 모두 VR을 5G의 킬러 콘텐츠로 지목하고 관련 투자와 파트너십을 강화하고 있어 향후 국내 VR 시장의 성장에도 크게 기여할 것으로 보인다.

2019년 국내 VR 시장에서 가장 적극적인 행보를 보여주고 있는 사업자는 바로 KT다. KT는 국내 통신사 최초로 4K HMD 및 콘텐츠, 전용 요금제가 통합된 VR 서비스를 제공 중이다. 2019년 7월 출시된 KT의 '슈퍼 VR'은 독립형 HMD '피코 G2 4K'를 기반으로 넷플릭스 같은 월정액 VR 요금제를 도입했다. 슈퍼 VR에는 VR 게임Super VR Game, VR 영상Super VR Watch, 올레TV 모바일,[8] 그리고 IPTV인 올레TV까지 탑재돼 있으며, 월정액 가입자의 경우 매월 새로운 4K 영상, 게임 등을 업데이트 받을 수 있다.

통합된 VR 서비스를 출시한 KT는 슈퍼 VR의 콘텐츠 다양성 확보를 위한 파트너십에도 주력하고 있다. 영화 〈기생충〉을 제작한 바른손이앤에이와 협력해 다양한 결말로 이어지는 '멀티엔딩 VR'을 제공

KT가 출시한 VR 서비스 '슈퍼 VR'

	HMD	독립형 HMD 'Pico G2 4K'(해상도: 3840X2160 / 가격: 49만 원)	
	요금제	월 8800원에 모든 VR 콘텐츠를 자유롭게 이용 가능	
	콘텐츠	영상	VR 영상 월 100편 / 대화면 최신 영화 월 5~10편 / 올레TV 모바일 / 올레TV(IPTV)
		게임	월 2~3개 추가, 2019년 말까지 누적 30개 예정

하고 있으며, 아프리카TV와는 e스포츠 멀티뷰 중계를, 네이버와는 스타 콘텐츠를 함께 제작했다.

향후 KT의 슈퍼 VR은 단순히 VR HMD와 VR 콘텐츠를 제공하는 수준을 넘어 자체 역량을 갖춘 VR 플랫폼으로 거듭날 것으로 보인다. 2019년 11월, 슈퍼 VR에 IPTV를 접목한 '슈퍼 VR tv'를 시작으로 장기적으로는 커머스 모델이나 PPL과 같은 미디어 콘텐츠 기반의 광고 상품으로 다양한 수익원을 발굴할 예정이다.

슈퍼 VR의 사용 경험 개선을 위한 기술적 진보도 눈에 띈다. KT는 VR 기기를 통해 장시간 IPTV를 시청하더라도 어지럽지 않도록 사람의 시야각과 유사한 인체공학적 유저 인터페이스, 화질 손실 없이 4K UHD 영상을 VR로 유지하는 기술 등을 공개했다.

게임기에서 게임 체인저로 도약할 VR

엔터테인먼트를 넘어 기업용 시장으로 확대

VR의 장밋빛 미래를 점치는 통계들은 많지만 실상을 들여다보면 실질적 의미의 '대중화'라고 하기에는 아직 역부족인 것도 사실이다. 통계의 대부분이 출하량, 시장 규모, 점유율 등 사업자 또는 시장의 관점을 대표하고 있기 때문이다. 시장조사업체 파크스 어소시에이츠Parks Associates에 따르면, 미국 브로드밴드 가입 가구의 불과 8%만이 VR HMD를 보유하고 있었으며, VR HMD에 대해 인지하고 있는 가구의 비율도 25% 수준에 그쳤다.[9] 이는 VR을 바라보는 시장의 인식과 소비자의 인식 사이에 갭이 존재하고 있음을 의미한다.

지금의 VR은 대중들에게 단지 '새로운 형태의 게임기'로만 인식되고 있는 경향이 강하다. VR이 마치 과거 PC나 스마트폰이 그래왔던 것처럼 우리 삶을 획기적으로 변화시킬 수 있는가에 대해서는 여전히 물음표가 존재하지만, 확실한 것은 현시점 ICT 시장에 등장한 그 어떤 기기보다도 열심히 자구책을 마련하고 있다는 사실이다.

물론 VR은 본질적으로 게임이나 동영상 같은 엔터테인먼트 분야에 활용되기 위해 태어났다. 하지만 최근에는 이러한 편견을 깨고 VR을 통해 우리의 삶뿐 아니라 산업의 생산성을 개선하고자 하는 시도들도 급증하고 있다. HTC가 기업 시장이라는 새로운 분야로 진출하기 위해 노력하고 있는 것도 이와 같은 맥락이라 할 수 있다. 현재 VR은 리테일, 교육, 헬스케어 등 다양한 기업용 솔루션 분야에서 활용 중이다. 최근에는 VR 도입을 통해 비용·시간 절감, 고객 경험 차별화, 신규 서비스 발굴 등의 효과를 경험한 사례들도 속속 등장하고 있다.

일례로 경제전문지 《파이낸셜타임스》는 미국 리테일 업계의 ICT 도입 현황에 대한 기사를 통해 글로벌 커머스 사업자들의 VR 활용 사례를 소개하기도 했다.[10] 아마존은 오프라인 매장이 없는 인도에 VR 가판대를 설치해 상품 정보와 체험 기회를 제공했고, 알리바바는 VR HMD를 통해 쇼핑할 수 있는 가상 매장 'Buy+' 서비스를 출시했다. Buy+의 경우 출시 후 1시간 동안 3만 명이 체험했으며 향후 알리바바의 다른 커머스 플랫폼인 '타오바오', '티몰'로 확대할 계획이라고 한다.

HMD의 획기적인 발전, 5G 네트워크 구축 등 VR 시장이 발전할 수 있는 다양한 토대가 마련되고 있음에도 여전히 VR에 대한 거리감이 존재하는 것은 사실이다. VR이 이를 극복하고 진정한 개인용 미디어로 진화하기 위해서는 VR 서비스와 현실 속 '나'와의 연결 강도가 기존 PC와 스마트폰이 제공하는 수준으로 증가해야 한다. VR이 보여주는 가상공간 속에 나의 흔적, 나의 라이프스타일의 일부가 구현되고 그것을 다른 구성원과 공유하며 현실 세계와 동등한 수준의 사회 관계망이 형성되어야만 가능한 일이다.

ICT 매거진 《와이어드》의 편집장 케빈 켈리Kevin Kelly는 미래 사회의 궁극적인 모습은 현실 세계의 토대 위에 이를 그대로 복제한 가상 세계가 겹쳐진, 이른바 '미러월드Mirror World'가 될 것이라고 예견한 바 있다.[11] 그가 말하는 미러월드가 구현되기 위해서는 물론 지금과 비교할 수 없는 수준의 인프라가 필요하지만 우리가 쉽게 접할 수 있는 VR에서는 벌써 초창기 형태의 미러월드가 구현되고 있으며 앞으로 더욱 발전해나갈 전망이다.

현재 페이스북 산하의 페이스북 리얼리티 랩스Facebook Reality Labs(전신인 오큘러스 리서치Oculus Research가 사명을 변경하며 설립된 페이스북의 VR·AR 전담 연구기관)에서는 실제 인물의 얼굴과 구분이 어려울 정도로 현실감 넘치는 아바타 기술을 개발 중이다. '코덱 아바타Codec Avatar'라 불리는 이 기술은 이용자와 똑같은 가상 아바타를 생성하고 머신러닝 기반의 AI 트레이닝을 통해 대상 인물의 표정과 감정 표현까지 똑같이 모사가 가능하다. 현재는 많은 데이터와 알고리즘을 필요로 하는 복잡한 작업이지만 향후 AI 시스템이 지금보다 더 발달하면 이마저도 손쉽게 이뤄질 것이라고 한다.[12]

이렇듯 이미 다양한 VR 기술들이 영화 속 상상을 현실로 옮기기 위한 노력을 기울이고 있다. 혁신은 언제나 예상 가능한 곳에서 등장해 예상 불가능한 방향으로 진화해왔다. PC가 그러했고, 스마트폰이 그러했다. 지금은 새로운 게임기에 불과한 VR이 언제, 어떤 모습으로 우리의 삶을 변화시킬 게임 체인저가 될지 모를 일이다. 앞서 언급했듯, 지금은 SF 영화에나 나올 법한 기술들이 현실화되고 있는 시대이기 때문이다.

황금알을 낳는 거위로
환골탈태하다

| 클라우드 |

'골든타임'을 맞이한 클라우드

에어비앤비Airbnb는 구글 맵스와 번역기, 우버와 함께 해외여행 필수 애플리케이션으로 손꼽힌다. 비싼 숙박료를 내는 호텔 대신에 조금 더 저렴하고 아늑하며 여행객의 취향에도 잘 맞는 곳에서 쉬어갈 수 있도록 도와주기 때문이다. 에어비앤비는 전 세계에서 누적 이용자 4억 명을 넘어선 글로벌 온디맨드On-demand 플랫폼으로 성장했다.

숙박을 공유하는 기발한 아이디어 뒤에는 클라우드 서비스 아마존 웹 서비스AWS: Amazon Web Services의 지원도 한몫했다. 에어비앤비는 매일 최소 15만 명 이상의 고객이 이용하는 거대 플랫폼인 만큼 방대한 데이터를 원활하게 다룰 수 있는 역량이 확보되어야 했다. 에어비앤비는 AWS의 클라우드 빅데이터 플랫폼인 아마존 엘라스틱 맵 리듀스EMR: Elastic Map Reduce를 통해 매일 발생하는 50GB 이상의 데이터 로그를 처리·분석한다. 또한 장기적으로 보관이 필요한 고객 데이터 파일은 AWS 클라우드 스토리지 서비스 아마존 S3Simple·Storage·Service에 저장하고 있다.

물론 클라우드 서비스는 고객이 필요한 용량에 따라 얼마든지 스토리지를 자유롭게 줄이고 늘릴 수 있다. 에어비앤비는 단 5명이 회사 전체의 IT 인프라를 관리하고 있을 정도로 AWS를 통해 혁신적인 비용 절감을 이뤄냈다고 한다.

에어비앤비뿐만이 아니다. 글로벌 브랜드 나이키와 제너럴일렉트릭GE: General Electric, 세계적인 축구 선수 리오넬 메시를 주축으로 하는 스페인 축구 명문 팀 FC 바르셀로나까지 모두 AWS의 고객사다. 보이지 않는 곳에서 내로라하는 주요 기업·단체에 IT 자원을 제공하는 클라우드 서비스를 두고, 일찍이 1965년 미국의 컴퓨터 학자 존 맥카시John McCarthy는 "컴퓨팅 환경을 공공시설처럼 쓰는 것과 같다"고 이야기했다.

이 표현은 오늘날 클라우드 컴퓨팅Cloud Computing 개념의 시초가 됐고, 이후 현대적 개념으로 클라우드 서비스가 실체를 드러낸 것은 2006년에 이르러서다. 아마존이 선보인 '엘라스틱 컴퓨트 클라우드Elastic Compute Cloud'가 바로 그것이다. 이는 현재 글로벌 클라우드 시장의 선두주자인 AWS의 핵심 서비스이며 대중적으로 가장 많이 이용되는 가상 서버 서비스이기도 하다.

클라우드의 초창기 시절에는 IaaS_{Infrastructure as a Service} 서비스가 시장의 중심에 있었다. IaaS는 서버, 스토리지 등 컴퓨팅의 기초 인프라를 가상화하여 제공하는 클라우드 서비스를 이르는 개념이다. 당시에는 클라우드 서비스가 대중적으로 많이 알려지지도 않았고, 고객 기업들은 사내 IT 인프라를 구축하는 데 필요한 경우에 한해 클라우드 전문 사업자의 솔루션을 도입하는 데 그쳤다. 해킹 위협 등 보안 이슈도 있었다. 클라우드 사업자들의 중앙 서버가 공격당하면 많은 기업의 정보가 유출 및 손실될 수도 있었다. 일례로 2010년 마이크로소프트가 가지고 있던 클라우드 내 기업 정보가 서비스 환경 설정 오류 문제로 인해 타인에게 유출된 사례도 있다.

이제 통신 인프라가 더욱 고도화되고 제반 비용이 점차 낮아지면서 영향력이 크지 못했던 기업용 클라우드 시장에도 새로운 바람이 불고 있다. 네트워크뿐만 아니라 인공지능과 빅데이터 분석 등 솔루션 자체의 발전이 급속도로 진행됐고, 기존의 인프라 중심의 시장에서 클라우드 소프트웨어 서비스에 대한 주목도가 높아진 것도 중요한 요인이 됐다. 클라우드 보안 기술의 발전으로 안정성과 보안성이 더욱 향상되었다는 점에도 주목할 필요가 있다. 2019년 10월 미국 국방부가 클라우드 기반의 방어 인프라 구축을 위한 프로젝트 '제다이_{JEDI}'의 주 사업자로 마이크로소프트를 선정했다. 이는 무려 100억 달러(약 11조 원)에 이르는 초대형 사업이며, 다른 국가도 아닌 미국 국방부에서 클라우드에 대한 신뢰를 보인 사례이기에 더욱 의미가 크다고 할 수 있다.

새로운 도약기를 맞아 클라우드 서비스를 도입하려는 고객 기업

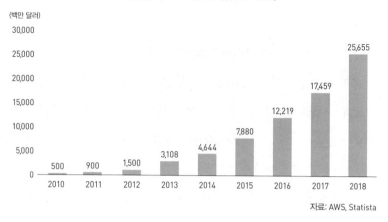

아마존 웹 서비스 매출 추이(2010~2018)

(백만 달러)

자료: AWS, Statista

들도 급격히 늘어나고 있다. 많은 기업이 방대한 규모의 데이터를 저장 및 처리하는 데 있어 고성능의 IT 솔루션 구축을 필요로 한다. 이러한 솔루션을 외부의 도움 없이 사내에 직접 구축할 수도 있으나 관련 노하우의 부족이나 시간과 비용이 과도하게 발생하는 문제 등으로 클라우드 컴퓨팅 서비스의 이점이 더욱 부각되고 있는 것이다.

이로 인해 클라우드 시장과 사업자들의 실적에도 큰 변화가 일고 있다. 전 세계적으로 가장 잘 알려진 사업자 아마존 웹 서비스는 2010년대 접어들어 급격히 매출이 상승하고 있으며, 아직까지도 특별히 성장률이 둔화되는 경향이 보이지 않고 최근 2016~2018년 사이에도 계속 높은 성장세를 보이고 있다. 한때 성장이 지지부진했던 클라우드가 이제야 사람들의 주목을 받고, 이제는 다양한 산업 및 기술과 결부되어 핵심 ICT 자원으로 거듭나고 있다.

모든 IT 자원을 빌려 쓰는 구독형 Cloud-Only 시장으로의 대전환

맞춤형 서비스가 가능한 하이브리드 클라우드

클라우드 컴퓨팅은 대규모 컴퓨팅 자원이 집중된 하나의 플랫폼으로부터 웹을 통해 고객 기업에게 다양한 컴퓨팅 기술을 지원하는 서비스를 말한다. 기존의 컴퓨팅과 클라우드 컴퓨팅 모델 간 가장 큰 차이는 로컬 영역에서 별도의 소프트웨어 설치나 데이터 저장을 할 필요가 없다는 점이다. 이 때문에 클라우드 컴퓨팅 인프라를 활용하면 로컬 영역의 컴퓨터로 처리할 경우에 발생하는 데이터 부하를 최소한으로 줄일 수 있다. 기존에는 기업들이 많은 자본을 투자해 직접 기업용 데이터센터를 구축하고 전용 데이터 저장 장치나 처리 장치를 이용했다. 한편 클라우드 모델에서는 데이터센터가 사라지고 소프트웨어나 데이터는 더 이상 로컬 영역에 설치 및 저장하지 않는다. 대신 모든 IT 자원을 클라우드로부터 가져다 사용한다.

클라우드 컴퓨팅은 구축 주체와 서비스 형태에 따라 몇 가지 유형으로 구분된다. 먼저 구축·서비스의 주체에 따라 퍼블릭public, 프라이빗private 클라우드로 나뉜다.

퍼블릭 클라우드는 아마존 웹 서비스, 마이크로소프트 애저 등 주요 클라우드 컴퓨팅 사업자가 하드웨어와 소프트웨어 등 컴퓨팅 자원을 확보해 전 세계의 고객 기업을 대상으로 서비스를 제공하는 것이다. 프라이빗 클라우드는 개별 기업이 자체적으로 데이터센터를 구축하는 등 직접 클라우드 컴퓨팅 환경을 조성하는 것을 말한다. 원격이 아닌 기업 고유의 기초 자산으로서 IT 인프라를 활용한다는 의미

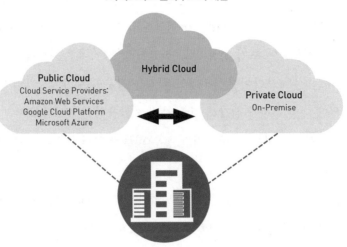

하이브리드 클라우드의 개념

Hybrid Cloud

Public Cloud
Cloud Service Providers:
Amazon Web Services
Google Cloud Platform
Microsoft Azure

Private Cloud
On-Premise

자료: Avi Networks

에서 온프레미스On-Premise 솔루션이라고도 불린다.

퍼블릭 클라우드를 이용하면 이미 규모의 경제를 실현한 사업자의 선진 인프라를 활용할 수 있기 때문에 초기 구축 비용을 대폭 절감할 수 있다. 저비용으로 무제한 저장 공간을 확보하는 등 확장성과 유연성이 높은 컴퓨팅 환경을 구축할 수 있다는 것도 장점이다. 이에 반해 프라이빗 클라우드에서는 사내 IT 인프라를 해당 기업의 입맛에 맞게 직접 구성할 수 있으며, 기업 자산에 대한 내부 통제력 및 보안 강화가 가능하다는 이점이 있다. 최근 두 모델의 장점을 결합해 개별 기업의 핵심 데이터 및 시스템은 내부적으로 프라이빗 클라우드를 활용하고 필요한 부분에 한해 퍼블릭 클라우드를 도입하는 하이브리드 클라우드Hybrid Cloud가 새로운 트렌드로 부상하고 있다.

특정 업무 영역에서 작업 부하가 심해지는 경우 기업들은 해당 기능의 분산과 효율화에 대한 니즈를 갖게 된다. 이러한 경우 서로 다른 클라우드 환경이 결합된 하이브리드 클라우드가 좋은 대안이된다. 예를 들어 초기 경영 활동에 있어 강력한 내부 통제력을 필요로 하는 경우 프라이빗 클라우드 환경을 활용할 수 있다. 이후 특정업무에 대한 부하가 심각해 기존 자원을 활용하는 것보다 외부의 클라우드를 도입하는 것이 유리한 경우 퍼블릭 클라우드로 주요 기능을 이전할 수도 있다.

또한 클라우드 컴퓨팅은 서비스 범위에 따라 IaaS, PaaS, SaaS로도 구분이 가능하다. IaaSInfrastructure as a Service, 인프라 서비스는 가장 기본적인 클라우드 서비스로 데이터 스토리지 등 컴퓨팅 자원을 가상화해 서비스로 제공한다. PaaSPlatform as a Service, 플랫폼 서비스는 운영체제 및 소프트웨어 개발이나 데이터 분석을 위한 중요한 플랫폼을 제공하며, SaaSSoftware as a Service, 소프트웨어 서비스는 운영체제 및 소프트웨어 개

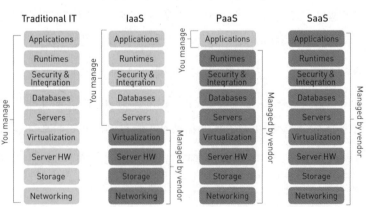

클라우드 서비스 범위(IaaS, PaaS, SaaS)

자료: Microsoft, Mazik Global

172

발 도구뿐만 아니라 이미 프로그래밍 제작된 응용 소프트웨어를 제공하는 서비스이다.

앞의 그림을 통해 IaaS, PaaS, SaaS의 순서로 클라우드 서비스 범위를 살펴보면, 기존 IT 자원의 세부 영역들 중 개별 기업이 직접 수행해오던 기능들을 클라우드가 점차 대체해나가고 있음을 확인할 수 있다. 먼저 IaaS는 전체 IT 영역 중 가상화된 서버 등의 일부 영역에만 대응하고 있고, PaaS는 OS나 미들웨어, 런타임과 같은 애플리케이션 개발 도구를 제공해 고객사가 소프트웨어 개발에 최대한 집중할 수 있도록 지원한다. 마지막으로 SaaS는 기업용 소프트웨어를 아예 완성형 솔루션으로 제공해 고객 기업들이 직접 관리해야 하는 영역을 제로화하는 데 기여한다.

2020년, 구독형 클라우드 소프트웨어 시장이 열린다

클라우드 시장의 성장과 함께 산업의 전반적인 트렌드도 점차 변화하고 있다. 가장 큰 동력은 4G를 넘어 5G로 나아가는 이동통신 인프라의 고도화이다. 2019년 4월 한국, 미국 등 주요국은 5G 상용화를 마쳤고, 2020년을 기점으로 본격 5G 통신 서비스의 시대가 열린다. 방대한 분량의 정보와 데이터가 끊임없이 오갈 수 있게 되면서 데이터 저장과 처리 능력에 대한 수요도 폭증하게 됐다. 산업을 불문하고 각 기업들은 지금과는 비교도 불가할 정도의 데이터를 수집해 최적의 경영 솔루션을 도출하기 위한 노력을 전개하게 될 것이다.

더불어 AI와 같은 ICT 핵심 기술의 보급 확산 및 5G 통신 인프라와의 결합 시너지에 대한 기대와 관심도도 높다. 빅데이터는 이미

ICT 산업에서의 오랜 화두였으며 다수의 기업은 경영에 필요한 인사이트를 도출하기 위한 핵심 도구로 AI에 주목해왔다. AI 기술은 데이터의 패턴을 분석하고 방대한 데이터로부터 다양한 의사 결정에 필요한 인사이트를 찾아내는 데 기여한다. 또한 머신러닝 기술을 통해 컴퓨터가 데이터를 습득하도록 하고 특정 작업에 대한 성능을 높일 수 있다. 결과적으로 경영 활동에서 발생하는 불필요한 시간과 비용을 절감하고, 생산 및 업무 효율을 높인다.

하지만 기술 역량적 측면에서 선도적 위치에 있는 기업들과는 달리 대다수의 규모가 작은 기업들은 각종 소프트웨어 솔루션과 개발 노하우·인력의 부족으로 어려움을 겪게 된다. 최근 이러한 결핍을

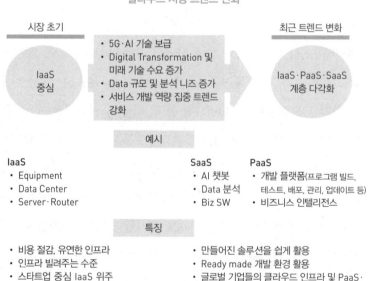

클라우드 시장 트렌드 변화

시장 초기

IaaS 중심

- 5G·AI 기술 보급
- Digital Transformation 및 미래 기술 수요 증가
- Data 규모 및 분석 니즈 증가
- 서비스 개발 역량 집중 트렌드 강화

최근 트렌드 변화

IaaS·PaaS·SaaS 계층 다각화

예시

IaaS
- Equipment
- Data Center
- Server·Router

SaaS
- AI 챗봇
- Data 분석
- Biz SW

PaaS
- 개발 플랫폼(프로그램 빌드, 테스트, 배포, 관리, 업데이트 등)
- 비즈니스 인텔리전스

특징

- 비용 절감, 유연한 인프라
- 인프라 빌려주는 수준
- 스타트업 중심 IaaS 위주 클라우드 활용

- 만들어진 솔루션을 쉽게 활용
- Ready made 개발 환경 활용
- 글로벌 기업들의 클라우드 인프라 및 PaaS· SaaS 활용 증가

자료: KT

해소하는 차원에서 AI 분석 솔루션 등의 SaaS와 이를 개발 플랫폼의 범주까지 확장한 PaaS까지 클라우드의 서비스 영역이 점차 확장되고 있다. HW·SW 측면에서 모든 IT 자원을 외주화하고 기업 본연의 사업에 좀 더 역량을 집중하려는 전략이 아마존 웹 서비스 등 글로벌 클라우드 사업자들의 서비스 다각화 경향과 맞아떨어진 결과이다.

SaaS는 메일, 일정 관리, 화상 회의, 예산 관리 등의 기초 생산성 애플리케이션부터 AI 챗봇, 데이터 분석까지 정교한 비즈니스 응용 프로그램을 제공하는 영역이다. SaaS 도입 시 가장 큰 장점은 개별 기업이 소프트웨어 또는 미들웨어middleware[1]를 따로 구매 혹은 설치하거나 업데이트 등의 유지 관리 작업을 할 필요가 없어진다는 것이다. 조직 규모가 비교적 작은 기업이라 해도 큰 부담 없이 고도의 엔터프라이즈 애플리케이션을 이용할 수 있다.

또한 PaaS는 클라우드를 통해 각 기업의 개발자들이 응용 프로그램을 개발 및 배포, 관리하는 데 필요한 플랫폼 환경을 제공한다. 고객 기업은 클라우드 사업자로부터 필요한 프로그램 개발 도구 및 자원을 구입해 이용할 수 있다. 구글 등 주요 인터넷 기업에서 제공하는 오픈 API 또한 PaaS의 일종이다. 대표적으로 구글의 앱 엔진App Engine은 개발자가 응용 프로그램을 직접 개발하고 배포, 관리까지 할 수 있는 플랫폼을 제공하고 있다. PaaS를 잘 활용하면 추가 인력을 채용하거나 코딩하는 데 과도한 시간을 들일 필요 없이 간단하고 쉽게 응용 프로그램을 만들 수 있다.

이처럼 폭증한 데이터 분석 수요와 AI 컴퓨팅 능력의 고도화로 주요 클라우드 서비스 사업자들은 각 산업과 사업자에 특화된 분석 솔루션을 지속적으로 개발하기에 이르렀다. 서비스 수요 측면에서도 작은 규모의 조직뿐만 아니라 글로벌 대규모 기업들도 클라우드 인프라를 비롯해 PaaS·SaaS 활용에 지대한 관심을 보이고 있다. 이제 클라우드는 고객사가 일정 기간 필요한 만큼 이용료를 내고 완제품으로서 잘 만들어진 서버, 스토리지, 애플리케이션 등 공용 컴퓨팅 자원을 빌려 쓰는 '구독형 서비스'로 나아가고 있다.

2022년, 390조 원 규모로 커지는 글로벌 클라우드 시장

글로벌 클라우드 서비스 시장은 가장 먼저 사업을 시작한 아마존 웹 서비스를 필두로 꾸준한 성장세를 보이고 있다. 컨설팅 기업 가트너는 2019년 글로벌 퍼블릭 클라우드 서비스 시장 전망을 통해 2018년부터 2022년까지 클라우드 시장이 연평균 약 16.1%씩 성장할 것으로 예상했다. 2022년 시장 규모는 2018년에 대비해 약 81.6% 만큼이나 증가해 무려 3312억 달러(약 390조 원)에 이를 것으로 전망됐다. 가트너의 리서치 디렉터 시드 내그Sid Nag는 "2022년까지 클라우드 시장의 규모 및 성장세가 전체 IT 서비스 시장의 약 3배에 이를 것"이라고 예견하기도 했다.

구성비 측면에서는 SaaS가 클라우드 시장에서 가장 높은 비중을 차지할 것으로 보인다. 글로벌 퍼블릭 클라우드 시장에서 해당 분야 매출은 2018년 800억 달러(약 94조 원)에서 2022년에는 1437억 달

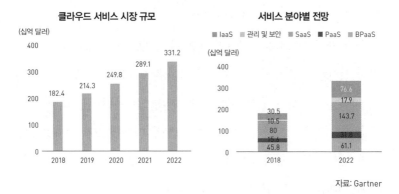

글로벌 클라우드 서비스 시장 현황

클라우드 서비스 시장 규모

(십억 달러)

- 2018: 182.4
- 2019: 214.3
- 2020: 249.8
- 2021: 289.1
- 2022: 331.2

서비스 분야별 전망

■ IaaS ■ 관리 및 보안 ■ SaaS ■ PaaS ■ BPaaS

(십억 달러)

2018: 30.5 / 10.5 / 80 / 15.4 / 45.8
2022: 76.6 / 17.9 / 143.7 / 31.8 / 61.1

자료: Gartner

러(약 163조 원)로 꾸준하게 증가하며 전체 시장 규모의 40%대 비중을 계속 유지할 것으로 전망됐다. 한국의 경우에도 2020년 전체 클라우드 서비스 시장 규모가 무려 2조 7818조원에 달하고, 글로벌 시장과 마찬가지로 SaaS가 가장 큰 비중(약 42%)을 차지할 것으로 전망됐다.

가트너는 전반적으로 하이브리드 클라우드 및 멀티 클라우드[2]에 대한 수요가 급증하면서 다수의 기업들이 하이브리드 클라우드 환경을 위한 보다 폭넓고 고도화된 소프트웨어 솔루션을 요구하게 될 것으로 예상하고 있다. 즉 IaaS에서 나아가 PaaS·SaaS 영역에 걸친 통합 솔루션에 대한 수요가 크게 늘어날 것으로 보고 있다. IaaS는 2018년 305억 달러(36조 원)의 규모에서 2022년 766억 달러(90조원)까지 약 2.5배로 모든 영역 중 가장 급격히 성장할 것으로 전망되었다. 클라우드 시장에 부는 훈풍 속에서 당분간 굳건한 입지를 유지해나갈 것으로 보인다. 서비스형 비즈니스 프로세스BPaaS: Business

Process as a Service[3] 영역은 성장성은 없지 않으나 다른 영역에 비해 두드러지지는 않을 것으로 예상되고 있다.

한편 사업자별로 들여다보면 2006년 일찍이 상용 클라우드 서비스를 시작해 규모의 경제를 확보한 아마존 웹 서비스가 압도적인 시장 지위를 유지하고 있다. 아마존 웹 서비스는 초반에는 최대한 많은 고객 기업을 확보하는 데 주력하고, 이후 다수의 고객 레퍼런스를 바탕으로 보유 인프라의 단위당 비용을 낮추고 추가적인 고객사 유치에도 매우 유리한 고지를 선점하게 됐다.

영국의 시장조사업체 카날리스Canalys 분석을 통해 2018년 실적을 살펴보면 아마존 웹 서비스, 마이크로소프트 애저, 구글 클라우드 플랫폼의 시장 내 지위는 더욱 압도적인 기세로 성장해나가고 있음

글로벌 클라우드 사업자별 점유율 및 연간 성장률

Vendor	2018 (US$ billion)	2018 Market share	2017 (US$ billion)	2017 Market share	Annual growth
AWS	25.4	31.7%	17.3	31.5%	+47.1%
Microsoft Azure	13.5	16.8%	7.4	13.5%	+82.4%
Google Cloud	6.8	8.5%	3.5	6.4%	+93.9%
Alibaba Cloud	3.2	4.0%	1.7	3.0%	+91.8%
IBM Cloud	3.1	3.8%	2.6	4.7%	+17.6%
Others	28.3	35.2%	22.4	40.8%	+26.1%
Total	80.4	100.0%	54.9	100.0%	+46.5%

자료: Canalys

을 확인할 수 있다. 카날리스 조사에서는 2018년 글로벌 클라우드 시장 규모가 약 804억 달러(96조 5000억 원)로 2017년에 비해 약 46% 증가한 것으로 드러났다. 이 가운데 1위 아마존 웹 서비스는 31.7%의 시장 점유율을 기록했으며, 마이크로소프트 애저와 구글 클라우드 플랫폼이 각각 16.8%, 8.5%를 확보하고 있다. 최근 두 사업자는 AI 기반의 클라우드 솔루션을 주 무기로 IoT, AR 등 영역의 확장까지 검토하는 등 급속도로 성장하며 점유율을 확보해나가고 있다. 나머지 43%의 시장은 알리바바 클라우드Alibaba Cloud, IBM, 세일즈포스Salesforce, 오라클Oracle, NTT 커뮤니케이션스NTT Communications, 텐센트 클라우드Tencent Cloud, OVH 등의 사업자가 나누어 확보하고 있다.

자사 역량과 클라우드를 결합시켜 혁신을 만드는 아마존, MS, 구글

아마존 웹 서비스 등 글로벌 주요 클라우드 서비스 업체들은 일단 기본적인 컴퓨팅 및 스토리지 서비스를 제공하는 데 충실을 기하고 있다. 물론 그 외에도 AI와 머신러닝 역량을 클라우드 서비스에 녹여 넣기 위한 노력을 전개하고 있다. 엣지 컴퓨팅Edge Computing 등 새로운 분야로의 진출과 같은 혁신적인 행보 또한 이어가고 있다.

중요한 트렌드 중 하나인 하이브리드 클라우드 환경에 맞춰 조금씩 클라우드 서비스를 고도화하고 있다는 점도 주목할 만한 부분이다. 구글 등의 사업자는 기존에 확보해두었던 레퍼런스나 자산을 적극 활용하는 것은 물론, 기존 클라우드 서비스에 융화시킬 수 있을 만한 데이터 분석 관련 업체의 인수를 진행하거나 업무 제휴를 확대해 사업의 외적 성장을 도모하는 전략도 펼치고 있다.

플라이휠 전략을 발판 삼아 성장하는 아마존 웹 서비스

글로벌 기업 아마존의 성장에 대해서 반드시 언급되는 키워드는 바로 플라이휠Fly Wheel이다. 플라이휠은 본래 회전 에너지를 저장하는 데 사용하는 자동차 부품 중 하나이다. 초기에는 에너지를 모으는 데 일정한 동력이 소요되지만 관성이 붙으면 알아서 회전한다. 같은 원리로 사업 초기에는 저가의 서비스로 다수의 고객 기반을 끌어오기 위해 일정 부분 손실을 감수하지만, 시간이 갈수록 고객 경험을 크게 향상시키고 더 많은 고객을 불러 모으면서 단단한 생태계를 구축해나가는 것이다. 플라이휠 전략의 핵심은 벌어들인 수익을 최대한 고객 경험을 드높이는 데 활용해 선순환 구조를 짜는 것이다. 이 전략은 클라우드 시장 내 아마존 웹 서비스의 성장에 있어서도 핵심적인 역할을 수행하고 있다.

아마존 웹 서비스는 2006년 이후 10년이 넘게 장기간 사업을 이어오며 쌓아온 노하우를 바탕으로 고객의 다양한 요구에 대응 가능한 견고한 솔루션들을 많이 확보할 수 있게 됐다. 무엇보다 고객 경험을 중시하는 기조가 이어져오며, 클라우드 서비스의 기본기에 충실하고 다수의 고객 기업 레퍼런스에 최대한 집중하는 모습을 보이고 있다.

아마존 웹 서비스의 대표적인 솔루션으로는 클라우드 스토리지 서비스 아마존 S3를 꼽을 수 있다. S3는 아마존 웹 서비스의 사업 개시와 동시에 시작된 서비스로 매월 일정 비용을 내면 높은 안정성과 확장성을 가진 인터넷 스토리지를 이용할 수 있다. 저장 용량을 사용한 만큼만 비용을 지불하면 되고, 고객사는 빅데이터 분석 등 애플리케이션 이용, 백업 및 복원과 같은 업무와 관련된 모든 데이터를 안전하게 저장할 수 있다.

그 외 솔루션으로 클라우드 기반 안정적인 컴퓨팅 자원을 제공하는 가상 서버 서비스 엘라스틱 컴퓨트 클라우드EC2: Elastic Compute Cloud 도 있다. 고객사는 가상화된 컴퓨터 EC2를 빌려 그 위에서 애플리케이션을 실행하고 다양한 업무를 처리할 수 있다. EC2는 앞서 본 스토리지 서비스 S3, 가상 네트워크 서비스인 아마존 버추얼 프라이빗 클라우드VPC: Virtual Private Cloud 등 다른 아마존 웹 서비스의 솔루션과 통합적으로 활용하는 것이 가능하다. 그뿐만 아니라 CPU나 메모리 등 옵션의 자유로운 구성, 다양한 운영체제 선택 등 탄력적으로 컴퓨팅 자원을 운용할 수 있다는 이점도 있다.

전 세계 190여 개 국가에서 1억 명 이상의 회원을 보유한 세계적인 동영상 스트리밍 서비스 넷플릭스도 아마존 웹 서비스의 대표 고객사다. 넷플릭스는 콘텐츠 데이터베이스 관리의 중요성을 깨닫고 이미 2008년부터 약 7년간 자사 데이터센터에서 클라우드 환경으로의 이관 작업을 추진했다. 덕분에 같은 기간 스트리밍 회원 수는 8배가량 증가하고, 월간 총 스트리밍 시간의 규모가 무려 1000배까지 증가했음에도 아마존 웹 서비스의 클라우드 자원을 활용해 탄력적인 시스템 운용이 가능해졌다.

특히 넷플릭스는 아마존 키네시스 스트림Amazon Kineses Streams 서비스를 활용해 수십억 개의 트래픽 흐름을 관리하고 있다. 이 솔루션을 통해 매일 수 테라바이트 규모로 발생하는 로그 데이터에 대한 감시·분석 등 업무를 진행하며, 이 과정이 불과 단 몇 초의 짧은 시간 안에 이루어진다. 키네시스 스트림은 평소 데이터 트래픽을 모니터링하다가 트래픽에서 사소한 문제가 발생하면 즉각 탐지 및 실시간 분석을 통해 관리자에게 보고해준다. 이로써 넷플릭스 애플리케이션의 다운 타임을 신속하게 감지하고 완화하는 역할을 수행한다. 넷플릭스는 자사의 스트리밍 서비스 기반인 아마존 웹 서비스 클라우드의 도입 비용이 기존의 데이터센터를 운영하는 비용 대비 극히 일부에 불과해 비용 절감 이슈까지 해결하고 있다고 밝히기도 했다.

아마존 웹 서비스의 앤드류 재시Andrew R. Jassy CEO는 2018년 클라우드 개발자 컨퍼런스인 '아마존 웹 서비스 리인벤트re:Invent'를 통해 개발자의 자유에 대한 중요성을 강조한 바 있다. 이는 고객 회사 및 관련 연구 인력이 특정한 컴퓨팅 도구 및 환경을 필요로 한다면 어떤 기능이든 클라우드 솔루션으로 추가하여 고객 수요에 대응해 나가겠다는 의지로 풀이된다. 리인벤트에서 공언한 것처럼 기본적인 클라우드 서비스 외에도 어떤 기술이든 개발자들이 원한다면 새로이 추가 서비스로 반영하는 것이 아마존 웹 서비스의 최근 행보이다. 대표적인 것이 AI(인공지능) 및 ML(머신러닝) 솔루션에 특화하는 사례이다.

2017년 말, 아마존 웹 서비스는 축적된 PaaS·SaaS 개발 노하우를 바탕으로 만든 머신러닝 개발 플랫폼 '아마존 세이지메이커Sagemaker'를 공개했다. 세이지메이커는 개발자가 기업용으로 적용 가능한 머신러닝 알고리즘을 쉽게 개발할 수 있도록 지원하는 도구다. 세이지

아마존 웹 서비스 리인벤트(좌)와 자율주행차 알고리즘 시험 도구 딥레이서(우)

자료: Amazon Web Services, amazon.com

메이커를 통해 개발 업무의 생산성을 획기적으로 개선하고 빠른 속도로 방대한 머신러닝 모델을 구축할 수 있다는 이점이 있다. 특히 대중적으로도 많은 사람이 개발 업무에 쉽게 이용할 수 있도록 만들어졌고, 머신러닝 알고리즘 개발을 위한 주요 라이브러리·툴과의 호환성도 뛰어나다. 일례로 경쟁사인 구글의 라이브러리 '텐서플로우TensorFlow'와의 호환도 지원한다고 한다.

미국 프로야구 MLBMajor League Baseball에서도 아마존 웹 서비스의 머신러닝 서비스를 이용하고 있다. MLB의 개발자와 데이터 과학자들은 세이지메이커를 이용해 머신러닝 모델을 빠르고 쉽게 구축 및 배포할 수 있었다. MLB는 스코어키핑scorekeeping,[4] 피칭 스타일 분류 등 기록 관리 및 통계와 관련된 정형적이고 시간이 많이 소요되는 업무 프로세스들을 대폭 효율화할 수 있었다.

아마존 웹 서비스가 중시하는 개발자의 자유도에 대한 개념은 강화 학습Reinforcement Learning 서비스에도 잘 드러난다. 강화 학습은 머신러닝의 한 영역으로 인공지능 스스로 의사 결정에 따른 최적의 결과값을 도출하는 최적화 분석이 가능하도록 프로그래밍하는 기술을 말한다. 아마존 웹 서비스의 자율주행차 알고리즘 시험 도구인 AWS 딥레이서_{DeepRacer}가 대표적인 사례다.

차량 관련된 강화 학습 모델을 개발하고 싶은 연구진이라면 딥레이서를 통해 자율주행 차량 운영 알고리즘을 만들 수 있다. 실제 자동차 크기의 18분의 1까지 줄여 흥미로운 경주용 자동차처럼 만들고, 비디오카메라와 센서까지 장착해 위에서 소개한 세이지메이커로 학습시키는 것이 가능하다. 개발자들은 아마존 웹 서비스의 클라우드 자원만으로 딥레이서의 강화 학습 모델을 훈련시키고, 3D 가상 트랙에서 주행 테스트를 진행해볼 수도 있다.

아마존 웹 서비스는 2019년 초 무렵부터 전 세계에서 열리는 AWS 서밋 행사를 통해 일명 '딥레이서 리그'를 개최하고 각국의 개발진들이 만든 자동차 모델 간 경주대회를 진행하고 있다. 이것이 꼭 특정 상품 및 서비스의 사업화를 위한 것만은 아니다. 재미있는 이벤트를 기획하고, 전 세계 개발자들의 호기심과 흥미를 불러일으키는 경험을 제공하는 것이다. 다양성으로 무장한 AI·ML 솔루션을 기반으로 클라우드 시장의 트렌드를 주도하겠다는 아마존 웹 서비스의 강한 의지가 엿보이고 있다.

마이크로소프트 애저, MS 오피스 등 SaaS 기반 확장성에 무게

마이크로소프트는 2010년 클라우드 서비스 애저를 론칭하여 윈도우 등 기존의 기업용 소프트웨어 사업 기반과 연계해 클라우드 시장에 진입한 것이 그 시초다. 마이크로소프트는 MS 오피스 365 등 강력한 PC 소프트웨어 자산을 가지고 있어 SaaS 시장의 주도권을 이어갈 수 있게 됐다. 이와 관련해 마이크로소프트의 솔루션을 매개로 또 다른 클라우드 서비스로 확장해 사용할 수 있도록 유도하는 전략을 펼치고 있다.

2019년 7월 마이크로소프트는 미국의 거대 통신사인 AT&T와 전략적 제휴를 맺었다. 클라우드, AI, 5G 등의 분야에서 협력해나가기로 한 것이다. 두 기업은 각각 가진 네트워크와 클라우드의 강점을 바탕으로 업무 생산성 향상 등과 관련된 새로운 서비스를 개발해나가기로 했다. 모든 AT&T 직원들은 이번 제휴를 통해 마이크로소프트의 대표 운영체제 윈도우 10과 세계적으로 널리 쓰이는 사무용 프로그램 오피스 365 등이 포함된 클라우드 구독형 패키지 마이크로소프트 365를 사용하게 된다. 또한 AT&T는 2024년까지 이른바 '퍼블릭 클라우드 퍼스트Public Cloud First' 전략에 따라 다수의 애플리케이션을 MS 애저 클라우드로 이전할 것으로 알려졌다. 향후 마이크로소프트는 AT&T의 기본 클라우드 공급자로서 데이터센터 등 인프라 구축을 지원하고, AT&T는 2019년 초 30여 개의 데이터센터를 11억 달러(약 1조 3400억 원)에 처분하기로 했다.

사실 마이크로소프트는 2018년경 전체 사업의 중심을 클라우드와 AI에 두는 대대적인 조직 개편을 단행한 바 있다. 크게 3개의 사업부문으로 나누어 그동안 회사의 핵심이었던 윈도우 사업부문은 '경험 및 기기 부서Experience & Device'로 바뀌었다. 그리고 나머지 두 부서는 각각 클라우드와 AI에 집중하게 됐다. 이 결정은 향후 전체 사업의 중심을 클라우드에 두려는 계획을 본격화한 첫 출발점으로 해석될 수 있을 것이다.

그러나 마이크로소프트가 기존 오피스 솔루션 기반의 사업 확장과 클라우드를 축으로 하는 빠른 체제 전환에 안주했던 것은 아니었다. 마이크로소프트는 최근 급부상하는 하이브리드 클라우드, 엣지 컴퓨팅 영역 등으로 진출을 다각화하며 무궁무진한 애저의 확장성을 전 세계에 널리 알리고 있다.

먼저 CEO인 사티아 나델라Satya Nadella는 2018년 2분기 실적을 발표하면서 하이브리드 클라우드 전략에 대해 반복적으로 언급했다. 마이크로소프트의 애저 스택은 고객사들의 하이브리드 클라우드 전략 수요에 초점을 맞춰 공개한 서비스이다. 민감한 정보가 담긴 데이터는 고객사의 데이터센터(프라이빗 클라우드)에 보관하면서도 클라우드 서비스 애저(퍼블릭 클라우드)의 기능을 이용할 수 있도록 고객사 데이터센터-애저의 통합 플랫폼을 지원한다. 특히 애저가 내세우는 강점은 단순 호환성 제공이 아닌 양쪽의 데이터 이동 작업을 별도로 수행할 필요 없는 완벽한 시스템 연속성이다. 마이크로소프트는 주요 클라우드 서비스 중에서도 최초로 퍼블릭 클라우드와 고객사 데이터센터, IoT, 엣지 컴퓨팅 및 데이터가 모두 연동되는 하이브리드 전략을 펼치는 등 개방과 상호 운용에 기반한 IaaS-PaaS-SaaS 플랫폼을 구축하는 데 가장 적극적인 움직임을 보이고 있다.

그뿐만 아니라 마이크로소프트는 기존 클라우드 컴퓨팅 모델의 데이터 과부하 등 문제를 해결하기 위해 새로이 주목받고 있는 엣지 컴퓨팅 관련 솔루션을 내놓으며 차세대 트렌드에도 대응하고 있다. 특히 한 공간에 수많은 디바이스가 동시에 물려 있는 IoT 시스템의 경

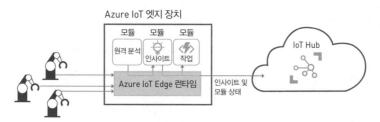

자료: MS Azure 홈페이지

우 여러 IoT 디바이스에서 실시간으로 발생하는 방대한 데이터는 중앙집중형의 컴퓨팅 자원 단독으로 처리하기에는 한계가 있다. 2017년 11월 마이크로소프트는 '애저 IoT 엣지Azure IoT Edge' 솔루션을 발표하고 엣지 컴퓨팅 시장의 주도권 확보에 나서기 시작했다. 또한 2018년 4월 향후 4년간 IoT 분야에 대한 50억 달러(약 5조 8000억 원) 규모의 투자 계획을 발표하면서 뛰어난 연산 기능을 갖춘 엣지 컴퓨팅 솔루션 및 IoT 보안 등 분야를 주요 육성 분야로 언급하기도 했다.

구글, M&A 추진 등 신성장동력 확보에 주력

기존 기업 고객들과의 탄탄한 관계를 기반으로 1위 사업자 아마존 웹 서비스와의 격차를 빠르게 좁혀나가고 있는 마이크로소프트와는 달리, 점유율의 큰 변화 없이 3위에 머무르고 있는 상태인 구글은 최근 클라우드 경쟁력 강화를 위해 연이은 M&A를 추진해오고 있다.

특히 이러한 움직임은 2018년 11월 클라우드 사업부문에 토마스 쿠리안Thomas Kurian이 CEO로 취임한 뒤 본격화되는 모양새다. 이듬 해인 2019년 1월 구글은 데이터 백업 서비스 기업 클라우드인듀어

CloudEndure를 200만 달러(약 24억 원)에 인수한다. 클라우드인듀어는 자연재해나 사이버 공격, 정치적 이슈로 인해 특정 기업이 보유하고 있던 데이터가 손상됐을 경우에 대비해 클라우드의 정보를 프라이빗 데이터센터에 지속적으로 백업하는 서비스를 제공해왔다.

2019년 2월에는 기존에 고객 기업이 가지고 있던 데이터의 클라우드 통합 및 이전, 즉 데이터 마이그레이션Data Migration을 지원하는 기업 알루마Alooma를 인수했다. 사실 그에 앞서 2018년 5월에는 이스라엘의 클라우드 마이그레이션 스타트업인 벨로스트라타Velostrata를 인수한 바 있다. 이러한 움직임은 고객 기업들이 자체적으로 보유한 데이터센터로부터 퍼블릭 클라우드 서버로 빠르고 안정적으로 마이그레이션 작업을 진행할 수 있도록 지원하고, 나아가 구글의 데이터 플랫폼 역량을 강화하는 전략의 연장선에 있다고 볼 수 있다.

2019년 6월에는 데이터 분석 솔루션 사업자인 루커Looker를 26억

구글 클라우드 관련 주요 M&A 현황

인수 대상 기업	기업 정보
클라우드인듀어	• 자연재해나 사이버 공격 등으로 인한 데이터 손상 대비 • 프라이빗 데이터센터에 지속적으로 백업
알루마	• 데이터 마이그레이션 서비스 지원 • 자체 보유한 기존의 데이터센터로부터 클라우드 서버로 안정적인 데이터 전환 가능
루커	• 데이터 분석 소프트웨어 제공 • 데이터 수집 결과 시각화 및 해석을 통해 인사이트 제공 • 공급망 관리, 미디어 분석 역량 제고 등의 분야에 활용
엘라스티파일	• 클라우드 데이터 저장업체 • 광범위한 영역에 적용 가능한 컴퓨팅 자원 및 데이터 저장 공간 제공

자료: S&P Capital IQ, 《시사코리아》(2019.7.3.), IITP

달러(약 3조 1000억 원)에 인수하는 계약을 체결한 사실이 발표되며 화제가 됐다. 구글은 기존의 클라우드 플랫폼과 루커의 서비스 연계를 통해 고객 기업 대상 포괄적인 분석 솔루션을 제공할 계획이다. 2011년 설립된 루커의 데이터 분석 플랫폼은 다양한 데이터베이스를 활용해 데이터를 시각화하고 해석하는 서비스를 제공한다. 이전에도 구글과 루커는 클라우드 파트너십 등을 통해 협력 관계를 지속해왔으며, 공통 고객도 상당수 확보하고 있는 상황이었다. 또한 루커 인수 발표 후 약 한 달 만에 클라우드 데이터 저장업체 엘라스티파일Elastifile의 인수 계획을 밝히기도 했다. 향후 엘라스티파일은 구글 클라우드 플랫폼과 통합되어 광범위한 컴퓨팅과 데이터 저장 용량을 제공하게 될 것으로 보인다.

실제로 미국의 밀키트Meal kit[5] 서비스 제공 기업 블루에이프런Blue Apron의 경우 구글 클라우드 플랫폼을 활용해 비즈니스 의사 결정 구조를 대폭 효율화한 바 있다. 밀키트 서비스의 경우 식재료가 적시에 공급되어야 품질이나 가격적인 측면에서 최상의 서비스를 제공할 수 있다. 주문된 내역이 효율적인 프로세스를 거쳐 잘 패키징되고, 고객의 집까지 정확한 시간에 신선한 상태로 배송되어야 한다. 이러한 이슈를 해결하기 위해 데이터 분석을 통한 최적의 공급 솔루션을 도출해내는 것이 중요하다. 블루에이프런은 구글 클라우드의 분석 플랫폼을 활용하면서 식재료 인벤토리inventory 관리 및 배송과 관련해 더욱 효율적인 의사 결정을 할 수 있게 된 것으로 알려졌다. 블루에이프런은 데이터 확장성 및 비용 효율성을 위해 구글 빅쿼리BigQuery로 데이터 스토리지를 이전하고 앞서 소개한 루커의 솔루션을 활용해 데이터를 분석함으로써 서비스 처리 속도를 향상하는 것은 물론 비용 효율적으로 서비스를 운영할 수 있게 된 것으로 알려졌다.

이와 같은 구글의 행보는 아마존 웹 서비스와 마이크로소프트 사이에서 독자적 경쟁력을 확보해나가겠다는 의지로 풀이된다. 토마스 쿠리안 CEO는 상이한 클라우드를 모두 아우르며 데이터 분석이 가능한 루커의 역량을 유지 및 확장시켜 하이브리드 클라우드 전략 실행에 힘쓰겠다고 발표하기도 했다.

구글은 솔루션의 호환성을 강화하는 측면에서도 다양한 파트너와 협업을 추진하고 있다. 구글 클라우드 플랫폼은 2019년 4월 발표를 통해 온프레미스 서버부터 프라이빗 클라우드, 퍼블릭 클라우드까지 모든 애플리케이션을 통합하여 관리할 수 있는 하이브리드 클라우드 솔루션 '안토스Anthos'를 출시했다. 안토스는 2018년 베타 버전으로 출시됐던 구글 클라우드 서비스 플랫폼Google Cloud Services Platform을 리네이밍한 것이다. 안토스가 내세우는 최고의 이점은 유연하게 애플리케이션을 구동할 수 있는 개방형 플랫폼이라는 것이다. 기업 고유의 프라이빗 클라우드뿐만 아니라 아마존 웹 서비스와 마이크로소프트 애저 등 경쟁 관계에 있는 타사 퍼블릭 클라우드와도 호환이 가능하다. 이는 고객사 입장에서 워크로드와 애플리케이션을 다양한 클라우드 환경을 넘나들며 관리할 수 있다는 의미다. 구글은 안토스를 이용할 경우 3개의 서로 다른 클라우드와 온프레미스 환경이 모두 동일하게 보이게 될 것이라고 강조했다. 또한 안토스는 론칭 시점에서 시스코Cisco, HPE, VM웨어VMware, 델 EMCDell EMC 등의 주요 인프라 서비스 공급자와 컨플루언트Confluent, 데이터스택스Datastax, 깃랩GitLab

과 같은 주요 애플리케이션 벤더를 포함해 총 30여 개의 주요 협력사를 대상으로 서비스를 지원할 계획임을 밝혔다.

글로벌 클라우드 주도 형국에서 엣지 클라우드 등 특화에 나선 국내 기업

아마존 웹 서비스 등이 글로벌 클라우드 시장을 주도하는 가운데 한국에서는 KT와 네이버 등의 기업이 각축전을 벌이고 있다. 두 기업은 정부의 규제 완화로 빠르게 성장할 것으로 전망되는 공공·금융 클라우드 서비스 시장을 선점하기 위한 노력을 펼치고 있다. 특히 KT는 공공기관 대상의 지클라우드G-Cloud에 강점이 있으며, 또한 IDC에 따르면 한국 내 IaaS 시장에서 KT가 AWS에 이어 점유율 2위를 차지(20%)할 정도로 상당한 경쟁력을 갖춘 것으로 평가되고 있다. 네이버는 금융업 특화 클라우드 서비스 구상을 발표하는 등 해당 분야에서의 본격 경쟁을 예고하고 있다.

KT는 MS, 오라클 등 글로벌 클라우드 사업자와의 멀티 클라우드 협력 확대는 물론, 산업 분야별로 특화된 클라우드 서비스를 개발하는 데 주력하고 있다. 특히 5G 등 통신 사업에서의 경쟁력과 클라우드 역량 간의 시너지 창출을 위한 노력을 병행하고 있다. 5G 시대 스마트 팩토리 등 복합적 ICT 솔루션을 구현하기 위해서는 거대 네트워크 시스템의 가장자리에 엣지 클라우드(분산된 가상 서버)의 구축이 필수적인 것으로 받아들여지고 있다. 가령 스마트 팩토리와 같이 생산 현장의 공정 및 기계 상태를 나타내는 방대한 규모의 데이터를 중앙 서버 단독으로 처리한다면 데이터 분석 프로세스에 크게 부하가 걸릴 수 있기 때문이다. 특히 5G 응답 속도를 줄일 수 있는 수

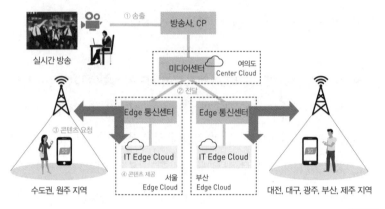

KT 5G IT 엣지 클라우드 개념도

자료: KT

단으로 주목받고 있는 기술이 바로 모바일 엣지 컴퓨팅MEC: Mobile Edge Computing이다. 예를 들어 고객이 스마트폰으로 동영상, 게임 등 엔터테인먼트 콘텐츠를 감상하는 상황에서 데이터는 기지국과 교환국을 거쳐 수도권 중앙통신센터까지 오가는 과정을 거쳐야 한다. 그러나 고객 위치와 가까운 기지국 등에 데이터 서버 및 별도의 컴퓨팅 자원을 설치하면 데이터는 중앙통신센터까지 가지 않아도 되며, 이를 통해 기존 대비 응답 속도가 약 40~60%까지 빨라지게 된다.

KT는 2019년 5월 서울과 부산의 통신센터에서 '5G IT 엣지 클라우드' 플랫폼을 공개했다. KT는 2019년 말까지 대전과 제주 등 6개의 통신센터에 엣지 클라우드를 추가 구축하고, 미디어·게임 등 콘텐츠 공급업체와도 사업 협력을 추진해나갈 계획이다. KT는 5G 네트워크를 기반으로 클라우드 기능과 AI 등 각종 SW 솔루션을 통합적으로 제공할 수 있다는 강점을 내세워 클라우드 시장 입지를 공고히 해나갈 것으로 보인다.

클라우드를 중심으로 더 커지고 더 세분화되는
테크 자이언트들의 영향력

———

주요 클라우드 사업자의 동향에서 살필 수 있듯이 아마존, 마이크로소프트 등 소위 테크 자이언트Tech Giants로 불리는 글로벌 기업들은 각자의 강점을 앞세워 클라우드 서비스를 적극 강화하고 있다. 특히 클라우드를 발판으로 그동안 축적해온 고도의 기술력을 기업 대상의 B2B 서비스를 통해 전파하고 있다. 다수의 고객 기업들은 경영 활동을 영위하는 데 반드시 필요한 핵심적인 ICT 기술들을 직접 개발하지 않고도 클라우드를 통해 완성도 높은 기술을 쉽게 이용할 수 있게 되었다. 급격히 증가한 고객사들의 효용만큼 테크 자이언트 기업들도 B2B 클라우드 사업을 신규 성장동력이자 핵심 수익원으로 주목하고 있다.

하지만 더 주목해야 할 포인트는 테크 자이언트의 클라우드 사업 확장 이면의 함의다. 테크 자이언트 기업들은 클라우드 중심으로 글로벌 ICT 영향력을 더욱 확장하려는 움직임을 보이고 있다. 전 세계의 많은 기업은 데이터 분석 기반의 경영 및 생산 활동을 목표로 패러다임 대전환에 나서고 있다. 즉 디지털 트랜스포메이션을 위한 노력을 아끼지 않고 있는 기업들을 전방위적으로 지원하는 것이 테크 자이언트들의 중요한 역할로 대두되고 있다. 기업이 다루는 많은 IT 자원 중 일부만큼은 반드시 클라우드 기반으로 구축하는 등 의존도가 더욱 강화되고 있다. 클라우드가 이른바 차세대 범용 기반기술GPT: General Purpose Technology로 부각되고 있는 것이다.

테크 자이언트의 글로벌 영향권 확대 노력은 클라우드 서비스의 세분화 및 영역별 특화 경향과 맞물려 막대한 파급효과를 일으킬 것으로 보인다. 기본적인 컴퓨팅 및 스토리지 서비스 외 아마존의 AI와 머신러닝 특화 서비스, 마이크로소프트의 하이브리드 클라우드 플랫폼, 구글의 데이터 분석 플랫폼 등으로 서비스 영역을 확장하는 사례 등이 대표적이다. 특히 아마존은 AI 역량뿐만 아니라 본래 강점인 amazon.com 기반의 커머스 역량을 토대로 'AWS Forecast(AI 예측 솔루션)'와 'AWS Personalize(고객 상품 추천)' 등 AI 전문 솔루션들을 내놓고 있다.

이외에도 중앙 집중형 컴퓨팅 시스템의 데이터 부하 한계에 대한 해법으로 부상한 엣지 컴퓨팅 기술이 클라우드 서비스의 새로운 핵심 분야로 주목받고 있다. 엣지 컴퓨팅은 스마트폰과 같은 개별 디바이스나 전체 IT 자산 중 네트워크 가장자리(엣지)에 위치한 IoT 센서에서 실시간·분산적으로 데이터를 처리하는 모델이다. 엣지 컴퓨팅은 중앙 집중화된 컴퓨팅 모델의 데이터 트래픽 문제를 해소할 대안으로 부상하고 있다. 최근에는 엣지 컴퓨팅과 5G 등 통신 기술과의 시너지를 기반으로 한 다양한 솔루션의 개발 및 실증 시험도 진행되고 있다.

엣지단으로 확장된 클라우드 서비스가 각 산업에 미칠 영향력은 상당할 것으로 보인다. 스마트 팩토리가 대표적 분야 중 하나가 될 것이다. 산업 현장에서 생성되는 수많은 데이터를 처리하며 공정 기계의 작동에 이상이 발생했을 때 관리자에게 알려주고 바로 조치를 취할 수 있도록 알려주는 기능부터 재고 관리, 공정 관리 등 경영 활동에 대한 데이터와 애플리케이션을 한 번에 통제하기에 매우 적합한 솔루션이 될 수 있기 때문이다. 물론 엣지 기술을 비롯해 클라우드 서비스별로 특화된 하드웨어 및 소프트웨어 기술을 개발하는 데는 아직 많은 시간과 노력이 필요한 상황이다. 향후 테크 자이언트의 확장적 클라우드 전략은 많은 기업들의 디지털 혁신 구상과 맞물려 글로벌 ICT 트렌드 변화의 핵심 축이 될 것으로 보인다.

05

세상 모든 탈것을
서비스화하는 세계

| 스마트 모빌리티 |

모빌리티 생태계의 지각변동이 시작된다

CES로 본 스마트 모빌리티의 미래

최신 ICT 기술과 미래 트렌드를 살필 수 있는 세계 최대의 가전 및 IT 박람회인 CES_{Consumer Electronics Show}가 2019년 1월 미국 라스베이거스에서 개최됐다. 모빌리티는 CES 2014부터 핵심 주제로 자리 잡기 시작해 자동차 업체들과 ICT 기업들은 경쟁적으로 자율주행 기술을 선보이며 미래 모빌리티의 주도권을 잡기 위해 노력하고 있다. CES 2019에서도 역시 모빌리티는 주목을 받았다. 기존 전시에는 자율주행 기술의 진보와 대략적인 미래상 제시에 초점이 맞추어졌다면, 2019년 전시에는 자율주행 상용 서비스 계획, MaaS, 플라잉카

CES 2019서 소개된 벨의 플라잉카 모형

자료: Medium

등 모빌리티의 미래상이 구체적으로 전시되기 시작했다.

ICT 기업과 자동차 업체들은 상용화 테스트 중인 자율주행 택시 Robo-Taxi의 구체적인 서비스 계획과 자율주행 비행기 플라잉카와 같은 미래 모빌리티 기술을 선보였다. 구글은 2018년 11월 미국에서 자율주행 택시 서비스를 시작했고, GM과 스타트업들도 곧 자율주행택시 서비스를 상용화할 계획임을 밝혔다. 아직 본격 상용화 단계는 아니지만, 2025년경에 교외를 시작으로 상용화를 확대할 것으로 전망된다. 소형 항공기 개발업체 벨Bell은 2018년 CES에서 자율주행이 가능한 플라잉카 소형 모형 콘셉트를 공개했는데, 2019년에는 진일보한 플라잉카 모형을 전시하고 우버와 공동으로 2023년 상용화할 계획을 밝혔다.

자동차 업체들은 자율주행과 전기차, 수소차 등을 넘어 자사의 종합 모빌리티 서비스 MaaSMobility as a Service, 서비스형 모빌리티 개념을 소개하기 시작했다. 토요타와 GM은 MaaS를 전면에 내세우면서 다양한 모빌리티 제조와 서비스를 통합 수행하는 플랫폼 비전을 선보였다. 구글, 아마존, 애플 등의 ICT 업체들과 우버 같은 차량 공유업체들 또한 각각의 MaaS 서비스를 기획하고 있다. 이는 미래 모빌리티 생태계에서는 제조보다는 MaaS 플랫폼 업체가 시장의 지배자가 될 가능성이 높기 때문이다.

CES 2019에서 살펴본 것처럼 모빌리티의 미래가 우리 앞으로 성큼 다가오고 있다. 자율주행, 플라잉카, 공유 서비스, MaaS 등 모빌리티와 관련된 모든 분야를 포괄하는 스마트 모빌리티는 ICT 기술과 접목되어 급속도로 발전하고 있다. CES 2019에서 살펴본 모빌리티 트렌드와 기술의 현주소는 미래 사회를 변화시킬 가능성이 높을 것으로 추정된다. 스마트 모빌리티 분야에 대해 우리는 좀 더 깊이 있게 살펴볼 필요가 있다.

스마트 모빌리티의 정의와 시장 규모

스마트 모빌리티는 자율주행, 마이크로 모빌리티, 교통 관리, 전기차의 충전 인프라 설치, 모빌리티 공유 서비스, 개인 이동수단, MaaS를 위한 통합 지불 결제 등의 여러 모빌리티 관련 분야를 포함한다. 한국교통연구원에 따르면, 스마트 모빌리티는 '기존 도로 효율을 저해하는 교통 혼잡을 최소화시키고 도로 활용을 최대화하여 궁극적으로 대중들이 막힘 없는 도로주행 환경을 체험할 수 있는 교통, 차량, 도로, 통신 융복합 기반의 종합형 시스템 기술'로 정의한다.

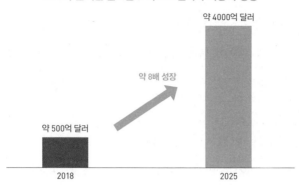

UBS가 분석한 글로벌 스마트 모빌리티 시장의 성장

약 4000억 달러

약 8배 성장

약 500억 달러

2018   2025

자료: UBS, Smart Mobility

　글로벌 금융 기업 UBS가 발표한 2019년 3월 스마트 모빌리티 보고서에 따르면, 2018년 약 60조 원(500억 달러) 규모였던 글로벌 스마트 모빌리티 시장은 연평균 약 34.5%씩 성장해 2025년에는 약 480조 원(4000억 달러) 규모로 성장할 것으로 전망된다. UBS는 스마트 모빌리티 시장의 성장은 전기차 및 에너지의 효율적인 배터리 개발과 관련된 스마트 동력 장치Smart Powertrains, 자율주행차 및 커넥티드카 개발에 대한 스마트 차량Smart Vehicles, 승차 공유 및 MaaS 서비스의 확산에 관련된 스마트 이용Smart Use 등의 세 영역이 견인할 것이라고 전망했다.

　UBS는 특히 자율주행 기술과 전기차 기술의 발전이 승차 공유 및 스마트 모빌리티 서비스의 연료비나 운전자의 인건비 등을 절감시키고 사용자들의 효율성을 향상시켜 다양한 모빌리티 사업들이 더욱 매력적인 비즈니스로 발전될 것이라고 분석했다. UBS는 전기차 배터리의 효율성 개선으로 승차 공유 서비스의 유지비가 가스를 사용할 때에 비해 60~70% 감소할 수 있을 것으로 분석했다. 장기적으로 운전자들이 자율주행 시스템으로 대체됐을 때 기존 모빌리티 서비스에 투입되는 차량의 투자 자금 회수 기간이 3년 이하로 줄어들 것이라 분석했다.

스마트 모빌리티의 세부 영역별 현황

스마트 모빌리티는 현재 스마트 교통, 스마트 카, 마이크로 모빌리티, 모빌리티 공유 서비스 등으로 세부 영역을 나눌 수 있다.

스마트 교통은 교통량 관리에서부터 시작해 예측, 도로 관리, 주차·주행 관리, 교통 정보 제공 및 가이드 등의 교통 서비스를 종합적으로 제공하는 시스템을 말한다. 스마트 교통 시장은 2014년 약 54조 원(450억 달러)에서 2021년 약 211조 원(1764억 달러) 규모로 연평균 18.5% 성장할 것으로 예상된다. 스마트 교통 시장은 주로 미국(39%), 유럽(31%), 일본(16%)이 주도하고 있다.

스마트 모빌리티의 세부 영역별 정의

세부 영역	정의
스마트 교통	교통량 관리 및 예측, 도로 관리, 주차 및 주행 관리, 교통 정보 제공 및 가이드 등의 교통 서비스를 종합적으로 제공하는 시스템
스마트 카	센서, 5G 네트워크, 인공지능, 로봇 등 최첨단의 ICT를 융합하여 개발한 미래형 모빌리티
마이크로 모빌리티	전기 등의 친환경 연료를 사용한 소형 개인 이동수단을 의미하며, 소형 전기자동차, 전기자전거, 전기스쿠터 등을 포함
모빌리티 공유 서비스	자원을 소유하지 않고 나눠 쓰는 공유경제에 기반하여 차량 공유, 자전거 공유 등 이동수단을 공유하는 서비스

자료: 언론 보도 기반 KT경제경영연구소 재구성

스마트 카는 센서, 5G 네트워크, AI, 로봇 등 최첨단의 ICT를 융합 활용하여 주변 환경을 자동으로 인식하고 위험을 판단해 주행 경로를 스스로 계획하는 미래형 모빌리티다. 전 세계 스마트 카 시장은 2035년 연간 9500만 대 규모로 성장

자율주행 단계 구분
SAESociety of Automotive Engineers는 자율주행 단계를 0단계에서 5단계까지 분류했다. 0단계는 비자동화 단계. 1단계는 운전자 보조 단계. 2단계는 부분적 자율주행 단계. 3단계는 조건부 자율주행 단계. 4단계는 고도 자율주행 단계. 5단계는 완전 자율주행 단계이다.

해 자동차 매출액의 75%를 차지할 것으로 전망된다.

스마트 카 개발 경쟁에서는 현재 구글이 가장 앞서 있다. 2010년 구글은 '셀프 드라이빙 카Self-driving Car'를 개발해 캘리포니아, 텍사스 등에서 시범운행을 진행했으며, 2013년 80만 마일의 무사고 자율주행을 기록했다. 구글은 자율주행 레벨Level 4에서 레벨 5로 진화를 목표로 하고 있다. 완전 자율주행으로 평가받는 레벨 5를 달성하기 위해 구글은 2014년 6월 위성 동영상 서비스 회사인 스카이박스 이미징Skybox Imaging을 인수했고, 2014년 11월 대중교통 기관 정체 시간, 에너지 이용량 등을 추정하는 기업 어반 엔진Urban Engines에 투자하는 등 도시 정보 수집에 도움이 되는 기업 등을 인수해 기술력을 향상시키고 있다. 이러한 노력 끝에 구글(웨이모)은 2018년 11월 세계 최초로 자율주행 상용 서비스를 미 애리조나 주 피닉스 시에서 공개하여 스마트카의 미래상을 제시했다.

마이크로 모빌리티는 전기 등의 친환경 연료를 사용한 1~2인승 소형 개인 이동수단을 의미하며 1인용 전기자동차, 전기자전거, 전기스쿠터 등을 포함한다. 마이크로 모빌리티 시장은 이동의 퍼스트 마일First-mile과 라스트 마일Last-mile[1]을 담당하며 빠르게 성장하고

있다. 보스턴컨설팅그룹_BCG은 개인 이동의 35%가 2km 이하로 마이크로 모빌리티가 이에 적합한 이동수단으로 평가하여 2025년까지 약 48조~60조 원 규모로 전 세계 마이크로 모빌리티 시장이 성장할 것으로 전망했다. KT는 성장하는 모빌리티 시장에 대응해 위치 정보, 배터리 상태, 운행 현황을 실시간 관리해주는 전기 이륜차 관제 시스템과 5G 자율주행 기반의 2인승 마이크로 모빌리티 차량 등을 공개하며 한국 마이크로 모빌리티 시장을 선도하고 있다.

모빌리티 공유 서비스는 자원을 소유하지 않고 나눠 쓰는 공유 경제에 기반해 차량 공유, 자전거 공유 등 이동수단의 공유로 정의된다. 자동차 공유 서비스는 북미와 유럽이 주요 시장으로 2020년까지 약 7조 원(62억 달러) 규모로 성장이 전망된다. 차량 공유 서비스는 대중들이 차량 구입비, 유지비, 보험료 등을 지출하지 않고 필요할 때 짧은 시간 동안 이용 가능한 장점 등으로 빠르게 성장하고 있다. 과거 개인 간_P2P의 차량 공유 중심에서 회사와 소비자 간_B2C 차량 공유 서비스로 확대되고 있는 과정이다.

공공 자전거는 교통 체증이 유명한 파리, 런던, 뉴욕 등 대도시를 중심으로 확산되고 있다. 2007년 파리 시는 환경 및 교통 문제 해결을 위해 공공 자전거 벨리브_Velib를 도입했다. 런던은 금융회사 바클레이_Barclays와 협력해 바클레이 사이클 하이어_Barclays Cycle Hire를 도입했다. 뉴욕 시는 2013년 자전거 공유 서비스 '시티 바이크_Citi Bike'를 시행해 2017년에는 공유 자전거 1만 2000대, 무인 대여소 700곳으로 서비스가 확대됐다. 한국의 경우 2011년 자동차 공유 서비스가 처음 도입되어 스타트업을 중심으로 한 여러 업체가 진출해 시장이 성장하고 있으며, 공공 자전거 사업은 지방자치단체별로 진행되고 있다.

도시화로 생기는 교통 혼잡, 대기오염, 주차 문제

UN은 2050년경 전 세계 인구의 3분의 2가 도시에 거주하게 되어 도시 집중도가 높아질 것으로 전망했다. 또한 맥킨지는 2025년경 전 세계의 600개 도시가 글로벌 경제 성장의 60% 이상을 담당할 것으로 예측했다. 맥킨지는 도시에 새로운 도로를 개통하면 교통 체증이 도리어 증가하는 등 인프라를 늘린다고 살기 좋은 도시가 되지 않는 한계에 봉착할 것으로 전망했다. 이를 해결하기 위해 기존의 교통 네트워크보다 유연하고 탄력적이면서 효율적인 스마트한 통합 교통 시스템, 스마트 모빌리티가 필요하다.

도시는 경제 성장과 함께 자동차 보급이 확산되면서 교통 혼잡, 대기오염, 주차 공간 부족 문제에 직면하고 있다. 현재 10억 대에 가까운 차량 수는 2050년 24억 대까지 증가할 전망이며, 이동 수요 또한 2015년 18조 km에서 2050년 약 35조 km로 약 2배 이상 증가할 것으로 예상된다. 세계 도시화율은 이미 55%를 넘어섰으며, 2050년이 되면 66%로 25억 도시인구가 추가되어 약 64억의 인구가 도시에 살 것으로 전망된다. 도시화로 인해 세계 주요 도시들은 이미 통근 시간이 100분에 육박하고 있으며 교통 문제로 힘든 상태다. 서울도 마찬가지로 2017년 기준 출퇴근을 위해 2시간 이상 소비하는 것으로 분석됐다.

도시 집중도가 높아짐에 따라 스마트 모빌리티는 더 많은 사람과 상품들을 현재의 교통수단보다 더 빠르고 깨끗하며, 효율적이면서 덜 비싼 방식으로 이동시키는 대안이 되고 있다. 스마트 모빌리티는 교통 공급 측면에서 보다 많은 다양성을 제공해 비탄력적인 교통 시스템을 보다 탄력적으로 전환시켜주며, 탄력적으로 전환된 교통 시스템은 도시 문제 해결에 도움을 줄 것이다.

C(연결성) A(자율주행) S(차량 공유) E(전동화)가 재설계하는 모빌리티 생태계

미래 모빌리티 생태계는 CASE로 불리는 연결성, 자율주행, 차량 공유, 전동화가 주도할 것으로 전망된다. CASE는 디터 제체Dieter Zetsche 다임러 그룹 회장이 CES 2018에서 미래 모빌리티 변화를 함축적으로 표현한 단어로 언급하여여 주목받기 시작했다.

연결성Connectivity은 자동차와 자동차, 자동차와 사물의 연결을 의미하는 것으로 차량 간 통신, 교통 관제, 차량 내 인포테인먼트 시스템 등이 포함된다. KT는 현대자동차와 함께 5G 기반 커넥티드카를 공동 개발하여 미래 모빌리티를 준비하고 있다. 자율주행Autonomous은 자율주행과 관련된 모든 모빌리티를 총칭한다. 차량 공유Sharing는 온디맨드 차량 서비스와 승차 공유 서비스 등에서 이루어지고 있는 예약과 지불 등을 제공하는 모빌리티 플랫폼을 의미한다. 전동화Electrification는 기존 내연기관 중심의 모빌리티에서 벗어나 에너지 효율을 높이고 환경 규제를 대비한 새로운 친환경 에너지원을 활용한 모든 모빌리티를 의미한다.

CASE는 자동차 산업이 단순 제조업에서 이동과 관련된 모빌리티 서비스로 전환됨을 의미한다. CASE는 자동차 업계를 뒤흔들 만큼 강력한 힘을 가지고 있다. 메르세데스 벤츠 트럭의 세일즈 총괄 사장 볼프강 타이슨Wolfgang Theissen은 미래 모빌리티 생태계는 CASE 개념을 완벽하게 조합해 고객에게 가장 설득력 있는 종합 패키지 서비스를 제공하는 업체가 승자가 될 것이라 전망했다. 즉 CASE가 주도하는 새로운 모빌리티의 변화에 어떻게 대응하는지에 따라 업체들의 희비가 갈릴 것이다.

킥보드에서 버스까지 모든 모빌리티를 통합하는 서비스 혁명 MaaS

MaaS의 정의와 발전 단계

MaaSMobility as a Service, 서비스형 모빌리티는 여러 교통수단을 단일 앱으로 연계하고 통합해 포괄적인 이동 서비스를 제공하는 것을 의미한다. MaaS는 버스, 기차 등의 대중교통과 자동차 공유 서비스, 택시, 승차 공유 서비스(카풀), 자전거 공유 등 다양한 형태의 이동 옵션에 접근할 수 있도록 제공되는 통합 이동 솔루션이다. 고객은 하나의 앱에서 다양한 이동 옵션을 예약 및 결제할 수 있다. MaaS는 다양한 모빌리티 서비스를 고객에게 통합해 제공할 뿐 아니라 결제를 처리하고, 개별적인 모빌리티 공급자들에게 수익을 분배하는 플랫폼 역할을 수행한다.

MaaS는 모빌리티 시장의 성장을 견인하고 있다. 컨설팅 업체 프로스트 앤 설리번Frost & Sullivan은 2025년 모빌리티 솔루션 시장이 2017년 대비 2배 이상 성장할 것으로 예측하며, 이러한 시장 성장을 견인하는 핵심 요인으로 MaaS를 주목했다. 시장조사기관 마켓 리서

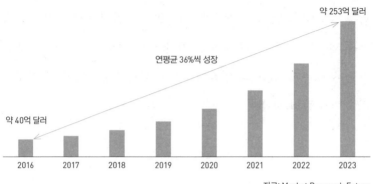

글로벌 MaaS 시장 규모 전망

연평균 36%씩 성장

약 253억 달러

약 40억 달러

2016 2017 2018 2019 2020 2021 2022 2023

자료: Market Research Future

치 퓨처Market Research Future는 글로벌 MaaS 시장이 2016년부터 연평균 36%씩 성장해 2023년 약 30조 원(253억 달러) 규모를 달성할 것으로 전망했다.

MaaS에 대한 공통된 접근 및 확산을 위해 민관 파트너십으로 운영되는 MaaS 얼라이언스Alliance에서는 MaaS의 통합 정도를 다섯 가지 레벨로 분류하고 있다. 먼저, 레벨 0은 통합이 이루어지지 않고 각각의 교통 옵션이 개별적으로 제공되는 상황이다. 레벨 1은 정보의 통합 단계로, 출발지와 목적지 상의 경로와 비용 등의 정보를 제공하고 사용자의 선택을 용이하게 해준다. 레벨 2는 검색·예약·결제의 통합 단계로, 개별적인 이동에 대한 검색, 예약, 결제를 지원한다. 미리 등록해놓은 신용카드 등을 통해 단일 서비스 내에서 이용할 수 있는 편의성을 제공한다. 레벨 3은 교통 서비스의 통합 단계로, 개별적인 이동뿐만 아니라 서로 다른 교통 옵션을 번들이나 패스를 통해 제공하고, 개인의 데일리 모빌리티 니즈를 충족시킴으로

단계	정의
Level 0	• 각각의 교통 옵션이 개별적으로 제공
Level 1	• 출발지에서 목적지까지의 경로와 비용 등의 정보 제공 • 사용자의 선택을 용이하게 함
Level 2	• 개별적인 이동에 대한 검색, 예약, 결제를 지원 • 미리 등록된 결제 수단을 통해 단일 서비스 내에서 다양한 이동수단을 이용할 수 있는 편의성 제공
Level 3	• 개별적인 이동뿐 아니라 서로 다른 교통 옵션을 번들이나 패스를 통해 제공 • 개인의 데일리 모빌리티 니즈를 충족함으로써 자동차 소유의 대안을 제공할 수 있게 됨
Level 4	• 모빌리티의 수요와 공급의 연계를 넘어 확장되는 수준 • 차량의 사용이 감소하고, 도시 경쟁력 증가 등 목표 달성에 모빌리티 수요 및 공급을 활용

자료: MaaS Alliance, RoA Consulting

써 자동차 소유의 대안을 제공할 수 있는 단계다. 레벨 4는 사회 목표 통합 단계로, 모빌리티의 수요와 공급의 연계를 넘어 확장되는 단계로서 차량 사용의 감소와 도시 경쟁력 강화 등의 목표 달성을 위해 모빌리티 수요 및 공급을 활용하는 단계다.

MaaS의 핵심 요소 네 가지

컨설팅 업체 딜로이트Deloitte는 MaaS를 구성하는 핵심 요소로 인프라스트럭처, 데이터 제공업체, 대중교통 운영업체, 모빌리티 서비스 플랫폼 업체를 꼽는다.

인프라스트럭처 MaaS는 데이터 기반의 사용자 중심 서비스로 스마트폰과 네트워크 기술의 발전에 힘입어 동반 성장했다. MaaS가

효과적으로 작동하려면 인프라가 잘 형성돼 있어야 한다. 필요한 인 프라에는 3G·4G·5G 네트워크와 스마트폰의 광범위한 보급, 높은 수준의 연결성, 이동 정보에 대해 실시간으로 정보를 안정적으로 제 공해야 하며, 현금이 필요 없는 지급결제 시스템 등이 있다.

MaaS 인프라를 잘 구축하기 위해서는 다양한 영역에 속한 행위 자들이 서로 협업할 필요가 있다. 모빌리티 관리자, 정보통신 회사, 지급결제 처리업체, 공공 및 민간교통 제공업체, 그리고 정부 당국 등이 이에 해당된다.

데이터 제공업체 사용자들은 다양한 교통수단을 통합해 한 앱 에서 이용할 수 있게 하는 앱이나 웹페이지와 같은 플랫폼을 통해 MaaS에 접근한다. 이들 플랫폼 간의 경쟁은 치열하다. 좋은 플랫폼 은 다양한 교통수단을 통합해주고, 실시간으로 교통 상황을 업데이 트해준다. 사용자들은 플랫폼이 제공해주는 데이터가 얼마나 정확 하고 질이 좋은지에 따라 사용을 선택하곤 한다.

데이터 제공업체는 교통수단 운영업체와 최종 사용자 사이의 중 재자 역할을 한다. 이들은 교통 데이터 분석을 제공하며, 다양한 서 비스 제공업체들 간의 데이터 교환을 관리한다. 개별적인 모빌리티 서비스 제공업체들이 자체 데이터를 서로 공유할 가능성은 낮다. 그 렇기 때문에 제3자인 데이터 제공업체가 개입해 협력을 가로막는 일 부 장애물을 제거하고 데이터 공유에 도움을 줘야 한다.

대중교통 운영업체 MaaS에서 가장 큰 역할을 담당하는 곳 중 하 나는 대중교통 운영업체다. 모빌리티 서비스를 퍼스트 마일과 라스 트 마일까지 확장하려는 흐름은 많은 교통 운송업체들이 자전거 공유, 전기스쿠터와 같은 새로운 교통수단을 도입하거나, 승차 공유처럼 상호 보완적인 수단과 기존 대중교통 서비스의 결합을 추진하도록 했다. 캐나다 퀘백의 일부 지방에서는 민간 대중교통 업체인 코뮤오토Communauto가 자전거 및 차량 공유를 포함한 모빌리티 패키지를 제공하고 있다.

기존 대중교통 서비스의 문제점은 수많은 소규모 모빌리티 사업자 증가의 원동력이 됐다. 이들은 주차, 차량 공유, 차량 호출, 주문형 버스 승차 등의 혁신적인 모빌리티 서비스를 제공하기 시작했다. 이러한 새로운 혁신적인 서비스들은 MaaS 성장의 밑거름이 되고 있다.

모빌리티 서비스 플랫폼 MaaS 분야에서 최근에 가장 강조되고 있는 분야는 서비스 플랫폼이다. 모빌리티 서비스 플랫폼 업체들은 고정 자산 투자가 적은 비즈니스 모델을 사용해 다양한 민간 및 공공 대중교통 운영업체들을 상호 연결시켜 단일한 앱과 사이트를 통해 예약하고 비용을 편리하게 지불하고 서비스를 이용할 수 있게 해준다.

다양한 모빌리티 서비스를 통합하는 일은 어려움이 따르기 때문에 소수의 모빌리티 서비스 플랫폼 업체들만이 살아남아 서비스를 제공하고 있는 상황이다. 유비고UbiGO는 스웨덴 예테보리에서 운영됐던 소규모 시범 사업 후 2016년 후반 들어 본격적으로 사업화되어 서비스 중이다. 핀란드 헬싱키의 MaaS 핀란드Finland 시범 사업은 2015년 초반에 시작된 후 민간 스타트업인 매스 글로벌 오와이MaaS Global Oy로 재편되어 자사 플랫폼(웜Whim)을 통해 MaaS를 서비스하고 있다.

소프트뱅크, MaaS 플랫폼이 미래 모빌리티 시장을 지배할 것으로 전망

자동차 업체들의 모빌리티 업체에 대한 투자가 증가하고 있다. 현대차는 2019년 3월 인도의 모빌리티 플랫폼 업체인 오라에 3억 달러 투자를 결정했다. 현대차는 2018년 싱가포르 모빌리티 업체인 그랩에 2억 7500만 달러 투자를 결정한 것에 이어 몇 달 사이 또 대규모 투자를 결정했다. 보수적인 조직 구조로 의사 결정이 느린 자동차 업계에서 모빌리티 업체에 잇달아 거액을 투자하는 것이 이례적이라는 평가가 나오지만, 모빌리티 전문가들은 자동차 업체들의 이러한 움직임을 생존 전략이라 평가한다. 모빌리티 시장이 빠르게 C(연결성) A(자율주행) S(차량 공유) E(전동화) 중심으로 변화하고 있다. 이러한 변화에 대응해 자동차 업체들은 CASE 업체에 투자하며 생존을 모색하고 있다.

변화하는 모빌리티 생태계 뒤에는 소프트뱅크[2]가 존재한다. 소프트뱅크는 미래 모빌리티 시장이 MaaS 플랫폼 중심으로 재편될 것으로 전망한다. 소프트뱅크 손정의 회장의 비서실장이었던 시마 사토시는 한 언론 인터뷰에서 손정의 회장이 모빌리티 시장이 스마트폰과 유사해질 것으로 전망한다고 언급했다. 스마트폰 시장에서 대박을 치고 있는 곳은 스마트폰 제조사가 아니라 구글과 같은 플랫폼을 통제하는 회사들이다. 손정의 회장은 모빌리티 시장도 이와 같이 플랫폼을 통제하는 회사들이 지배하게 될 것임을 전망했다.

소프트뱅크는 승차 공유업체들이 미래 MaaS 플랫폼이 될 가능성이 높다고 판단하여 대규모 투자를 진행하고 있다. 글로벌 승차 공유업체 빅 5인 미국의 우버, 리프트, 싱가포르의 그랩, 중국의 디디

추싱Didi Chuxing, 인도의 오라Ora 중에서 리프트를 제외한 4곳에 투자를 하고 있다. 소프트뱅크가 승차 공유업체 4곳에 투자한 총 액수는 2019년 8월 기준으로 약 32조 원(267억 달러)에 달하는 것으로 알려져 있다. 소프트뱅크는 단순 투자에 그치지 않고 회사에 이사진을 파견해 경영에도 참여하고 있다.

우버, 차량 공유 서비스를 넘어 모빌리티 서비스 통합 추진

우버 CEO 다라 코스로우사히Dara Khosrowshahi는 2019년 2월 중순경 샌프란시스코에서 개최된 '골드만삭스 기술 인터넷 컨퍼런스'에 참석해 우버의 궁극적인 목표는 자동차 소유권의 대안이 되는 것이라고 언급했다. 아마존이 서드파티 판매자와 중소 상인들의 마켓플레이스인 것처럼 우버도 결국에는 다양한 운송 서비스 사업자들의 마켓플레이스가 될 것이라고 설명했다.

우버는 MaaS를 추진하는 이유를 다음과 같이 언급하고 있다. 먼저, 우버의 비전을 달성하기 위해서는 전체적인 모빌리티 옵션을 통합해 제공할 필요가 있다는 점이다. 궁극적으로 우버의 장기적인 목표는 앱 내에서 모든 모빌리티 옵션을 예약할 수 있게 하는 것이다. 다음으로, 우버는 현재 치열한 경쟁 환경에 직면해 있으며 최소 3년간은 수익성이 없을 것으로 자체적으로 분석하고 있다. 2019년 9월 발표된 《포브스》의 기사에 의하면, 우버는 주요 비즈니스 모델인 승차 공유 서비스의 수익성 악화 우려로 IPO 가격 대비 2019년 9월 약 30% 정도 주가가 하락했다고 보도했다. 이로 인해 우버는 신규 수익 발굴과 미래 성장동력이 필요한 상황이다.

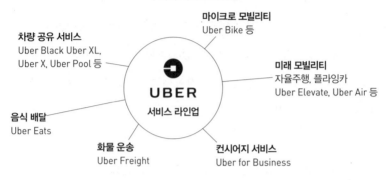

우버는 MaaS로의 전환을 시도하고 있는 대표적인 사업자로 2018년 4월 마이크로 모빌리티와 대중교통을 연결하는 종합 도시 교통 플랫폼으로 거듭나겠다는 비전을 공개한 뒤 2018년 9월에는 앱에서 목적지까지 갈 수 있는 다양한 교통수단을 제시하는 모드 스위치Mode Switch 기능을 추가하는 등 MaaS 서비스 제공을 위해 대대적인 리디자인Redesign을 진행했다.

2018년에는 특히 마이크로 모빌리티 영역에서 활발한 움직임을 보여줬다. 2018년 4월에는 도크리스Dockless 전기자전거 공유 스타트업인 점프Jump를 인수한 뒤 10월 캘리포니아 산타모니카 지역에서 점프 브랜드의 전기스쿠터 공유 서비스를 출시했다. 7월에는 알파벳Alphabet의 GV가 리드하는 라임Lime에 대한 약 420억 원(3500만 달러) 규모 투자 라운드에 투자자로 참여하면서 전기스쿠터 스타트업 라임과도 협력을 추진했다. 또한 라임 스쿠터 중 일부에 우버의 로고를 부착하고, 우버 앱 내에서 라임 스쿠터를 대여할 수 있도록 하는 파트너십을 체결했다. 이는 우버가 점프를 인수하기 전에 점프와 추진했던 파트너십과 매우 흡사한 형태였기 때문에 2018년 12월 해외 언론사 인포메이션Information을 통해 우버가 라임과 인수 논의 중이라는 설이 제기됐으나 라임 측에서 이를 부인한 상태다.

우버는 2018년 말부터 2019년 초까지는 자사 앱을 대중교통과 통합하려는 노력을 활발히 보여줬다. 2018년 12월에는 이집트 카이로에서 14인승 미니버스의 좌석을 예약할 수 있는 우버 버스Uber Bus 서비스를 제공하기 시작했다. 2019년 1월에는 인도 뭄바이에서 우버 보트Uber Boat의 파일럿 서비스를 개시했다. 2019년 2월에는 미국 덴버 지역 대중교통 시스템인 RTDRegional Transportation District와 제휴해 우버 앱 내부에서 목적지까지 기차, 버스, 지하철 등 대중교통 옵션을 이용했을 때의 예상 시간을 볼 수 있도록 했다. 이는 우버 측에서 대중교통이 우버를 타는 기존 옵션보다도 더욱 나은 수단일 수 있음을 처음 제안한 것인 만큼 상당히 파격적인 시도라 할 수 있다.

2019년 5월에는 미국 덴버 지역 대중교통 시스템인 RTD와의 파트너십을 더욱 확대해 일부 사용자들을 대상으로 앱 내에서 RTD 티켓을 구매할 수 있도록 하는 기능을 테스트 후 2019년 6월 25일부터는 이 기능을 덴버 지역 모든 사용자로 확대했다. 우버는 2019년 7월에 해당 기능을 출시한 이후 1200장 이상의 RTD 티켓을 판매했으며, 매주 티켓 판매량이 평균 42%씩 증가했다고 발표했다. 우버 측은 또한 2019년 1월 RTD와의 파트너십을 개시한 이후 대중교통 거점에서 시작하거나 종결되는 우버 이용이 11.6% 증가했다고 발표했는데, 이는 자사의 기존 비즈니스 수익 잠식에 대한 우려에도 불구하고 MaaS로의 전환 이후 전체 우버 이용 증대 효과가 목적한 바대로 이루어지고 있음을 시사한다.

2019년 7월에는 승차 공유에 대한 할인과 함께 전기 자전거 및 스쿠터 공유, 음식 배달을 무료로 사용할 수 있는 월 약 3만 원(24.99달러)의 Pass 구독 서비스를 테스트하기 시작했다. 2018년 10월 출시됐던 구독 서비스인 라이드 패스Ride Pass가 탑승 시간대의 혼잡도와 관계없이 그달 이용 기록에 따라 책정된 고정 요금률로 우버엑스UberX와 우버풀UberPool을 보다 저렴하게 이용할 수 있도록 했던 것과 비교해보면 전기 스쿠터 및 자전거 공유 서비스가 구독의 중요 혜택으로 포함된 것이 눈에 띄는데, 이는 우버가 앱 내에서 제공하는 이동 옵션 간의 통합을 보다 강화하여 MaaS를 본격화하고 있음을 보여준다.

리프트, 마이크로 모빌리티 인수와 대중교통 연계를 통해 MaaS 준비

리프트는 우버와 유사하게 MaaS를 제공하기 위해 노력 중이다. 퍼스트 마일과 라스트 마일 이동을 위한 마이크로 모빌리티 옵션 제공과 관련해서는 2018년 9월 자체 전기스쿠터 공유 서비스를 론칭했다. 그러나 리프트가 특히 적극적으로 투자하고 있는 영역은 자전거 공유 서비스로, 2018년 7월 인수한 자전거 공유업체 모티베이트Motivate를 통해 지자체와 독점계약 형태로 자전거 공유 서비스를 제공함으로써 단숨에 광범위한 서비스 지역을 확보하는 데 성공했다.

리프트가 인수한 모티베이트는 미국 최대의 자전거 공유업체로, 미국 내 자전거 대여 서비스의 80%를 점유하고 있다. 이러한 규모에 비해 상대적으로 이름이 덜 알려진 이유는 모티베이트가 스폰서와의 계약을 통해 스폰서의 이름으로 자전거 공유 서비스를 제공하고, 그 대가로 광고료를 받고 있기 때문이다. 모티베이트가 운영하고 있는 자전거 공유 서비스로는 뉴욕 시의 시티 바이크 외에도 샌프란시스코의 포드 고바이크Ford GoBike, 시카고의 디비Divvy, 보스턴의 블루바이크Bluebikes, 워싱턴의 캐피털 바이크쉐어Capital Bikeshare 등이 있다.

우버가 인수한 점프와의 가장 큰 차이는 점프의 경우 사용 완료 후 아무 곳에나 자전거를 반납해도 되는 도크리스 방식인 반면, 모티베이트의 서비스들은 지정된 보관소에 반납하는 전통적인 방법을 취하고 있다는 점이다. 이는 사용자 입장에서는 불편한 점일 수 있으나 규제 당국의 제재를 피하기에는 더 유리한 방법이라 할 수 있다. 실제 모티베이트가 시티 바이크 서비스를 제공하고 있는 뉴욕은 도크리스 방식의 모빌리티 서비스를 규제로 금지하고 있다.

모티베이트는 지자체들과의 독점계약을 통해 서비스를 제공하는 것이 특징으로, 2018년 11월에는 5년간 시티 바이크 프로그램에 1억 달러를 투자해 현재 운영 중인 1만 2000대의 자전거 수를 4만 대까지 확대하는 것을 조건으로 뉴욕 시에서의 독점 운영권을 5년간 연장하는 데 성공했다.

대중교통 통합과 관련해서는 2018년 9월 산타모니카 지역에서 교통 정보 플랫폼 트라피Trafi와 제휴해 리프트 앱 내에서 빅 블루버스Big Blue Bus, LA 메트로LA Metro, 메트로링크Metrolink 등 대중교통 수단의 루트 정보와 스케줄을 확인할 수 있도록 하는 '니어바이 트랜싯Nearby Transit' 기능을 론칭했다. 이후 2019년 내로 뉴욕 지역의 모든 사용자들이 앱 내에서 뉴욕 시의 지하철 및 버스 정보와 롱아일랜드 철도

Long Island Rail Road, 메트로 노스Metro North, 뉴저지 트랜싯New Jersey Transit 등의 기차 정보, 시티 바이크 보관소 정보를 확인할 수 있도록 앱을 업데이트할 계획이라고 발표했다. 단, 우버와는 달리 리프트는 아직 앱 내에서 이들 대중교통 수단 티켓을 구매할 수 있는 기능은 제공하고 있지 않다.

구글 맵스 중심의 MaaS 생태계

구글 맵스는 2005년부터 제공된 세계 최대의 지도 서비스다. 구글은 제3자의 지도 앱에서 구글 맵스를 통합 활용할 수 있도록 하는 기능API, 응용 프로그램 프로그래밍 인터페이스을 제공하고 있다. 이를 통해 수많은 제3의 서비스에 구글 맵스가 통합 활용되면서 영향력이 더욱 커지고 있다. 구글 맵스의 월 이용자는 10억 명 이상이며, 500만 개 이상의 기업들이 구글 맵스를 기반으로 사업을 진행하고 있다. 지도와 교통 정보, 길 안내 등을 중심으로 시작한 구글 맵스는 특정 지역의 사업자 목록, 자연재해 정보, 과속 탐지, 교통사고 정보, 버스 혼잡도 정보, 충전소 위치, 식당 정보 등 위치와 관련된 다양한 정보들을 제공하기 시작했다. 제공된 정보들을 기반으로 음식 배달과 결제 등의 사업과 연계하거나 구글 어시스턴트와 같은 AI를 접목하며 활용이 확장되고 있다.

모빌리티 분야는 어떤 교통수단을 이용하든지 상관없이 출발과 도착, 그리고 이동 과정에서 위치 변화가 필수적으로 나타난다. 이로 인해 모빌리티는 태생적으로 지도와 밀접하게 관련돼 있다. 구글은 2018년 12월 공유 스쿠터·자전거 사업자인 라임과 제휴해 주변

구글 맵스를 통해 라임 전기스쿠터의 위치 확인

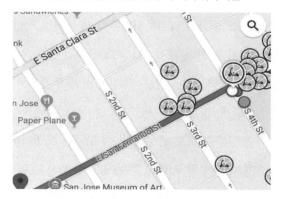

자료: Smart Cities World

에 이용 가능한 라임의 스쿠터나 자전거가 있으면 구글 맵스가 목적지까지의 소요 시간과 예상 가격 등을 알려주는 서비스를 시작했다. 2019년 3월에는 이를 전 세계 80개 도시로 확대하고, 라임에 제한을 두지 않고, 24개국에서 공유 자전거 관련 정보를 구글 맵스에서 제공하기로 했다.

공유 자전거·스쿠터 업체 입장에서도 세계 최대의 지도 서비스 업체인 구글과 협력하는 것은 인지도와 이용자 기반을 늘리는 데 긍정적인 요인이 될 수 있다. 공유 자전거·스쿠터 업체들은 지속적으로 위치 정보 제공 서비스를 고도화시키면서 서비스 범위를 확대하고 있는 생활 서비스 인프라이자 온·오프라인 연계 서비스인 구글 맵스와 제휴함으로써 이용자 기반을 확대하고 시간과 비용을 줄일 수 있다.

구글은 구글 맵스 기반의 서비스 통합 제공을 MaaS까지 확장시키고 있다. ICT 조사 기업 애틀러스Atlas에 따르면 구글은 알파벳 산하 웨이모Waymo를 통해 자율주행차 서비스를 추진하고, 사이드워크 랩스_{Sidewalk Labs}를 통해 스마트 시티 사업을 추진하면서 관련 데이터를 활용해 구글 맵스 중심의 MaaS 생태계를 만들어가고 있다고 분석했다. 현재는 위치 확인과 가격 비교, 소요 시간 등의 단순 위치 정보만을 제공하는 협력을 하고 있는 중이지만, 향후에는 이동수단 검색부터 예약과 결제, 리뷰까지 구글 맵스를 통해 모든 모빌리티 서비스를 경험할 수 있을 것으로 예상된다. 즉 구글은 모빌리티 영역에서 구글 맵스를 통해 다양한 서비스들을 통합 유통하는 일종의 '관문'으로서 역할을 강화하면서 미래를 대비해 지도 서비스를 한층 더 업그레이드하고 있다.

하늘길도 문제없다, 자율주행과 플라잉카가 그리는 미래 모빌리티

———

자율주행 서비스 상용화에도 계속되는 사고로 인해 안전 논란

구글의 자율주행을 담당하는 웨이모는 2018년 11월 세계 최초로 자율주행 서비스인 웨이모 원_{Waymo One}을 출시했다. 10년간의 자율주행 연구 끝에 웨이모는 미국 애리조나 주 피닉스 시에서 일반 고객들을 대상으로 한 자율주행 차량 호출 서비스를 시작했다. 웨이모 원 서비스는 피닉스 시 주변 160km 반경에 한정되어 약 400명 정도의 고객들을 대상으로 하지만 세계 최초의 자율주행 상용 서비스라는 점에서 관계자들의 높은 평가를 받고 있다. 웨이모 원 서비스 출시는 멀지 않은 미래에 무인 자율주행 서비스가 본격화될 것임을 암시하며 자율주행 서비스에 대한 대중들의 기대감을 높이고 있다.

높아진 기대감만큼 자율주행의 안정성에 대한 관심과 우려 또한 높아지고 있다. 미국 AP통신에 따르면 2019년 3월 1일 테슬라 모델 3 차량이 미국 플로리다 주에서 오토파일럿(자율주행 모드)으로 운전 중 트럭을 들이받아 운전자 50대 남성이 현장에서 숨졌다고 한다. 현지 경찰은 사고 당시 테슬라 차량이 트레일러와 충돌한 뒤 멈추지 않고 트레일러 밑으로 계속해 지나친 뒤 약 480m 더 가서 멈췄다고 발표했다. 세계 최대 전기차 업체 테슬라 자동차의 오토파일럿 모드로 인해 운전자가 사망하자 2019년 3월 미국 도로교통안전국NHTSA과 연방교통안전위원회NTSB는 사고 조사에 착수했다.

테슬라의 오토파일럿 모드 시 발생한 교통사고는 처음이 아니다. 사고 과정은 지난 2016년 5월 일어난 테슬라 차 사고와 비슷해 오토파일럿의 오작동 여부에 대해 논란이 거세지고 있다. 당시에도 테슬라 차량은 오토파일럿 모드를 켜고 달렸고 트럭과 추돌한 뒤에도 멈추지 않아 운전자가 사망했었다. 이외에도 2018년 3월에는 오토파일럿 모드에 있던 테슬라 차량이 태양의 역광에 따른 센서 인식률 저하로 사고가 발생했다. 테슬라 측은 오토파일럿 모드 시 밝은 하늘 배경에 있는 흰 트레일러 옆면을 감지하는 데 실패해 사고가 발생한 것으로 보인다고 설명했다.

캐나다 브리티시컬럼비아대학 연구진들은 연구를 통해 비 오는 밤과 같은 좋지 않은 날씨에는 자율주행차의 AI가 사물을 인식하는 데 장애를 겪는다고 밝혔다. 그 원인으로는 부족한 조명과 앞을 가로막는 와이퍼의 움직임 등이 정확한 이미지 확보를 어렵게 하기 때문임이 밝혀졌다. 자율주행차가 트럭과 같은 특수 차량과 눈, 비, 안개 등 날씨에 대응력이 떨어진다고 밝혀지면서 자율주행의 안정성 논란은 당분간 지속될 것으로 전망된다.

완전 자율주행까지 앞으로 10년 이상 걸릴 전망

전기자동차 업체 테슬라의 최고경영자CEO 일론 머스크는 2019년 2월 19일 테슬라의 투자자인 ARK 인베스트먼트의 팟캐스트 방송에 출연해 2019년 안에 완전 자율주행 기능이 완성될 것이라고 말했다. 또한 2020년 말엔 주차장에서부터 가고자 하는 목적지가 어디든지 운전석에서 졸아도 될 정도로 완전 자율주행 차량의 완성도가 높아질 것이라고 말했다. 하지만 머스크의 말처럼 실제로 2020년에 완전 자율주행차가 등장하기에는 어려울 것으로 보인다. 컨설팅 기업 가트너는 2019년 9월 발표된 AI 하이프 사이클Hype Cycle에서 완전 자율주행의 안정 단계(범용화) 진입까지는 앞으로 10년 이상 소요될 것으로 전망했다.

완전 자율주행 기술 개발이 늦어지는 구체적인 이유로 전문가들은 모리벡의 역설Moravec's paradox을 꼽는다. 모리벡의 역설은 '컴퓨터가 복잡한 퍼즐이나 게임에서 어른 이상의 성능을 발휘하는 것은 쉽지만 한 살짜리 아이의 환경 인지와 신체 움직임을 재현하기 어렵다'는 의미를 담고 있다. 주변 환경 인식이나 움직임 판단 같은 일은 인간 두뇌에서 무의식적으로 일어나기 때문에 쉬워 보이지만 정작 컴퓨터로 그 기능들을 구현하기는 쉽지 않다. 예를 들어 사람은 운전 도중 손쉽게 차선과 주변 차량, 신호등, 보행자, 자전거 등 안전 운전에 필수적인 정보를 순식간에 인지할 수 있을 뿐 아니라 도로 주변

표지판을 읽을 수 있다. 하지만 자율주행차는 센서를 통해 수집되는 많은 양의 데이터를 실시간으로 분석, 처리하고 유의미한 정보를 전송해야 하기 때문에 기술이 단기간에 완성되기 힘들다. 자동차 운행 중 예상치 못한 사건이 발생할 수 있기 때문이다.

자율주행 개발을 위한 자동차 업체와 ICT 기업들의 합종연횡

글로벌 자동차 업체들은 미래 모빌리티 개발을 위해 잇따라 제휴를 추진하고 있다. 먼저, BMW와 다임러는 2019년 7월 자율주행차 분야의 기술 제휴를 맺었다. 자율주행 기술 중 세부적으로 주행보조 시스템, 고속도로 자율주행, 무인주차 분야에서 협력하기로 결정했다. 이러한 BMW와 다임러의 협력은 미·중 무역 분쟁, 배출가스 규제 등의 대내외 경영 여건 악화에 대비하고, 미래차 개발 분야의 비용을 절감하면서 웨이모 등 ICT 플랫폼 사업자의 자율주행차 시장 선점에 대응하는 움직임으로 해석된다.

BMW와 토요타는 2019년 7월 수소차 개발 분야에서 제휴를 맺었다. 수소차 개발과 상용화 분야에서 협력을 맺어 2020년 초 수소차 모델을 테스트하여 2025년 수소차를 상용화하는 데 협력하기로 했다. 수소차 기술 분야에서 뒤처진다고 평가받던 BMW는 토요타와의 제휴를 통해 수소차 분야의 경쟁력을 제고할 수 있을 것으로 분석된다.

폭스바겐과 포드는 2019년 7월 전기차와 자율주행차 플랫폼 분야에서 제휴를 맺었다. 기존에 진행 중이던 자동차 분야에서의 협력을 전기차와 자율주행차로 확대해 폭스바겐의 전기차 플랫폼을 포

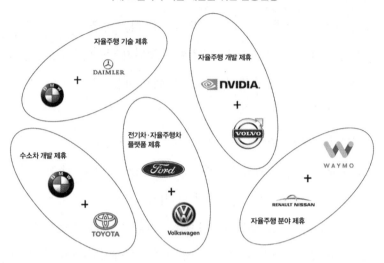

미래 모빌리티 기술 개발을 위한 합종연횡

자율주행 기술 제휴
DAIMLER
BMW +

자율주행 개발 제휴
nVIDIA
+
VOLVO

수소차 개발 제휴
BMW +
TOYOTA

전기차·자율주행차
플랫폼 제휴
Ford
+
Volkswagen

WAYMO
+
RENAULT NISSAN
자율주행 분야 제휴

자료: Atlas 기반 KT경제경영연구소 재구성

드와 공유하기로 결정한 것이다. 양 사의 제휴는 미래차 개발 분야의 비용을 절감하고, 규모의 경제를 확보하는 것이 주된 목적으로 보인다. 포드와 폭스바겐이 전기차 플랫폼을 공유해 양 사의 전기차 전략을 더욱 신속하게 추진 할 가능성이 높아 보인다.

자동차 업체와 ICT 업체 간 협력 또한 활발히 진행되고 있다. 볼보Volvo와 엔비디아는 2019년 6월 자율주행 기술 개발을 위해 제휴를 체결했다. 양 사가 제휴를 맺은 자율주행 자동차에는 버스, 화물 트럭, 채굴 트럭 등이 있다. 볼보의 자동차에 엔비디아의 자율주행용 '드라이브Drive' 플랫폼을 탑재해 경로 계획과 데이터 센싱 등 자율주행에 필요한 소프트웨어를 엔비디아를 통해 확보할 계획이다.

르노닛산과 웨이모는 2019년 6월 제휴를 체결했다. 르노닛산은 승객 및 화물을 운송하는 자율주행 연구개발 분야에서 구글의 웨이모와 제휴를 체결했다. 이번 제휴를 통해 양 사는 자율주행 운송 서비스 관련 상업적·법적·규제적 이슈에 대해 공동으로 연구하고, 프랑스와 일본 시장에서 공동으로 서비스를 시작할 계획이다. 제휴를 통해 획득한 노하우는 중국 등 기타 국가로의 서비스 확장에 활용될 전망이다.

자율주행을 완성시킬 5G 네트워크

지금까지 대부분의 자율주행 차량은 라이다Radar 등의 센서와 AI를 바탕으로 한 자체 감지 능력에만 의존해 운영됐기 때문에 급작스럽게 발생하는 상황에 대한 대처에 한계가 있었다. KT 자율주행 4대 핵심 기술이 적용된 '5G 자율주행'은 기존 자율주행 차량의 자체 감지 능력에 더불어 차량과 차량, 차량과 인프라들을 연결하는 5G 통신을 활용해 상황인지 능력을 대폭 개선시켜 완전 자율주행화를 추진하고 있다.

KT는 5G 인프라로 안정적인 커버리지와 이동성을 제공한다. KT는 전파 도달거리가 넓은 3.5Ghz 대역으로 전국 커버리지를 구축하고, 도심 지역부터 속도가 빠른 28Ghz 대역을 추가로 활용하여 어디서나 안정적인 5G 서비스를 제공할 수 있게 할 계획이다. 시시각각으로 네트워크 환경이 변화하는 달리는 자동차에서도 최적의 연결성을 유지하기 위해 5G의 빔 트레킹Beam Tracking 기술을 활용해 끊김 없는 네트워크 서비스를 제공해줄 수 있다.

5G-V2X 기술로 초저지연 차량 연결성을 제공한다. KT 5G 네트워크는 차량과 교통 인프라가 1~7ms 수준의 초저지연으로 연결되

어 센서 방식의 기존 자율주행보다 더 안전하고 유연한 자율주행을 구현할 수 있다. 또한 5G '네트워크 슬라이스(가상 분할 네트워크)'를 통해 차량 전용 가상망을 제공함으로써 자율주행 시 필요한 보안성과 안정성을 보장한다.

KT는 현재 위치를 실시간으로 파악할 수 있는 정밀측위 기술을 개발했다. 측위 기술을 활용하는 자율주행 차량은 주행 중인 차선까지 구분할 수 있어 더욱 세밀하게 차량을 제어할 수 있다. KT의 정밀측위 솔루션은 자율주행 차량에 적용해 2018년 실사용 검증까지 마치고, 향후 GPS 위성뿐 아니라 LTE, 5G 기지국, 중계기, 와이파이 등 다양한 KT 네트워크 인프라를 통해 끊김 없는 위치 정보를 산출할 수 있도록 기술을 고도화하는 작업을 진행하고 있다.

차량통신 빅데이터 기반 플랫폼 구축을 통한 지능형 관제를 제공한다. KT 자율주행 기술은 실시간 차량 위치, 센서 정보 등을 수집한 뒤, 관제 서버의 빅데이터 분석을 기반으로 상황을 예측하고 교통신호를 제어하는 지능형 관제 기술을 활용한다. 전국 50여 개 지역 연결망의 자율주행 플랫폼화를 진행할 경우 중앙 집중형 시스템보다 반응 속도가 더 빠른 초저지연 관제가 가능해질 것이다.

중국 또한 5G 기반의 자율주행을 통해 완전 자율주행 기술 개발에 매진하고 있다. 《이코노미스트》는 2019년 10월 발표한 기사에서 중국의 고도화된 V2X 인프라를 소개했다. 중국은 베이징 E-Town에서 차이나모바일(통신), 화웨이(장비) 등과 함께 5G 통신과 센서를 도시 인프라에 촘촘하게 설치해 고도화된 V2X 기술을 실증실험하고 있다. 중국 정부는 실증실험 완료 후 약 220조 원의 예산을 투입해 2030년까지 중국 전역으로 자율주행 친화적인 5G 기반의 스마트 도로를 구축할 계획이다. 중국 정부는 기존의 자율주행 기술(AI 기반)과 스마트 인프라(5G 기반)를 동시에 활용해 완전 자율주행 기술의 상용화를 앞당길 계획이다.

5G 네트워크 기반 협력 편대 자율주행

운전자들은 도로에 차량이 많지 않은 상황에서 차가 막히는 '유령 정체phantom traffic jam' 현상을 경험하곤 한다. 전문가들은 유령 정체의 원인 중 하나로 반응시간 지체 이론을 주목한다. 반응시간 지체 이론은 앞선 차량이 속도를 줄일 때 뒤에 따르는 차량 또한 속도를 줄이게 되어, 그 뒤에 따르는 차량들은 순차적으로 속도를 더 줄이게 되어 전체적으로 정체 현상이 발생한다는 이론이다. 반응시간을 최소화하여 유령 정체 현상을 해결하는 데 5G 네트워크 기반 협력 편대 자율주행 기술이 주목받고 있다.

5G 기반 협력 편대 자율주행은 차량 간V2V: Vehicle to Vehicle, 차량-인프라 간V2I: Vehicle to Infrastructure 통신을 통해 다수의 차량이 일정한 속도와 간격을 유지하며 달리게 해준다. 편대 자율주행을 위해 필요한 고품질 센서, 정밀지도, 실제 도로 상황 정보 등을 5G 네트워크를 통해 전후방 차량이 실시간으로 공유한다. 이로 인해 앞에 있는 차량과 뒤에 있는 차량 사이에 지연시간이 발생하지 않아 정체 현상을 해소할 수 있다.

편대 자율주행은 정체 현상 해소뿐 아니라 연료 소비량 감소에도 도움을 준다. 연구 결과 편대 자율주행으로 차량 간격을 2m로 유지할 때 연료 소비의 25%를 감소할 수 있는 것으로 나타났다. 이러한 연료 소비량의 감소는 군집 주행 시 뒤차의 압력이 낮아지는 현상인 슬립 스트림의 영향으로 가능해 지는 것으로 분석된다.

편대 자율주행을 실현하기 위해서는 5G 네트워크가 필요하다. 유럽연합EU의 민관 협력체 5GPPP에 따르면, 편대 자율주행을 위한 차량 간 통신의 지연 속도latency는 LTE의 지연 속도보다 더 빠른 반응 속도가 필요하다. 5G 네트워크 환경이 조성되면 0.001초의 지연 속도가 가능해져 편대 자율주행이 가능해진다. 예를 들어 LTE를 기반으로 한 자율주행 차량이 시속 100km로 달리는 중에 제동 명령을 수신하면 2.8m 운행한 뒤 멈출 수 있지만, 5G 네트워크 기반의 자율주행 차량은 동일한 조건에서 2.8cm 운행한 뒤 멈추게 된다.

자율주행 기반 무인 플라잉카 서비스 출시 기대

플라잉카 산업은 높은 미래 성장 가능성을 갖고 있다. 글로벌 투자은행 모건스탠리Morgan Stanley에 따르면 2040년까지 전 세계 에어택시 시장은 1조 5000억 달러(약 1200조 원) 규모로 성장할 전망이다. 전문가들은 플라잉카 기술이 자율주행과 비교해 상황인지 영역에 대한 기술적 허들이 낮기 때문에 법, 제도, 인프라 등이 완비되면 2023년부터 서비스가 상용화되기 시작할 것으로 전망했다. 이와 같이 높은 미래 가치와 조기 상용화 가능성 때문에 세계 유수의 기업들이 기술 개발에 매진하고 있다.

• 우버, 플라잉카 서비스 테스트

우버는 모든 이동을 원스톱으로 해결할 수 있는 종합 도시 교통 플랫폼이 되겠다는 야심을 가지고 장기적인 차원에서 eVTOL_{electric} vertical take-off and landing 헬리콥터를 이용한 플라잉카 서비스를 준비하고 있다. 우버는 우버 에어_{Uber Air}라는 이름의 플라잉카 서비스를 2020년 테스트 비행을 시작해 2023년에는 텍사스 주 댈러스와 캘리포니아 주 로스앤젤레스에서 서비스를 시작하는 것을 목표로 하고 있다. 우버의 플라잉카는 전기모터 기반의 프로펠러를 사용해 헬기 소음을 일반 헬리콥터의 32분의 1 수준에 해당하는 60dB(데시벨) 이하로 낮췄다. 서비스 비용도 합리적인 선으로 책정될 전망이다. 우버가 밝힌 플라잉카의 초기 요금은 1마일(1.6km)당 5.73달러(약 6900원) 수준이다.

우버가 공개한 eVTOL 레퍼런스 디자인

자료: The Verge

우버는 우버 에어 출시를 위해 보잉Boeing, 벨 헬리콥터Bell Helicopters, 사프란 카빈Safran Cabin, 전트Jaunt 등과 eVTOL 제조 파트너십을 체결했다. 2018년 5월에는 플라잉카의 이착륙을 위한 스카이포트Skyport 콘셉트를 공개했다. 2019년 6월에는 사프란 카빈과 협력해 우버 에어를 위한 레퍼런스 디자인을 공개했는데 앞좌석 2자리, 뒷좌석 2자리의 4인승 형태다. 이외에도 2018년 1월에는 테슬라의 배터리 팩 개발을 담당하던 시니어 매니저인 셀리나 미클라이자크Celina Mikolajczak를 eVTOL 개발을 위해 영입했다.

• 독일 스타트업 이볼로와 릴리움, 플라잉카 개발 추진

독일에서는 자동차 회사 다임러가 지원하는 이볼로E-Volo, 릴리움Lilium 등 스타트업이 플라잉카 개발을 주도하고 있다. 특히 이볼로는 플라잉카 개발 분야에서 선두 업체로 주목받고 있다. 이볼로는 지난 2013년 프로펠러 18개를 가진 수직 이착륙이 가능한 2인승 전기비행기인 볼로콥터Volocopter 시제품을 처음으로 선보였다. 2017년 두바이에서 처음 시험비행을 추진한 이후 2019년에는 싱가포르에서 시험비행을 진행하고 점차 시범주행 횟수와 지역을 점차 확대할 계획이다. 이블로의 볼로콥터는 수직 이착륙 기능이 지원되기 때문에 활주로 없이도 도심 내에서 바로 이착륙이 가능해 미래 모빌리티 수단으로 간주되고 있다. 또한 서비스가 상용화되면 만성적인 교통 체증 문제를 해결할 수 있을 것으로 전망되고 있어 더욱 주목받고 있다.

이볼로는 플라잉카 보급을 위해 영국 수직 이착륙 비행장 건설사 스카이포트와 제휴해 싱가포르에 플라잉카 전용 이착륙 시설인 '볼

이볼로가 개발한 볼로콥터

자료: Volocopter

로포트_{VoloPort}'를 오픈할 계획이다. 시간당 승객 최대 1000명이 플라잉카를 타고 내릴 수 있는 볼로포트는 주로 건물 옥상, 고속도로 휴게소, 부둣가 시설 등에 설치되어 플라잉카 서비스 상용화를 앞당길 예정이다.

독일 플라잉카 스타트업 릴리움은 2017년 2인승 수직 이착륙_{VTOL} 테스트 비행에 성공했고, 2019년 5월 독일 뮌헨에서 전기 동력으로 움직이는 5인승 플라잉카의 첫 비행에 성공했다. 릴리움은 플라잉카 기술력을 인정받아 벤처캐피털로부터 약 1200억 원(1억 달러)에 달하는 자금을 투자받았다. 릴리움의 플라잉카 모델 '릴리움 제트_{Lilium Jet}'는 전기엔진 36개로 움직이면서 수직 이착륙이 가능하다. 릴리움 제트는 시속 300km로 최대 1시간 비행할 수 있다고 한다. 서비스가 상용화되면 뉴욕 존 F. 케네디 공항에서 맨해튼 도심까지 6분 정도면 도착할 수 있으며, 비용은 약 9만 원(70~80달러) 수준으로 예상된다. 릴리움은 2025년경에 전 세계 주요 도시에서 플라잉카 상용 서비스에 들어갈 계획이다.

릴리움은 자율비행에 대한 각국 정부의 규제를 의식해 다른 경쟁사들과 다르게 자율비행보다는 조종사를 탑승시키는 방식으로 서비스를 시작할 계획이다. 릴리움은 2019년 5월 기준으로 기준 유럽 항공안전청에 5인승 항공택시 인증 절차를 진행 중이며, 향후 미국 연방항공청에도 항공택시 인증을 신청할 계획이다.

• 보잉과 에어버스도 플라잉카 개발 추진

스타트업들만 플라잉카 개발에 뛰어든 것은 아니다. 에어버스, 보잉 등 지금까지 항공 산업을 주도해온 글로벌 대기업들도 플라잉카를 미래 모빌리티의 혁명으로 보고 개발을 추진하고 있다.

에어버스는 실리콘밸리에 위치한 자회사 A-큐브드를 통해 수직 이착륙이 가능한 1인승 플라잉카인 바하나Vahana를 개발하고, 2018년 1월 미국 오리건 주에서 시험비행을 성공적으로 진행했다. 이어 에어버스는 양산형 자율비행 택시 모델인 '알파 투Alpha Two' 콘셉트 사진을 공개했다. 자율비행 택시의 내부에는 좌석 하나가 있고, 비행 경로를 보여주는 스크린이 달려 있다. 에어버스가 개발하는 플라잉카는 자체 조종 시스템이기 때문에 승객은 스크린을 통해 비행 경로 등의 정보를 확인하고 바깥 풍경을 즐기면 된다. 항공기 전면부에는 장애물을 감지하고 피하는 하드웨어와 소프트웨어가 장착돼 있다.

에어버스는 2024년 프랑스 파리 올림픽 때 공항과 경기장을 오가는 이동수단으로 플라잉카 서비스를 선보일 계획이다. 샤를드골 공항에 도착한 방문객들이 파리 시내로 가려면 버스나 기차로 1시간 이상을 이동해야 하는데 플라잉카를 이용하면 10분 내로 이동할 수 있다. 이를 위해 에어버스는 파리공항공단, 프랑스항공안전청, 파리교통공단과 함께 실효성 조사를 진행하고 있으며, 플라잉카 비행장 선정을 위한 내부 검토 중인 것으로 알려져 있다.

보잉도 자율비행이 가능한 전기동력 소형 항공기의 테스트 비행을 2019년 1월 실시했다. 지난 2017년 인수한 자회사 오로라 플라이트 사이언스Aurora Flight Sciences의 주도로 미국 버지니아 주에서 무인비행 시험을 진행했다. 오로라 플라이트 사이언스가 개발한 소형 자율비행 항공기는 길이 약 9.1m에 너비가 약 8.5m 크기로 약 80km를 비행할 수 있는 동력을 장착하고 있다. 또한 조종사도 없이 헬기처럼 수직 이착륙이 가능하고 일반 항공기처럼 날개를 갖고 있다는 점이 중요한 특징 중 하나로 꼽힌다.

• 한국, 2025년 플라잉카 서비스 상용화 준비

한국에서도 2025년 플라잉카 서비스 상용화를 진행할 계획이다. 국토교통부는 2019년 드론 택배, 택시 등 드론 교통 개발을 추진하기 위한 전담 조직 '미래드론교통담당관'을 신설하고 개발을 추진하기로 했다. 국토교통부는 2023년을 목표로 448억 원의 예산을 투입해 1인승 수직 이착륙 비행기 시제품과 운항 기술을 개발할 계획이다. 플라잉카 서비스가 상용화되면 현재 대중교통으로 73분 정도 걸리는 김포공항에서 잠실까지의 구간을 12분 만에 주파할 것으로 전망한다. 통행시간 단축으로 인한 이점은 수도권 기준으로 연간

2700억 원에 달할 것으로 분석된다.

　국내 일부 기업들도 플라잉카 개발에 뛰어들었다. 한화시스템은 2019년 6월 플라잉카 개발을 위해 개인용 자율 항공기의 핵심 기술을 보유한 미국 K4 에어로노틱스에 약 295억 원(2500만 달러)을 투자하기로 결정했다. 이번 투자를 계기로 국내 기업은 K4 에어로노틱스와 플라잉카 개발을 공동 추진할 계획이다. 미국 캘리포니아 주에 위치한 K4 에어로노틱스는 고효율 저소음 PAV를 구현할 수 있는 특허를 다수 보유해 기술력을 인정받고 있으며, 전기 추진식 PAV 제품을 개발할 수 있는 기술 자격도 갖고 있다.

06

5G로 생산성과 안전 두 마리 토끼를 잡는다

| 스마트 팩토리 |

테슬라의 기가팩토리

세계 최대의 전기자동차 제조 기업 테슬라는 주 라인업인 전기차와 충전 설비·인프라뿐만 아니라 혁신적인 제조 공정으로도 매우 유명한 기업이다. 이미 미국 캘리포니아에 위치한 테슬라의 프리몬트 공장은 완전한 공정 자동화 단계를 이루어낸 곳으로 잘 알려져 있다. 생산 라인을 따라 무려 1000대의 자동화 로봇이 배치돼 있으며, 각 생산 단계마다 로봇이 수행하는 역할도 각각 다르게 설정돼 있다고 한다. 테슬라가 배치한 로봇은 세계적인 산업용 로봇 제조 기업인 독일의 쿠카Kuka와 일본의 화낙Fanuc 제품으로 알려졌다.

테슬라는 2020년 완공을 목표로 미국 네바다에 새로운 공장 기가

테슬라의 자동화 공장(좌)과 자율주행 이송 로봇(우)

자료: Businessinsider.com, Youtube

팩토리GigaFactory를 짓고 있다. 이미 2016년부터 공장 일부 시설은 실제 가동에 들어갔다고 한다. 기가팩토리에서도 자동화 로봇들을 비롯해 다수의 최첨단 ICT 기술이 녹아들 것으로 보인다. 특히 언론을 통해서도 공개된 바 있는 배터리 등의 물품 운반이 가능한 자율주행 로봇AIVs: Autonomous Indoor Vehicles의 활용도도 높아질 것으로 예상된다.

　AIV는 바닥면에 설치된 자석이나 비콘을 따를 필요 없이 데이터베이스 형태로 기록된 공장 내부의 디지털 지도에 따라 공장을 자율주행 및 탐색하고 작업을 수행할 수 있다. 이 로봇은 오므론 어뎁트Omron Adept 사가 개발한 것으로 기존의 프레몬트 공장에서도 일부 공정에서 활용되고 있다고 한다. 이송 로봇은 공장 내 특정 지점에 머무르기보다 주로 워크 스테이션 간 자재를 운반하는 데 사용된다.

　　　　　향후 테슬라는 기가팩토리를 비롯해 각종 ICT 및 자동화 기술이 집약된 혁신적 생산 거점을 확대해나갈 것으로 보인다. 테슬라와 같이 제조·생산이 주를 이루는 기업뿐만 아니라 산업용 로봇, 초

비콘beacon
근거리의 스마트 디바이스 인식 및 데이터 전송이 가능한 통신 장치. 특정 공간 내에서 여러 개의 비콘을 설치해 단말기를 지닌 사람의 위치 추적도 가능하다.

정밀 센서, 통신 사업자 등 스마트 팩토리 솔루션과 인접한 다양한 기업들의 제조업 혁신을 위한 도전은 고객 가치 혁신으로 연결된다는 측면에서도 주목할 가치가 있다.

2020년 제조 혁신을 위한 핵심 동력으로 본격 개화

스마트 팩토리는 제품의 기획·설계·생산·유통·판매 등 전 과정을 ICT로 통합해 스스로 데이터를 수집하고 작업 명령을 내릴 수 있도록 설계된 지능화 공장으로 정의된다.[1] 즉 단일 공정에서 활용되는 하나의 솔루션에 국한되지 않고, 복합적 ICT 솔루션이 모든 생산 과정에 개입해 인간의 노력을 획기적으로 경감시켜주는 데 의미가 있다.

이렇듯 스마트 팩토리가 총 집합체격으로 의미를 갖기 위해서는 각 기반기술의 역할이 매우 중요하다. 일단 이미 2019년에 한국을 비롯해 상용화가 완료된 5G 서비스가 다가올 2020년에는 품질 고도화 및 커버리지 확장을 위한 단계로 나아가게 될 것이다. 그뿐만 아니라 2020년을 기점으로 AI와 로봇, 자율주행, VR·AR 등의 실감형 미디어와 같은 핵심 기반기술의 연구개발이 안정기에 접어들고, 주요 시장은 빠르게 성장하게 될 것이다. 2020년대는 이 모든 ICT 기술들이 제조업 근간을 뒤흔드는 혁신의 핵심 동력으로 본격 개화하는 시대가 될 것으로 보인다.

가장 대표적인 5G의 주요 통신 특성으로 알려진 네트워크 유연성, 초고속·대용량, 초저지연, 초연결성은 각각 다른 방식으로 스마트 팩토리 주요 솔루션의 활용도를 높이는 데 기여할 것으로 보인다. 예를 들면 첫째로, 5G 스마트 팩토리는 솔루션에 따라 네트워크에 대한 다양한 요구 사항이 공존하는데 SDN Software Defined Network, NFV Network Function Virtualization 및 하나의 물리적 인프라 위에 복수의 독립적인 가상 네트워크를 만들 수 있는 네트워크 슬라이싱 기술을 활용하면 다양한 스마트 팩토리 솔루션에 5G를 유연하게 적용시킬 수 있다.

둘째, 초고속·대용량 통신 측면에서 4K·8K 초고화질 영상 및 3차원의 이미지 전송으로 장소의 국한 없이 생산 현장 어디에서나 작업이 가능해질 수 있다. 또한 교육·기계 유지보수·데이터 시각화 및 디자인과 같은 업무 활동에도 활용 가능할 것으로 보인다.

셋째, 5G 초저지연 특성도 중요한 역할을 할 수 있다. 5G는 특히 빠른 응답 속도와 실시간성 기반 산업용 로봇의 원격 제어에 크게 기여할 전망이다. 사람이 가기 힘든 험지 작업용 로봇, 인간과 협동하는 협업 로봇 등 다수의 로봇을 동시에 활용할 경우 5G의 중요성은 증대될 것으로 예상된다.

마지막으로, 5G가 가진 초연결성에도 주목할 필요가 있다. 산업 현장에서의 대규모 데이터를 관리하기 위해 미래의 공장은 센서 장치 등 IT 자산들의 연결성을 더욱 강화하게 될 것이다. 반도체와 센서가 내장된 다양한 IoT 기기가 동시 접속하는 솔루션을 구축하기 위해 초연결 특성이 필수적이라 할 수 있다.

스마트 팩토리 산업 성장의 중심, 산업 사물인터넷과 로봇

스마트 팩토리는 단순히 공장 자동화 기술만을 의미하는 것은 아니다. 스마트 팩토리의 핵심은 산업 현장의 기계와 작업자를 하나로 연결하는 산업 사물인터넷IIoT: Industrial Internet of Things에 있다. IIoT를 통해 통신 인프라 위에서 연결된 공장 내 설비와 기계에 센싱 기술이 더해져 데이터가 실시간으로 수집·분석되고 공장의 생산성과 작업자의 안전성을 향상시키기 위한 다양한 인사이트가 제공된다.

이처럼 IIoT 영역은 스마트 팩토리의 가장 중요한 요소 중 하나로 알려져 있으며, 글로벌 리서치 기관 인더스트리ARCIndustryARC가 2016년 발간한 보고서에 따르면 관련 시장은 2021년까지 약 1230억 달러(약 150조 원) 규모로 성장[2]할 것으로 보인다. 한편 리서치 앤 마켓 Research and Markets에서는 2020년까지 연평균 성장률을 7.3%로 예상하는 등 시장에 대한 정의 및 기준은 다소 상이하지만 여러 기관에서 스

IIoT(산업용 사물인터넷) 시장 전망

2020년 IIoT 시장 규모	2021년 IIoT 시장 규모
1100억 달러	1240억 달러
Morgan Stanley(2015): 2020년까지 1,100억 달러 규모 성장 전망	IndustryARC(2016): 2021년까지 1,240억 달러 규모 성장 전망
2030년까지 세계 경제에 미치는 효과	2020년까지의 연평균 산업 성장률
14조 2000억 달러	7.3%
Accenture: 2030년까지 IIoT가 세계 경제에 미치는 파급효과가 14조 2000억 달러에 이를 것으로 전망	ResearchAndMarkets: Global IIoT Market report를 통해 2020년까지 IIoT 시장의 연평균 7.3% 성장 예측

세계 경제에 미치는 파급효과

관련 서비스 및 산업 생태계

IIoT 인프라

센서 및 디바이스 기술

자료: Morgan Stanley, IndustryARC, Accenture, Research and Markets

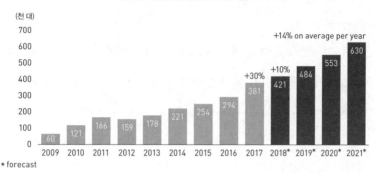

마트 팩토리의 고성장을 전망하고 있다. 글로벌 경영 컨설팅 액센츄어에서도 IIoT로 인해 전 세계에 창출되는 경제적 가치가 2030년까지 무려 14조 2000억 달러(1경 7000조 원)에 이를 것으로 관측하고 있다.

산업 사물인터넷 외에도 산업용 로봇 시장이 급격히 성장하고 있다. 잘 알려진 것처럼 미국, 일본 등 주요국들은 고령화 및 생산 가능인구 감소의 문제를 겪고 있다. 이와 관련하여 인간의 노동력을 대체할 뿐만 아니라 생산성을 비약적으로 증대시킬 산업용 로봇의 파급효과는 더욱 확산될 것으로 예상된다. 국제로봇연맹IFR: International Federation of Robotics에 따르면, 세계 시장에서 산업용 로봇의 판매량이 2017년에는 38만 1000대를 기록했으며(전년 대비 30% 증가), 2021년까지 무려 63만 대까지 출하될 것이라고 한다.

지역별로 보면 중국, 일본, 한국, 미국, 독일 등 제조업이 발달한 주요 선진국 5개 국가가 지난 2017년 전 세계 산업용 로봇 생산 비중의 73%를 차지하는 것으로 나타났다. 특히 거대 시장 중국에서는

2017년 한 해 동안만 13만 8000여 대의 로봇이 판매된 것으로 알려졌다. 또한 전기·전자 분야 산업에서의 산업용 로봇 구매량이 크게 늘어났는데, 2012년부터 2017년까지 연평균 30%씩 성장하는 등 기존에 수요가 많았던 자동차 산업에 뒤이어 새로운 수요처로 부상하고 있다.

R&D부터 운송까지 미래 공장에서 일어나는 혁신

미국 시장조사기관인 CB 인사이츠에서는 2019년 「공장의 미래」라는 보고서를 발간하여 제조와 관련해 미래의 공장에 나타나게 될 변

스마트 팩토리 주요 기술

미래 공장의 모습

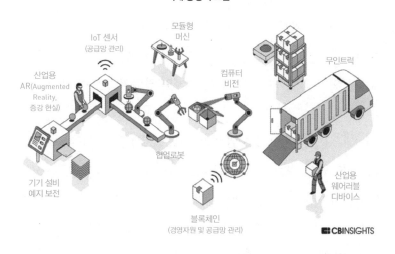

자료: CB INSIGHTS

화를 각 공정 단계별로 구분하고, 분야별로 주목받고 있는 기업들을 소개하고 있다. 이에 따르면 CB 인사이츠는 모든 제조 공정을 크게 ① 제품 R&D, ② 자원 계획 및 소싱, ③ 운영 기술 모니터링 및 머신 데이터, ④ 노동 증강 및 관리, ⑤ 가공·생산 및 조립, ⑥ 품질 보증 QA: Quality Assurance, ⑦ 웨어 하우징, ⑧ 운송 및 공급망 관리로 분류하고 있다.

제품 R&D

첫 번째는 제품 R&D를 진행하는 단계다. 대량생산에 앞서 제품 계획을 확정하는 단계로서 산업을 막론하고 디자이너, 화학자 및 엔지니어 직원들의 지속적인 검증이 이루어진다. 첨단 제조 분야일수록 제품의 R&D 단계는 매우 중요한 의미를 가지며, 최신 ICT를 적용하면 R&D 프로세스의 개선은 물론, 더 나은 과학적 발견을 이뤄낼 가능성도 더욱 커진다고 할 수 있다. 일례로 로봇 및 3D 프린팅 기술을 통해 신제품의 프로토타입을 미리 만들어 제품 개발의 속도를 향상시키는 데 기여할 수 있다. 특히 3D 설계를 통해 완성 상태의 제품을 미리 확인하는 것이 모든 디자인 작업의 필수적 요소로 자리 잡고 있다.

VR과 AR을 기반으로 모델링 프로세스를 시뮬레이션하는 기술도 부각되고 있다. 2D·3D 디자인, CAD Computer Aided Design 솔루션으로 잘 알려진 미국의 소프트웨어 개발 기업 오토데스크 Autodesk 또한 최근 실감형 미디어를 활용한 설계 솔루션 개발에 적극적이다. 대표적으로 클라우드 기반의 개발자 도구인 포지 Forge가 있다.

모이콘 VR 솔루션(좌)과 코넬대학 3D 프린팅 기술(우)

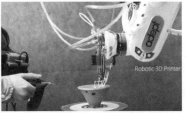

자료: Autodesk, Moicon, CB Insights

실제로 팩토리 솔루션 기업인 모이콘Moicon은 오토데스크의 플랫폼 포지를 활용해 공장 현장을 3D로 표현하고 실시간 설비 데이터와 연동되도록 하는 VR 솔루션을 개발했다. 지속적으로 변하는 공장의 모습을 재현해 생산성을 20% 향상시키고, 예방적 유지보수를 지원하는 등 기존 경영 및 생산 체계에 혁신의 바람을 불러일으키고 있다. 또한 미국 코넬대학의 한 연구진은 작업자가 AR·VR을 통해 스케치를 하면 3D 프린터에 의해 실시간으로 모형을 만들어내는 모델링 어시스턴트 '로마RoMA'를 공개해 업계의 많은 주목을 받기도 했다.

자원 계획 및 소싱

둘째, 생산에 필요한 자원 계획을 짜고 소싱을 진행하는 과정에서도 새로운 기술이 도입되고 있다. 제품의 디자인이 완성되면 그 이후는 실제로 생산하는 단계로 이어진다. 필요한 원재료나 부품을 만드는 기업 후보군들을 물색하고 그 기업들의 다양한 정보도 찾고 계약 가능 여부도 파악해야 한다. 그러나 공급업체를 찾고 협상과 거래를 통해 신뢰를 쌓아나가는 과정은 매우 어렵고 시간이 많이 걸린다.

이는 제조업의 수많은 기업이 서로 다른 구조의 ERP 시스템과 데이터를 보유하고 있기 때문이다.

블록체인 및 분산원장Distributed Ledger 기술을 활용하면 서로 다른 구조의 데이터를 범용 데이터 구조로 통합할 수 있다. 이로써 부품 및 원자재의 조달 경로·상황을 추적할 때 이질적인 구조 속에서도 안정적인 유입 관리를 할 수 있다. 제품이 제조에서 판매에 이르기까지 공급망 전체에 걸쳐 옮겨 다니는 과정에서도 모든 내역이 분산 레코드에 문서화되어 시간 지연, 추가 비용 및 인적 오류 발생의 문제가 줄어들게 된다.

영국의 소프트웨어 회사 프로비넌스Provenance는 블록체인 기반의 트래킹tracking 솔루션을 개발한 회사 중 하나이다. 프로비넌스는 특히 음식의 유통에 대해 주목하고 원재료의 정확한 경로 추적이 가능한 소프트웨어에 대해 연구했다. 이 소프트웨어를 통해 재료가 수확된 곳에서부터 최종 소비자의 손에 들어오기까지 전체 경로 데이터가 블록체인에 기록된다. 이로써 소비자 입장에서는 자신이 먹고 있는 식품에 대한 원산지와 이동 경로에 대해 파악하고, 기업 입장에서도 식자재 이동 경로나 계약 사항에 대한 관리가 가능하게 된다.

운영 기술: 모니터링 및 머신 데이터

국제자동화협회ISA: International Society of Automation가 발표한 바에 따르면, 전 세계 모든 공장에서 발생하는 다운타임downtime [3]으로 인한 손실이 연간 6470억 달러(약 785조 원)에 이른다고 한다. 공장 내 수많은 기계에 대해 센서를 부착해 디지털화를 이루고, 잘 돌아가고 있는지 감시·관리만 해도 상당한 수준의 생산성 개선 및 비용 절감이 가능한 것이다.

제조업 강국인 이웃나라 일본은 미국이나 독일과 같은 생산 체제의 거대한 변화보다 기존 생산 현장·설비를 스마트화하는 데 중점을 둔 '작은 스마트 팩토리'를 지향한다. 이와 관련해 일본은 기존에 강점을 가진 로봇, 기계, 센서 등 제품들을 최대한 활용함과 동시에 데이터 수집·분석 기능에 특화된 엣지 컴퓨팅 기술에 주목한다.

엣지 컴퓨팅 모델은 기존의 클라우드 컴퓨팅과 달리 컴퓨팅 장치를 중앙부에 두지 않고, 전체 IT 시스템의 가장자리인 단말 장치 가까운 곳에 위치시킨다. 엣지 컴퓨팅을 활용하면 중앙 집중형이 아닌 엣지 단위에서 분산적 데이터 처리가 가능해 부하가 최소화되고 데이터 통신의 속도도 더욱 빨라진다. 공장 전체적으로는 새로운 기계 구입 등 막대한 비용 투입 없이도 고도화된 데이터 수집 및 분석 기술을 통한 공정 효율성 향상이 가능하다.

일본 산업용 로봇 업체 화낙은 제조의 자동화를 넘어 엣지 컴퓨팅 기반의 IoT 플랫폼 '화낙 필드 시스템Fanuc Field System'을 개발해 생산 현장의 IT 제어 측면에서도 자동화를 모색하고 있는 기업이다. 먼저, 로봇 등 각종 생산 설비에 영상, 온습도, 전파 등 다양한 공정 상황에 대한 감지 센서를 설치하고, 공장·설비 가동 데이터들을 센싱해 개별 기기(엣지)에서 직접 1차적인 연산 처리를 하게 된다. 단순히 데이터를 중앙 컴퓨터 장치로 전달하기만 했던 기존의 시스템과는 차이가 있는 것이다. 이로써 엣지에서 기기 자체의 가동 효율을 제고하는 것은 물론, 공장에서 발생하는 데이터 분석 결과를 모아 관리자

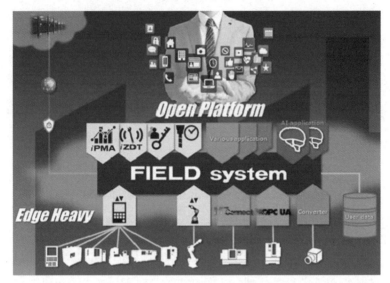

자료: Fanuc

가 경영 및 생산 활동에 활용하는 등 IT 제어의 자동화를 구현할 수 있게 된다.

노동력 증강 및 관리

이처럼 기존 설비의 스마트화가 진전된 공장 시설 내에서도 여전히 인간의 역할은 중요하다. 전체 시스템을 관리·감독하는 것은 물론 비정형성, 비규칙성이 높은 업무 등에도 대처해야 한다. 이와 관련해 디지털화와 사이버 물리 기술을 활용하면 공장에서 인간의 능력을 비약적으로 신장시킬 수 있다.

먼저, VR·AR 기술을 통해 산업 노동자를 훈련시키고 다양한 사고에 대한 대처 능력을 향상시킬 수 있다. 공장 내 중장비 운용, 화학물질 처리 등 위험이 따르는 작업 환경에서는 설비 제어 및 관리도 중요하지만 무엇보다 작업자들의 안전이 가장 중요하다. 자칫 방심하는 순간 큰 사고로 이어질 수도 있기 때문이다. 작업자가 작업 과정에서 나타날 수 있는 위험 요인에 대해 인지하고 사고 발생 시 대응 방법을 숙지하고 있어야 실제 상황에서도 대형 재난 및 막대한 피해를 막을 수 있다.

또한 작업자의 숙련도를 높여 생산성을 개선하는 데 기여할 수 있다. 가령 VR·AR 가상훈련을 통해 사고 대응 및 업무 숙련도 향상을 위한 가상교육을 진행하는 것이다. 3D 화면으로 실제와 동일한 수준의 생산 업무 활동에 대한 경험을 제공할 수 있다.

실제 영국 기업 임머스Immerse는 여러 기업의 임직원을 대상으로 항공기 수리, 시추관 조작 등 상황별 맞춤 교육을 제공하고 있다. 일례로 임머스는 글로벌 운송 기업 DHL과 가상현실 교육 프로젝트를 진행한 바 있다. DHL과 같은 대형 운송 회사 입장에서는 효율적으로 화물을 적재하고 화물 공간을 최적화하는 작업이 매우 중요하다. 낭비된 공간은 결국 생산성과도 직결되는 부분이기 때문이다. 적재 작업이 원활히 이루어지는 것은 비용 절감 측면뿐만 아니라 화물의 안전한 배송, CO_2 배출 등 환경 오염 부담, 작업자의 부상 위험 감소, 고객 만족도 향상 측면에서도 의미가 있다.

임머스는 DHL 내 CISCertified International Specialist 프로그램의 실무 전문가와 협력하여 안전하고 효율적인 적재 업무를 지원하는 VR 실습 체계를 정립했다. 실습생은 실제 상황과 똑같이 다양한 모양과 크기의 가상 상자를 쌓기 위해 핸드 컨트롤러를 사용한다. 가이드에 따라

Immerse VR 가상교육(좌)과 Ekso Bionics 산업용 외골격 로봇(우)

VR 공간에서 작업 실습을 진행하고 다른 참가자와 공동 작업 실습을 해볼 수도 있다. 임머스의 가상교육 솔루션은 DHL의 여러 학습 툴킷 중에서 특히 중요한 역할을 수행할 것으로 기대를 모으고 있다.

또한 하드웨어를 활용해 인간의 노동을 보조하는 웨어러블 로봇wearable robot도 주목받고 있다. 이른바 산업용 외골격 로봇exoskeleton robot으로 불리는 슈트형 로봇이다. 산업 현장 대부분은 여전히 인간의 능력이 반드시 필요하고, 위험·특수 환경에서 무거운 물건을 들고 이동하는 등의 험난한 작업이 많은 것도 사실이다. 이러한 경우 외골격 로봇을 통해 인간의 신체적 한계를 확장하여 위험한 작업도 비교적 안전하게 수행하고, 작업 부담 경감 및 생산성 제고 측면에도 기여할 수 있다.

세계적인 자동차 제조사 포드Ford는 로봇 개발업체 엑소바이오닉스Ekso Bionics와 함께 일찌감치 산업용 외골격 로봇을 개발해 제조 현장에 도입했다. 주 기능은 노동자가 물건을 들어올리는 등의 행동을 쉽게 하도록 신체를 지지하는 것이다. 두 회사의 공동 개발로 탄생한 '엑소베스트Ekso Vest'는 이용자의 팔과 어깨 등을 받쳐 근골격계 부담을 경감시키는 역할을 한다. 파나소닉Panasonic 자회사 아토운ATOUN

도 'Model Y'라는 이름의 외골격 로봇을 개발했다. 이 로봇 또한 위험 환경에서 근로자의 신체를 지지하고, 동작 감지 센서 및 고도의 모터 기술을 기반으로 자세 및 동작 변화에 따라 유연하게 형태가 변형된다. 향후 외골격 로봇 기술이 더 무거운 하중을 견딜 수 있도록 진화함에 따라 제조뿐만 아니라 건설·물류·농업 등 다양한 산업 현장에서도 활용도가 높아질 것으로 보인다.

가공·생산 및 조립

가공·생산 및 조립 과정이야말로 공장에서 가장 중요한 단계다. 따라서 이 단계에 주요 ICT 기술을 녹여내는 것은 스마트 팩토리 솔루션의 핵심이기도 하다. 특히 대량생산 체제, 지루하고 위험한 작업 측면에서 생산·조립 공정의 자동화는 매우 중요하다.

미래 공장에서는 산업용 로봇, 3D 프린팅 기술 등 고도의 제조 기술이 보편화될 것으로 보인다. 로봇 공학은 포장, 분류, 반복, 운반과 같은 단조로운 작업에 매우 중요한 역할을 할 것이다. 특히 인간의 작업을 보조하는 '협업 로봇'의 등장으로 인간이 로봇과 조화롭게 일하는 제조 환경을 조성해줄 것으로 기대된다.

인텔Intel은 MWC 2019에서 머신 비전 및 딥러닝 기술이 적용된 5G 기반의 로봇 팔robot arm을 시연했다. 인텔의 로봇은 스스로 촬영한 영상을 AI 기술로 분석해 해당 공정에 가장 최적화된 동선을 도출해낼 수 있다. 만일 이동 범위 내에 사람이 들어올 경우 즉시 작동을 중단하는 등 작업 환경의 안전성도 보장한다. 이러한 로봇팔 기술은 향후 5G·IoT 센서 기술과 함께 무궁무진한 확장성과 연결성을

MWC 2019에 시연한 인텔 로봇 팔(좌)과 아디다스-카본의 신발 3D 프린터(우)

자료: Youtube

확보할 수 있을 것으로 기대된다.

또한 신발 등 특정 제품을 중심으로 다수의 제조업체는 점차 3D 프린팅 기술의 도입을 모색하고 있다. 대표적인 기업으로 글로벌 스포츠웨어 기업 아디다스와 협력 중인 미국의 카본Carbon이 꼽힌다. 아디다스와 카본은 2017년부터 파트너십을 위한 별도의 조직과 연구 공간을 만들어 퓨처크래프트 4DFuturecraft 4D라는 기술을 개발했다. 개발 과정에서 엔지니어들은 시행착오를 거듭했고, 무려 150가지가 넘는 재료에 대한 테스트를 진행한 것으로 알려져 있다.

이 기술로 제작하는 부분은 미드솔midsole이라고 알려진 신발의 중창 부분이다. 이 중창부는 사람이 걷거나 활동을 할 때 노면으로부터의 충격을 흡수하는 역할을 한다. 중창을 고객의 발 모양이나 선호하는 운동 등 신발을 착용하는 상황에 맞게 다양한 형태로 제작하면 개별 고객의 수요에 더 효과적으로 대응할 수 있다. 현재까지 그 종류가 무려 2만 개에 달하는 것으로 알려져 있다. 양 사의 파트너십 초창기에는 미드솔 완성에 이르기까지 90분 정도의 시간이 걸렸으나 현재는 무려 1시간가량 앞당겨 19분 정도 만에 제작이 가능하다고 한다.

품질 보증

조립 라인을 따라 제품이 생산된 이후라고 해도 곧바로 출하되는 것은 아니다. 혹시 모를 결함 여부에 대해 일일이 검증하고 품질을 확인하는 작업이 반드시 필요하다. 하지만 대량생산 체제에서 수많은 제품에 대한 품질 검사를 사람이 직접 수행하는 것은 정확성 및 생산성 측면에서 매우 비효율적인 결과를 초래할 수 있다.

이와 관련해 모든 제품의 품질 기준 충족 여부를 판단하는 머신 비전 솔루션이 새로이 주목받고 있다. 머신 비전은 기계에 시각과 판단 기능을 적용해 공장에서의 각종 검사 업무 혹은 로봇의 제어에도 활용할 수 있는 기술이다. 머신 비전은 고도의 카메라 기술로 필요한 이미지를 획득하고, 작업 목적에 따라 이미지 프로세서가 분석 및 판별 과정을 처리한다. 이를 통해 제품의 결함을 식별하는 등 품질관리 업무에 활용 가능하며, 특히 사람의 눈이 해왔던 일들을 더욱 정밀하고 빠르게 수행해 공장의 생산성 향상에 크게 기여할 수 있다.

관련 사례로 미국의 AI 분야 스타트업 랜딩AILanding.ai에서 개발한 '랜딩라이트LandingLight'가 있다. 랜딩AI는 '비주얼 인스펙션visual inspections'이라는 학습 알고리즘을 개발해 일부 이미지를 트레이닝시킨 다음 카메라 렌즈나 소형 전자제품의 국소적 결함을 찾아내는 기술을 연구하고 있다. 특히 최근 제조되는 전자기기 부품은 크기는 점점 작아지고 밀도는 높아지면서 결함을 발견해내기 어려워지고 있어 랜딩AI의 이미지 분석 기술이 갖는 중요성은 더욱 커질 것으로 보인다. 이외에도 랜딩AI는 사출 성형기injection-molding machines 등 산업용 기계·로봇의 제어를 위해 로봇의 눈으로서 비전 기술을 활용하는

랜딩AI의 제조 라인 적용 사례(위)와 부품 결함 판독 이미지(아래)

데이터 수집	데이터 라벨링	모델 구축	제조 라인에 투입	알고리즘 고도화	인사이트 도출
카메라를 이용하여 제품 이미지를 입력	Landing Lignt 라벨링 툴을 이용하여 이미지를 정상, 결함 있음 등으로 라벨링	라벨링된 데이터를 기반으로 머신러닝 모델을 구축	제조 라인에 투입되어 소형 전자제품 등의 결함을 식별함	Landing Lignt는 인식된 데이터를 처리하면서 결함에 대한 학습을 심화함	Landing Lignt가 처리한 데이터는 대시보드를 통해 시각화된 형태로 제공됨

자료: 로아컨설팅, Landing.ai

방안을 검토하고 있다.

　랜딩AI의 솔루션 랜딩라이트의 적용을 위해서는 먼저 표준 이미지 정보를 모아 데이터로 정리해야 한다. 이후 데이터 과학자들의 협력 하에 머신러닝 모델을 구축한다. 모델 구축 완료 후에는 제조 라인에 투입되어 소형 전자부품 등의 결함을 식별하게 되고, 결함을 발견하면 관리자에게 즉각 결과를 전송해 생산품 전반의 품질관리가 원활히 진행될 수 있도록 지원한다. 또한 인식된 데이터를 처리하면서 결함에 대한 심화 학습이 가능하고, 제조 프로세스 최적화를 위한 인사이트를 지속적으로 제공할 수 있다.

웨어하우징

생산 및 품질 확인까지 완료된 제품은 일정 장소에 저장됐다가 판매처로 배송된다. 그뿐만 아니라 원재료가 생산 라인을 따라 조립·가공되기 전 외부 수급을 받아 공장에 들어온 이후부터 계속 안정적으로 보관되어야 하는 측면에서도 창고 물류 기능은 매우 중요하다. 택배 운송 등 물류업을 기본으로 영위하는 기업이라면 더욱 그러하다.

이와 관련해 업계에서는 창고에 로봇 시스템을 도입하여 물류 혁신 및 시간과 비용 절감 효과를 거두기 위한 노력을 전개하고 있다. 대표적인 창고 로봇으로 서두에서도 소개된 자율주행 무인운반차 AIV를 꼽을 수 있다. 무인운반차는 광범위한 공장 창고에서 효율적으로 자재를 운반하고, 사람이 직접 개입할 여지가 적어 안전성도 확보할 수 있다.

일본의 도다 건설은 건설 현장에서 기자재의 운반 작업을 간소화하고 물류 효율화를 지원하기 위해 AIV 모델 'T-CART 1000' 등 자동 운반 시스템을 개발했다. 먼저, RFID 태그가 부착된 기자재가 게이트 안테나에 접근하면 관리 PC가 게이트 안테나를 통해 태그에 등록된 기자재 정보를 자동 검색하여 운반 장소를 판별한다. 이후 PC는 운반 장소 정보를 송신하고 AIV는 그 정보에 따라 기자재를 운반하게 된다.

도다 건설 AIV 'T-CART 1000'(좌)과 자동운반 시스템 개요(우)

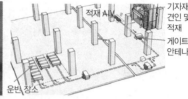

적재 AIV

기자재
견인 및
적재

게이트
안테나

운반 장소

자료: 도다 건설

운송 루트는 관리 PC에서 쉽게 설정이 가능하다. PC 화면에 표시된 평면도에 경로상의 주요 지점을 표시해 그 사이를 이동하는 것으로 설정할 수 있다. 물론 현장 환경의 변화에 따라 유연하게 변경도 가능하다. 'T-CART 1000'은 물품 견인이나 직접 적재를 통한 운반이 가능해 기자재 종류에 따라 운반 방법을 선택할 수 있고, 최대 1000kg까지 운반이 가능하다. 도다 건설은 자동 운반 시스템을 통해 기존의 인력 운반 작업으로 인한 부담을 대폭 축소할 수 있게 된 것으로 알려져 있다.

운송 및 공급망 관리

미래 공장에서는 생산 현장 내부뿐만 아니라 외부의 분산된 공급망 전체에 대한 관리도 더욱 강화될 것이다. 가령 판매처로 이동 중인 생산품들이 어디에 있고, 어느 경로로 이동 중인지에 대해 실시간 추적 및 관제가 더욱 원활하게 이루어지게 될 것이다.

미국의 이동통신사 버라이즌은 이동체 및 스마트시티 관제 서비스 확대를 통해 IoT 생태계를 주도하고 있다. 2012년 '버라이즌 텔레메틱스Verizon Telematics'라는 이름의 사업 부서를 신설해 차량용 인포테인먼트 서비스를 개시한 것을 시작으로 2016년 차량 관제 서비스 기업 텔로지스Telogis와 플리매틱스Fleetmatics를 인수해 중소형 차량에서 대형 화물 차량에 걸쳐 관제 서비스를 제공하고 있다. 또한 센시티Sensity 등의 IoT 솔루션 사업자를 인수해 IoT 역량을 강화하는 움직임을 보이고 있다. 센시티는 IoT 센서 기반 LED 조명 제어 솔루션을 개발하는 기업으로 잘 알려져 있다. 버라이즌은 전력 효율성을 높이는 것은 물론, 도심 가로등을 스몰셀(소형 기지국)로 활용하여 교통·이동체 관제 서비스의 커버리지를 넓히는 전략을 내세우고 있다. 이를 기반으로 원격 제어나 교통 모니터링 관련 더욱 고도화된 서비스를 제공해나갈 것으로 보인다.

버라이즌은 단순히 이동체 간 연결성을 강화하는 것을 넘어 IoT 관제 서비스 형태로 사업 영역을 확장하고 있다. 통신 인프라를 갖춘 버라이즌의 관제 서비스 강화를 위한 노력은 향후 스마트 팩토리뿐만 아니라 스마트 시티와 같은 거대 단위의 ICT 시스템을 구현하는 데 있어서도 중요한 기반으로 자리 잡을 것으로 보인다.

디지털 트윈을 통해 거듭나는 스마트 팩토리

이처럼 스마트 팩토리를 구성하는 ICT 솔루션은 매우 다양하며, 이외에도 에너지 관리, 보안 등 측면에서 부수적으로 생산 현장을 지원하는 기술까지 복합적으로 활용될 것으로 보인다. 이러한 가운데 5G 등 새로운 통신 환경을 기초로 하여 하나가 아닌 다양한 솔

자료: Youtube

루션의 융합, 공장의 일부분이 아닌 전반의 디지털 트랜스포메이션 등에 주목하는 기술 간 연결성connectivity이 향후 스마트 팩토리의 성패를 좌우하게 될 것이다.

5G·IIoT 및 각종 센싱 기술 발전과 함께 스마트 팩토리의 데이터도 더욱 중요한 의미를 갖게 될 것이다. 프랑스의 글로벌 자동차 부품사 포레시아Faurecia는 차량 시트 등 인테리어 시스템 개발로 널리 알려져 있으며 미국, 캐나다 등에 48개 지사를 보유하고 있다. 포레시아가 미국 인디애나 주 콜럼버스에 6400만 달러(약 800억 원 규모)를 투자해 만든 디지털 팩토리는 데이터 기반의 시스템과 프로세스를 갖춘 디지털 매뉴팩처링Digital Manufacturing 시설을 구축해 단 450명의 직원들만으로 공장을 운영하고 있다.

포레시아 공장에서는 매일 수 테라바이트 규모의 데이터가 수집되고, 데이터 과학자들은 이를 생산 활동에 활용하려는 노력을 지속하고 있다. 가령 용접 공정 등에서 발생하는 소리 데이터를 수집해 기계의 정상 가동 패턴과 결함 패턴을 식별하고 AI 설비 보전 활동을 수행할 수 있다.

이처럼 공장 데이터 관리의 중요성이 점점 부각되고, 나아가 공장

GE 프레딕스 기반의 디지털 풍력발전소

자료: GE Youtube

전체의 정보까지 수집·분석할 수 있는 단계가 되면 디지털 트윈Digital Twin 기술을 통해 쌍둥이로 된 디지털 공장을 구현시킬 수도 있다. 디지털 트윈은 가상의 공간에 실제 공장의 모습과 동일한 기계, 시스템, 환경 등을 구축해 공정 시뮬레이션 작업을 가능케 할 기술로 주목받고 있다.

디지털 트윈 기술은 현재 일부 기업의 제품 개발 및 생산 과정에서도 활용되고 있다. 미국의 디지털 인프라 기업 제너럴일렉트릭은 디지털 트윈 기술 '프레딕스Predix'를 선구적으로 도입한 기업으로 잘 알려져 있다. GE의 프레딕스를 통해 산업 현장의 설비나 그 외 다양한 환경적 요소에 대한 대규모 데이터를 수집해 가상의 디지털 공장을 구축할 수 있다.

GE는 프레딕스를 기반으로 '디지털 풍력발전소Digital Wind Farm'라는 솔루션을 개발한 바 있다. 이 솔루션을 활용하면 관련된 발전 사업자가 미리 가상의 발전소를 설치해보고 실제 환경에 구축하는 데 필요한 인사이트를 얻을 수 있다. 예를 들어 디지털 공간에 각종 날씨 정보나 풍향, 지형 등에 대한 데이터를 축적시키면 데이터 과학자들은 에너지 발전량 및 시설 유지보수 비용에 대해 사전 예측이 가능하다. 결국 발전 사업자는 설비 구축 과정에서 발생 가능한 낭비와 실수를 줄이고, 발전 효율 등 생산성을 향상시킬 수 있다.

디지털 트윈은 앞서 소개한 스마트 팩토리의 솔루션들을 총체적으로 아우르고, 산업 현장의 모든 데이터에 대한 관리자의 통제력을 강화시켜줄 핵심 도구가 될 것이다. 디지털 트윈 기술이 현실을 반영해 제대로 구현되기 위해서는 실제와 가상공간의 데이터 공유와 동기화 작업이 원활히 진행되어야만 한다. 이와 관련해 향후 데이터 통신의 기초인 5G 인프라와 AI 분석 기술, 실감형 미디어 등과의 연계성은 미래 스마트 팩토리의 향방을 좌우할 중요한 요소가 될 것으로 보인다.

07

5G 시대의
모바일 킬러 콘텐츠

| 클라우드 게임 |

게임 시장에 확산되는 넷플릭스 모델

CD와 다운로드, 그리고 모바일이 주름잡고 있는 게임 시장에도 일명 '넷플릭스 모멘트Netflix Moment'라 불리는 스트리밍의 바람이 불고 있다. 음원 서비스와 동영상 서비스의 형태가 다운로드에서 스트리밍으로 변화하는 와중에도 게임 분야는 고용량 콘텐츠를 재생해야 하는 서비스의 특성상 스트리밍화 추세에서 벗어나 있었다. 하지만 클라우드 컴퓨팅의 고도화에 5G 네트워크 상용화가 더해지면서 게임 서비스 또한 새로운 변화의 국면을 맞이하고 있다.

콘솔 게임 시장의 양대 라이벌인 소니와 마이크로소프트는 이미 하드웨어인 콘솔뿐 아니라 서비스의 형태로도 게임을 판매해왔다.

소니는 2015년부터 플레이스테이션 콘솔과 PC를 통해 게임 타이틀을 이용할 수 있는 구독형 서비스 '플레이스테이션 나우PlayStation Now'를 월 20달러(약 2만 4000원)에 제공하고 있으며, 현재 약 70만 명의 구독자를 확보할 정도로 높은 인기를 구가 중이다. 마이크로소프트 또한 2017년부터 '엑스박스 게임 패스Xbox Game Pass'라는 이름으로 약 100여 가지 게임 타이틀을 월 9.99달러(약 1만 2000원)에 이용할 수 있는 구독형 패키지를 제공하고 있다.

또한 2019년 3월에는 200여 개 이상의 국가에 데이터센터를 확보하고 있는 클라우드 서비스의 강자 구글이 클라우드 게임 시장 진출을 선언했다. '스타디아Stadia'로 명명된 구글 클라우드 게임 플랫폼은 2019년 하반기 중 출시될 예정이며 구독료는 월 9.99달러로 책정됐다. 구글은 스타디아 출시와 함께 차세대 게임 플랫폼은 더 이상 콘솔 형태가 아닌 데이터센터가 될 것이라고 강조하기도 했다.

애플 역시 최근 '애플 아케이드Apple Arcade'라는 구독형 게임 서비스를 출시할 예정이라고 발표했다. 출시 시기는 2019년 가을로 예정돼 있으며 아이폰, 아이패드, 맥, 애플 TV 등 애플의 모든 하드웨어에서 약 100여 가지 이상의 게임을 즐길 수 있게 될 것으로 보인다. 애플은 100개 이상의 게임 개발사들을 포섭하기 위해 이미 수백만 달러를 지출 중이며 향후 더 많은 독점 게임 서드파티 확보를 위해 5억 달러 이상을 투자할 계획이다. 이에 HSBC(홍콩상하이은행)는 애플 아케이드의 매출을 2020년 3억 7000만 달러에서 2024년 45억 달러로 증가할 것으로 전망하기도 했다.[1]

5G로 구현되는 완전한 클라우드 게임

5G로 인한 모바일 게임의 진화

모바일과 콘솔이 게임 시장을 양분하고 있는 가운데 가장 큰 비중을 차지하고 있는 분야는 역시 모바일 게임 시장이다. 모바일 게임의 확산은 콘솔 및 PC 게임을 이용하지 않는 이용자들도 게임에 친숙해질 수 있는 환경을 마련했다는 점에 의의가 있다.

이러한 상황에서 5G의 상용화로 모바일 서비스의 속도와 품질이 향상될 경우 더 이상 모바일과 콘솔·PC의 구분조차 의미가 없어질 것으로 보인다. 5G의 초고속, 초저지연 특성으로 인해 모바일에서도 콘솔·PC 수준의 고사양 게임을 구동할 수 있기 때문이다.

LTE의 평균 지연시간은 약 30~50ms인 데 반해 5G의 지연시간은 그 20분의 1에 해당하는 1~4ms 수준이다. 슈팅 게임을 플레이하는 경우 플레이어가 버튼을 눌러 총을 쐈을 때 5G가 LTE보다 20배 빠르게 반응하게 됨을 의미한다. 빠른 찰나에 승패가 결정되는 게임에서는 이러한 지연 속도 문제가 서비스 품질을 판가름하는 결정적 요인이 되는 것이다.

클라우드 게임, 왜 꼭 5G여야만 하는가?

클라우드 기반의 게임 스트리밍은 게임 '화면 전송'과 이용자의 명령을 실행하기 위한 '입력 전송'의 두 가지 방향으로 작동한다. 게임이 음악이나 동영상처럼 일방향으로 전송되는 콘텐츠들에 비해 클라우드상에서 구현하기 어려운 이유도 바로 여기에 있다. 일반적인 게임 화면 전송은 LTE상에서도 구현 가능하다. 그러나 원활한 게임 진행을 위해 필요한 입력 전송 이슈는 5G와 엣지 클라우드가 있어야만 해결 가능한 문제다.

• 화면 전송

화면 전송은 네트워크 속성 중 대역폭, 즉 5G의 초고속 속성과 관련되는 이슈이다. 콘솔 수준의 게임 플레이 화면이 네트워크를 통해 끊김 없이 전송되려면 최대 50Mbps 요구되며 이는 현존하는 LTE와 가정용 와이파이 대역폭으로도 구현이 가능하다. 구글 스타디아가 요구하는 최고 수준의 네트워크 사양은 35Mbps이며, 국내 LTE 다운로드 속도 평균이 약 150Mbps, 802.11.ac 규격 기준 와이파이가 1Gbps 이상을 지원하고 있음을 감안했을 때 게임 화면 전송에는 크게 무리가 없는 속도라고 볼 수 있다.

• 입력 반응 지연

입력 전송은 네트워크 지연율, 즉 5G의 초저지연과 직결되는 이슈이다. 모바일 환경에서 원활하게 게임을 플레이하려면 100ms 이하 지연이 필요하다. 찰나의 입력으로 승패가 갈리는 게임은 이 입력 반응 지연이 서비스의 품질을 결정하므로 클라우드 게임 구현 시 반드시 해결해야 할 문제이기도 하다. 100ms를 초과하는 입력 지연은 실제 게임 플레이상에서 0.1초가 넘는 간격을 발생시킨다. 이는 인간의 눈으로도 식별 가능한 수준일 뿐 아니라 원활한 게임 플레이가 어려운 상태라고 볼 수 있다.

입력 지연 문제는 게임 화면 전송 이슈와 달리 현재의 LTE나 와이파이 네트워크로는 해결하기 어려운 이슈이며, 반드시 5G 혹은 5G와 엣지 클라우드가 구현하는 수준의 입력 지연을 필요로 한다.

다음은 LTE, 5G, 5G와 엣지 클라우드상에서 각각 구현한 클라우드 게임 환경의 입력 지연을 비교한 그림이다.

LTE와 와이파이상에서는 약 120ms의 지연이 발생하며 이 네트워크 환경에서는 유저 상호 간의 대결이 필요 없는 오프라인 싱글 게임은 구동이 가능하다. 하지만 다중 유저들과의 온라인 플레이가 핵

LTE, 5G, 5G+엣지 클라우드 간 입력 지연 비교

·········· 무선망　　—— 유선망

LTE

게이머 —10ms→ 컨트롤러 —10ms→ LTE —30ms→ 인터넷 —10ms→ 서버
게이머 —20ms→ 디스플레이 —10ms→ LTE ←30ms— 인터넷

약 120ms 지연 발생
• 게임 플레이: 불편함
• 가능 게임: 오프라인 싱글 게임

5G

게이머 —10ms→ 컨트롤러 —0.5ms→ 5G —30ms→ 인터넷 —10ms→ 서버
게이머 —20ms→ 디스플레이 —0.5ms→ 5G ←30ms— 인터넷

약 100ms 지연 발생
• 게임 플레이: 적절함
• 가능 게임: 승패 없는 온라인 게임

5G + Edge

게이머 —10ms→ 컨트롤러 —0.5ms→ 5G —0.5ms→ 엣지 클라우드 —10ms→ 서버
게이머 —20ms→ 디스플레이 —0.5ms→ 5G ←0.5ms— 엣지 클라우드

약 40ms 지연 발생
• 게임 플레이: 쾌적함
• 가능 게임: 승패 있는 온라인 게임

※ 컨트롤러(0.5ms) 디스플레이(20ms) 서버(10ms)에서 발생하는 지연 포함

자료: KT경제경영연구소 재작성

심인 최근의 게임 트렌드를 반영하기 위해서는 입력 지연 100ms 수준의 5G 또는 입력 지연 40ms 수준의 5G+엣지 클라우드가 반드시 필요하다.

성장과 변화를 동시에 겪을 게임 시장

2023년, 10배 이상 성장할 클라우드 게임 시장

시장조사업체 스타티스타Statista의 전망에 의하면 글로벌 클라우드 게임 시장은 2017년 4500만 달러(약 54억 원)에서 2023년 4억 5000만 달러(약 540억 원)로 약 10배 이상 성장할 것으로 예상하고 있다.

클라우드 게임 시장의 경우 구글, 마이크로소프트 등 주요 사업자들의 서비스가 아직 출시되지 않아 정확한 시장 규모 추산이 어려운 상황이다. 그럼에도 주요 시장조사업체들은 기존 게임 시장의 저변과 클라우드 기반 게임 서비스의 확산 가능성을 높이 평가하며

전 세계 클라우드 게이밍 시장 규모 전망

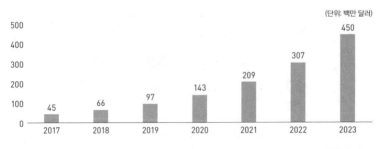

자료: Statista

2019~2025년 글로벌 콘솔 게임 시장의 분야별 전망

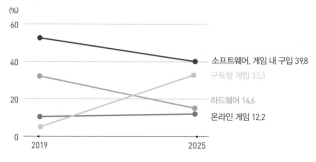

소프트웨어, 게임 내 구입 39.8
구독형 게임 33.3
하드웨어 14.6
온라인 게임 12.2

자료: Nikkei, Morgan Stanley Research

7년간 약 10배 이상 성장할 것이라는 의견을 보이고 있다.

콘솔 게임 시장의 점유율을 모바일로 확대하는 것이 클라우드 게임의 본질인 만큼 게이밍 하드웨어를 주력으로 하는 소니, 마이크로소프트에는 상당한 타격이 될 수 있으며, 오히려 모바일 플랫폼에 강세를 보이고 있는 구글이나 애플에 유리한 상황이 조성될 가능성도 존재한다. 결론적으로 향후 게임 시장에서 클라우드 게임이 차지하는 비중은 점점 증가할 것으로 예상되나, 기존 사업자들의 대응 전략과 신규 사업자들의 차별화 전략으로 향후 경쟁 구도에 더욱 이목이 집중되고 있는 것이다.

게임 시장 패러다임 변화로 인한 점유율의 변화 가능성

글로벌 투자은행 모건스탠리는 최근 발간한 보고서[2]를 통해 콘솔 시장의 하락과 동시에 클라우드 게임 및 구독 기반 게임 서비스의 확산으로 게임 콘텐츠의 수요가 폭증할 것으로 예상하고 있다. 넷플릭스가 OTTOver-the-Top 시장에 구독형 서비스를 도입하고 오리지널 콘텐츠에 대한 투자를 통해 단숨에 엄청난 가입자를 모집[3]한 것처럼 게임 구독 플랫폼 역시 새로운 기회가 될 수 있다는 것이다. 이에 클라우드 게임 업체들은 하드웨어 중심의 기존 게임 시장이 소프트웨어 및 콘텐츠를 중심으로 재편될 것으로 예측하고 라이브 스트리밍, 데이터센터, 클라우드 서비스 등 클라우드 게임 관련 자산을 확보하

클라우드 게이밍에 뛰어들고 있는 업체들의 게임 관련 자산

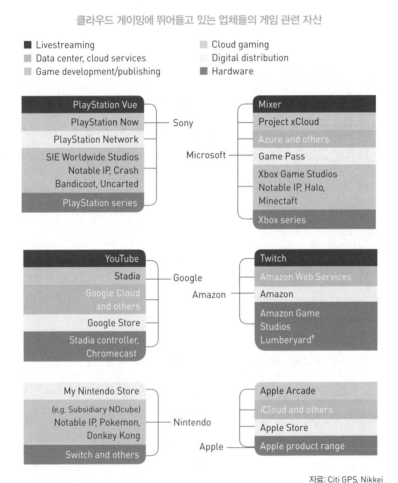

■ Livestreaming
■ Data center, cloud services
■ Game development/publishing
■ Cloud gaming
■ Digital distribution
■ Hardware

Sony
- PlayStation Vue
- PlayStation Now
- PlayStation Network
- SIE Worldwide Studios Notable IP, Crash Bandicoot, Uncarted
- PlayStation series

Microsoft
- Mixer
- Project xCloud
- Azure and others
- Game Pass
- Xbox Game Studios Notable IP, Halo, Minectaft
- Xbox series

Google
- YouTube
- Stadia
- Google Cloud and others
- Google Store
- Stadia controller, Chromecast

Amazon
- Twitch
- Amazon Web Services
- Amazon
- Amazon Game Studios Lumberyard†

Nintendo
- My Nintendo Store
- (e.g. Subsidiary NDcube) Notable IP, Pokemon, Donkey Kong
- Switch and others

Apple
- Apple Arcade
- iCloud and others
- Apple Store
- Apple product range

자료: Citi GPS, Nikkei

264

기 위한 다양한 노력을 기울이고 있다.

이러한 움직임은 소니, 마이크로소프트, 닌텐도 등 콘솔 제조 사들에게 이제는 하드웨어 성능 경쟁보다는 우수한 게임 콘텐츠 IP_{Intellectual Property} 확보가 더 중요함을 경고하고 있는 셈이다. 넷플릭스가 오리지널 콘텐츠에 대한 투자를 아끼지 않는 것처럼 게임 시장의 선도 사업자들 또한 기존 서드파티가 구글과 같은 신규 사업자로 이탈하지 않도록 만전을 기해야 할 것이다. 더욱이 구글 스타디아가 자체 게임 타이틀뿐 아니라 다양한 게임 업체들의 스트리밍 플랫폼을 스타디아 내에 입점시키는 'Platform-in-Platform' 형태의 서비스를 제공할 것으로 알려진 상황에서 소니와 마이크로소프트의 서드파티에 속하지 않는 유비소프트_{UbiSoft}, EA_{Electronic Arts} 등 유명 게임 업체들이 어느 진영을 선택하게 될 것인가 또한 향후 클라우드 게임 시장의 주요 관전 포인트가 될 것으로 보인다.

두드리는 구글과 MS, 초조한 소니

구글: 플랫폼 확장성을 앞세운 스타디아 출시

구글은 2019년 3월 미국 샌프란시스코에서 개최된 GDC(게임개발자회의) 2019에서 클라우드 게임 서비스 스타디아를 공개했다. 스타디아는 클라우드에서 게임을 전송해 플레이 할 수 있는 서비스로 향후 다양한 노트북, 데스크톱, TV, 태블릿, 스마트폰으로의 전송을 지원할 것으로 보인다.

유튜브와의 연계가 가능한 스타디아　　구글이 공개한 스타디아 컨트롤러

유튜브와의 연계가 가능한 스타디아　　구글이 공개한 스타디아 컨트롤러

자료: VentureBeat(좌), The Verge(우)

구글은 스타디아의 원활한 플레이를 위해 와이파이를 통해 클라우드와 연결해 사용하는 전용 게임 컨트롤러 '스타디아 컨트롤러Stadia Controller'도 선보일 예정이다. 스타디아 컨트롤러에서 돋보이는 점은 구글의 기존 서비스들과의 연계로 '캡처Capture' 버튼을 누르면 게임 상황을 바로 유튜브로 전송할 수 있으며, '구글 어시스턴트Google Assistant' 버튼을 누르면 음성 명령을 통해 가상 비서의 도움을 받을 수 있다.

구글 스타디아는 4K 해상도와 60FPS(초당 프레임)를 지원할 예정이며, 향후 8K와 120FPS까지도 지원할 계획이다. 구글은 끊김 없는 스트리밍이 가능한 수준으로 지연 속도를 낮추기 위해 자체 글로벌 데이터센터 인프라를 활용해 서버와 사용자 간 거리를 최소화하는 한편, AMD와 협력해 자사 데이터센터에 최적화된 맞춤형 GPUGraphics Processing Unit를 탑재한다는 계획이다. 구글의 설명에 따르면 AMD가 제공할 GPU는 소니 콘솔 '플레이스테이션4 Pro'와 마이크로소프트 콘솔 '엑스박스 원 XXbox One X'에 비해 우수한 성능을 보인다고 한다.

2019년 6월에는 스타디아의 구체적인 출시일과 요금이 공개됐다.

Base(무료)	AHD(1920X1080) 해상도 / 스테레오 사운드	제공되는 게임 타이틀은 동일
Pro(월 9.99달러)	4K(7680X4320) 해상도 / 5.1채널 사운드	※ Stadia 내에 타 게임사 플랫폼 탑재 ※ 자체 게임 개발 위해 게임사 신설

스타디아는 2019년 11월 미국, 영국, 캐나다 등 14개 지역에 출시될 예정이다. 출시와 함께 21개의 개발사가 만든 31개 이상의 게임 타이틀이 제공되며, 가격은 월 9.99달러로 책정됐다.

구글 스타디아가 내세우는 강점은 바로 유튜브와의 연계로, 앞서 언급된 스타디아 컨트롤러의 유튜브 전송 버튼을 포함한 다양한 연계 방안을 준비 중이다. 특히 유튜브에서 게임 스트리밍 콘텐츠를 방송하는 유명 크리에이터들과의 연계가 가능해질 경우 그 파급력은 상당할 것으로 보인다. 아직까지 아마존의 게임 스트리밍 플랫폼 '트위치Twitch'에 비해 다소 뒤처지는 수준이지만 유튜브 역시 상당한 규모의 게임 스트리밍 커뮤니티를 보유하고 있다.

구글은 이와 관련해 게임 스트리밍 영상에 해당 게임의 스타디아 링크를 삽입하는 '플레이 나우Play Now' 기능과 자신이 현재 플레이 중인 스테이지의 링크를 전송하는 '스테이트 쉐어State Share' 기능, 그리고 게임 스트리머들이 시청자들을 초청하여 대결하는 '크라우드 플레이Crowd Play' 기능을 준비 중이라고 밝혔다. 이러한 스타디아와의 연계 기능이 도입되면 스트리머들이 시청자들과 더 다양한 상호작용을 할 수 있게 되고, 수익화 경로 또한 확대되면서 트위치와의 격차를 줄일 수 있을 것으로 전망된다.

MS: 기존 콘솔 플랫폼 '엑스박스'와의 연동성 강조

MS는 2019년 6월 미국 로스앤젤레스에서 개최된 게임쇼 'E3 2019'에서 게임 스트리밍 서비스 '프로젝트 엑스클라우드_{Project xCloud}'의 프리뷰 버전을 2019년 10월 출시할 계획이라고 발표했다. 마이크로소프트는 주력 콘솔 기기인 엑스박스 원을 서버로 삼아 각종 디바이스로 게임을 스트리밍할 수 있도록 할 것이며, 엑스박스 원을 소유하고 있지 않은 경우에는 마이크로소프트의 데이터센터에서 디바이스로 게임이 스트리밍될 것이라고 밝혔다. 또한 엑스박스 게임 패스를 통해 제공되는 타이틀을 비롯해 엑스박스 원의 콘텐츠 전체를 프로젝트 엑스클라우드를 통해 스트리밍으로 이용할 수 있게 될 것이며, 총 3500종 이상의 게임을 스트리밍할 수 있을 것이라고도 밝혔다.

마이크로소프트의 프로젝트 엑스클라우드와 구글의 스타디아 모두 클라우드 기반 게임 서비스이나 차이점도 존재한다. 스타디아가 구글의 데이터센터를 기반으로 모바일 중심의 클라우드 게임을 제공하는 반면 프로젝트 엑스클라우드는 엑스박스 원 콘솔을 서버로 활용해 다른 디바이스로 게임을 스트리밍한다. 또한 콘솔을 보유하고 있지 않더라도 마이크로소프트의 클라우드 서버를 통해 게임을 스트리밍할 수 있으며, 마이크로소프트가 자체 클라우드 플랫폼인 '애저'를 보유하고 있는 만큼 우수한 성능을 제공할 것으로 보인다.

또한 자체 개발 또는 새로운 서드파티를 통해 게임 타이틀을 확보하기 시작한 스타디아와 달리, 기존의 엑스박스 게임들을 모두 스트리밍 할 수 있다는 점 또한 프로젝트 엑스클라우드의 강점으로 꼽힌다. 구글이 발표한 스타디아의 게임 타이틀이 31종에 불과한 것과 크게 대비되는 부분이다.

그 외에도 마이크로소프트는 2020년 중 8K 해상도에 120FPS 성능을 지원하는 차세대 엑스박스 콘솔 기기 'Project Scarlet'을 출시할 계획이며, 게임 타이틀 확대를 위한 서드파티 확보에도 적극적인 모습이다. 마이크로소프트는 2018년부터 2019년까지 약 2년 동안 'Double Fine', 'Ninja Theory', 'Playground Games', 'Compulsion Games', 'Undead Labs' 등 다수의 게임 스튜디오 인수를 발표한 바 있다.

소니: 클라우드 게임 인프라 준비를 위한 MS와의 협력

게임 시장의 라이벌인 소니와 마이크로소프트는 2019년 5월 클라우드 게이밍을 위한 파트너십을 체결했다. 마이크로소프트는 짧은 성명을 통해 "양 사는 콘텐츠 스트리밍 서비스를 지원하기 위한 애저 기반의 차세대 스트리밍 솔루션을 공동 개발할 것"이라고 밝혔다. 소니의 기존 게임 및 콘텐츠 스트리밍 서비스 역시 향후 애저를 기반으로 제공될 예정이다.

또한 소니와 마이크로소프트는 반도체 및 AI 분야에서도 협력을 추진할 것이라고 발표했다. 해당 파트너십은 소니의 이미지 센서를 애저 AI와 통합하는 내용으로, 양 사는 애저 AI 기반의 지능형 이미지 센서를 개발할 계획이며, 소니는 소비자용 제품들에 마이크로소프트의 AI 플랫폼을 활용하게 될 예정이다.

소니의 CEO인 요시다 켄이치로는 마이크로소프트와의 파트너십에 대해 "클라우드 솔루션을 위한 공동 개발이 인터렉티브 콘텐츠의 발전에 상당한 기여를 하게 될 것이라고 믿는다"고 밝혔다. 마이크로소프트의 CEO인 사티아 나델라 또한 "이번 파트너십을 통해 소니가 애저와 애저 AI의 역량을 토대로 소비자를 위한 새로운 게이밍 및 엔터테인먼트 경험을 제공할 수 있게 될 것"이라고 언급했다. 소니와 마이크로소프트는 마이크로소프트가 엑스박스를 출시한 2001년부터 지금까지 약 20여 년간 라이벌 관계를 형성해왔다. 그 때문에 두 라이벌 기업의 파트너십 체결은 상당히 이례적인 일이라고 볼 수 있다. 많은 외신들은 구글의 스타디아 출시가 소니와 마이크로소프트 간 파트너십 체결에 영향을 미쳤을 것으로 평가하고 있다.

소니의 입장에서 광범위한 데이터센터 인프라를 갖춘 마이크로소프트의 애저는 최적의 파트너라고 할 수 있다. 구글은 스타디아의 기술적인 우수성에 대해 설명하면서 구글 클라우드의 데이터센터를 활용해 지연을 최소화할 수 있다는 점을 적극 강조한 바 있다. 소니는 애저와의 파트너십을 통해 클라우드 인프라의 기술적 문제에 대해 고민할 필요 없이 소니 플랫폼 자체에 더욱 전념할 수 있다.

반면 마이크로소프트 입장에서는 소니를 애저의 대형 고객으로 확보함으로써 AWS(아마존의 클라우드 컴퓨팅 플랫폼)와의 경쟁에 더욱 박차를 가할 수 있게 됐다. 소니는 글로벌 클라우드 게이밍 시장에서 36%의 점유율을 가진 플레이스테이션 나우와 동영상 스트리밍 서비스인 '플레이스테이션 뷰PlayStation Vue' 등을 보유하고 있으며, 이번 파트너십으로 인해 관련 서비스 모두 애저 클라우드를 통해 제공될 예정이기 때문이다.

국내: 글로벌 선도 사업자와의 파트너십 확대

국내 클라우드 게임 시장은 통신사들이 주도하고 있다. 다만 자체적으로 서비스를 개발하고 있지는 않으며 각 사 네트워크 인프라 위에 엔비디아나 마이크로소프트 등 해외 선도 사업자의 클라우드 게임 플랫폼을 결합하려는 움직임이다.

엔비디아는 해외 사업자 중 가장 먼저 국내 클라우드 게임 시장으로 진출했다. 2017년 1월 최초로 공개된 엔비디아의 스트리밍 게임 서비스 '지포스 나우GeForce Now'가 국내에 상륙한 것이다.

지포스 나우는 2019년 9월부터 국내 서비스를 시작했으며, 월

국내에 진출한 게임 스트리밍 서비스 '지포스 나우'

개발사	엔비디아 ※ 미국 소재의 그래픽카드 / 자율주행 시스템 글로벌 1위 기업
월 이용료	799달러(약 9000원) ※ 미국 시범 서비스 이용료 기준
지원 게임	배틀그라운드, 리그오브레전드, 포트나이트(Fortnite) 등 500종
지원 기기	PC, 모바일, TV(1080P 기준 50Mbps 네트워크 요구)
국내 출시	2019년 9월부터 국내 서비스 시작

9000원의 요금으로 '배틀그라운드'를 비롯한 500여 종의 게임을 즐길 수 있게 된다. 엔비디아는 해당 서비스 제공을 위해 국내 데이터센터에 지포스 나우 서버를 구축하기로 했다. TV나 PC에서도 이용 가능한 지포스 나우를 국내 IPTV의 셋톱박스를 통해 제공할지, 아니면 TV용 별도 기기를 구매하도록 해야 할지 여부에 대해서는 현재 조율 중인 것으로 추정된다.

2019년 6월 발표된 소식에 따르면 마이크로소프트 또한 국내 진출을 준비하고 있는것으로 밝혀졌다.

클라우드 게임 시장에 대한 엇갈린 시각들

구글의 스타디아 발표 이후 아시아 게임 업체들의 주가가 동시에 하락하는 현상이 나타났다. 콘솔 업체인 닌텐도가 5%, 소니는 3% 하락했으며, 국내 업체인 넥슨 GT가 2% 하락하고, 중국의 텐센트 홀딩스 역시 낮은 가격으로 거래됐다.

앞서 언급한 콘솔 업체들의 경우 2019년 들어 일제히 하락된 전망치를 보여주고 있다. 2018년까지만 해도 게임 시장에서의 부활을 예고하며 향상된 실적을 발표한 것과는 사뭇 다른 분위기다. 소니의 경우 콘솔 판매 부진으로 인해 2018년 12월까지 3개월간의 게임 비즈니스 영업이익이 14% 떨어졌으며, 닌텐도는 2000만 대로 예상했던 스위치의 판매 대수를 1700만 대로 조정해서 발표하기도 했다. 주가의 경우에도 소니는 2018년 9월 연간 최고치를 기록한 이후 20%가량 하락했으며, 닌텐도는 2019년 대비 30%가량 주가가 하락한 상태다.

이들이 공통적으로 콘솔 기기 판매 부진을 겪고 있는 사이에 클라우드 기반 게임 스트리밍 서비스로 시장의 관심이 집중되는 불리한 상황의 연속이기도 하다. 기존 게임 서비스의 부진과 클라우드 게임에 대한 기대감이 교차되는 상황 속에서 향후 게임 시장의 미래를 두고 엇갈린 반응이 나타나고 있다.

클라우드 게임이 우세할 것이다

게임 시장조사업체 뉴주Newzoo는 「클라우드 게이밍: 퍼펙트 스톰 Cloud Gaming: The Perfect Storm」이라는 보고서를 통해 현재 PC 게임과 콘솔 게임을 플레이하는 게이머의 51%가 본인을 캐주얼 게이머라고 응답한 부분에 주목하고 있다. 이처럼 본인을 캐주얼 게이머로 인지하고 있는 유저의 경우 클라우드 기반의 게임을 이용하는 데에도 관심이 높을 것이라는 해석이다.

더욱이 비용 측면에서 봤을 때 같은 품질의 서비스를 월 구독형 클라우드 게임을 통해 더욱 싸고 편리하게 이용할 수 있다는 점도 강력한 유인 요인이 될 것으로 보인다. 400달러(약 48만 원)에 달하는 콘솔을 구매하고 게임 하나당 60달러(약 7.2만 원)를 지불해야 하는 기존 콘솔 게임의 경우 게임 타이틀을 3~4개만 구매해도 500~600달러(약 60만~70만 원)의 예산을 넘어서게 된다. 동일한 예산을 가진 고객이 월 구독 스트리밍 서비스를 이용하게 되는 경우 초기 지출에 대한 큰 부담 없이 5~6년은 게임을 즐길 수 있게 될 것으로 추산이 가능하다.

콘솔 게임이 여전히 우세할 것이다

클라우드 게임 시장에 대한 장밋빛 전망에도 불구하고, 구글과 같은 비게임 사업자의 게임 시장 진출을 부정적으로 보는 시각 또한 존재한다. 정확히는 구글이 클라우드 데이터센터의 주요 활용 수단을 게임으로 선정하고 이를 조급하게 준비하고 있는 상황 자체를 곱지 않게 보는 입장이다. 클라우드 시장에서는 아마존과 마이크로소프트에 뒤처지고, 게임 시장에서는 별다른 노하우 조차 없는 구글이 클라우드 게임 사업에 도전해 과연 승산이 있겠느냐는 냉정한 평가가 내려지고 있다.

5G 네트워크와 함께 클라우드 게임이 급부상할 것이라는 전망에 대해서도 시간과 장소의 제약 없이 안정적인 네트워크 품질이 보장되어야 하는 게임 서비스의 특성상 조급한 서비스 출시는 곧 게이머들의 외면으로 이어질 것이라는 가능성도 점쳐지고 있다. 특히 앞서 제시한 비용적 장점 또한 월 구독료 외에 별도의 구매 비용, 통신 비용 등이 발생할 여지가 있음을 고려할 때 사실상 큰 장점이 아닐 수 있다는 의견도 존재한다.

클라우드 게임 시장에 대한 많은 우려들

콘텐츠 개발에 상당한 시간과 비용이 소요되는 게임 사업의 특성으로 인해 과연 구독료만으로 이를 상쇄할 수 있는 매출이 발생할 수 있을지에 대한 의문이 제기되고 있다. 실제로 게임 타이틀 하나에 투입되는 시간과 비용은 음악 제작이나 영화 촬영을 월등히 상회하는 수준이다. 따라서 넷플릭스가 오리지널 콘텐츠를 제작해온 것만큼

단시간 내에 폭넓은 콘텐츠 라인업을 확보하기가 어려울 것으로 예상되며, 이는 초기 이용자 유인의 허들로 작용할 것이라는 전망이다.

게임 시장의 가장 큰 비중을 차지하는 모바일 게임의 비즈니스 모델이 대부분 '인게임In-game 구매'라는 점도 약점으로 지적되고 있다. 헤비 게이머를 제외한 대부분의 이용자들은 게임을 유료로 즐기거나 구매한다는 것에 대한 공감대가 형성돼 있지 않다. 인게임 구매의 경우 게임을 진행함에 있어 이용자 스스로의 선택에 의한 소액 과금을 통해 큰 거부감 없는 지출을 유도해왔다. 하지만 고액의 타이틀을 일시 구매하거나 월 단위로 요금을 내야 하는 방식으로는 모바일 게임에 익숙한 이용자들을 끌어들이기 쉽지 않을 것이라는 해석이다.

보다 근본적으로는 클라우드 게임 서비스 제공을 위해 인터넷 서비스 사업자, 클라우드 컴퓨팅 사업자, 모바일 네트워크 사업자, 게임 퍼블리셔, 하드웨어 제조사 등 수많은 이해관계자들이 해당 시장을 육성해야 한다는 이슈도 존재한다. 하지만 거대 사업자 주도로 형성돼가는 클라우드 게임 시장에 많은 시간과 비용을 투입할 수 있는 사업자는 많지 않다. 클라우드 게임 활성화를 위해 다양한 사업자들이 상생할 수 있는 생태계 마련이 시급한 상황이다.

08

ICT와
부동산의 만남

| 프롭테크 |

빅데이터가 촉발한 프롭테크 시장의 태동

ICT가 부동산 산업을 변화시킨다

오피스텔 전세를 구하던 직장인 A씨는 자기가 원하는 조건의 오피스텔을 구하기 위해 발품을 팔면서 일일이 중개업소를 방문해야 했다. 중개업소를 방문해 조건에 맞는 매물이 있는지 살펴보고 원하는 매물을 발견한 후에는 집 구경을 위해 현재 거주하고 있는 거주자와 약속 시간을 조율해야 했다. 집 구경에 협조적인 거주자를 만나면 다행이지만 개인 프라이버시 문제로 공개를 꺼리는 거주자의 경우 집을 구경하기가 무척 힘들었다. 통상적으로 이러한 일련의 과정을 다 거치고 부동산 계약까지 적게는 1~2주, 많게는 1개월 이상

VR을 활용한 집 구경 서비스

자료: Lapentor

을 허비하곤 했다.

그러나 직장인 B씨는 최근 오피스텔 전세를 구하면서 온라인 중개 앱을 활용했다. 온라인 중개 앱을 통해 조건에 맞는 매물을 손쉽게 찾을 수 있었다. 처음 사용할 때 허위 매물에 대한 우려도 있었지만 중개 앱의 소비자 안심 운영 정책을 알고 난 후에는 안심하고 이용할 수 있었다. 또한 집 구경에 어려움을 겪었던 A씨와는 다르게 가상현실VR을 통한 집 구경 서비스를 이용해 시간과 공간에 구애받지 않고 편리하게 집을 구경할 수 있었다. 이후 남는 시간에는 증강현실AR을 활용해 여유롭게 가구 배치까지 해보았다. B씨는 VR을 이용해서 A씨보다 빠르고 효율적으로 원하는 집을 구하게 됐고 부동산 산업의 변화를 몸으로 직접 체험할 수 있었다.

최근 프롭테크가 주목받고 있다. 프롭테크PropTech는 부동산Property과 기술Technology의 합성어로, 부동산 산업에서 ICT를 활용해 부동산 서비스를 보다 효율적으로 제공하거나 개선하는 것을 의미한다. 직장인 B씨가 오피스텔을 구하면서 이용한 온라인 중개 앱과 VR·AR 서비스는 프롭테크의 일부라 할 수 있다. 프롭테크는 사람들이 부동산 거래 시 느끼고 있던 불편한 점들을 ICT를 활용해 해결해주고 있다. 프롭테크는 부동산 산업을 변화시키고 있으며, 부동산 이해관계자들에게 편리성을 제공한다. 우리의 실생활에 변화를 주면서 미래 사회를 이끌어갈 가능성이 높은 프롭테크 분야에 대해 좀 더 자세히 살펴보고자 한다.

프롭테크의 정의 및 시장 규모

프롭테크는 기술을 활용해 부동산 서비스를 보다 효율화하고 개선하는 것으로 부동산의 개발, 구매, 판매, 임대, 관리의 모든 단계에 기술을 활용하는 것을 의미한다.

프롭테크의 세부 영역에 대한 분류는 전문가별로 상이하다. 옥스

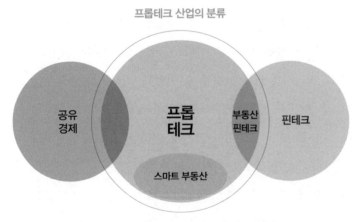

프롭테크 산업의 분류

자료: University of Oxford, PropTech 3.0: the future of real estate

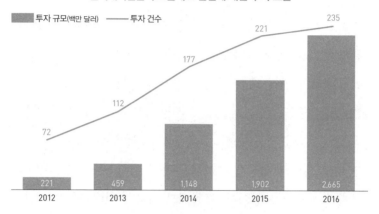

벤처캐피털들의 프롭테크 산업에 대한 투자 흐름

■ 투자 규모(백만 달러)　—— 투자 건수

	2012	2013	2014	2015	2016
투자 건수	72	112	177	221	235
투자 규모	221	459	1,148	1,902	2,665

자료: CB Insights

퍼드 경영대학의 앤드류 밤Andrew Baum 교수는 프롭테크와 인접 기술 간 연관성을 바탕으로 스마트 부동산(콘테크, 스마트 빌딩 등), 공유경제, 부동산 핀테크 등으로 구분했으며,[1] 글로벌 부동산 컨설팅 업체 제이엘엘JLL은 부동산 산업의 가치사슬을 반영해 프로젝트 개발, 투자 및 자금 조달, 중개 및 임대, 부동산 관리의 네 가지 비즈니스 영역으로 구분하고 있다.

프롭테크 시장의 잠재력은 많은 투자자들의 이목을 집중시키고 있다. 2012년 72건에 불과했던 프롭테크 투자 건수는 2016년까지 235건으로 증가했다. 투자 규모 또한 2012년 약 2500억 원에서 2016년 약 3.1조 원으로 12배 이상 가파르게 상승했다.

특히 '소프트뱅크 비전펀드'의 움직임이 가장 눈에 띈다. 비전펀드는 2017년부터 2018년까지 프롭테크 기업들을 대상으로 약 2조 원 규모의 투자를 감행했다. 2017년 부동산 거래 플랫폼인 콤파스

Compass에 약 5000억 원을 투자했고, 2018년에는 오프사이트 건설(조립식 주택) 스타트업인 카테라Katerra에 약 1조 원, 부동산 거래 플랫폼 오픈도어Opendoor에 4500억 원을 투자했다.

프롭테크 기업에 대한 관심과 투자가 증가하는 이유로 《포브스》는 시장 구조Market Fragmentation, 시장 규모Market Size, 성장 가능성 Boundless Opportunity, 성공 사례Foundational Success 등을 주목했다.

먼저, 프롭테크 시장은 분산된 부동산 서비스를 통합 제공하는 사업자가 부재한 상황이다. 프롭테크 시장은 리테일을 장악한 아마존같이 다양한 부동산 서비스를 통합 제공하는 기업의 출현을 기다리고 있다. 다음으로, 부동산 산업은 시장 규모 측면에서 매력적이다. 미국의 부동산 산업은 미국 GDP의 13%를 차지하고 약 3경 8000조 원(31.8조 달러)에 이르는 대형 시장이다. 세 번째로, 프롭테크 산업은 관련 산업이 다양하다. 부동산은 관광, 리테일, 물류 등 다양한 산업과 직간접적으로 연관 있어 부동산 데이터 분석, 건설, 로봇, 스마트 관광 등 다양한 프롭테크 세부 영역을 창출할 수 있다. 마지막으로, 부동산 관련 스타트업들의 성공 사례가 존재한다. 부동산 중개 회사 레드핀Redfin은 2017년 7월 IPO를 진행하여 데뷔 첫날 주가가 45% 증가한 성공 사례를 만들었다.

프롭테크의 발전 단계

미국에서는 이미 1980년대부터 프롭테크가 태동하기 시작했다. 상업용 부동산에 대한 설계, 중개 분야의 소프트웨어 업체들을 시작으로 1990년대 후반에는 인터넷을 이용한 온라인 비즈니스가 활

프롭테크 발전 단계

자료: Bain Capital Ventures

성화되기 시작했고, 2000년대 중반에 들어서는 온라인 비즈니스 모델이 부동산 중개 분야에 적용되면서 프롭테크가 본격적으로 시작됐다.[2]

최초 단계인 프롭테크 1.0은 컴퓨터 성능 향상과 인터넷 보급을 기점으로 시작됐다. 2000년대는 오프라인 중개 채널을 온라인으로 통합한 질로우Zillow와 같은 온라인 중개 서비스들이 대거 등장한 시기였다. 이러한 온라인 중개 포털은 온라인 마켓 플레이스를 부동산 시장으로 옮긴 비즈니스 모델로, 비교적 낮은 기술 수준이 요구된다.

프롭테크 2.0은 ICT를 활용해 일부 오프라인 서비스를 대체하기 시작한 도전 단계다. 2013년부터 등장하기 시작했으며, 의사 결정 및 비즈니스 프로세스 개선에 도움을 주었다. 프롭테크 스타트업들은 유

SaaSSoftware as a Service
소프트웨어 및 관련 데이터는 중앙에 호스팅되고 사용자는 웹 브라우저 등의 클라이언트를 통해 접속하는 형태의 소프트웨어 전달 모델. 주문형 소프트웨어라고도 한다.

료 서비스 또는 서비스형 소프트웨어SaaS 형태의 비즈니스 모델을 토대로 VR 등 실용적인 ICT와 데이터를 사업에 접목하기 시작했다.

프롭테크 3.0은 고도화된 ICT를 적극적으로 활용하는 통합 단계다. 에너지 프로슈머, 빅데이터, AI 등 새로운 기술들을 폭넓게 활용해 부동산 산업에 변화를 주었으며 블록체인 기술을 본격적으로 적용하기 시작했다. 블록체인 암호화 기술을 적용하면 부동산 산업의 투명성과 유동성이 빠르게 개선될 수 있다.

디지털 트랜스포메이션과 데이터 개방 정책에 기인한 프롭테크

에어비앤비 등의 프롭테크 기업들은 1조 원 이상의 가치를 갖는 유니콘 기업의 수준을 넘어 10조 원 이상의 가치를 갖는 데카콘 기업으로 성장했다. 빠른 속도로 성장하고 있는 프롭테크의 성장 배경은 디지털 트랜스포메이션과 세계 각국의 데이터 개방 정책을 꼽을 수 있다.[3]

디지털 트랜스포메이션으로 인해 부동산 산업은 수요자 중심의 서비스로 변화하고 있다. 기존의 부동산 산업은 폐쇄적이며 비대칭적이었으나 스마트 기기의 발전으로 인해 모든 부동산 산업 참여자들의 정보 접근성이 강화됐다. 무선 인터넷 발전과 스마트 기기의 보급으로 GPS 서비스를 활용한 데이터 공유 프로세스가 빠르고 간편해지면서 부동산 산업 참여자의 범위가 넓어졌다.

또한 인터넷과 빅데이터 분석 기술의 발전으로 부동산의 공급과 수요를 정확하고도 효율적으로 예측할 수 있게 되어 거래 비용이 크게 낮아졌다.

주요국의 공공 데이터 플랫폼 운영 현황

국가	주소	데이터 셋	특징
영국	data.gov.uk	경제, 환경, 지도, 범죄 법, 국방, 정부 지출, 교육, 건강, 교통 등 12개 분야 4만 4086개의 데이터 셋	• CKAN을 활용하여 2010년 공공 데이터 포털 구축 • 국무조정실 산하 정부디지털서비스청에서 운영
미국	data.gov	농업, 기후, 교육, 에너지, 금융, 건강, 지방정부, 과학연구 등 14개 분야 28만 5810개의 데이터 셋	• CKAN(데이터)과 Wordpress(콘텐츠)를 통합하여 포털 운영 • Github에 소스 코드를 공개하여 자유로운 데이터 편집 추가 가능
한국	data.go.kr	금융, 국토관리, 공공행정, 재정금융, 산업고용, 사회복지 등 16개 분야 2만 4990개의 데이터 셋	• 오픈 API(2521개)와 LOD 서비스를 제공하며 데이터 활용도 제고 노력 • 사용자 수요가 높은 분야를 선정해 활용이 용이한 형태로 가공된 대용량의 국가 중점 데이터 제공

자료: 정보통신기술진흥센터

세계 각 정부의 공공 데이터 개방 정책은 스타트업 생태계를 조성하는 방식으로 프롭테크 산업 발전을 간접 지원했다. 공공 데이터는 미래 국가 경쟁력을 좌우하는 핵심 자원으로 인식된다. 공공 데이터 정책은 데이터를 기반으로 한 새로운 경제적 기회를 창출하고, 공공 서비스 혁신에 기여했다. 영국 정부는 2010년 공공 데이터를 활용해 정부의 투명성을 제고하고, 경제적 이익을 창출할 수 있도록 하는 투명성 어젠다Transparency Agenda를 발표했다. 미국 정부는 2013년 5월 공공기관의 데이터 공개를 의무화하는 행정명령 '오픈 데이터 정책, 정보의 자산화 관리'를 발표했다. 한국 정부 또한 2013년 10월 공공 데이터 법을 제정해 데이터 개방을 확대하고 창업 생태계를 형성할 수 있게 지원하고 있다.

공공 데이터 개방 정책[4]으로 인한 직간접적인 경제 효과는 영국에서만 약 6만 개의 일자리가 창출되고 약 25조 원 규모의 경제 효과가 있을 것으로 분석되었다. 공공 데이터 정책으로 인해 정부와 기업 간 협력 및 투자 유치가 쉬워지면서 프롭테크 산업이 발전하고 있다.

ICT로 부동산 참여자들의 고민을 해결하다

부동산 이해관계자들이 처한 문제

부동산 산업의 대표적인 이해관계자들로는 소유자, 중개인, 세입자, 투자자 등이 있다. 각 이해관계자들은 부동산 가치사슬상에서 맡은 바 역할을 수행하며 부동산 산업을 형성하고 있다.《포브스》는 부동산 산업을 형성하고 있는 각 이해관계자들의 어려움을 다음과 같이 정리하고 있다.

먼저, 소유자들에게는 거래에 소요되는 긴 시간과 높은 거래 비용이 문제다. 한국주택학회의 자료에 따르면 서울시의 아파트 매매 거래에 소요되는 시간은 무려 2개월 반 정도라고 한다. 중개비, 세금 등 부동산 거래 시 소모되는 비용 또한 문제다. 서울연구원의 2012년 자료에 따르면 부동산 매물 가격의 약 7.28%가 거래 비용으로 지출되고 있다.

중개인들은 부동산 거래의 비생산성을 대표적인 어려움으로 꼽는다. 국토교통부와 한국감정원의 자료에 의하면, 전국 개업 부동산 중개업자당 연평균 주택 매매거래 건수는 2015년 13.1건에서 2017년 9.3건으로 2년 사이 약 29% 감소한 것으로 나타났다.

세입자들은 비싼 부동산 가격에 가장 큰 어려움을 느끼고 있다. 국토교통부가 발표한 2018년 4월 기준 서울시의 집값 평균은 7억 2000만 원이다. 도시근로자 가구(3인 가구 기준)의 2018년 월평균 소득은 약 540만 원으로, 내 집을 마련하기 위해 월급을 한 푼도 안 쓰고 모은다고 해도 무려 11년이 걸리는 가격이다.

또, 투자자들에게는 금융기관 활용의 어려움이 문제점으로 꼽힌다. 2018년 9월 13일 정부의 부동산 종합대책 주요 내용을 살펴보면 주택담보 임대사업자 대출의 LTV[5] 규제가 강화됐다. LTV가 40%로 감소함에 따라 임대 사업자들은 금융기관으로부터 대출 받기가 더욱 힘들어졌다. 또한 규제 지역 내 실제 거주할 목적이 아닌 투자 목적으로 고가 주택을 구입할 경우에는 주택담보대출이 금지됐다.

부동산 시장의 미래 고객층인 밀레니얼 세대의 부동산 거래 특징

밀레니얼 세대는 1981~1990년대 중반에 태어난 세대들을 일컫는 말로, 최근 미국 주택 시장의 주 고객으로 부상 중이다. 부동산 전문 회사인 CRES의 분석에 의하면 2015년부터 2017년 주택 구입자의 68%가 밀레니얼 세대였다고 한다. 막대한 학자금 대출과 취업난을 경험하며 내 집 마련의 목표를 잃었던 밀레니얼 세대들도 최근의 경기 회복과 함께 집을 소유하고자 하는 목표를 세우기 시작했다. 부동산 시장에서의 밀레니얼 세대는 다른 세대들과 구별되는 그들만의 특징을 보여주고 있다.

첫째, 밀레니얼 세대는 온라인을 통해 주택에 대한 정보를 얻는다. 미국 부동산협회NAR의 2017년 보고서에 의하면 밀레니얼 세대의

2019년 기준 각 세대별 주택 구입 목적 대출자 비중

밀레니얼 세대 (1981~1996년 중반 출생) **45%**	X세대 (1965~1980년 출생) **37%**	베이비부머 세대 (1946~1964년 출생) **17%**

자료: Forbes, Realtor

99%가 주택 거래를 위한 매물 검색 시 온라인으로 정보를 취득하는 것으로 밝혀졌다.

둘째, 밀레니얼 세대는 비대면 의사소통을 선호한다. 이에 기존의 단순 현장 방문이나 사진 전송 방식의 매물 소개에서 벗어나 실시간 스트리밍 기술이나 비디오 영상을 활용해 매물을 소개하는 중개인들이 증가하고 있다.

셋째, 밀레니얼 세대는 도시 지역을 선호한다. 베이비부머 세대는 상대적으로 넓은 집과 앞마당에서 가족들과 거주할 수 있는 도시 외곽 지역을 선호했다. 하지만 밀레니얼 세대는 통근 시간에 많은 시간을 쓰는 것을 원하지 않는다. 그들은 직장이 가까이 위치해 있고 생활 인프라가 잘 형성돼 있는 도시에 거주하고 싶어 한다.

부동산 시장의 가치사슬별 한계를 ICT 활용해 해결

프롭테크 기업들은 각 가치사슬의 한계점을 ICT로 해결한 다양한 솔루션을 개발하고 이를 바탕으로 새로운 형태의 부동산 서비스를 제공하기 시작했다.

'프로젝트 개발' 분야의 문제점은 데이터, 상호 협력, 공간의 제한이다. 프롭테크 기업들은 클라우드, AR, 드론 등을 활용한 효율적

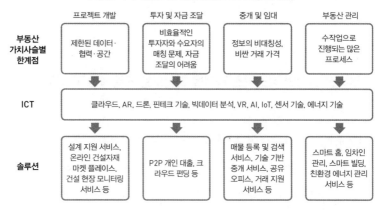

부동산 가치사슬별 한계점들을 ICT를 활용해 해결

부동산 가치사슬별 한계점	프로젝트 개발	투자 및 자금 조달	중개 및 임대	부동산 관리
	제한된 데이터·협력·공간	비효율적인 투자자와 수요자의 매칭 문제, 자금 조달의 어려움	정보의 비대칭성, 비싼 거래 가격	수작업으로 진행되는 많은 프로세스

ICT: 클라우드, AR, 드론, 핀테크 기술, 빅데이터 분석, VR, AI, IoT, 센서 기술, 에너지 기술

| 솔루션 | 설계 지원 서비스, 온라인 건설자재 마켓 플레이스, 건설 현장 모니터링 서비스 등 | P2P 개인 대출, 크라우드 펀딩 등 | 매물 등록 및 검색 서비스, 기술 기반 중개 서비스, 공유 오피스, 거래 지원 서비스 등 | 스마트 홈, 임차인 관리, 스마트 빌딩, 친환경 에너지 관리 서비스 등 |

자료: Forbes, KT경제경영연구소 재구성

인 프로젝트 관리·모니터링을 제공하고 있다. '투자 및 자금 조달' 분야에서는 투자자와 수요자의 비효율적 매칭과 자금 조달의 어려움을 문제로 꼽고 있다. 핀테크 기술을 부동산 시장에 도입해 공급과 수요 매칭의 비효율성을 개선하고 편의성을 강화하는 방향으로 진화하고 있다.

'중개 및 임대' 분야의 문제점은 정보의 비대칭성과 비싼 거래 가격이다. 빅데이터와 AI 등을 활용하면 매물 등록, 다양한 중개 정보 제공뿐 아니라 매물 리스팅, 검색 서비스, 기술 기반 중개 서비스, 공유 오피스, 기타 거래 지원 서비스 등이 가능하다. '부동산 관리' 분야의 대표적인 문제점으로는 수작업으로 진행되는 수많은 프로세스를 꼽을 수 있다. 프롭테크 스타트업들은 사물인터넷, 센서 기술, 빅데이터, 에너지 기술 등을 활용해 이와 같은 문제점을 해결하는 데 주력하고 있다. 이들이 제공하는 세부 서비스로는 스마트 홈, 임차인 관리, 친환경 에너지 관리 서비스 등이 있다.

부동산 산업의 비즈니스 과정을 혁신하는 프롭테크 기업들

[프로젝트 개발] 증강현실을 활용한 건설 현장 모니터링 서비스, 홀로빌더

2016년 설립한 홀로빌더Holo Builder는 증강현실을 활용해 건설 현장의 진행 상황을 파악하고, 건축 진행 정도를 예측할 수 있도록 지원해주는 회사다. 건설 현장과 건물의 360도 오브젝트를 클라우드 기반의 모바일 웹으로 구현해 어디서나 건설 현장을 확인할 수 있게 도와준다. 사용자는 360도 오브젝트를 이용해 건설 현장의 상황을 가상 투어로 볼 수 있으며, 소프트웨어로는 프로젝트 개발·계획 단계에서부터 유지 관리를 지원받는다.

홀로빌더의 증강현실 기술을 이용한 건설 현장 확인 서비스

자료: Holo Builder, Vimeo

홀로빌더의 활용은 캡처, 업로드, 공유, 다운로드 과정으로 진행된다. 360도 카메라를 활용해 건설 현장의 진행 상황을 촬영하고 이를 클라우드에 업로드한 후 촬영된 360도 이미지를 다운로드 받으면 오프라인에서도 현장 사진과 관련 서류를 살펴볼 수 있다.

2016년 기준 전 세계 1600개 이상의 기업들이 홀로빌더 소프트웨어를 사용 중이며, 1만 5000개 이상의 프로젝트에 적용되고 있다. 홀로빌더의 고객사 중 하나인 헨젤 펠프스Hensel Phelps는 해당 기술을 도입한 이후 연간 투입되는 노동시간 중 총 5304시간을 절약할 수 있었다.

[프로젝트 개발] 클라우드 기반의 건설 관리 소프트웨어 업체, 프로코어

프로코어Procore는 2002년 설립된 클라우드 기반의 건설 관리 소프트웨어 회사로, 캘리포니아에 본사를 두고 있다. 프로코어는 2018년 약 900억 원(7500만 달러)의 투자를 유치했고, 약 3조 6000억 원(30억 달러) 규모의 기업 가치를 가지고 있다. 프로코어의 소프트웨어를 사용하면 건설 회사, 부동산 소유자, 프로젝트 관리자, 계약자 등으로 이뤄진 팀이 대규모 건설 프로젝트를 공동 작업 및 관리할 수 있다.

프로코어는 다양한 사용자 요구와 새롭게 등장하는 기술 개발에 능동적으로 대응하기 위해 사용자 맞춤 서드파티 앱Custom Third-Party Application 플랫폼을 구축했다. 프로코어는 기존 업체와의 파트너십을 통해 건설 관리에 필요한 모든 형태의 자료와 대용량 서비스, 드론 서비스, ERP 서비스 등의 다양한 서비스 지원이 가능하다. 드론 전문사 패킷 디지털Packet Digital LLC과 조인트 벤처를 설립하여 드론을 통해 촬영한 건설 현장 비디오 스트리밍 서비스를 지원하고, AR 글라스에 특화된 현장 비디오 서비스를 지원하고 있다.

프로코어 서비스는 경쟁사의 소프트웨어 서비스와 비교해 요금이 저렴하다. 기존 경쟁사의 서비스는 사용자당 요금이 부과된 반면, 프로코어의 서비스는 프로젝트당 요금을 부과해 프로젝트 참여 인원이 많은 고객 입장에서는 비용이 효율적인 셈이다. 고객사의 비즈니스 규모와 프로젝트 크기에 따라 요금이 부과된다. 활용 가능한 세부 프로그램으로는 프로젝트 관리, 건설 금융, 현장 생산성, 품질 및 안전 관리 등에 대한 것이다. 고객들은 이런 프로그램들 중에 원하는 서비스를 선택해 사용할 수 있으며, 프로그램들을 번들로 묶어서 사용할 수도 있다.

프로코어는 소프트웨어 능력 향상을 위해 인수합병M&A을 추진하고 있다. 프로코어는 뉴욕에 위치한 프로젝트 재무 관리 소프트웨어를 개발하는 어니스트 빌딩Honest Buildings, Inc을 2019년 7월 인수했다. 인수를 통해 프로코어의 프로젝트 관리 성능이 개선될 전망이다.

[투자 및 자금조달] P2P 대출 서비스 랜딩 클럽

렌딩 클럽Lending Club은 캘리포니아에 본사를 두고 있는 세계 최대의 P2P 대출 서비스 회사다. 차용인은 컴퓨터와 스마트폰을 통해 빠르고 간편하게 대출을 받을 수 있으며, 투자자는 원하는 투자수익을 제공받는다. 렌딩 클럽은 온라인을 활용한 차용인과 투자자의 연결을 통해 효율적인 신용 평가, 가격 책정, 대출 지원 운영 등을 지원한다.

차용인과 투자자가 온라인상에서 비대면으로 매칭되면 상호 간 정보 부족으로 대출 여부와 상환율에 대한 많은 우려가 발생할 수 있다. 렌딩 클럽은 이를 해소하기 위해 페이스북 내 지리적 위치, 교육 및 배경, 연결성 등의 빅데이터를 기반으로 렌딩 매치Lending Match 라는 알고리즘을 개발했다. 이 알고리즘을 활용해 대출 프로그램의 프로세스 관리, 데이터 수집, 신용 평가, 대출 여부 판단, 투자 안내, 대출 상환금 징수 등을 자동화시켰다.

렌딩 클럽의 모든 대출은 무담보 개인 대출이며, 대출 규모는 약 120만 원에서 5000만 원(1000달러에서 4만 달러) 사이다. 차용인의 신용 점수, 신용 기록, 원하는 대출 금액, 부채 비율에 따라 신용 등급을 정한 후 지급 금리 및 수수료를 결정한다. 대출은 언제든지 상환 수수료 없이 상환할 수 있다. 투자자는 차용인의 신용 등급에 따라 6.03%에서 26.06%까지 다양하게 이자율을 책정할 수 있다. 투자자들의 평균 투자 수익률은 5.47%에서 10.22% 사이다.

[중개 및 임대] 주택을 직접 매입해 수리 후 재판매하는 오픈도어

2013년 설립된 오픈도어Opendoor는 기존 주택을 직접 매입해 수리한 후 판매하는 홈플리핑Home-Flipping 서비스 회사다. 불가피하게 두 개 이상 주택을 소유한 교체 수요자의 다양한 불편 사항을 해소시켜주며 빠르게 성장하고 있다. 오픈도어는 자체적으로 개발한 가격 결정 알고리즘을 활용해 주택 가격을 자동 산출하고 이를 매도자에게 제시해 주택을 매입한다.

오픈도어 모델의 성장 원인은 기존 주택 판매 프로세스의 문제점에 있다. 기존의 주택 판매 프로세스는 구매자의 계약 취소, 부족한 판매 준비 시간, 스스로 리모델링해야 하는 불편함 등 판매자에게 어려움이 돌아가는 구조였다. 오픈도어는 계약 후 24시간 내 현금 지급, 판매 준비 시간 절감, 수리 작업 대행 등의 혜택을 제공함과 동시에 거래 마감일을 10~60일 사이에서 스스로 결정할 수 있게 함으로써 판매자의 어려움을 해결해주었다.

오픈도어는 2019년 4월 기준 미국 18개 도시에서 사업을 추진하고 있다. 일반적으로 단독주택을 중심으로 매입하고 있으며 가격대는 약 1억 2000만~6억 원(10만~50만 달러) 범위로 가격 설정은 도시별로 상이하다. 오픈도어를 시작으로 다수의 프롭테크 기업들이 이와 유사한 서비스를 제공 중이다.

[부동산 관리] 상업용 부동산 임대 관리 플랫폼, 브이티에스

2010년 뉴욕에서 설립된 브이티에스vTs는 소유주와 중개인을 위한 상업용 부동산 임대 관리 플랫폼을 제공한다. 브이티에스는 2015년 세계 최대 사모펀드 중 하나인 블랙스톤Blackstone으로부터 약 40억 원(330만 달러) 투자를 유치했다. 블랙스톤은 브이티에스에 부동산 운용 노하우를 제공하고, 브이티에스는 상업용 자산 관리 플랫폼을 블랙스톤에 제공하며 포트폴리오 및 수익률 관리의 효율성을 개선했다.

많은 기관 투자자들이 브이티에스 플랫폼을 활용하면서 브이티에스는 약 2억 5000만 평(90억 스퀘어피트)이 넘는 임대·거래 정보를 확보했다. 이를 기반으로 고객의 부동산 포트폴리오 최적화, 임차인 및 거래 관리, 시장 분석 보고서 제공 등의 서비스들을 실시간으로

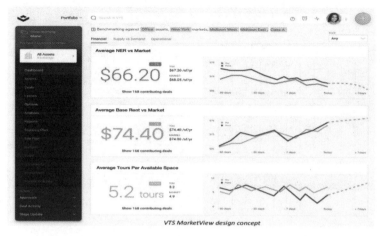

VTS MarketView design concept

자료: VTS, Place Tech

지원하고 있다.

브이티에스는 상업용 부동산을 오피스, 상가, 공장 등으로 구분해 각 자산별 특성을 반영한 컨설팅 서비스도 제공하고 있다. 주요 컨설팅 분야로는 포트폴리오 최적화, 주요 법적 이슈 대응 등 위험 관리, 수익률이 저조한 매물에 대한 개선 방안 제시, 시장 상황을 고려한 임차인 확보 방법 제안 등이 있다. 또한 소유자와 임차인의 관계를 측정해 최적화된 임차인 관리 방안도 제공한다. 브이티에스 플랫폼을 활용하면 수작업으로 진행되던 복잡한 프로세스들이 효율화되며 상업용 부동산의 거래 주기를 약 41% 수준으로 단축할 수 있다고 한다.

[부동산 관리] KT 에스테이트의 스마트 통합 관제 플랫폼

KT 에스테이트KT estate는 ICT를 활용해 빌딩 관리의 패러다임을 바꾸고 있다. 2010년 설립된 KT 에스테이트는 ICT 부동산 및 포트

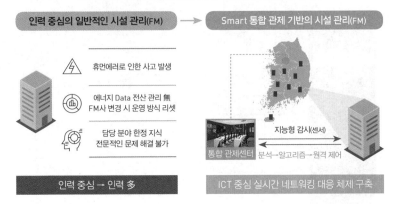

KT 에스테이트, 지능형 통합 관제 기반의 빌딩 관리 시스템

인력 중심의 일반적인 시설 관리(FM) → **Smart 통합 관제 기반의 시설 관리(FM)**

휴먼에러로 인한 사고 발생

에너지 Data 전산 관리 無
FM사 변경 시 운영 방식 리셋

담당 분야 한정 지식
전문적인 문제 해결 불가

지능형 감시(센서)

통합 관제센터   분석→알고리즘→원격 제어

인력 중심 → 인력 多   **ICT 중심 실시간 네트워킹 대응 체제 구축**

자료: KT estate

폴리오 진단과 개발, 임대·운영 관리, 유동화·증권화 등 부동산 전 영역을 아우르는 다양한 사업을 전개하고 있다. 기존의 빌딩 관리는 전력, 소방, 승강기, 기계 설비 등 기존 사람에 의해 관리가 이루어졌다. 해당 빌딩 관리 방법은 전체적인 제어 효율이 떨어지는 단점이 있었다. 이러한 문제점을 개선하기 위해 '스마트 통합 관제 플랫폼 Smart Integrated Operation Platform'이 개발됐다.

스마트 통합 관제 플랫폼을 통해 기존에 수작업 위주로 이뤄지던 빌딩 관리를 데이터에 기반한 다양한 분석과 알고리즘을 통해 효율적으로 관리할 수 있게 되었다. 스마트 통제 관리 기반의 빌딩 관리는 통합 관제센터에서 센서를 통해 분석하고 알고리즘을 파악해 원격 제어를 하기 때문에 실시간 네트워킹 대응 체제를 구축할 수 있다. 또한 클라우드 기반으로 관련 서비스를 제공하기 때문에 안정성과 확장성을 확보했다. 개방형 플랫폼으로 타 서비스(플랫폼)와의 연계가 가능하다. 실제 스마트 통합 관제 플랫폼은 종합 자산 관리 시스템인 ONE 시스템과 KT의 에너지 플랫폼인 GiGA Energy Manager 등과 플랫폼 연동이 되어 있어 에너지 분석 등 다양한 서비스 제공이 가능하다.

스마트 통합 관제 플랫폼 적용 시 안전, 에너지, 인력 부분에서 효과를 거둘 수 있다. 일반적인 빌딩 관리는 사람이 인지하고 프로세스가 복잡해 사고 확대 가능성이 크다. 그러나 통합 관제 플랫폼을 통한 시설 관리는 센서를 통해 비상 상황을 인지하고 신속한 초동 대처를 가능하게 해 안전 리스크를 최소화할 수 있다. 또한 원격 제어와 실시간 대응을 통해 에너지 비용이 초과되는 것을 방지할 수 있으며, 분석과 설비 작동을 통해 에너지 절감도 가능하다. 그리고 시설 업무 최적화, 인력 효율화를 통해 안정적으로 운용할 수 있다.

한국 모바일 부동산 중개 서비스

한국 프롭테크 기업들은 개인 고객들이 주를 이루어 진입장벽이 비교적 낮은 부동산 중개 서비스를 중심으로 발전하고 있다. 사업 초기 한국 모바일 부동산 중개 회사들은 기존 대형 포털들이 집중했던 아파트 매물 중심에서 벗어나 다세대, 다가구 등의 매물 관련 전세, 월세 정보 제공에 집중했다. 중개 앱 회사들은 소비자와 매물의 정보 공유 역할을 수행해서 모바일 활용에 능숙한 20~30대 젊은 층에게 큰 호응을 끌었다. 새로운 모바일 부동산 중개 회사들은 골드만삭스를 비롯한 국내외 투자기관들의 관심을 받으며 100억 원이상의 투자를 유치했다. 대표적 모바일 중개 서비스 회사 직방은 2012년 창업 이후 2019년 1월 기준 누적 앱 다운로드 수 2700만 회,

회원 중개사무소 3만 곳을 넘기는 큰 성장을 했다.

한국 모바일 부동산 중개 서비스의 수익 구조는 공인중개인 또는 부동산 매도인이 모바일 앱에 매물을 등록하면서 내는 수수료와 광고료가 대표적이다. 한국소비자원에 따르면, 2018년 서울 공인중개인이 직방에 '일반 매물'을 등록할 때 건당 3만 4000원 정도의 수수료를 부담한다고 한다. KB경영연구소의 분석에 의하면 각 업체별 등록 수수료는 상이해 매물 20개 동시 등록 기준 월 6만 6000원에서 32만 원 사이를 중개인에게 부과한다고 한다. 소비자의 경우 모바일 중개 앱 사용료는 없고, 기존 법에서 정해놓은 부동산 중개수수료를 거래 시 오프라인 중개인에게 지불한다. 소비자가 중개 앱에서 선택한 매물을 계약할 때 오프라인 공인중개인을 통해 거래하게 된다. 소비자는 공인중개사에게 법정 중개 수수료로 거래 가격의 0.3~0.9%를 지불하게 된다.

국내 모바일 부동산 중개 서비스의 비즈니스 모델

구분	수수료	등록 가능 매물 개수
직방	월 16~32만 원	일반 매물 20개 동시 등록 기준
다방	월 6.6~11만 원	
방콜	월 9.9~19.8만 원	

자료: KB경영연구소, KT경제경영연구소 재구성

국내 모바일 부동산 중개 앱의 성장을 막는 대표적 요인으로 허위 매물 문제를 꼽는다. 부동산매물클린관리센터 자료에 따르면 2019년 2분기 부동산 허위 매물 신고 건수는 2만 398건으로, 2019년 1분기(1만 7195건) 대비 18.6% 증가했다고 한다. 부동산 중개 시장 내 온라인 중개 플랫폼 간과 오프라인 중개업소 간의 경쟁이 과열되면서 허위 매물로 소비자를 유인하는 경우가 증가한 것이다. 허위 매물 문제를 해결하기 위해 국내 모바일 중개 회사들은 자정의 조치를 취해 부동산 시장의 신뢰 회복과 허위 매물 근절을 위해 노력하고 있다.

블록체인 도입으로 부동산 정보가 투명해진다, 프롭테크 3.0

부동산 플랫폼이 고도화되고, 프롭테크 3.0이 본격화될 전망

부동산 플랫폼은 데이터의 비대칭성으로 형성된 공급자 중심의 시장 구조를 수요자 중심으로 변화시켰고 이에 호응한 많은 이용자들의 지지를 받아왔다. 최근에는 프롭테크 시장 경쟁이 심화되면서 가치사슬 통합을 통해 플랫폼 경쟁력을 강화하는 사업자들이 늘어나고 있다. 예컨대 프롭테크 선도 사업자 질로우는 온라인 부동산 거래로 시작해 주택을 매입한 후 판매하는 홈플리핑 서비스를 도입하고, 현재는 주택 구입 자금 대출 서비스까지 사업 영역을 확대했다.

향후 부동산 플랫폼 경쟁력 확보를 위한 프롭테크 기업들의 AI 활용이 계속 증가할 전망이다. 글로벌 보험 중개사 에이온Aon은 미래에는 AI를 활용해 부동산 산업의 발전을 위한 장기 로드맵을 수립하고, 부동산 산업의 전체적인 생산성과 효율성을 높이며, 리스크 또한 줄일 수 있을 것이라고 전망했다. 프롭테크 초기의 AI는 부동산 가치 평가 및 신용 등급 평가 분야 등 한정된 분야에서만 활용됐으나 현재는 부동산 관리 포트폴리오 최적화, 스마트 빌딩 관리 등 부동산 산업의 모든 분야에서 활용되기 시작했다.

부동산 산업은 블록체인 도입으로 투명하면서 효율적으로 변화

앤드류 밤 교수는 프롭테크 분야에 첨단 ICT의 활용이 점차 증가하며 프롭테크 3.0 시대가 본격화될 것으로 전망했다. ICT 시장의 화두로 떠오른 블록체인도 그가 언급한 대표 기술 중 하나이다. 블록체인 도입은 등록된 모든 부동산 데이터를 투명하게 공개해 거래의 투명성을 확보하고 있으며, 계약 당사자 간의 합의 조건대로 거래를 자동 처리하는 스마트 계약을 가능케 해 복잡했던 기존 부동산

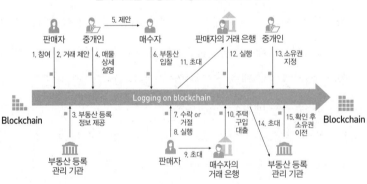

블록체인을 활용한 부동산 거래 프로세스

자료: ChromaWay

거래 프로세스를 간소화시키고 있다.

에이온에 의하면 빌딩 건설 시 확보되는 전체 데이터의 무려 95%가 유실된 채 건물주와 관계자들에게 전달된다고 한다. 따라서 해당 건물에 대한 5%의 정보만으로 의사 결정을 내리고 있는 셈이다. 이런 경우 블록체인이 훌륭한 대안이 될 수 있다. 블록체인을 활용하면 모든 데이터를 분산원장에 입력해 프로젝트 참여자 모두 실시간으로 정보를 확인할 수 있으므로 정보에 대한 투명성과 참여자 간 신뢰성을 향상시킬 수 있게 되고 전체적인 부동산 프로세스의 효율성 또한 개선될 것이다.

블록체인 도입 확산을 위한 과제

블록체인 도입이 부동산 업계의 고질적 문제를 해결할 수 있을 것으로 기대되고 있지만 실제로 프롭테크 분야에 적용된 사례는 많지 않다. 블록체인의 효용성에도 불구하고 이를 도입하는 과정에 다양한 장애물들이 존재하기 때문이다. CB 인사이츠CB Insights는 이러한 현상이 발생하는 주된 이유로 블록체인에 대한 높은 규제 장벽, 대중적 인지도 부족을 꼽았다.

블록체인 서비스 및 플랫폼 비즈니스를 구현하고자 하는 기업들이 가장 먼저 직면하는 것이 규제 이슈다. 블록체인 기반의 부동산 플랫폼 사업자들이 주장하는 바에 따르면, 여전히 많은 블록체인 관련 규정이 존재하고 있으며 토큰 판매 및 거래에 대해서도 엄격히 금지하고 있어 투자 유치가 힘든 실정이다. 특히 미국의 경우 주마다 부동산 관련 법이 상이하고 블록체인을 활용해 대규모 부동산 거래를 진행할 수 있는 주가 적기 때문에 블록체인의 도입을 꺼리는 경우도 많다.

블록체인에 대한 대중적 인지도 또한 문제로 작용한다. 블록체인이 차세대 기술인 것은 분명하지만 그것이 도대체 무엇인지, 어떻게 작동하는지, 활용도는 어떠한지에 대한 충분한 공감대가 형성돼 있지 않다. 경제전문지 《이코노미스트》가 2015년 '신뢰머신'이라 칭하기도 했던 블록체인은 2019년 현재 일부 산업에서 초기 단계로 활용 가능성을 탐색하고 있는 수준에 머무르고 있다. 이처럼 부동산 산업의 구성원들이 블록체인을 완전히 이해하고 일상 업무에 적용하기까지는 꽤 긴 시간이 소요될 것으로 보인다.

블록체인 전문가 돈 탭스콧Don Tapscott은 부동산 산업의 블록체인 도입 확산을 위해 다음과 같이 조언하고 있다. 첫째, 블록체인 활용에 적합한 분야를 찾아라. 자원과 정보의 원활한 공유가 비즈니스의 성공으로 직결되는 분야를 모색해야 한다. 일반적으로 계약 및 대금 지불이 철저히 관리·보호되어야 하는 분야나 자산의 출처와 소유권이 명확히 추적되어야 하는 분야가 블록체인 도입에 적합하다. 둘째, 파일럿 프로젝트를 진행하라. 치밀한 사전 조사를 통해 블록체인 적용이 필요한 곳에 적합한 파일럿 프로젝트를 디자인해야 한다. 마지막으로, 블록체인을 활용한 작은 성공 사례를 만들어라. 부동산 산업 내 블록체인 도입을 확산시키기 위해서는 블록체인을 통한 프로세스 개선, 비용 절감 등 유의미한 성과를 창출한 성공 사례가 필요하다.

구글이 구상하는 프롭테크의 미래는 스마트 시티

글로벌 테크 기업인 구글도 프롭테크 기반 스마트 시티에 주목하고 있다. 구글은 스마트 시티를 프롭테크 기술의 집합체로 바라보고 ICT로 도시 문제를 해결하는 살기 좋은 미래형 도시를 만드는 데 주력하고 있다. 2015년 구글이 설립한 사이드워크 랩스Sidewalk Labs는 이러한 비전을 현실화하기 위한 프로젝트의 일환이다.

이에 사이드워크 랩스는 도시 인프라와 ICT를 결합한 인프라 개선 사업 링크NYCLinkNYC와 플로우Flow를 수행했다. 2015년 추진된 링크NYC는 뉴욕 시에 남아 있는 공중전화 약 7000대를 와이파이 공유 장소로 교체하는 프로젝트다. 구글은 사용 가치가 떨어진 공중전화 박스에 디스플레이 광고판을 설치해 광고 수익을 창출하고, 이 수익을 와이파이 공유기로 전환했다. 2016년 추진한 플로우는 미국 교통부와 협업해 도시의 교통 흐름을 개선하는 데이터 분석 프로젝트다. 플로우 프로젝트는 구글 맵스, 카메라, 센서 등 구글이 보유한 데이터와 정부가 가지고 있는 자체 데이터들을 종합적으로 활용해 실시간 교통 상황을 분석·예측하여 이를 보다 효율적으로 개선하는 것이다.

사이드워크 랩스는 2017년 토론토 시와 협력 계약을 체결하고 구글 캐

사이드워크 랩스가 제안한 토론토 스마트 시티 구상도

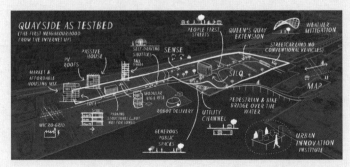

자료: Urban Toronto, Sidewalk Labs

나다의 본사를 새로 개발할 스마트 시티로 이전할 계획이다. 사이드워크 토론토Sidewalk Toronto로 명명된 새로운 프로젝트의 최종 목표는 토론토 온타리오의 저개발 지역인 포트랜드Port Land와 퀴사이드Quayside를 스마트 시티로 개발하는 것이다. 자율주행 대중교통, 첨단 지하 공간, 스마트 그리드, 스마트 빌딩 등 최신 기술을 활용해 미래 지향적인 스마트 시티를 개발할 전망이다.

프로젝트를 통해 발생하는 수익은 캐나다 정부와 사이드워크 랩스가 공유하고 개발을 진행하며 쌓이는 노하우들은 다른 프로젝트에 활용하거나 판매하면서 추가 수익을 창출할 것으로 보인다. 해외 언론들은 이를 구글 시티Google City라 부르며 구글 시티로 인한 경제 성장과 일자리 창출 등에 대해 높은 기대감을 보이고 있다.

3장

기술이 미래를 만든다,
퓨처테크

09

상상 초월의 속도로
미래를 지배할 컴퓨터

| 양자 컴퓨터 |

세상의 난제들을 해결할 초강력 컴퓨팅 파워의 등장

양자 컴퓨터로 암호화폐를 깰 수 있다?

2019년 10월 23일, 세계 최대 암호화폐인 비트코인의 가격이 갑자기 10% 이상 폭락하는 일이 발생했다. 줄곧 9000달러대를 유지해왔던 비트코인은 7500달러 선이 붕괴했고, 이더리움도 11%, 라이트코인은 13% 각각 폭락하는 등 다른 암호화폐도 동반 하락하는 모습을 보였다.[1] 폭락의 원인 중 하나는 페이스북 CEO 마크 저커버그의 리브라Libra 출시 연기 발표였다. 미 당국의 우려가 해소될 때까지 자체 개발한 암호화폐 리브라의 출시를 연기하겠다고 발표하면서 불안이 하락을 부추긴 것이다. 하지만 급락의 더 큰 이유는 따로 있었다.

바로 구글이 발표한 '양자 우월성Quantum Supremacy' 때문이었다.

구글은 이날 블로그와 과학전문지 《네이처》를 통해 양자 컴퓨터 칩 '시커모어Sycamore'를 이용해 현존하는 최강의 슈퍼컴퓨터가 1만 년 걸리는 문제를 3분 20초 만에 처리해 '양자 우월성'에 도달했다고 밝혔다. 양자 우월성이란 '양자 컴퓨터 성능이 슈퍼컴퓨터를 넘어서는 것'을 의미한다. 이번에 구글의 양자 컴퓨터가 푼 것은 난수(연속적인 임의의 수)를 증명하는 비교적 단순한 알고리즘이지만 양자 컴퓨터의 연산 속도가 기존 슈퍼컴퓨터를 능가했다는 점에 그 충격은 2016년에 있었던 알파고와 이세돌 9단의 바둑 대결에 비견될 만하다.

이 소식이 퍼지면서 양자 컴퓨터의 강력한 성능이 비트코인과 기타 암호화폐의 시스템을 무력화할 수 있다는 가능성이 제기되었고, 순식간에 비트코인의 가격은 폭락했다. 양자 컴퓨터가 실현되면 비트코인을 보호하는 암호의 비밀키가 공개 키 단계에서 해독돼버릴 가능성이 있다. 원래 소인수분해 알고리즘을 사용하는 비트코인 개인키를 풀려면 우주 나이보다 더 긴 시간이 걸리는데 양자 컴퓨터가 단 몇 분 만에 계산할 수 있게 된 것이다. 암호화폐 원천기술인 블록체인을 한순간에 무너뜨릴 수 있는 것이다. 물론 블록체인 해독은 연산 능력만으로는 어렵다. 하지만 엄청난 처리 속도로 현재의 암호 체계를 뚫을 수 있다는 가능성만으로도 비트코인 투자자들을 떨게 하기에는 충분했다.

구글이 수행한 테스트는 '서킷 샘플링Circuit Sampling' 문제로 복잡한 숫자의 패턴을 인식하는 문제이다. 구글의 새로운 양자칩 시커모어는 54큐비트 수준으로 알려져 있다. 구글은 시커모어 프로세서가 기존 슈퍼컴퓨터로는 1만 년 걸쳐 수행했던 계산을 200초 안에 할 수 있다고 논문을 통해 밝히면서 자신들이 양자 컴퓨터에서 우위를 달성했다고 주장했다.

구글의 이러한 양자 우위 달성 주장에 경쟁사인 IBM 리서치의 수장인 다리오 질Dario Gil은 구글의 이번 실험은 매우 좁은 양자 샘플링 문제였다고 지적했고, 많은 전문가 역시 추가 검증이 필요하다는 입장이다. 실제로 IBM은 자사의 슈퍼컴퓨터를 이용해 같은 계산 문제를 풀어본 결과 2일 반밖에 걸리지 않았다고 주장했고, 이 2일 반도 슈퍼컴퓨터의 능력을 최대한으로 활용하지 않은 '소극적인 결과'라고 강조했다.

그럼에도 과학자들은 이번 구글의 발표를 1903년 최초로 비행기 비행에 성공한 라이트 형제에 비유하며 환영했다. 양자 컴퓨터가 슈퍼컴퓨터의 성능을 초월하는 양자 우위를 달성했더라도 오류율이 현재의 컴퓨터 수준만큼 낮은 것은 아니다. 하지만 완전하지 않더라도 복잡한 계산의 근사해만 구할 수 있어도 기업이나 산업에서는 상당한 계산이득을 실현할 수 있을 것이다. 양자역학의 원리를 이용해 기존 슈퍼컴퓨터에 비해 수백만 배 이상의 계산 성능을 기반으로 국방과 과학, 의료, 제약, 자동차, 항공우주 등 거의 모든 산업 분야에 걸쳐 활용 가능해진다면 지금까지와는 완전히 다른 세상이 펼쳐질 수 있다. 이 점이 양자 컴퓨터에 기대를 거는 가장 큰 부분이다. 경제 전문지 《이코노미스트》 역시 구글의 연구 성과가 제대로 검증된다면 이는 인류 역사를 이전before과 이후after로 나눌 만한 획기적인 사건이라고 평가했다.

양자 컴퓨터 기술이 실제 우리 생활에 유용하게 쓰이기까지는 아직 시간이 더 필요하지만, 이번 구글의 '양자 우위성' 발표는 그 시간을 크게 앞당겨 먼 미래의 일이 아님을 보여준 일대 사건이다.

초연결 시대가 요구하는 새로운 컴퓨팅 기술

실리콘 칩 기반의 폰 노이만 컴퓨터는 지난 50년 이상의 세월 동안 세상을 바꿔놓았다. 그러나 2010년 이후부터 반도체 프로세서의 처리 속도가 2배씩 증가한다던 무어의 법칙Moore's law은 더 이상 성립되지 않게 됐다. 우리가 일상적으로 쓰는 스마트폰에는 조그마한 칩에 수십억 개 이상의 트랜지스터가 들어간다. 조그만 칩 안에 트랜지스터를 집적시키는 방식은 이제 한계에 봉착했다. 전자electron가 회로의 벽을 관통해 흘러 누전을 일으키는 양자 터널링Quantum Tunneling 현상 등의 문제로 조그마한 칩 안에 집적되는 트랜지스터를 늘리기에는 비

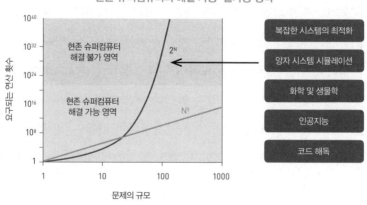

자료: Daimler, KT경제경영연구소

용적으로도, 기술적으로도 한계에 다다른 것이다. 이제는 새로운 컴퓨팅 기술이 필요하다. 컴퓨팅 기술의 세대교체 시점이된 것이다. 원자 이하의 세계를 다루는 양자역학을 원리를 이용한 새로운 컴퓨팅 패러다임에 관심을 가져야 할 때다.

우리가 살고 있는 세계는 기술이 급격히 발전하면서 인간이 누리는 '편의성'도 증가하고 있지만, 그 이면의 '복잡성' 역시 나날이 커지고 있다. 문제는 기술 문명의 발전이 만드는 복잡성의 증대로 인한 문제의 난이도가 현재 기술력의 발전 속도보다 더욱 빨리 증가하고 있다는 사실이다. 우리가 현재 시점에서 양자 컴퓨팅에 주목해야 하는 첫 번째 이유는 4차 산업혁명 시대 연결성이 폭증하는 시점이 되면 현재 수준의 슈퍼컴퓨터로도 풀 수 없는 문제영역이 증가하기 때문이다.

양자역학의 기본 원리와 양자 컴퓨터

양자 기술의 태동은 20세기 최대의 과학적 혁명이라고 불리는 양자 물리학을 토대로 한다. 양자 기술을 보다 잘 이해하고, 활용 가능성을 가늠해보기 위해서는 양자 기술 구현에 사용되는 양자 물리학적 원리들을 알아두는 것이 도움이 된다. 페이스북의 CEO 마크 저커버그가 자신의 딸들에게 양자 물리학 책을 어렸을 적부터 읽어주었다는 것은 잘 알려진 이야기다. 양자역학이 다루는 세계는 우리 눈에 보이지 않는 아주 미시한 세계다. 물질을 구성하는 최소 단위를 원자라고 부른다. 원자의 어원인 atom은 '더 이상 자를 수 없다a: not+tom: cut'라는 뜻이다. 원자는 원자 1억 개를 1줄로 배열해야 1cm가 될 만큼 작다.[2] 그런데 원자를 구성하는 요소들 전자, 중성자, 원자핵atomic nucleus은 이보다도 훨씬 작다. 원자가 축구 경기장이라면 그 안의 원자핵은 운동장 한가운데의 축구공과 같고 원자핵 주변을 돌고 있는 전자는 경기장 안을 돌아다니는 개미 정도 크기다.

양자란 원자나 전자, 중성자, 양성자와 같은 원자 이하의 미시 세계에서 입자들이 운동 또는 상호작용을 할 때 방출하거나 주고받을 수 있는 최소의 에너지 단위를 뜻한다. 즉 미시 세계에서 입자가 운동할 때는 우리가 일반적으로 알고 있는 거시 세계에서의 운동과 같이 에너지가 0부터 무한대까지 연속적인 개념으로 방출되는 것이 아니라 띄엄띄엄 에너지의 양의 정수배 형태로만 방출된다. 양자quantum란 단어의 어원 자체도 수량을 뜻하는 라틴어 'quantus'에서 유래했다.

양자 정보통신 기술에서 주로 활용되는 양자역학 원리가 바로 '중첩superposition'이다. 중첩이란 양자 세계의 미시 입자는 서로 모순되는 듯한 두 가지 상태를 동시에 가질 수 있다는 원리다.

중성자, 전자, 원자 등의 양자 세계의 입자들은 두 가지 상태의 회전 방향up, down을 동시에 가질 수 있다. 한 입자가 동시에 오른쪽으로 회전하면서 왼쪽으로 회전하는 상태를 만들 수 있다. 이러한 양자적 특성을 물리적 소자 단계에서 구현한 것을 큐비트Qubit라 일컫는다. 큐비트에 구현된 양자적 성질은 컴퓨터 연산 처리에 쓰이게 된다. 기존의 디지털 정보가 0과 1 둘 중 하나만으로 정보를 표현했던 것과 달리 0과 1을 동시에 나타낼 수 있어 기존의 비트bit 대비 훨씬 강력한 정보 처리 능력을 가질 수 있다. 물리적 큐비트를 구현하는 방법에는 초전도체 루프, 이온덫(이온트랩), 실리콘 양자점, 위상학적 큐비트, 다이아몬드를 활용하는 방법 등이 있다.

양자 컴퓨터는 이러한 큐비트의 속성을 이용해 구현한 컴퓨터다. 전통적인 컴퓨터의 정보 표현 방식은 0과 1로 구성된 이진법 비트를 사용하는 방식이다. 예를 들어 4비트가 있다면 0000, 0001, 0010, 0011…와 같이 총 16개의 값(0부터 15까지)을 0과 1의 조합으로 나타낼 수 있다. 여기서 전통적 컴퓨팅 방식은 0과 1로된 하나의 조합이 하나의 숫자만을 표시할 수 있다는 것이 특징이다.

반면 큐비트는 0과 1을 동시에 나타낼 수 있는 중첩의 원리를 활용한다. 즉 4개의 큐비트가 있다면 4개의 큐비트는 0과 1을 각각 동시에 가질 수 있기 때문에 하나의 조합으로 16가지 숫자값을 동시에 표현할 수 있다. 여기서 큐비트를 0과 1을 나타내는 전구의 깜빡임이 순간적으로 반복되고 있는 모습을 상상하면 이해에 도움이 될 것이다.

즉 기존의 고전 컴퓨터는 n개의 비트로 2^n개의 연산을 한 번에 하나씩 따로 처리하는 반면, 양자 컴퓨터는 중첩 등의 원리를 활용해 n개의 큐비트로 2^n개의 연산을 한 번에 동시에 처리한다. 이러한 계산 방식으로 인해 양자 컴퓨터는 문제의 규모가 증가함에 따라 기존의 고전 컴퓨터에 비해 월등한 계산 이득을 실현해나갈 수 있다. 이러한 양자 컴퓨터의 연산 우위를 병렬 연산을 한 번에 처리할 수 있다는 측면에서 '양자 병렬성Quantum Parallelism'이라고 부른다.

양자 컴퓨팅 기술은 오늘날 세계의 복잡성의 문제에 대해 이전과는 차원이 다른 연산 속도를 통해 새로운 해결의 가능성을 제시한다. 예를 들어 전 세계 인터넷 뱅킹의 주요 암호 체계로 쓰이는 RSA 암호를 해킹하기 위해서는 현존하는 슈퍼컴퓨터로는 3300년이

고전 컴퓨터와 양자 컴퓨터의 비교

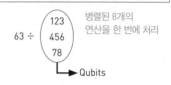

고전 컴퓨터 (Classical Computer)	양자 컴퓨터 (Quantum Computer)
n개의 비트로 2^n개의 연산을 한 번에 하나씩 처리(One by One)	n개의 큐비트로 2^n개의 연산을 한 번에 처리(At one time)

$63 \div 1, 63 \div 2, 63 \div 3 \cdots 63 \div 8$

8회 연산

$63 \div$ (123 456 78)　병렬된 8개의 연산을 한 번에 처리

Qubits

자료: Zorita-levine, KT경제경영연구소 재작성

소요되는 반면, 새로운 컴퓨팅 기술인 양자 컴퓨터 기술은 단 1초면 가능하다.

보안과 국가안보의 핵심 기술 및 새로운 경제적 가치 창출 동력으로 주목

우리가 양자 컴퓨터에 주목해야 하는 두 번째 이유는 보안의 중요성 때문이다. 최근 중국 화웨이의 통신장비의 보안 이슈와 전직 CIA 및 NSA(미국 국가안보국) 직원 조지프 스노든Joseph Snowden의 폭로 등은 5G, 인공지능 등으로 연결성이 증대되고, 데이터 활용이 보편화되는 시대의 보안의 중요성을 환기시킨다. 앞서 말했듯 양자 컴퓨팅은 막강한 연산 능력을 가지고 있어 현존하는 많은 암호 체계를 무력화시킬 수 있다. 따라서 미국 국립표준기술연구소National Institute of Standards and Technology는 2015년에 미국 내 모든 기업과 기관들에게 현재 추진 중인 암호 대개체 작업을 중지하고, 양자 컴퓨팅에 대한 내성을 가진 양자 시대 이후의 암호 체계Post-quantum Cryptography 적용을 준비하라고 권고한다. 2019년 현재 미국 국립표준기술연구소는 양자 내성 암호

체계를 전 국가적으로 공모 중이다.

우리가 양자 컴퓨터에 주목해야 하는 세 번째 이유는 양자 컴퓨팅은 단순 연산과 보안 영역뿐만 아니라 다양한 경제적 가치를 창출할 수 있기 때문이다. 양자 컴퓨터로 분자 구조를 시뮬레이션할 수 있게 되면 새로운 신약 개발 특허도 확보할 수 있고, 수명이 긴 배터리도 개발할 수 있다. 제품 시뮬레이션Product Simulation을 통해 제조 공정 전반을 효율화시키고 상품 경쟁력을 높일 수도 있다.

마지막 네 번째 어유는 양자 기술이 국가 안보 차원에서도 중요하기 때문이다. 양자 레이다 기술이 개발된다면 해저의 잠수함과 공중에서 은밀히 활동하는 스텔스기의 탐지가 가능해진다. 미국의 안보 전략 분야의 씽크탱크인 신미국안보센터Center for a New American Security는 2018년 9월에 발간한 「양자 헤게모니?: 중국의 야심과 미국 혁신 리더십에 대한 도전」[3]이라는 제목의 보고서에서 중국이 양자 기술을 중국의 대미 기술력 우위 달성의 모멘텀으로 인식하고 있으며, 이는 미국의 국가 암호 통신 체계 해킹, 양자 레이더를 통한 잠수함, 스텔스기 탐지 등 미국 국가 안보에 위협이 될 수 있어 대비가 필요하다고 역설했다.

양자 컴퓨팅 기술은 현존하는 슈퍼컴퓨터의 한계를 뛰어넘는 컴퓨팅 기술이다. 오늘날 우리가 직면하고 있는 풀 수 없는 문제들을 해결해줄 대안이다. 또한 다양한 산업 분야에 적용되어 경제적 가치 창출이 가능하다. 그리고 국가 안보 차원에서도 매우 중요하다. 이러한 이유 때문에 전 세계 주요국과 기업들은 양자 컴퓨팅에 대한 투자를 본격화하고 있다.

양자 기술에 전력 투구하고 있는 글로벌 기업들

전 세계 주요국·주요 기업의 투자 본격화

미국의 경제뉴스 전문 매체 블룸버그Bloomberg는 "무역 전쟁은 잊어라, 중국은 컴퓨팅 군비 경쟁에서 승리하고 싶어 한다"[4]라는 기사에서 미국과 중국의 양자 컴퓨팅 기술 패권을 두고 본격적인 경쟁을 시작했다고 소개한다. 중국은 안후이성 허페이에 세계 최대 규모의 국립 양자정보과학 연구소를 건립하고 있다. 2020년 완공을 목표로 무려 13조 원에 달하는 예산을 투입하고 있다.

미국은 2018년 11월 트럼프 대통령이 '국가 양자 이니셔티브National Quantum Initiative Act' 법안에 서명하면서 양자 컴퓨팅 기술에 대한 투자를 본격화했다. 5년간 12억 달러(약 1.4조 원)에 달하는 자금을 투입한다. 범부처, 산·학·연·관을 총망라하는 국가적 이니셔티브이다. 미국의 물리학과 관련된 R&D를 총괄하는 미국 에너지부Department of Energy 산하의 아르곤 국립연구소Argonne National Laboratory와 페르미 국립 가속기 연구소Fermi National Accelerator Laboratory는 서로를 연결하는 48km 길이의 양자 원격 전송망을 구축했다. 연구개발을 담당하고 있는 물리학자 데이비드 어스찰럼David Awschalom은 양자역학적 원리를 이용한 완전히 새로운 방식으로 안전한 통신을 가능케 하는 국가적 네트워크 구축을 위한 테스트라고 프로젝트를 소개했다.[5]

유럽 역시 2017년 10월에 EU 회원국이 개별적으로 추진하던 양자 프로젝트들을 통합해 '퀀텀 유럽 2017: 양자기술 플래그십 프로젝트'를 출범했으며, 2021년 9월까지 1단계 사업을 추진한다는 계획

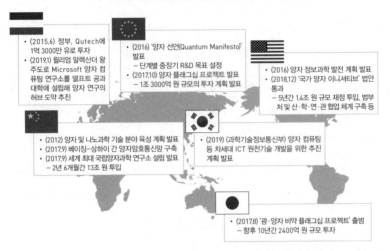

세계 주요국의 양자 컴퓨팅 기술 개발 관련 투자 현황

- (2015.6) 정부, Qutech에 1억 3000만 유로 투자
- (2019.1) 윌리엄 알렉산더 왕 주도로 Microsoft 양자 컴퓨팅 연구소를 델프트 공과대학에 설립해 양자 연구의 허브 도약 추진

- (2016) '양자 선언(Quantum Manifesto)' 발표
  - 단계별 중장기 R&D 목표 설정
- (2017.10) 양자 플래그십 프로젝트 발표
  - 1조 3000억 원 규모의 투자 계획 발표

- (2016) 양자 정보과학 발전 계획 발표
- (2018.12) '국가 양자 이니셔티브' 법안 통과
  - 5년간 1.4조 원 규모 재정 투입, 범부처 및 산·학·연·관 협업 체계 구축 등

- (2012) 양자 및 나노과학 기술 분야 육성 계획 발표
- (2017.9) 베이징~상하이 간 양자암호통신망 구축
- (2017.9) 세계 최대 국립양자과학 연구소 설립 발표
  - 2년 6개월간 13조 원 투입

- (2019) (과학기술정보통신부) 양자 컴퓨팅 등 차세대 ICT 원천기술 개발을 위한 추진 계획 발표

- (2017.8) '광·양자 비약 플래그십 프로젝트' 출범
  - 향후 10년간 2400억 원 규모 투자

자료: 국내외 언론 종합, KT경제경영연구소 재작성

이다. 영국은 2018년 11월 국립 양자 컴퓨팅 센터 건립 및 인재육성 등에 3억 2000만 파운드(약 4770억 원)를 지원할 계획을 발표했다. 일본 역시 2017년 8월에 '광·양자 비약 플래그십 프로그램' 추진을 발표하고, 2018년부터 향후 10년 동안 약 220억 엔(2400억 원) 규모의 투자를 진행한다는 계획을 발표했다.

한국은 과학기술정보통신부가 2019년 초 양자 컴퓨팅 등 차세대 ICT 원천기술 개발 추진을 본격화하기 위해 '양자 컴퓨팅 기술 개발 사업 추진 계획' 및 '2019년도 차세대 정보 컴퓨팅 기술 개발 사업 추진 계획'을 발표하였다. 2019년 6월 국회에서는 국회, 과학기술정보통신부, 한국전자통신연구원ETRI, 국내 통신사 등이 참여하는 '양자 정보통신 포럼'이 개최됐다. 2019년 10월 국회에서 양자응용기술 및 산업 진흥을 위한 '정보통신 진흥 및 융합 활성화 등에 관한 특별법'

개정안이 발의되었다.

양자 컴퓨팅 기술 관련 주요 사업자 및 생태계 현황

컨설팅 기업 가트너는 양자 컴퓨터의 상용화 시기가 현재 사람들이 생각하는 수준보다 20년쯤 앞당겨진 2023년경이 될 것이라고 전망했다. 가트너에 따르면 현재 양자 컴퓨팅 관련 프로젝트를 추진하는 기업이 1% 수준인 데 반해 2023년경에는 전 세계 글로벌 사업자의 20%가량은 양자 컴퓨팅 기술과 관련된 프로젝트를 진행할 것이라고 전망했다.[6]

글로벌 컨설팅 기관 딜로이트 역시 2017년도에 발간한 보고서에서 최근 3년 동안 벤처 자본 투자가들의 1740억 원에 달하는 투자금액이 양자 컴퓨팅 관련 스타트업에 투자됐으며, 2조 6000억 원에 달하는 전 세계 주요국의 재정이 양자 컴퓨팅 연구자 지원에 투자되고 있고 IBM, 구글, 마이크로소프트 같은 전 세계에서 가장 큰 선도 기술 기업들이 적극적인 양자 컴퓨팅 관련 프로그램들을 추진하기 시작했다는 점을 들어 양자 컴퓨터가 더 이상 환상이 아닌 현실이 되고 있음을 설명했다.[7] 마이크로소프트의 CEO 사티아 나델라는 양자 컴퓨팅을 인공지능, 증강현실 기술과 함께 세상을 급속도로 바꿀 3개의 떠오르는 기술 중 하나로 꼽았다.[8]

양자 컴퓨팅 기술에서 가장 선도적인 모습을 보여주는 사업자는 IBM이다. IBM은 이미 1985년부터 내부적으로 양자 컴퓨터의 가능성에 대한 개발 노력을 시작한 것으로 알려졌다.[9] 2012년 2월 미국 물리학회에 제출한 논문을 통해 양자 컴퓨터 개발이 가시권에 들었

2019년 6월 IBM이 국내 한 언론사와 함께 주최한 컨퍼런스에서 50큐비트 양자 컴퓨터 실물 모형을 전시해 참관할 수 있는 기회를 갖게 됐다. IBM의 50큐비트 양자 컴퓨터의 구조는 컴퓨터의 최상단부터 아래로 내려갈수록 냉각 수준이 높아지며, 큐비트 칩이 보관된 제일 하단의 원통형 실드 부근은 물리학 분야에서 이론적인 최저 온도라고 말하는 절대영도(Absolute Zero), 즉 섭씨 −273도에 이르는 초저온 상태를 유지하고 있다.

음을 시사한 이후 처리 큐비트 수를 지속적으로 늘려가며 상용화 개발에 노력을 기울여왔다. 2016년 5큐비트 성능을 구현한 이후 불과 3년 만인 2019년 세계가전박람회(CES 2019)에서 50큐비트 프로토타입 버전을 공개해 반향을 일으켰다.

테크 자이언트 중 하나인 구글 역시 양자 컴퓨터에 대한 투자를 가속화하고 있다.[10] 구글은 2009년부터 디웨이브D-Wave 사의 어닐링 기반의 상용 양자 컴퓨터를 구입해 양자 연구를 시작했으며, 2013년에는 미 항공우주국NASA과 공동으로 양자 인공지능 연구소를 설립하고 NASA 및 미 대학 천문연구협회Universities Space Research Association 와 디웨이브 사의 어닐링 양자 컴퓨터 D-웨이브D-Wave 2를 공동으로 구입했다. 2014년부터는 디웨이브 사의 어닐링 방식 외에도 IBM과 같은 게이트Gate 방식의 양자 컴퓨터 연구도 본격화하여 2018년 3월 '브리슬콘Bristlecone'이라는 이름의 게이트 기반의 초전도체 시스템으로 구현된 72큐비트 칩을 미국 물리학회 연례 보고에서 발표하기도 했다. 또한 2018년 말경에는 신형 양자 프로세서를 활용해 해결할 수 있는 문제들을 탐구하기 위해 NASA와의 제휴를 발표했고,

2019년 초에는 샌프란시스코에서 개최된 국제전기전자공학회IEEE 주관 국제고체회로설계학회ISSCC: International Solid-State Circuits Conference에서 양자 컴퓨팅을 위해 맞춤 제작된 회로circuit를 선보이기도 했다.

마이크로소프트 역시 양자 컴퓨터에 높은 관심을 보이고 있다. 2005년 세계적인 수학자 마이클 프리드먼Michael Hartely Freedman을 영입해 스테이션QStationQ를 설립하며 범용 양자 컴퓨터 개발을 본격화했다. IBM이나 구글과는 다른 방식의 큐비트 구현 방식인 위상 양자 컴퓨터Topological Quantum Computer에 대한 연구를 진행하고 있고, 큐비트의 오류율을 낮출 수 있을 것으로 예측되는 큐비트의 신소재인 마요나라 페르미온 입자를 현실화시키려는 연구에 노력을 가하고 있다.[11] 인텔은 2015년 9월 네덜란드의 델프트Delft 공과대학의 스핀오프Spin-off 스타트업인 큐테크Qutech에 10년간 5000만 달러를 투자하며 양자 기술 개발에 뛰어들었는데, 2017년 10월 17큐비트의 양자 프로세서를 공개한 이후 불과 3개월 뒤인 CES 2018에서 49큐비트 양자 컴퓨터를 선보이는 등 최근 적극적인 모습을 보이고 있다. 중국에서는 알리바바가 양자 컴퓨팅 기술 발전을 주도하고 있다. 중국의 기초과학 분야 최고의 싱크탱크인 중국 과학원CAS: Chinese Academy of Science과 함께 'CAS-알리바바 퀀텀 컴퓨팅 레보러토리CAS-Alibaba Quantum Computing Laboratory'를 출범하며 양자 컴퓨터 개발 대열에 본격 진입했다.[12]

디웨이브 사는 캐나다 브리티시컬럼비아대학교의 대학원에서 물리학을 전공한 조디 로즈Geordie Rose 등이 창업한 기업으로, 1999년에 설립되어 세계 최초의 상업용 양자 컴퓨터라고 할 수 있는 어닐링 기반의 D-웨이브 1을 2011년에 출시했다. 출시 당시 가격은 미화 약

1000만 달러 수준이었는데 록히드마틴Lockheed Martin이 구입했고, 구글과 NASA 등이 이어지는 모델의 디웨이브의 양자 컴퓨터를 구입했다. 디웨이브 사는 최적화Optimization, 머신러닝 및 인공지능, 광학, 디스플레이 분야 등의 소재과학Material Science 분야에서 150여 개 이상의 고객 사례를 가지고 있다.

미국의 캘리포니아 지역에 기반을 둔 리게티 컴퓨팅Rigetti Computing 사는 IBM의 양자 컴퓨터 담당 부서에서 근무했던 차드 리게티Chad Rigetti에 의해 2013년에 설립됐다.《MIT 테크놀로지 리뷰》는 2017년에 가장 스마트한 50개 기업에 리게티 컴퓨팅을 선정하면서 리게티 컴퓨팅 사는 가장 높은 수준의 양자 컴퓨터 칩을 만들고 있을 뿐만 아니라 그들의 연산 능력을 여러 기업이 활용할 수 있도록 돕는 서비스 개발에도 적극적이라는 점을 높이 평가했다.

주요 사업자들은 양자 컴퓨터 하드웨어와 시스템 개발에 박차를 가하는 한편, 클라우드 기반의 오픈소스 소프트웨어 플랫폼을 제공하는 데 적극적인 행보를 보이고 있다. IBM은 IBM Q 익스피리언스Q-Experience를 통해 일반인 개발자들에게도 자신들의 양자 컴퓨터 하드웨어와 시스템 성능을 활용할 수 있도록 공개하고 있고, 마이크로소프트는 마이크로소프트의 통합 개발 환경인 비주얼 스튜디오Visual Studio와 긴밀하게 통합된 새로운 프로그래밍 언어를 개발해 양자 시뮬레이터 컴퓨터와 양자 컴퓨터 프로그래밍에 활용하도록 지원하고 있다. 또한, 자사 클라우드 플랫폼 '애저'에서 퀀텀 개발자 킷을 통해 양자 시뮬레이션을 할 수 있는 기능을 제공하고 있다. 리게티 컴퓨팅 사는 2018년부터 '포레스트Forest'라는 이름의 클라우드 서비스를 제공 중이다. 알리바바는 중국 과학 아카데미와 협력해 양자 클라우드 서비스를 제공 중이다. 세계 최초의 상용 양자 컴퓨터를 선보였던 디웨이브 사는 2018년 10월에 이들의 어닐링 양자 컴퓨터 하드웨어 기능을 사용할 수 있는 실시간 클라우딩 서비스를 선보였다.

산업의 패러다임을 바꾸는 양자 컴퓨터

[자동차] 신호등 없는 도로를 꿈꾸다

만약 도로 위의 모든 차들에게 가장 효율적인 속도와 방향을 지시할 수 있는 컴퓨터가 있다면 신호등은 필요 없을 것이다. 독일의 트렌드 연구가인 스펜 가버 얀스키Sven Gabor Janszky가 독일 자동차 회사 폭스바겐과 디웨이브 사의 도심 내 택시 경로 최적화 실증실험 결과에 대해 남긴 논평이다.[13] 폭스바겐은 2017년 디웨이브 사의 양자 컴퓨터를 활용해 베이징에서 418대의 택시 운행 경로를 최적화하는 데 성과를 달성했다. 그들은 이어 2018년 가을 스페인 바르셀로나에서 보행자의 택시 수요를 미리 예측해 택시의 배치를 최적화하는 알고리즘을 테스트했다.[14]

이들은 바르셀로나 지역에 모바일 네트워크를 제공하는 통신 사업자 오렌지Orange로부터 무선 전화 데이터를 수집했다. 데이터에는 사용자의 GPS 위치 정보, 날짜, 시간, 이동 경로 등이 담겨 있었다. 폭스바겐은 이 데이터를 스위스의 데이터 분석업체 테라리틱스Teralytics에 의뢰해 자동차나 자전거에서 이동 중인 보행자와 단순

보행자를 구별하도록 했다. 폭스바겐은 순수한 보행자 데이터를 추린 후 이 데이터를 머신러닝 알고리즘에 투입했다. 이를 통해 보행자들의 시각별 이동 경로를 분석하고, 이 결과를 디웨이브 사의 양자 컴퓨터에 돌려 보행자의 이동 경로와 택시의 최적 배치 조합을 찾아냈다. 해당 결과를 바탕으로 폭스바겐은 택시 기사들에게 최대 1시간 미리 고객 수요가 있는 최적 경로를 안내할 수 있었다.

양자 컴퓨터 시대가 도래하면 정말 신호등 없는 도로가 가능할지 모른다. 모빌리티 서비스에 있어서 온디멘드On-demand 방식이 온프레딕션On-Prediction 또는 온컴퓨팅On-Computing 방식으로 바뀔 수도 있는 것이다. 미래에는 MaaS가 각광을 받을 것으로 예측된다. 폭스바겐뿐 아니라 다임러, 메르세데스 벤츠 등 유수의 자동차 회사들이 양자 컴퓨터에 관심을 보이고 있는 이유이다.

[의료] 신개념 MRI로 진단 정확도를 높이다

미국 클리브랜드의 케이스웨스턴리저브Case Western Reserve대학의 방사선과 교수 마크 그리스올드Mark Griswold는 MRI 촬영 결과물에서 진단 효율 및 정확도를 향상시키기 위한 새로운 방법 개발에 성공한다. 전통적인 MRI 방식은 밝은 부분과 어두운 부분으로만 표시되어 있어 마치 합창대 전원이 모두 같은 노래를 부르는데 목소리의 높고 낮음을 통해서만 개인들을 구별할 수 있는것과 같았다면, 마크 그리스올드 교수가 개발한 MRFMagnetic Resonance Fingerprinting 기법은 개별 신체 기관 조직의 고유한 지문까지 구분할 수 있다. 이러한 MRF 방법은 2013년에 과학 학술지 《네이처》에 등재되기도 했는데 가장 큰 난관은 바로 이미징 구현에 드는 엄청난 양의 데이터와 요구되는 계산의 양이 많다는 것이었다.

MRF 스캐너가 개별 세포 단위의 조직 유형에 맞게 전송할 수 있는 무선 신호의 강도, 주파수 및 각도의 최적의 패턴이 존재한다. 이를 분석하기 위해서는 수천 가지 변수 중 알고리즘이 최적해야 하는 하위 집합을 알아내야 하는데 이것은 현재의 컴퓨터 수준을 뛰어넘는 것이었다. 케이스웨스턴리저브대학의 연구진들은 마이크로소프트의 양자 알고리즘을 통해 MRF 스캔 시간을 3분의 1에서 6분의 1가량 단축하고, 정확도도 역시 25% 이상 높일 수 있었다고 전한다.[15]

[제약] 신약 개발의 가능성을 높이다

노벨 물리학상 수상자 폴 디렉Paul Dirac은 1929년 저서에서 물리학과 화학 분야와 관련된 수학적 이론을 구성하는 물리적 법칙들에 관한 지식은 이미 거의 완벽하게 알고 있으나 유일한 어려움은 그 법칙들을 활용하기 위한 수식들이 풀기 너무 복잡하다는 것이라고 말한 바 있다. 즉 충분한 연산 능력만 갖춰진다면 화학 및 물리학에서 밝혀진 법칙들을 활용해 다양한 연구 성과 도출이 가능해지는 것이다.

양자 컴퓨터는 신약 개발 프로세스를 혁신할 수 있는 잠재력을 가지고 있다. 오늘날 제약 회사들이 신약을 개발하고, 이를 시장에 출시하기까지 보통 10년 이상 소요되고, 막대한 자금이 투자되어야 한다.

글로벌 IT 컨설팅 업체 액센츄어와 양자 소프트웨어 업체인 원큐빗1Qbit은 2017년 바이오테크놀로지 회사 바이오젠Biogen과 양자 기반의 분자 비교 응용 프로그램을 개발했다.[16] 다발성 경화증, 알츠하이머병, 파킨슨병 및 루게릭병과 같은 난치병 치료약 개발에 활용될 전망이다. 신약 디자인 초기 단계에 있어서 분자 비교Molecular Comparison는 매우 중요한 부분이며, 매우 강력한 연산 능력을 지니고 있어야 한다. 분자 간의 결합 상태를 확인하면서 부작용은 최소화하고 긍정적인 효과를 극대화할 수 있는 조합을 찾아내야 하기 때문이다.

구글의 경우는 신약 개발에 활용될 수 있는 양자화학 분야에 필요한 양자 컴퓨팅 프로그래밍 패키징 서비스 '오픈 페르미온Open Fermion' 제공을 2017년 10월 발표했다.[17] 플랫폼의 주요 기능은 화학식들과 양자 컴퓨팅 프로그래밍 언어를 쉽게 조합할 수 있도록 해 화학 분야 시뮬레이션 프로그래밍이 용이하도록 한 것이다. 구글은 취리히 연방공과대학, 리게티, NASA, 로렌스 버클리 국립연구소 등과 협업했다.

[AI/머신러닝] AI의 학습 과정을 혁신하다

2016년 미국 대선 당시 많은 통계적 알고리즘들이 힐러리의 압도적인 당선을 예상했다. CNN은 1980년대 로널드 레이건의 당선을 정확히 예측했던 알고리즘 모델이 힐러리 클린턴의 승리를 예측했다고 보도했다. 현대의 발전된 통계 기법으로도 이런 문제가 발생하는 이유는 무엇일까? 현재 사용되고 있는 통계 기법들은 방대한 양의 상관관계를 조율하고 계산해야 하는 매우 어려운 문제인 샘플링Sampling에 취약하다는 평가다.

미국 워싱턴 소재의 큐엑스브랜치QxBranch라는 기업은 양자 컴퓨터를 활용해 선거 결과 설문 데이터를 샘플링해 결과를 예측하는 알고리즘을 구현했다. 양자 컴퓨팅을 활용한 인공지능 알고리즘은 샘플링과 학습에 더욱 뛰어났으며, 특히 데이터 간의 상관관계를 튜닝하는 데 기존 인공지능 알고리즘보다 탁월한 성능을 보였다. 2016년 미국 대선 결과에 대한 예측 시뮬레이션에서 트럼프의 당선을 예측했다고 한다.

2019년 3월 IBM 리서치와 MIT·IBM 왓슨 인공지능 연구소MIT, IBM Watson AI Lab가 함께 진행한 '양자적 상태로 강화된 특성 공간을 이용한 지도학습Supervised learning with quantum enhanced feature spaces'이라는 연구를 살펴보면,[18] 몇 년 이내 양자 컴퓨터가 더욱 강력해지면 현재 컴퓨팅 파워로 처리할 수 없는 고도로 복잡한 데이터 구조상에서도 인공지능 학습 과정의 핵심 과정이라고 할 수 있는 특성 맵핑Feature Mapping을 효율적으로 할 수 있는 기법이 등장할 것이라고 전망했다.

특성 맵핑 과정은 데이터를 미세하게 분해하는 과정이다. 하나의 이미지 데이터를 픽셀 단위별 특성으로 분해하고, 여러 특성값을 다시 분류classification하는 과정을 거친다. 이 분류 과정에서 특성의 개수가 많아지면 현존하는 서포트 벡터 머신이나 커널Kernel 기법 등은 속도가 현저히 느려지는 문제가 발생했다. 반면 양자 컴퓨팅 기술을 활용하면 수많은 특성을 중첩과 얽힘으로 활용하여 조금 더 고차원적인 공간에 맵핑할 수 있어 학습 속도와 맵핑 능력이 향상될 수 있다.

[통신] 네트워크 최적화 문제를 해결하다

통신 산업 전반에는 풀기 어려운 최적화 문제들이 많이 존재한다.

수많은 노드들이 연결되는 네트워크 구조 자체는 이미 엄청난 규모의 수학적 복잡성을 내포하고 있다고 할 수 있다. 네트워크 구조의 레이아웃 결정, 현장 출동 요원들의 스케줄링, 서로 중첩되는 무선 기지국 간의 최적 배치, 코어망에서의 주파수 할당 문제 등과 같이 통신사 내부에는 현재 컴퓨터 수준으로는 최적화하기 어려운 문제들이 존재하고 있다.

영국의 통신사 BT_British Telecom_는 어닐링 기반의 양자 컴퓨터 회사인 디웨이브의 D-웨이브 2000Q를 활용해 통신 네트워크 관련 최적화 문제들을 양자 컴퓨팅으로 풀고자 하는 시도를 시작했다.

[제조] 제품 디자인과 공급 체인을 혁신하다[19]

오늘날 많은 제품은 출시 이전에 컴퓨터 시뮬레이션을 활용한 사전 테스트를 거친다. 특히 자동차나 항공기 차체와 구성 부품들은 3D 모델링을 통해 안전성을 빈틈없이 점검해야 한다. 그러나 이러한 사전 점검이 꼼꼼해지면 해질수록 기업 입장에서는 비용 부담의 증가로 상업적 수익 달성이 어려워진다는 딜레마가 발생한다. 미래의 양자 컴퓨터는 복잡한 하드웨어 시스템 간의 상호작용을 시뮬레이션할 수 있을 것으로 전망된다. 진동, 노이즈, 하중, 하중 전달 경로 등 복잡한 시뮬레이션을 높은 정확도로 수행할 수 있을 것이라 기대된다. 또한 여러 가지 구성요소의 변수들을 종합해 분석함으로써 전체 시스템_Overall System_ 관점의 최적화가 가능해진다.

제조 업계의 공급 체인은 단순한 직선형 모델_Linear Model_에서 분산되고, 순차적이며, 산발적 이벤트 관리 프로세스로 더욱 시장의 실시간 수요 및 요구에 유기적으로 반응해야 하는 모델로 진화하고 있다. 양자 컴퓨터는 벤더 사의 발주 현황과 물류 배송 현황을 종합해 변화하는 시장 수요에 맞는 실시간 의사 결정 기능을 제공할 수 있다.

[미디어 및 광고] 최적의 매칭을 만들어내다

양자 컴퓨터 기술의 활용이 우선적으로 기대되는 분야는 광고 분야다. 광고수익 극대화를 위해서는 맞춤형 광고가 필요한데, 맞춤형 광고가 가능하려면 개별 시청자 선호의 수백 가지 특성들을 분석한 후 수많은 사람 간의 유사성을 맵핑하는 과정이 필요하다. 궁극적으로 특정 고객에게 어떤 광고를 보여줄지 결정하는 것은 그래프상에서 풀어야 하는 최적화 문제와 같다. 이러한 문제 해결에 양자 컴퓨팅 기술이 적합할 것으로 기대되고 있다.[20]

또한 광고 시장은 광고할 공간을 판매하는 공급 측 플랫폼Supply-Side Platform, 광고할 매체를 확보해 자신의 광고를 게시하려는 수요 측 플랫폼Demand-Side Platform 간의 다이나믹한 입찰 경쟁을 통해 가격이 결정되는 구조다. 이러한 복잡한 상호작용에 양자 컴퓨터가 적용되면 양측의 효용이 동시에 높아지는 더 나은 결과가 도출될 수 있을 것이다.

10

차세대 디바이스로
부상하다

| AR 글래스 |

차세대 디바이스를 향한 끝없는 도전

증강현실AR: Augmented Reality의 미래를 소개할 때 빠지지 않는 단골 소재들이 있다. 〈마이너리티 리포트〉의 주인공이 AR을 조작하는 모습, 그리고 〈아이언맨〉의 슈트가 AR을 통해 다양한 정보를 보여주는 모습. 그런데 이젠 이마저도 옛날이야기가 되어버렸다. 2018년 개봉한 〈어벤져스: 인피니티워〉에서 주인공 토니 스타크는 완전한 안경 형태의 AR 글래스를 끼고 나오며, 후속작인 〈스파이더맨: 파프롬홈〉에서는 이 AR 글래스가 스토리의 중추적 역할을 담당한다.

히어로 영화에 등장하는 비현실적인 기술들 중에서도 어째서인지 AR 글래스만큼은 꽤 낯이 익다. 어쩌면 우리가 이미 이와 비슷한 제

〈아이언맨〉에서 구현된 슈트 속 AR 기술(좌)과 〈어벤져스: 인피니티워〉에 등장한 AR 글래스(우)

자료: 영화 〈아이언맨〉 중(좌), 영화 〈어벤져스: 인피니티워〉 중(우)

품을 목격한 적이 있기 때문일지도 모른다. 2013년 구글은 일상 속에서 착용 가능한 형태의 AR 글래스인 '구글 글래스Google Glass'를 출시한 바 있다. 구글 글래스는 시대를 앞서간 기술력으로 당시 엄청난 화제가 됐지만 1500달러(약 180만 원)을 호가하는 높은 가격, 프라이버시 침해 가능성 등 많은 문제점으로 인해 사실상 실패로 남게 됐다.

구글의 도전이 실패로 돌아갔음에도 지난 6년간 이를 개선하고 발전시켜 더 나은 AR 글래스를 만들고자 하는 수많은 시도가 있었다. 2015년 등장한 마이크로소프트의 '홀로렌즈HoloLens', 2016년 체육관에 떠다니는 고래 영상과 함께 급부상한 매직리프가 가장 대표적이다.

몇 년 전까지만 해도 그저 상상력의 영역에 존재했던 이 두 회사의 제품은 2019년 현재 구매가 가능한 형태로 세상에 등장해 실제 산업 현장에서 괄목할 수준의 ROIReturn on Investment: 투자 대비 수익를 창출하고 있기도 하다. 혹자는 AR 글래스가 스마트폰의 지위를 넘겨받을 차세대 기기가 될 것이라고 예견한다. 마이크로소프트, 애플, 구글 등 내로라하는 글로벌 기업들이 앞다투어 이 시장에 뛰어들고 있는 것도 AR 글래스가 가진 비전을 미리 내다 보았기 때문일지 모른다.

소비자 디바이스로 준비를 마친 AR 글래스

진화를 거듭하고 있는 AR 글래스

AR 글래스는 실제 세계Reality에 가상의 이미지를 실시간으로 증강 Augmented시키는 기술을 안경Glass의 형태로 구현한 기기다. 이때 증강 되는 이미지가 입체로 볼 수 없는 2D의 '모노스코픽Monoscopic' 이미지 인지, 실제 사물처럼 입체감을 갖는 3D의 '스테레오스코픽Stereoscopic' 이미지인지에 따라 크게 두 가지 종류로 구분할 수 있다.

초기 AR 글래스인 구글 글래스는 텍스트 메시지나 알림 등 스마

디바이스 형태에 따른 AR 디바이스 상세 분류

스테레오스코픽

※ 글래스와 모바일이 아닌 이미지 타입(2D, 3D)으로 구분한 이유는 증강 이미지의 입체감이 AR 글래스와 스마트폰이 가장 큰 차이점이기 때문

AR 글래스
MS HoloLens 2   Magic Leap One
Nreal Light

낮은 트래킹 ──────────────────────── 높은 트래킹

Google Glass2   Recon Jet
Epson Moverio
HUD형 글래스

ARCore (Google)
ARKit 3 (Apple)
모바일 AR

모노스코픽

자료: 로아컨설팅, KT경제경영연구소 재구성

트 워치 수준의 모노스코픽 이미지를 증강하는 디바이스다. 모노스코픽 이미지가 가진 기능상의 제약과 그로 인한 콘텐츠 경쟁력 부족, 그리고 서두에 언급한 가격 및 프라이버시 이슈 등으로 인해 소비자용 시장에서는 별다른 반향을 얻지 못했다.

그러나 2015년 구글이 존슨앤존슨Johnson & Johnson과 협력해 구글 글래스를 수술에 활용할 수 있는 플랫폼을 구축하고 2017년 기업용 '엔터프라이즈 에디션'을 새롭게 출시하는 등 산업 영역에서 활용도를 높이기 위한 노력을 지속한 결과, 현재는 구글 글래스 등 모노스코픽 이미지를 제공하는 HUDHead Up Display 형태의 디바이스 중심으로 산업용 AR 글래스 시장이 형성됐다. 구글 외에도 뷰직스Vuzix, 엡손Epson 등의 산업용 AR 글래스가 여기에 속한다.

반면 2015년 출시된 마이크로소프트의 홀로렌즈는 고화질 3D 홀로그램을 양쪽 눈 모두에 투사함으로써 스테레오스코픽 이미지를 증강하는 AR 글래스다. 홀로렌즈의 등장과 함께 고성능 AR 글래스 시장의 문이 열리기 시작했다. 이후 2019년에 마이크로소프트가 전작에 비해 경량화되고 시야각FoV: Field of View이 넓어진 동시에 디스플레이 해상도가 향상된 홀로렌즈2를 출시하며 AR 글래스 고도화 경쟁이 본격화되고 있다.

소비자용 AR 글래스의 보급 시작

마이크로소프트가 2500달러(약 300만 원) 수준의 고가 디바이스를 앞세워 기업 시장에 진출하는 사이, 매직리프는 홀로렌즈1보다 향상된 성능을 가진 '매직리프 원'을 출시하며 소비자 대상 AR 글래스 시

넥스트 스마트폰으로 언급되는 디바이스들 간 특성 비교

사용자 경험	내용	스마트폰	폴더블폰	스마트워치	VR 헤드셋	HUD형 글래스	AR 글래스
휴대성	외부에 들고 다닐 수 있는 무게, 사이즈인가?	○	○	○	×	○	○
즉시성	앱을 사용하기까지 얼마의 시간이 걸리는가?	△	△	○	×	○	○
컨트롤 편의	디바이스의 조작이 편리한가?	○	○	△	×	△	○
스크린 크기	한 번에 보여줄 수 있는 정보의 양은 얼마나 큰가?	△	△	×	○	×	○
몰입감	3D(스테레오스코픽) 이미지를 볼 수 있는가?	×	×	×	○	×	○
앱 생태계	얼마나 다양한 앱 생태계가 조성돼 있는가?	○	○	△	△	×	○
킬러 앱	디바이스를 구매하게 만드는 앱이 존재하는가?	○	△	×	△	×	○
현실 반영	현실과의 인터랙션이 가능한가?	△	△	×	×	△	○

자료: 로아컨설팅, KT경제경영연구소 재구성

장에 진출했다.

특히 스마트폰에 추가할 수 있는 혁신의 폭이 현격하게 축소되는 상황에서 휴대성과 즉시성, 컨트롤 편의성, 앱 생태계 등의 요소를 두루 갖춘 AR 글래스는 스마트폰의 자리를 대체할 넥스트 스마트폰으로 주목받고 있다. 시장조사업체 CB 인사이츠는 향후에는 스마트폰에서 제공되던 서비스와 앱이 다양한 웨어러블 디바이스로 세분화되는 현상이 발생할 것이며, 이를 주도할 대표 기기로 AR 글래스를 지목했다.

모바일 기반 AR 킬러 콘텐츠의 등장

고가의 가격 때문에 다수의 사용자를 확보하기 어려운 AR 글래스와는 달리 별도의 디바이스 없이 스마트폰 카메라를 기반으로 이용할 수 있는 모바일 AR 역시 활발하게 개발되고 있다. 모바일 AR의 경우 스마트폰 카메라를 통해 인식한 주위 환경 위에 모노그래픽 이미지를 배치하는 형태로, 애플과 구글이 모바일 AR 플랫폼인 'AR 킷AR Kit'과 'AR 코어AR Core'를 각각 출시하면서 본격적으로 활성화되고 있다.

아직까지 소비자용 AR 글래스가 보급되지 않은 상황인 만큼 현재까지 AR 킬러 앱은 대부분 모바일 AR 영역에서 나타나고 있으며, 특히 모바일 게임과 같은 엔터테인먼트 영역을 중심으로 성장 중이다. 나이안틱Niantic이 2016년 출시한 '포켓몬 GO'가 대표적인 사례로, 2019년에는 후속작인 '해리포터: 마법사 연맹'이 출시되기도 했다.

이러한 킬러 앱의 존재는 소비자용 AR 글래스가 출시됐을 때 보급을 가속화하는 요인으로 작용할 전망이다. 피처폰에는 앱이 없었고, PC 앱이 스마트폰으로 전환되는 속도는 느렸기 때문에 스마트폰 초기는 매우 제한적인 앱 생태계로 출발했다. 반면 AR 글래스는 스마트폰에서 사용되던 AR 앱을 그대로 AR 글래스에서 사용할 수 있기 때문에 론칭 초기부터 스마트폰 앱 생태계를 이어받을 것으로 예상되고 있는 것이다.

2021년, AR 글래스 시장의 폭증이 예상되는 해

시장조사업체 IDC에 따르면, AR 글래스 시장은 2021년을 기점으로 폭증하기 시작해 2023년에는 461.5억 달러(약 55.4조 원)에 이를 것으로 전망된다. 이를 AR 글래스[1] 유형별로 살펴보면[2] 독립형 AR 글래스는 2023년 389.7억 달러(약 46.7조 원)로 가장 큰 비중을 차지할 것으로 보이며, 같은 해 연결형 AR 글래스는 71.7억 달러(약 8.6조 원)에 달할 것으로 보인다.

AR 글래스 시장 전망에서 주목해야 할 점은 2020년을 기점으로 엇갈리는 독립형 AR 글래스와 연결형 AR 글래스의 성장률이다. 2019년은 독립형 AR 글래스의 기대주였던 홀로렌즈2와 매직리프 원이 출시된 해였다. 기업 시장을 염두에 둔 제품 특성상 소비자 시

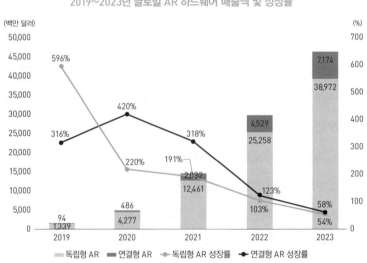

2019~2023년 글로벌 AR 하드웨어 매출액 및 성장률

자료: IDC

(단위: 달러)

	2018	2019	2020	2021	2022	2023
독립형 AR	1,706	2,358	2,456	2,444	2,268	2,211
연결형 AR	740	642	573	549	527	508

자료: IDC

장 수준의 판매량을 달성하지는 못했지만, 높은 기기 가격을 앞세워 AR 하드웨어 시장을 견인하고 전년 대비 6배에 달하는 성장을 이뤄 냈다. 하지만 2020년에는 5G 네트워크의 본격적인 확산과 이를 지원하는 스마트 단말이 대거 출시되면서 스마트폰을 기반으로 한 연결형 AR 글래스의 성장률이 독립형 AR 글래스의 성장률을 약 2배 수준으로 웃돌 전망이다.

독립형 AR 글래스와 연결형 AR 글래스의 성장세가 엇갈리게 된 또 다른 이유는 AR 글래스 유형별 가격 장벽 수준과 향후 기기 가격 하락에 대한 기대감이다.

2018년부터 2023년까지의 AR 글래스 가격 변화 전망을 살펴보면, 독립형 AR 글래스가 약 200만 원 선에서 280만 원까지 치솟았다가 260만 원 선에 머무는 데 반해 연결형 AR 글래스는 상대적으로 저렴한 90만 원 선에서 시작해 계속 가격이 하락하며 60만 원 수준까지 떨어질 것으로 보인다. 연결형 AR 글래스가 낮은 가격을 무기로 시장을 개화하며 고성능으로 무장한 독립형 AR 글래스의 활로를 열어줄 것으로 예상된다.

스마트폰의 계보를 이어받는 AR 글래스 사업자들

마이크로소프트: 홀로렌즈를 앞세워 기업용 시장 공략

• 현존 최고 성능의 AR 글래스, 홀로렌즈2

AR 글래스를 부활시킨 마이크로소프트는 여전히 기업 시장에 집중하고 있다. 이는 홀로렌즈1 출시 당시부터 고수하던 전략으로, 이미 토요타, 포드 등의 자동차 업체나 항공기 업체 보잉이 제조 과정에서 홀로렌즈를 활용하고 있는 것으로 알려졌다. 2018년 11월에는 미국 국방부와 4억 8000만 달러(약 5760억 원) 규모의 공급 계약을 체결해 10만 대 이상의 홀로렌즈를 공급한 바 있다.

2019년 2월 MWC 2019에서는 3500달러(약 420만 원)를 호가하는 '홀로렌즈2'를 공개했다. 홀로렌즈2의 가장 큰 특징은 전작에 비해

MWC 2019에서 공개된 홀로렌즈2 개발자 에디션

자료: Microsoft

시야각이 2배 이상 확대됐다는 점이다. 기존 홀로렌즈의 경우 시야 각이 지나치게 좁아서 정면의 매우 한정적인 공간에서만 홀로그램을 볼 수 있는 점이 가장 큰 문제점으로 지적돼왔었다. 홀로렌즈2의 경우 인간의 시야각 전체를 포괄할 수 있을 만큼의 수준은 아니지만, 조금만 고개를 돌려도 홀로그램이 시야각에서 벗어나던 전작에 비해서는 한층 향상된 경험을 제공한다.

• B2B 분야에서의 도입 사례 증가

현재 홀로렌즈는 '차세대 데스크리스Desk-less 솔루션'을 목표로 제조, 교육, 의료, 국방 등 B2B 분야로 저변을 확대 중이다. 특히 항공기, 자동차, 우주선 등 정밀함이 요구되는 대형 기기 제조 분야에서의 도입 사례가 증가하고 있다.

제조 분야의 대표적인 활용 사례는 미국의 항공기 제조업체 록히드마틴과 포드, 볼보 등 자동차 업체들이다. 록히드마틴은 우주선의 디자인 및 조립 프로세스 검증에 홀로렌즈를 도입해 엔지니어링에 투입되는 시간을 35~50% 수준으로 감소시키며 생산 효율성을 확보했다. 포드는 자동차의 3D 프로토타입 제작에, 볼보는 조립 라인 매뉴얼에 홀로렌즈를 각각 활용하고 있다.

교육 분야에서는 시뮬레이션을 기반으로 한 전문 교육 분야에 도입하는 추세다. 미 항공우주국은 우주인 교육 프로그램 '사이드킥Sidekick'에 홀로렌즈를 도입해 우주선 조종 및 행동 매뉴얼, 원격 지원 등에 활용 중이며, 일본항공JAL은 보잉 737-800기의 조종석을 재현한 가상 조종 시뮬레이션 훈련과 항공기 정비 교육에 홀로렌즈를 도입했다.

또한 마이크로소프트는 대량의 홀로렌즈2를 구매하는 기업 고객을 대상으로 각 기업의 활용 분야에 최적화되도록 기기를 커스터마이징customizing하는 서비스를 제공하고 있다. 일례로 3D 모델링 패키지를 제공하는 솔루션 업체 트림블Trimble은 건설 현장 근무자들이 안전모처럼 쓸 수 있는 홀로렌즈2 기반 디바이스 '트림블Trimble XR10'을 선보이기도 했다.

• 스마트 팩토리 전 분야로 확대 중인 홀로렌즈

홀로렌즈는 다양한 B2B 분야 중에서도 특히 스마트 팩토리 분야에서 두각을 나타내고 있다. 제품 기획, 디자인, 제조, 판매, 서비스(유지보수)에 이르는 스마트 팩토리 가치사슬 전반에 홀로렌즈를 도입해 프로세스 통합, 효율성 증대, 비용 절감 등의 성과를 달성하는 기업들이 늘어나고 있다. 특히 디자인이나 제조 또는 유지보수에 해당하는 제조 프로세스상의 직접적인 활용뿐 아니라 판매 프로세스와 엔지니어 교육, 나아가 경영진의 의사 결정까지 폭넓은 활용이 가능하다는 점은 홀로렌즈의 가장 큰 강점으로 꼽힌다.

이렇듯 다양한 분야에서의 활용이 가능한 것은 홀로렌즈에 최적화된 기업용 킬러 앱 덕분이다. 마이크로소프트는 홀로렌즈 기기뿐 아니라 전용 킬러 앱을 함께 제공하며 기업용 시장에서의 영향력을 확대해가고 있다. 가장 대표적인 킬러 앱은 홀로렌즈에 내장된 카메라를 통해 원거리에 있는 다른 사람과 현재 착용자의 시야를 공유하고, 그 위에 관리자가 그래픽으로 지시를 실시간 첨부할 수 있도록 하는 소프트웨어 '다이나믹스 365 리모트 어시스트_{Dynamics 365 Remote Assist}'이다. 해당 소프트웨어를 월정액 형태로 구독하면 홀로렌즈2 디바이스가 무료로 제공되는 요금제 구성까지 제공하고 있다.

애플: 스마트폰 연결형 AR 글래스를 개발 중

• AR 글래스 출시를 위한 스타트업 인수

애플이 AR 글래스를 출시할 예정이라는 소식은 2017년부터 꾸준히 제기돼왔다. 최근 혁신의 대명사로 평가받던 아이폰의 판매 매출이 감소세로 전환함에 따라 애플이 미래 성장동력으로 AR 글래스를 생산하게 될 가능성은 더욱 높아지고 있다. 애플이 수년간 AR 분야에서 다수의 스타트업을 인수했다는 점이 이러한 전망에 무게를 실어주고 있다.

애플의 AR 스타트업 인수 현황

2017년	SensoMotoric Instruments(SMI)	아이트래킹 기반 인터페이스
	Spektral	AR 컴퓨터 비전 기술
2018년	Silk Labs	온디바이스 머신러닝 소프트웨어
	Akonia Holographics	AR 글래스용 렌즈

• 스마트폰 연결형 AR 글래스 특허 출원

애플은 2018년 8월 스마트폰을 통해 AR 이미지를 컨트롤하는 내용의 특허를 출원했다. 해당 특허에는 기기 사용자가 '터치 감지 표

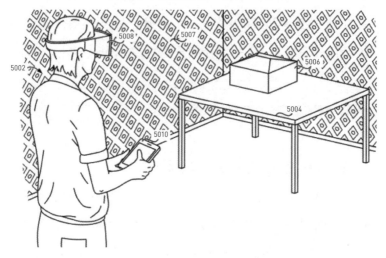

애플의 아이폰 연결형 AR 글래스 특허

면touch-sensitive surface'을 통해 AR 이미지를 컨트롤할 수 있다고 밝히고 있어 아이폰, 아이패드 등 애플의 기존 디바이스를 AR 글래스와 연결해 사용하는 것으로 추정된다. 특허 이미지에서 나타난 바로는 AR 글래스와 스마트폰이 무선 방식으로 연결되는 것으로 분석된다.

또한 2019년 3월에는 페이스 트래킹 관련 AR 글래스 특허를 신청했다. '디스플레이 시스템 해빙 센서즈Display System Having Sensors'로 명명된 이 특허는 외부 환경과 사용자의 시야를 트래킹하는 센서와 디바이스에 대한 기술이다. 사용자의 실제 환경에 기반해 3D 이미지를 디스플레이하며 이외에도 손동작 센서, 사용자의 머리 위치에 대한 센서, 주위 조명에 대한 센서, 눈썹 움직임 센서, 아래턱 움직임 센서 등이 탑재될 수 있다고 적혀 있다. 사용자의 안면을 트래킹하는 이 같은 센서들은 다양한 아바타를 AR로 구현하기 위한 것으로 추정된다.

구글: 모바일 AR과 AR 글래스 분야로 전방위 진출

• 기존 구글 모바일 앱에 AR 기술을 적용

구글은 자사의 기존 플랫폼을 통해 다수의 AR 신기능을 선보이는 중이다. 2019년 5월 열린 구글 개발자회의에서는 구글 맵스 AR 목적지 기능의 프리뷰 버전과 AR 검색 서비스를 공개했다.

구글 맵스의 AR 기능은 스마트폰 카메라를 이용해 사용자가 목적지로 가기 위해 어느 방향으로 이동해야 하는지를 실제 환경에 화살표, 지형지물에 대한 설명, 실시간 경로를 통해 표시해주는 AR 내비게이션 기능으로 구글은 2018년부터 약 1년간 일부 사용자들을 대상으로 해당 기능을 테스트해왔다.

AR 검색은 특정 사물을 구글 검색엔진에서 검색하면 해당 사물이 3D AR 이미지로 현실에서 구현되는 방식이다. 사용자는 스크린을 스와이프하여 해당 사물의 각도를 조정하거나 이동시킬 수 있다.

구글은 2019년 말부터 검색 결과에서 3D AR 이미지를 제공하기 시작할 예정이며, 해당 업체들의 상품을 3D AR 이미지로 제공하기 위해 미 항공우주국, 뉴발란스New Balance, 삼성, 타깃Target, 볼보 등과 협력 중이다.

• 기업용으로 출시된 구글 글래스 차기 모델

구글은 2019년 5월 999달러(약 120만 원)에 '구글 글래스 엔터프라이즈 에디션Enterprise Edition 2'를 공식 출시했다. 이는 구글이 2017년 기존 구글 글래스를 기업용으로 활용할 수 있도록 개선시킨 구글 글

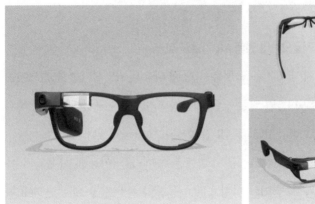
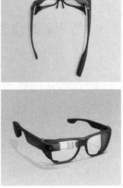

자료: 9to5 구글

래스 엔터프라이즈 에디션의 후속작으로 전작과 마찬가지로 HUD 형태의 비교적 단순한 디바이스이다.

전작에 비해 개선된 사양으로 출시됐는데, 경량 AR 디바이스를 위한 저전력 프로세서가 탑재되었고 배터리 수명, 와이파이 및 블루투스 연결, 카메라 등이 개선됐다. 또한 고글 제조사 스미스 옵틱스Smith Optics와의 파트너십을 통해 안전 프레임을 적용하는 등 산업에서의 활용도를 높이기 위한 개선 역시 이루어졌다.

한 가지 주목할 만한 요소는 구글이 구글 글래스 엔터프라이즈 에디션 2을 출시하면서 관련 사업부를 기존 'Alphabet X'에서 다시 구글 내부로 옮겨 왔다는 점이다. 이는 구글이 구글 글래스 엔터프라이즈 에디션 2의 예상 판매량을 전작보다 높게 보고 있음을 시사하고 있다. 구글 측에서도 구글 글래스 사업부의 이전을 "작업용 AR 글래스에 대한 수요 증가에 발맞추기 위한 것"이라고 밝혔으나 아직까지 구글 글래스 엔터프라이즈 에디션 2의 구체적인 판매 성과는 발표된 바 없다.

매직리프: 소비자 시장으로 눈을 돌린 홀로렌즈의 대항마

• 파트너십 전략으로 글로벌 확대

2011년 설립된 매직리프는 누적 26억 달러(약 3.1조 원)의 투자를 유치한 대표적인 AR 글래스 스타트업으로, 마이크로소프트와 구글 등이 모두 기업용 시장을 집중 겨냥하는 방향으로 전환하고 있는 것에 비해 소비자 시장을 중심 타깃으로 하고 있다는 점이 특징이다. 매직리프는 2018년 8월 첫 제품인 매직리프 원을 출시하기 전부터 구글, 알리바바 등 테크 자이언트들로부터 23억 달러에 누적 투자를 유치하면서 화제가 됐으며, 제품 출시 이후인 2019년 4월에도 NTT

매직리프 원 기본 구성

자료: System Plus Consulting

도코모로부터 2억 8000만 달러의 투자를 유치했다.

NTT 도코모와는 투자와 함께 파트너십도 체결했는데, NTT 도코모를 일본의 독점 파트너로 삼는 내용이다. 양 사는 매직리프의 선도적인 AR 기술을 기반으로 관련 서비스를 공동 개발할 계획이라고 밝혔다. 이는 매직리프 원 출시 초기인 2018년 7월 미국 AT&T와 체결한 파트너십과 유사한 형태인데, 매직리프는 AT&T와 손잡고 게임, 미디어, SNS 분야에서 AR 글래스를 활용해나갈 계획이다.

AT&T, NTT 도코모 등 통신사와의 파트너십 체결은 매직리프의 핵심 유통 전략이다. 매직리프는 이러한 전략을 통해 통신사들의 투자를 유치할 수 있을 뿐만 아니라 통신사 고객을 대상으로 자사 디바이스를 판매해 보다 용이한 시장 진출이 가능하다는 장점이 있다. 또한 통신사 입장에서도 매직리프와의 제휴를 통해 5G 홍보를 위한 AR 서비스를 확보할 수 있다.

• 킬러 콘텐츠 확보를 위한 노력

매직리프는 소비자용 AR 글래스 보급을 가로막는 최대의 허들인 킬러 콘텐츠 부재를 해소하기 위해 2019년부터 콘텐츠 확보를 위한 노력을 활발하게 전개 중이다.

2019년 2월에는 디즈니 산하 루카스필름Lucas Film의 ILMxLAB과 협력해 스타워즈 IP 기반 체험 앱 'Star Wars: Project Porg'를 출시했고, 2019년 7월에는 독립 개발자 지원 프로그램Independent Creator Program을 통해 개발된 '퍼즐AR: 월드 투어PuzzlAR: World Tour'를 출시했다. 이외에도 2019년 8월 AR 글래스를 통해 가상으로 아쿠아리움

체험을 할 수 있는 '언더시Undersea' 앱을 시연하는 등 다양한 소비자용 앱 확보에 주력하고 있다.

또한 2019년 4월에는 3D 제작 엔진을 보유한 에픽 게임즈Epic Games의 에픽 메가그랜트Epic MegaGrant 펀드와 제휴해 매직리프 원 단말을 제공하는 이벤트를 진행하기도 했다. 에픽 메가그랜트는 현재 가장 널리 쓰이고 있는 3D 엔진 '언리얼 엔진Unreal Engine'을 활용해 3D 그래픽 게임 개발자들과 미디어 크리에이터들을 지원하기 위한 1억 달러 규모의 펀드로, 매직리프는 에픽 메가그랜트 참여자들에게 매직리프 원 500대를 무료로 제공한다고 발표했다.

이는 개발자 생태계를 확대하기 위한 노력의 일환으로 매직리프의 콘텐츠 총괄책임자는 2018년 《와이어드》와의 인터뷰를 통해 "매직리프가 5000만 명의 개발자를 거느린 것이 아니기 때문에 매직리프를 전용 앱을 만들기 용이하도록 필요한 모든 노력을 해야 한다"고 밝히면서 개발자 생태계 조성의 필요성을 역설한 바 있다.

• 엔터프라이즈 대상 서비스 개발

한편 매직리프의 초기 개발자 커뮤니티 중 40% 이상이 게임에 집중돼 있는 등 매직리프가 소비자 중심의 AR 글래스를 지향하고 있기는 하나, 최근에는 기업 고객을 대상으로 한 서비스를 개발하고자 하는 움직임도 보여주고 있다. 이와 관련해 2019년 1월에는 AT&T와의 파트너십을 확대해 5G 기반의 기업용 AR 솔루션을 제공하는 방향으로 파트너십을 확장한다고 발표했다. 당시 발표된 바에 따르면 양 사는 우선 공동 진단, 원격 메디컬 검진, 3D 이미징 및 트레이닝 등 헬스케어와 리테일, 제조에 집중한 비즈니스 솔루션을 제공할 계획이라고 발표한 바 있다.

매직리프는 2019년 5월 벨기에의 화상회의 스타트업 미메시스 Mimesys를 인수했다. 미메시스는 2019년 CES에서 매직리프 원을 통해 3D 프레젠테이션 기반 화상회의 기술을 시연한 스타트업이다. 매직리프가 제공하고 있는 화상회의 앱이 단순한 3D 아바타를 사용하는 데 비해 미메시스는 화상회의에 참여하는 유저의 실시간 이미지를 보다 현실적인 3D 아바타로 구현하는 기술을 확보하고 있다.

기업용 시장을 넘어 소비자용 시장으로

경제전문지 《포브스》는 2019년 5월 특집 기고를 통해 기업용 시장에서의 AR 글래스 활용 사례와 긍정적 효과에 대해 소개한 바 있다. 특히 직원 교육과 운영 관리 분야에서의 ROI 향상을 언급하며 기업용 AR 글래스의 미래를 긍정적으로 평가했다.

2019년 현재 출시된 AR 글래스들은 대부분 기업용 시장을 주 고객으로 하고 있다. IDC의 자료에 의하면, 2018년까지 비슷한 수준을 유지하던 기업용 AR 글래스 출하량과 소비자용 AR 글래스 출하량은 2019년부터 기업용 시장을 향해 급격히 기울기 시작해 2020년부터는 기업용 AR 글래스가 전체의 80~90% 비중을 차지할 전망이다.

대부분의 시장조사업체들이 AR의 초기 성장은 기업용 시장이 주도할 것으로 예측하고 있다. 일견 긍정적 전망으로 볼 수 있으나 AR

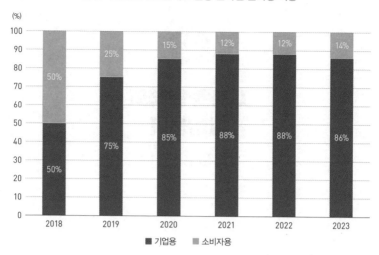

2018~2023년 AR 글래스 활용 분야별 출하량 비중

(%)

	2018	2019	2020	2021	2022	2023
소비자용	50%	25%	15%	12%	12%	14%
기업용	50%	75%	85%	88%	88%	86%

■ 기업용　■ 소비자용

자료: IDC

글래스가 스마트폰의 대체제로 주목받고 있다는 점을 상기하면 향후 소비자용 시장으로의 활용처를 찾기 위한 노력 또한 수반되어야 함을 의미하기도 한다. 다행인 점은 유수의 글로벌 테크 사업자들이 충분한 자금력과 기술력을 동원해 AR 글래스의 기술적 진화와 킬러 콘텐츠 발굴을 위해 총력을 다하고 있다는 사실이다. 기업용 시장을 넘어 소비자용 시장으로 나아가는 AR 글래스의 향후 행보가 더욱 기대되는 이유이기도 하다.

11

새로운 한국의
성장동력

| 밀리테크 |

ICT로 무장한 최첨단 군사기술

밀리테크 4.0 시대의 도래

미래 전쟁은 어떤 모습일까? 스스로 판단을 하면서 명령을 이행하는 AI는 무수한 전투 데이터에 기초해 전쟁의 복잡한 전개를 계산해낼 것이다. 이러한 AI를 탑재한 무기들은 아군의 인명 피해 없이 적군의 대량 살상을 가능케 할 것이다. 드론 등 무인기와 적의 레이더에 잡히지 않는 스텔스기가 상공을 지배하고, 해저에는 무인 잠수함이 돌아다니며, 육지에선 자율적으로 움직이며 표적의 탐지에서 발사까지 스스로 수행하는 미사일이 날아다닐 것이다. 미래 전쟁은 인간 대 인간의 대결이 아닌 첨단 기술 간의 대결이 될 것이다.

SF 영화에서나 나올 법한 이러한 전쟁 시나리오의 실제 구현이 멀지 않았다. 2019년 9월 현실화에 가장 가까운 AI 무기인 드론Drones이 세계 최대 석유 기업인 사우디아라비아 국영 석유 회사 아람코Aramco의 석유 시설과 유전을 공격한 사건이 있었다. 이 시설은 세계 최대 규모의 탈황 시설[1]로 사우디 석유 산업에 매우 중요하다. 공격의 배후는 아직 밝혀지지 않았지만, 드론의 공격으로 사우디아라비아의 원유 생산량이 대폭 줄었다. 또한 요인 암살에 투입된 적도 있다. 2018년 8월 니콜라스 마두로Nicolas Maduro 베네수엘라 대통령이 방위군 창설 기념식에서 연설을 하는 도중 발생한 드론 암살 사건이 대표적이다. 암살이 미수에 그치긴 했지만 드론의 위력을 보여주고도 남을 위협적인 사건이었다.

2020년대로 향해 가고 있는 지금 전쟁 양상이 달라지고 있다. 방위산업이 달라지고 있고 군이 달라지고 있다. 최근 매일경제신문사가 발간한 『밀리테크 4.0』은 시대 구분에 따라 인류 역사의 전환점이 된 무기체계의 변천 과정을 크게 4단계 국면으로 파악했다. 그리고 전쟁의 승패를 결정할 정도로 새롭고 혁신적인 군사과학 기술이 적용된 '게임 체인저' 무기체계를 가리켜 '밀리테크'로 명명했다.[2] 밀리테크miliTECH는 군사military와 기술technology의 합성어로 전쟁의 승부를 판가름하는 핵심 군사기술이자 산업 기술의 원천이다. 철기혁명, 화약 발명, 산업혁명을 통해 밀리테크 1.0에서 밀리테크 3.0까지 진화했고, 최근 4차

게임 체인저
① 새롭게 소개된 요소나 요인으로 현재의 상황이나 활동을 상당히 뚜렷하게 변화시키는 것. ② 어떤 게임의 결과에 매우 많은 영향을 미치는 사람, 물건, 사건. ③ 판을 뒤흔들어 시장의 흐름을 통째로 바꾸거나 어떤 일의 결과나 흐름 및 판도를 뒤집어 놓을 만한 결정적인 역할을 한 사건, 사람, 서비스, 제품.

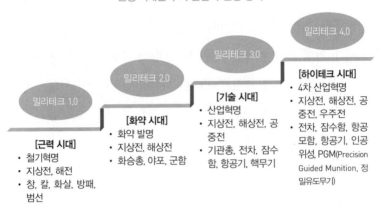

전쟁 시대별 무기 발달과 전쟁 영역

밀리테크 4.0

[하이테크 시대]
- 4차 산업혁명
- 지상전, 해상전, 공중전, 우주전
- 전차, 잠수함, 항공모함, 항공기, 인공위성, PGM(Precision Guided Munition, 정밀유도무기)

밀리테크 3.0

[기술 시대]
- 산업혁명
- 지상전, 해상전, 공중전
- 기관총, 전차, 잠수함, 항공기, 핵무기

밀리테크 2.0

[화약 시대]
- 화약 발명
- 지상전, 해상전
- 화승총, 야포, 군함

밀리테크 1.0

[근력 시대]
- 철기혁명
- 지상전, 해전
- 창, 칼, 화살, 방패, 범선

자료: 『밀리테크 4.0』, 매일경제신문사(2019) 참고 KT경제경영연구소 재구성

산업혁명과 함께 밀리테크 4.0 시대가 열리고 있다.

사회가 기술 발전에 따라 큰 변화의 과정을 거치는 동안 전쟁 양상이 동일한 모습으로 발전해왔다는 점은 4차 산업혁명 시대를 맞아 미래전 대비 차원에서도 중요한 의미가 있다. 더욱이 새로운 기술과 기술적 혁신이 나타나는 산업혁명 과정의 주기가 1~2차 산업혁명까지는 약 150년이, 2~3차 산업혁명까지는 약 40년이 걸렸는데 3차에서 다가오는 4차 산업혁명까지는 30년도 채 걸리지 않아 극단적으로 빨라지고 있다. 그 어느 때보다 밀리테크 4.0에 대한 민첩한 대응이 요구되는 이유이다.

밀리테크 4.0 시대에는 미래 전쟁 양상이 지상전, 해상전, 공중전을 비롯해 우주전, 사이버전까지 확산될 것으로 전망된다. 밀리테크 4.0 기술이 무기 개발에 적용되고 실전 배치까지 걸리는 시간까지 감안할 때 차세대 무기가 본격 등장하는 시기는 약 2035년이 될 것으로 전문가들은 내다보고 있다.

최첨단 기술의 각축장이 된 군사 영역

첨단 기술이 군사 영역에 적용되면 보다 안전하고 효율적으로 병력을 운영할 수 있다. 병사들이 더욱 강력해지는 것은 물론 스마트하고 안전한 환경에서 작전을 수행할 수 있으며, 전장에서 발생하는 오류를 줄여주고 소통을 원활하게 하는 효과가 발생한다. 군사작전을 포함한 인명 구조 작전 등 군사 영역에서 첨단 기술이 활용되는 범위가 점차 확대되고 있다.

• 5G 기술의 군사적 적용

군사작전 지역이나 전장에서 빠른 커뮤니케이션 수단은 매우 중요하다. 더군다나 AR, VR, IoT, 무인전투기, 드론, 로봇 등과 같은 첨단 기술 체계가 정착되기 위해서는 초고속·초지연·초연결의 특성을 갖춘 5G 기술 활용이 필수적이다. 기존의 네트워크 시스템은 수많은 센서를 탑재한 첨단 무기들에서 전송되는 대용량의 데이터 처리가 불가능하기 때문이다. 반면 5G는 반경 $1km^2$ 이내에서 약 100만 개의 기기를 동시에 연결할 수 있다. 이는 LTE 대비 10배 수준이다. 전송 가능한 트래픽 양은 10Mbps로 LTE와 비교해 100배 크고, 속도도 20배 빠르다. 전쟁에서 5G 기술이 활용되면 더욱 정밀하고 빠른 작전 수행이 가능해지는 것이다.

초고속 기술은 전장에 배치한 모든 군용 센서를 통해 실시간으로 데이터를 획득하고 실시간으로 대응하는 데 쓰인다. 또한 초연결은 작전통제권에 있는 모든 장비를 동시에 연결해 서로가 데이터를 주고받으면서 최적의 작전 상황을 만들어내며, 초지연 기술은 원격으로 전장의 기기 조작을 가능하게 한다.

군은 5G의 군사 분야 적용으로 군사 활동이 스마트해질 것으로 기대하고 있다. 5G는 지휘통제 플랫폼, 공중작전 플랫폼, 정밀유도 병기 등을 '정밀화'에서 '스마트화'로 전환시킬 것이다. 기존 통신 시스템에 비해 5G는 전송 속도와 안정성 면에서 뛰어나 군사용 통신 임무 수요를 충족할 수 있다. 예를 들면 적진을 향해 나아가는 전투원들은 스마트 손목시계 등 몸에 착용한 디바이스를 통해 다른 전투원의 위치를 실시간으로 파악할 수 있다. 여기에 쓰이는 기술은 기존의 위치정보시스템GPS이 아닌, 5G를 적용한 디바이스 간 데이터 교환 기술이다.

스마트 전쟁의 바탕이 되는 5G의 기술이 전 세계에 깔리게 되면 첨단 무기체계 운영뿐만 아니라 군의 일상적인 관리, 자산 또는 물자의 유출입 추적과 같은 엄청난 잠재력을 제공할 것이다. 중국, 미국과 같은 국방 선진국들은 미래의 스마트 전쟁에서 주도권을 잡기 위해서 5G 시장 장악에 온 힘을 쏟아붓고 있다.

• AI 드론 전투 체계 구현

드론은 일찌감치 전쟁에서 사용되고 있었다. 미국은 1999년 코소보 전쟁에서 전투용 드론을 시범 사용하기 시작한 이후 거의 모든 부대에서 드론을 써왔다. 미국 국방부는 2016년 '페르딕스 마이크로 드론Perdix Micro-drones' 103대가 인간의 조종 없이 장애물과의 충

벌떼 드론의 가상 공격 이미지

❶ 전폭기에서 드론 투하

❷ 낙하산 이용 드론 저속 하강

❸ 날개 전개, 자동 비행 시작

❹ 다른 드론들과 무리 지어 비행하며 대상 공격

미군은 지난 2016년 FA-18 전폭기 3대로 페르딕스 마이크로 드론 103대를 투하해 벌떼 공격 구현

자료: 미 국방부

돌을 자연스럽게 피하고 대오를 짜서 움직이는 모습을 공개했다. 페르딕스 드론은 집단 의사 결정을 하고 편대 비행을 적용하고 자가 치유를 하는 등 집합적 유기체로 움직이도록 설계됐다. 의사 결정에 있어서도 하나의 뇌를 공유한다. 저고도 비행이 가능하며, 자체적으로 정보 수집과 정찰 작전을 수행할 수 있다.

과거에는 감시용 드론의 활용도가 높았지만, 최근에는 정찰은 물론 대량 살상까지 가능한 드론이 핵심 전력으로 부상하고 있다. 유인전투기에 비해 가격이 10분의 1 이하이고 추락해도 조종사 인명 피해가 없다는 장점 덕분이다.

미국 육군이 보유한 드론봇은 약 1만 4000대로 추정된다. 5G 네트워크로 연결돼 있으며, 적의 사이버 공격에 대비한 보안 기능을 탑재한 실전 배치용이다. 중국도 만만치 않다. 미국이 벌떼 드론 공격을 시연한 지 1년 만인 지난 2017년 1000대의 중국형 벌떼 드론을 구현했다. 심지어 세계 1위 드론 업체인 DJI는 중국 회사다. 전문가들은 중국이 조만간 미국을 뛰어넘는 전투용 드론을 보유할 것으로 보고 있다. 빅데이터를 활용한 중국의 AI 지휘 체계는 이미 세계 1위 수준에 올랐다.

수백 혹은 수천 대의 AI 드론이 한꺼번에 떠 작전을 펼치면 전장은 사람이 손쓸 틈 없이 초토화될 것이다. AI 드론을 미래 전쟁의 게임 체인저로 꼽는 이유이다.

• 군사 무기·장비에 활용되는 3D 프린터 기술

건설용 3D 프린터는 특수 콘크리트를 사용해 빠르게 구조물을 지을 수 있다. 3D 프린터의 군사적 활용에 주목한 미국 해병대의 가장 큰 결실 중 하나는 2018년 8월 미국 해병대가 만든 '24시간 콘크리트 막사'이다. 미국 해병대 시스템 사령부Marine Corps Systems Command는 미국 육군 공병 연구개발센터U.S. Army Engineer Research and Development Center 에서 개발한 세계 최대 규모의 3D 프린터를 활용해 24시간 만에 500제곱피트의 막사를 콘크리트로 만들었다. 10명의 해병 공병단이 5일 동안 공사해야 만드는 것을 3D 프린터 조작과 레미콘 공급만으로 해결함으로써 기지 방호 및 주둔지의 신속 전개 능력을 그야말로

3D 프린터를 이용해 막사를 건설하고 있는 미국 해병대

자료: 미국 해병대 홈페이지(marines.mil)

비약적으로 향상시켰다.

3D 프린터는 건설 분야뿐만 아니라 지상작전 장비와 지상군 무기체계를 크게 바꾸어나가고 있다. 미 육군이 2017년 공개한 RAMBO_{Rapid Additively Manufactured Ballistics Ordnance} 유탄발사기는 군이 최초로 제작한 3D 프린터 총기다. 3D 프린터로 만들기 때문에 내부 구조에 빈 공간을 만들어 무게를 가볍게 만들고, 사람의 체형에 따라 방아쇠와 손잡이를 개인 맞춤형으로 만들기도 쉽다. 전장의 요구에 따라 총열의 길이를 늘이거나 개머리판을 바꾼 개량형은 3D 데이터만 바꾸면 즉시 양산도 가능하다.

미국 육군과 해병대는 '맞춤형 3D 프린터 드론'을 24시간 만에 제작 완료할 수 있음을 실증하기도 했다. 또한 단종된 헬기와 각종 무기의 경우 부품을 3D 프린터로 제작해 운영 중인 장비들의 수명을 연장할 수도 있다. 군에서 3D 프린터의 활용은 무궁무진하다. 이에 한국 육군도 3D 프린팅 인력을 확충하기 위해 전문가 양성 교육을 실시하고 있다. 향후 3D 프린팅이 대중화되면 효율적인 임무 수행이 가능해질 것이다.

• AR·VR을 활용한 트레이닝

군에서 AR·VR 훈련 장치의 도입은 이제 선택이 아닌 필수로 인식되고 있다. 글로벌 시장조사기관 리서치앤마켓에 따르면 군사 영역에서 AR 시장은 2018년부터 연간 성장률 17.4%로 성장해 2025년 18억 달러에 이를 것으로 전망되는 등 높은 성장 가능성이 기대되고 있다. 군사 작전지에서의 효율적인 내비게이션은 물론 사병들을 훈련하는 데에도 AR 기술이 효과적으로 활용될 수 있다.

AR·VR 훈련 체계는 현실 세계의 물리적 한계를 뛰어넘을 수 있고, 경우에 따라 저렴한 비용으로도 구축 가능하다는 장점이 있다. 실제 비행기나 탱크를 동원해서 훈련할 때보다 최소 5분의 1에서 10분의 1까지 저렴한 비용으로 동일한 훈련 효과를 얻을 수 있다. 게다가 안전사고에 대한 염려도 없기 때문에 극한 상황에 대비해 반복적인 훈련이 가능하다.

AR 기술을 사용한 작전 공간 위의 상황도를 보면서 전투 상황을 모의로 지휘하고 작전을 짜는 지휘 훈련이 가능하고, AR을 통해 장비의 내부까지 들여다보고 직접 정비하는 장비 정비 훈련도 가능하다.

한국의 안보와 성장을 잡을 밀리테크

한국의 신성장 전략, 밀리테크 4.0

매일경제 국민보고대회팀은 밀리테크 4.0을 통해 한국이 1인당 GDP 5만 달러 국가로 도약할 수 있다고 제언했다. 한국은행에 따르면 2018년 한국은 사상 처음으로 1인당 GDP 3만 달러를 넘어섰다. 4만 달러를 향해 가는 한국이 처한 상황은 그리 밝지만은 않다. 수출 주력 제품인 반도체 가격이 지속적으로 하락하고 있고 미·중 무역 전쟁, 북·미 비핵화 협상의 교착 등 넘어야 할 산들이 가득하다.

이러한 상황에서 밀리테크 4.0이 돌파구를 마련할 수 있을 것으로 보인다. 밀리테크는 전쟁에서는 승리를, 경제에서는 성장을 추구하는 원동력이다. 즉 안보와 성장을 동시에 달성할 수 있는 핵심 요소다. 세계 10대 무기 수출국을 살펴봤을 때 군사 강국인 중국과 러시아

코리아 디스카운트discount 현상
과도한 최저임금 인상, 경직적 근로 시간 단축 등 소득 주도 성장의 부작용으로 한국 경제가 2019년 1분기(1~3월) 역逆성장 충격에 빠진 가운데 국내 대표 기업들의 주가가 제값을 인정받지 못하고 있는 것.

를 제외하면 모두 1인당 GDP 4만 달러에 근접한 선진국이라는 사실은 결코 우연이 아니다. 세계 최대 무기 수출국인 미국을 비롯해 프랑스, 독일, 영국, 스페인, 이스라엘 모두 GDP 4만 달러에 가까운 경제 선진국이다.

한국도 향후 첨단 군사기술을 확보해 안보가 강화되면 최대 20%로 추산되는 코리아 디스카운트를 극복할 수 있고, 급팽창할 것으로 예상되는 밀리테크 4.0 기반 차세대 무기 시장 개척으로 추가 성장도 가능할 것이다. 여기에 밀리테크 4.0 기술이 가져오는 혁신 기업 증가와 일자리 창출로 1인당 GDP 5만 달러에 도전해볼 수도 있다.

프랑스 국제관계연구소의 장 크리스토퍼 노엘Jean Christopher Noel 연구원은 AI 등 혁신 기술은 지금의 강대국 순위를 바꿀 수 있으며, 이 분야에 누가 더 많이 투자를 하고, 더 빨리 개발하느냐에 따라 주도권을 가질 수 있다고 분석했다. 같은 연구소의 코렌틴 브루스틀린 Corentin Brustlein 연구원은 한국이나 프랑스 같은 중간 국가는 특정 기술에 선택과 집중하고 공공과 민간의 협업, 즉 밀리테크 분야에서의 민·군 협력에 역량을 쏟는 것이 가장 효율적일 수 있다고 조언했다.

밀리테크 4.0의 미래 첨단 기술은 5G, AI, 양자 컴퓨터, 사이버 보안, 로봇, 바이오테크 등 분야에서 민·군 겸용으로 발전되어 군사 기

술 발전과 경제 성장이라는 두 마리 토끼를 잡는 핵심이 될 것으로 전망된다. 밀리테크 4.0을 선점한 나라는 밀리테크 3.0 시대의 재래식 무기를 굴복시켜 미래전에서 승리하는 동시에 경제 성장을 이룩할 것이다.

한국의 밀리테크 4.0 확보 전략

해외 방산 강국들과 비교하면 아직 한국 군의 4차 산업혁명 수용 정도는 늦은 편이다. 전 세계를 상대로 자동차, 스마트폰, 반도체 등을 팔고 있는 한국의 수준을 생각할 때 한국의 방위산업은 높은 잠재력을 충분히 발휘하지 못하고 있다.

이미 전 세계가 밀리테크 4.0 확보에 뛰어들고 있어 이 같은 흐름에 뒤처질 경우 국가 경쟁력의 하락으로 이어질 수 있다. 미국과 중국, 두 강대국은 물론 세계 각국이 밀리테크 4.0 시대를 향해 잰걸음을 보이고 있다. 한국 군도 이 같은 흐름을 인식해 4차 산업혁명과 관련한 8대 핵심 기술을 선정하고 기술 개발에 주력하고 있다. 2019년 투입될 예산은 약 740억 원이다.

현재는 민간 기술 발전 속도가 군을 앞지르는 상황이다. AI와 5G, 사이버 보안의 경우 군보다 민간이 앞서고 있다. 미래전에 대비한 민·군 협업은 정부에서도 적극적인 관심을 갖고 있는 사안이다. 이를 위해 방위사업청은 국방 R&D 체제를 혁신 중심으로 바꿔가고 있다. 국방과학기술 혁신 촉진법 제정을 추진하고 있는 것이 대표적인 사례다. 국방 R&D 수행 방식을 계약에서 협약 방식으로 전환하는 게 골자다. 이렇게 하면 기술 개발 실패에 따른 민간의 부담이 대폭 줄어들 수 있다. 개발 성과물(지식재산권)도 국가 독점이 아닌 민간 기업과 공동 소유로 개선할 계획이다. 하지만 현재 국방부와 합동참모본부 등은 보안 문제를 우려해 군의 기술 소요 발굴 및 공유에 소극적인 상황이다. 최근 수년간 수행된 국방 분야의 사이버 보안 R&D 과제는 1~2개에 불과한 실정이다. 민간 분야의 첨단 기술에 대한 테스트베드 기능이나 민간 기술의 국방 분야 스핀-온의 활성화가 절실히 필요한 시점이다.

한국이 밀리테크 4.0을 확보하기 위해서는 미국의 DARPADefense Advanced Research Projects Agency, 미 국방부 산하 고등국방연구소와 같은 기구를 구축할 필요도 있다. 미국의 DARPA는 미국 안보에 고도의 영향을 미치는 필수불가결한 전략적 기술을 개발하는 기관이다. DARPA는 국가 전략 또는 산업 경쟁력 차원에서 아주 중요하지만 개발 실패의 위험성도 커서 대학, 기업 등 민간 연구 조직에서 다루기 힘든 분야에 집중하고 있다. 이 같은 과제를 DARPA만이 할 수 있는 과제, 'DARPA-hard 니치Niche'라고 부른다. 연구 과제들은 관련 부처의 연구, 개발, 테스트, 평가 등의 과정을 거쳐 검증 구현되고 실용화하는데 성공할 경우 양산 제품화된다.

실제로 DARPA는 미국 국방 기술의 선진화 및 첨단 기술로의 응용 역할을 수행하고 있으며, 상용화된 많은 기술이 국방 부문 연구 개발이나 무기 개발에서 파생됐다. 대표적으로 인터넷, 윈도우, 구글 맵스, GPS, 시리Siri의 원형 기술을 개발해 시장 혁신을 선도했다.

한국형 DARPA를 설치해 국방과 산업에 필요한 미래 기술을 현실화하는 로드맵을 설정하고 이를 구현할 대상을 찾아내 밀리테크를 추진할 수 있을 것이다. 한국형 DARPA를 기반으로 군과 기업, 대학과 연구소를 아우르는 첨단 과학기술 네트워크를 조성하고, 한국 군사기술 R&D를 미래 기술 주도형으로 바꾸어 운영해야 한다.

2020년 한국의 밀리테크 4.0은 국가의 핵심 동력으로 작동할 기반을 마련하는 해가 될 것이다. 최근 방위사업청과 국방기술품질원은 최신 국방 핵심 기술을 개발하고 드론봇 전투 체계와 같은 군의 신개념 무기체계 소요 창출에 기여함으로써 미래 국방전의 개념을 바꿀『국방생체모방로봇 기술로드맵』을 공동으로 발간했다. 로드맵은 현재 민간 부처에서 진행하고 있는 기초 원천기술을 국방 분야에서 국방 임무에 맞도록 체계적으로 육성해 플랫폼 기술로 개발하기 위해 작성됐다. 또한 방위사업청과 국방기술품질원은 2021년 착수 예정인 신개념기술시범ACTD: Advanced Concept Technology Demonstration 과제도 공모 중이다. 과제 공모를 통해 민간의 첨단 과학기술을 군에 접목해 국방과학기술 발전을 유도하고 국내 방위산업 부품·소재 분야 개발을 적극 지원 할 예정이다.

정부는 또한 R&D를 기획하고 실행하는 인력 육성과 활용이라는 측면을 모두 고려해 전문성을 지닌 인재를 배출해내는 시스템을 구축하려고 노력 중이다. 과기정통부는 국방부와 함께 이스라엘의 엘리트 과학기술전문장교 양성 프로그램인 '탈피오트' 제도를 벤치마킹해 과학기술전문사관 후보생을 모집하고 있다. 이공계 분야의 뛰어난 인재들을 선발, 소정의 교육을 거쳐 장교로 임관시킨 후 국방과학연구소에서 3년간 연구개발을 수행함으로써 군 복무로 인한 경력 단절 없이 해당 분야의 전문성을 배양하고 전역 후 취·창업까지 연

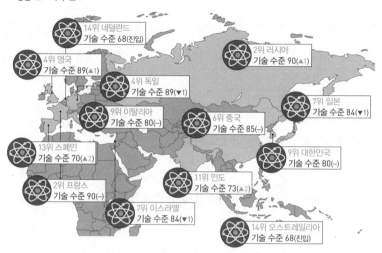

2018년 세계 국방과학기술 수준과 순위 변화

* 순위 변화는 2015년 대비
* 상승: ■ 하락: ■

14위 네덜란드
기술 수준 68(진입)

4위 영국
기술 수준 89(▲1)

4위 독일
기술 수준 89(▼1)

9위 이탈리아
기술 수준 80(-)

13위 스페인
기술 수준 70(▲2)

2위 프랑스
기술 수준 90(-)

7위 이스라엘
기술 수준 84(▼1)

2위 러시아
기술 수준 90(▲1)

7위 일본
기술 수준 84(▼1)

6위 중국
기술 수준 85(-)

9위 대한민국
기술 수준 80(-)

11위 인도
기술 수준 73(▲2)

14위 오스트레일리아
기술 수준 68(진입)

자료: 국방기술품질원, 《한겨레》 재구성

계하자는 취지다.

2019년 4월 국방기술품질원이 발간한 『국가별 국방과학기술 수준 조사서』에 따르면 한국의 국방과학기술 수준은 세계 9위로 세계 최강국 미국 대비 약 80% 수준에 이르는 것으로 평가되고 있다. 특히 한국은 화력 분야를 제외한 국방 모델링 & 시뮬레이션, 국방 소프트웨어 등 첨단 기술 분야의 과학기술 수준은 저조한 것으로 조사됐다. 또한 지상무인, 해양무인, 항공무인 등 무인 체계와 관련된 기술 분야에서는 연구개발이 다소 미진한 것으로 나타났다.

역사적으로 앞선 기술력을 지닌 쪽이 그렇지 못한 쪽을 압도하고 승리했다. 철기문명, 화약·화포, 항공기·잠수함, 핵무기 등이 시대별 앞선 기술력의 상징이었다. 이들 첨단 기술은 전쟁을 위해 고안됐다가 이후엔 산업계에서 핵심 동력의 역할을 했다. 사회 전·후방에 강력한 영향력을 끼친 첨단 기술이 곧 밀리테크인 것이다. 한국형 밀리테크 4.0의 성공적 구현은 미국과 중국 등 강대국의 기술 패권 전쟁 틈바구니에서 벗어나 한국이 새롭게 도약할 기회를 제공할 것이다.

폭발적으로 성장할 밀리테크 시장

서울대학교 공과대학과 매일경제가 발표한 「밀리테크 4.0: 기술패권 시대 신新성장 전략」 보고서에 따르면 전 세계 방위산업 시장이 밀리테크 4.0을 기반으로 15년 후 10배로 확대될 것으로 전망된다. 『2018 세계 방산시장 연감』에 따르면 전투기, 미사일, 구축함 등을 수출하는 전 세계 무기 수출입 시장은 300억 달러에 머물러 있다. 세계 100대 방위산업체 매출이 3700억 달러에 이르지만 90% 이상이 미국을 중심으로 한 내수로 소진되고 국제 교역액은 10%에 못 미친다. 공식 통계에 잡히는 2017년 세계 무기 교역액은 311억 달러, 2016년은 323억 달러, 2015년은 285억 달러 수준이다.

기존의 무기를 무용지물로 만드는 무기가 등장하며 무기의 세대교체가 일어날 수 있고, 이를 확보하기 위한 각국의 경쟁으로 무기 수출 시장은 15년 후 최소 3000억 달러 규모로 팽창한다는 것이 방위산업계 전망이다.

미래 전쟁에 대비하기 위한 스텔스 병기, 공격형 위성, 버그봇, AI 로봇군단, 극초음속 미사일 등 밀리테크 4.0이 만들어내는 이들 차

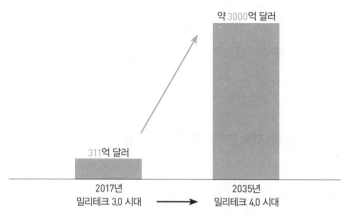

폭발적으로 늘어나는 무기 시장

약 3000억 달러

311억 달러

| 2017년 | 2035년 |
| 밀리테크 3.0 시대 ⟶ | 밀리테크 4.0 시대 |

자료: 『2018 세계 방산시장 연감』, 방산업계

세대 무기들이 새로운 시장을 열고 있다. 프랑스의 세계적인 방산업체인 탈레스Thales의 전략 담당 고문인 알랭 부캥은 4차 산업혁명으로 촉발된 밀리테크 4.0은 엄청난 규모의 신新시장을 예고하고 있다면서 다가오는 미래에는 현재의 군수업자인 록히드마틴의 경쟁자가 보잉이나 레이시언Raytheon이 아니라 구글이나 화웨이 같은 IT 기업이 될 수 있다고 강조했다.

실제로 탈레스는 2017년 보안용 반도체 칩을 생산하는 세계 최대 업체 젬알토Gemalto를 48억 유로(약 6조 1739억 원)에 인수하는 빅딜을 성사시켰다. 방산업체가 IT 업체를 전격 인수한 것에 대해 놀랍다는 시장 반응이 대거 나왔다. 탈레스는 6개월 전에는 암호화 솔루션 업체 보메트릭Vormetric을 3억 7500만 유로(약 4823억 원)에 인수하는 등 미래 전쟁의 핵심 축인 사이버전 관련 역량을 꾸준히 키우고 있다.

영국과 미국의 방산업체인 BAE 시스템스BAE Systems와 레이시언도

IT 업체를 인수하는 등 방산업체들이 IT 업체 인수를 통해 융복합되는 추세가 이어지고 있다. 밀리테크 4.0 시대를 맞아 방위산업 시장이 기존과는 전혀 다른 양상으로 급팽창하고 있는 것이다.

점점 더 치열해지는 밀리테크 주도권 다툼

국방 선진국인 미국과 중국의 밀리테크

• 미국, 압도적인 우월함을 유지하기 위해 군사과학기술에 총력

군사과학기술의 중요성을 인식하고 있는 미국은 2017년 국가 안보 전략서US National Security Strategy에서 군사과학기술의 혁신과 발굴을 구체적으로 명시하고 있으며, 월등한 군사과학기술의 우세를 보유하고 유지하는 것이 국가 안보 전략의 일환이라고 간주하고 있다. 트럼프 행정부의 국가 안보 전략서는 군사과학기술 혁신 분야를 구체적으로 제시하고 있다. 국가 안보를 위해 다음과 같은 새로운 기술 영역을 우선적으로 개발하겠다고 언급했다.

데이터 과학, 암호화, 자율화 기술, 유전자 조작, 신재료, 나노 기술, 컴퓨팅 기술, AI를 제시하고 있고, 특히 자율주행 차량, 자율무기, AI 이 세 가지 분야는 급속하게 발전하고 있다고 보고 있다.

이에 미 국방부는 제3차 상쇄 전략을 추진하고 있다. 핵무기 개발과 같은 1940년대의 제1차 군사과학기술 상쇄 전략, 정밀유도무기와 통합 전장 네트워크 개발과 같은 1970년대의 제2차 군사과학기술 상쇄 전략과 유사하게 제3차 군사과학기술 상쇄 전략을 추진하는 것이다. 여기에 포함된 군사과학기술 분야는 다섯 가지로 요약된다. 첫째, 기계학습machine learning 기술이다. 사이버 공격이나 전자전 공격, 그리고 우주에서의 공격을 받았을 경우에 빛의 속도로 반응하는 기계를 개발하는 것이다. 둘째, 인간과 기계의 협동human-machine collaboration 기술이다. F-35 전투기를 예로 든다면 조종사에게 전시되는 데이터 전시기는 수많은 정보를 신속히 처리해 올바른 결정을 하도록 도와주는 기술이 적용된다. 셋째, 기계 보조 인간 활동machine assisted human operations 기술이다. 각종 착용식 전자 장치처럼 인간의 활동을 쉽고 효과적으로 할 수 있도록 보조해주는 기술이다. 넷째, 인간-기계 전투 편성human-machine combat teaming 기술이다. 각종 로봇 및 기계들과 인간 전투원이 하나의 전투 임무조가 되어 작전 임무를 수행하는 기술이다. 다섯째, 자율무기autonomous weapon 기술이다. 자율주행 차량처럼 각종 지상 기동무기에 자율무기 기술이 적용될 것이며, 공중과 해상 무기체계에도 다양하고 광범위하게 무인 자율 항해와 자율 임무 수행 기술이 적용된다.

미국은 과거 군사적인 임무에 부응하기 위해 국가가 운영하는 연구소나 연구개발센터에서 최고의 군사과학기술을 창출해내어 상대국보다 우월함을 견지했다. 그러나 지금은 일반 민간연구소나 대학 연구소에서 또는 다른 국가에서 미국 정부 것보다 더 파격적인 과학기술이 발굴되고 있다. 이러한 새로운 환경에서 미국이 군사과학기술의 월등한 우위를 견지하기 위해서는 국가기관 외부의 과학기술을 활용하는 방안을 찾아야 한다. 미국은 육해공군 영역, 우주 영

米국의 주요 군사과학기술 개발 분야

	인공지능 로봇	자율 무기	초고속 비행체	우주 무기	비화약 무기 (레일건, 레이저)	사이버, 생물학, 양자 컴퓨팅 등
미 고등국방 연구소	√	√	√	√	√	√
미 국방부	√	√	√	√	√	√
미 육군	√	√	√	−	√	√
미 해군	√	√	−	−	√	√
미 공군	√	−	√	√	−	√
미 국가과학 위원회	√	√	√	√	√	√

자료: 김종렬, 「미래 무기체계와 군사과학기술 발전 추세 분석: 미국을 중심으로」, 2019.8.

역, 그리고 사이버 영역에서 현재 국가적인 능력을 진단하고 끊임없이 새롭게 발전시켜나가려 하고 있다.

• 중국, 군사과학기술과 혁신을 기반으로 패권 도전

중국의 국가 연구개발비가 최근 급격하게 증가하고 있다. 2000년부터 2015년까지 매년 평균 18%의 증가를 보여왔는데, 이는 미국의 평균 증가 비율 4%의 4배에 달하는 수치다. 2015년 기준 미국의 연구개발 투자비는 세계 최고로 4970억 달러인데, 중국의 경우 4090억 달러로 미국과 그 규모 면에서 비슷한 수준을 보이고 있다.

또한 중국은 국방 예산을 급격히 늘리고 있다. 2018년 기준 중국 국방 예산은 약 43조 원으로 한국의 4.4배에 달한다. 이는 미국 6920억 달러(약 837조 원) 다음으로 세계 2위다. 하지만 방위산업에 투입되는 금액이나 국방 R&D 예산 등은 포함되지 않아 실제로는 미국 수준에 근접할 것이라는 분석이 지배적이다. 중국이 공개하지 않은 국방비까지 감안한다면 겉으로 드러난 것보다 훨씬 더 많은 인력과 자원이 안보에 투입되고 있음을 짐작할 수 있다. 예를 들어 중국은 미국의 과학기술을 따라잡기 위해 인민해방군 소속 군인 3000명을 미국에 유학시키고 있다.

중국은 방위비 예산을 늘리는 것뿐 아니라 최신 무기와 군사장비들을 대거 실전에 배치할 예정이다. 중국 신화통신에 따르면 2019년 2월 중국의 무기 개발을 담당하는 인민해방군 군사과학연구원이 248명의 첨단 기술 전문가를 영입했으며, 이들은 AI 기술과 민간 부문의 기술을 적용한 무기 개발에 투입될 것으로 보인다. 영남대학교 군사학과 김종열 교수의 보고서에 따르면 중국의 군사과학기술 분야는 초고속 비행체, 양자 컴퓨팅, 레일건, 우주 무기, AI, 자율로봇 등 미국과 매우 유사한 경향을 보이고 있다.

글로벌 IT 사업자들의 밀리테크 사업 현황

• 구글, 미국 국방부에 AI 기술 지원

구글은 2017년 4월부터 미국 국방부의 프로젝트 메이븐Project Maven에 참여해 AI 기술을 지원하고 있다. 프로젝트 메이븐은 드론으로 영상을 찍은 뒤 그 물체들을 식별해내는 데 초점을 맞춘 프로젝트다. 미군이 수집한 엄청난 분량의 항공영상 감시 자료를 사람이 일일이 분석하기 힘들기 때문에 머신러닝과 AI를 관련 업무에 적용하는 것이다. 구글은 텐서플로우 프로그래밍 키트를 국방부에 제공했다. 텐서플로우는 구글이 개발한 머신러닝 엔진으로 검색, 음성인식, 번역 등 구글 서비스나 알파고에도 적용되고 있다. 구글은 메이븐 프로젝트 계약을 2019년 3월까지 맺으면서 1000만 달러(약 110억 원) 규모의 계약금을 받은 것으로 알려졌다.

국방부는 프로젝트 메이븐을 통해 민간 업계의 사물인식 기술을 도입하려 하고 있다. 한 장교가 '솔직히 놀라울 정도'라고 평가하기도 한 첨단 기술을 도입해 무기들의 사물인식 능력을 고양하는 것이 목표이다. 하지만 최근 구글은 군사적 목적으로 AI 기술을 활용하는 것에 대해 내부 직원들이 회사를 떠나는 등 반발이 지속되자 더 이상 계약을 연장하지 않기로 결정했다.

• MS, 미 국방부와 10만 대 홀로렌즈 공급 계약 체결

2018년 11월 마이크로소프트는 미 국방부와 AR 헤드셋 홀로렌즈에 대한 4억 8000만 달러 규모의 공급 계약을 체결했다. 미 국방부는 적들보다 먼저 탐지, 판단하고 행동을 취할 수 있는 능력을 향상시킴으로써 치명도를 높이는 것을 목표로 마이크로소프트로부터 10만 대 이상의 홀로렌즈 헤드셋을 공급받아 군인들의 전투 미션과 훈련에 활용할 계획이라고 밝혔다. 홀로렌즈는 머리에 쓰는 고글 모양 헤드셋으로, 이를 착용하면 바깥세상과 컴퓨터가 보여주는 입체 영상이 겹쳐서 보이게 된다.

미 국방부는 마이크로소프트 외에도 매직리프 등 전통적인 국방 사업자가 아닌 업체들에게 이번 계약에 대한 입찰에 참여하도록 독

마이크로소프트의 홀로렌즈

자료: Microsoft

려한 것으로 알려졌다. 미 국방부는 이들 업체에게 나이트 비전과 호흡 등 여러 생체 신호를 감지할 수 있는 능력, 청력 보호, 뇌진탕에 대한 신호 감지 등의 기능을 요청한 것으로 보도됐다.

마이크로소프트의 홀로렌즈 AR 헤드셋은 높은 가격으로 인해 소비자들에게는 그다지 큰 호응을 얻지 못했으나[3] 제조, 훈련, 마케팅 등 비즈니스 영역에서는 상당히 유용하게 사용되고 있다. 미 항공우주국 역시 2015년부터 우주비행사들의 훈련과 고장 처리 업무에 홀로렌즈를 활용하고 있다. 다만 최근 마이크로소프트 직원 50여 명이 사티아 나델라Satya Narayana Nadella 최고경영자에게 편지를 보내 홀로렌즈가 살상 훈련용으로 쓰여선 안 된다며 미 당국과 체결한 계약을 취소하라고 요구하고 있어 계약이 계속 유지될지는 지켜봐야 한다.

밀리테크 4.0으로 국가의 안전과 미래를 대비하다

밀리테크는 사회·문화적으로 인류에 지대한 영향을 끼쳤다. 인류의 발전은 군사기술, 즉 밀리테크의 발전과 맥을 같이하고 있다. 혁신적인 밀리테크는 기존의 패러다임을 깨뜨리고 전쟁의 판도를 바꿨고, 민간 분야로 스며들어 문명을 진보시켰다. 대표적인 예로 컴퓨터, 전자레인지, 인터넷, 하이힐 등은 군사용으로 먼저 개발됐지만 아이러니하게도 보편적 인류의 삶에 커다란 영향을 미치며 생활상을 근본적으로 변화시켰다.

현재 밀리테크 4.0의 구성요소, 즉 수소 연료전지, 사이버 보안, AI 로보틱스, 메타 소재, 나노 소재, 양자 컴퓨팅, 5G, 스마트 센서, 바이오테크 등은 민간 분야에서도 주목하는 기술이다. 한국은 5G, 반도체 등 첨단 과학기술에서 우수한 경쟁력을 보유하고 있다.

특히 5G는 한국이 세계 최초 상용화에 성공하는 등 앞선 기술력을 가지고 있다. 5G는 빠른 속도와 즉각적인 응답성으로 국가 안보에 큰 효용을 줄 수 있는 기술이다. 5G를 통해 원거리에 있는 군사 장비나 기계들을 원격으로 즉시 가동하고 조정할 수 있고, 초연결의 속성을 활용해 일정한 장소에서 통제가 아닌 실시간으로 군대 내 작전을 지휘 통제할 수 있다. 다른 첨단 기술과의 융합에도 중요한 역할을 수행하는 5G는 전투 기술을 혁명적으로 바꿀 수 있는 잠재력이 큰 기술이다. 중국이 화웨이를 앞세워 5G 시장을 장악하려고 하는 이유가 여기에 있다. 한국이 먼저 밀리테크에 5G를 접목해 안착시킨다면 한 발 앞선 밀리테크 4.0을 구현할 수 있을 것이다.

밀리테크 4.0 시대가 되면 군사과학기술의 눈부신 발전으로 미래 전쟁은 우리가 전혀 상상할 수 없는 양상으로 전개될 가능성이 높다. 해외 군사 전문가들은 이러한 시대 변화에 적응하지 못할 경우 미래 전쟁의 모습은 마치 청동기인과 외계인의 싸움처럼 일방적이 될 것이라고 예측한다. 미래 전쟁에서 승리하기 위해 어떤 무기와 전략·전술이 필요할지, 또 앞으로 무기체계가 어떤 방향으로, 어떻게 발전해나갈지는 아무도 예측할 수 없다. 이러한 불확실성에도 불구하고 미국을 비롯한 러시아, 중국, 영국, 프랑스, 독일 등 주요 강대국들은 수많은 시행착오와 끊임없는 노력을 통해 그 해답을 찾기 위해 노력하고 있다.

첨단 과학기술이 주도한 미래 전장에 대비하기 위해 한국도 밀리테크 4.0의 세계적인 발전 추세를 비교 분석해 한국형 밀리테크 4.0의 발전 방향과 실현 계획을 구체화해나가야 할 것이다. 세계적 인문학자인 유발 하라리Yuval Noah Harari 예루살렘히브리대학 교수는 미래에는 기술을 선점한 자가 세계를 지배할 것이라고 말했다. 안보와 경제의 근간을 바꿀 밀리테크 4.0 시대를 앞둔 지금이 바로 한국이 밀리테크에 집중해야 될 시점이다.

12

경쟁자에서
동반자로

| 협업 로봇 |

인간과 기계가 같이 일하는 미래 사회

아이언맨 탄생의 숨은 조력자, 더미 로봇

전 세계뿐만 아니라 국내에서도 큰 호응과 인기를 모았던 영화 〈아이언맨〉 시리즈에는 주인공 토니 스타크를 도와 아이언맨 슈트를 만드는 보조 로봇 '더미Dum-E'가 등장한다. 아이언맨의 굉장한 팬이라면 토니와 더미가 티격태격하며 슈트의 다리 부분을 만들기 위해 함께 나사를 조이고, 어느 정도 만들어진 슈트를 테스트해보다가 고꾸라진 토니에게 소화기를 내뿜기도 하는 더미의 모습을 기억할 것이다.

토니 스타크가 만들고 보조 로봇이 돕는 영화 속 장면들을 관통하는 키워드는 바로 협업이다. 인간과 인간이 협심해 일하는 현장,

더욱 긴밀하고 안전한 작업이 가능한 협업 로봇

자료: Infineon, Robotic Business Review

로봇으로 가득 찬 자동화 생산 라인을 넘어 인간과 기계의 융합이 핵심이 되는 새로운 생산 패러다임이 열리고 있다.

기존의 로봇 자동화 시스템이 가장 활성화된 분야 중 하나로 자동차 제조업을 꼽을 수 있다. 로봇은 차량의 몸체에 페인트를 칠하거나 용접을 하는 등 사람이 수행하기 위험하거나 어려운 작업들을 도맡아왔다.

최근 로봇 산업에서는 사람과 로봇이 근거리에서 함께 작업할 수 있는 협업 로봇에 대한 기술적 논의 및 개발이 활발히 진행되고 있다. 로봇이 수행하는 업무에 안전사고 위험이 존재하는 경우에는 사람과 로봇 사이에 안전 펜스 등 일정한 수준의 장치를 확보해두고 작업이 이루어질 수밖에 없었다. 하지만 이제 그러한 안전장치safety cages를 제거하고도 인간과 더 긴밀하고 안전하게 어우러질 수 있도록 협업 로봇의 기술적 수준은 진전을 거듭하고 있다.

새로운 형태의 산업용 로봇, 협업 로봇

협업 로봇Collaborative Robots이란 생산 현장 등 하나의 공간에서 사람과 직접적인 상호작용 하에 작업할 수 있는 로봇을 의미한다. 사람이 지정해둔 가이드 및 매뉴얼대로 곧이 작동하도록 디자인된 기존의 로봇들과는 다른 개념이다. 즉 협업 로봇은 오랜 시간의 사전 트레이닝 과정 없이도 작업 공간의 현장 담당자와 호흡을 맞춰 작동한다는 특징을 가지고 있다.

협업 로봇의 경우 작업자의 안전을 확보하기 위해 기존 산업용 로봇 대비 근접 센서와 압력 센서, AI, 레이더·라이더, GPS, 커넥티비티 등의 측면이 더욱 보완됐다. 하지만 향후 컴퓨팅 파워 등 로봇 기술의 발전으로 협업 로봇의 대당 단가가 점차 하락하고, 그 이후에는 중소기업 등에서도 협업 로봇 활용이 더욱 활발해질 것으로 전망되고 있다. 이로써 협업 로봇 제조 시장의 활성화는 물론 생산 라인에 대대적인 혁신을 일으킬 것으로 예상된다.

협업 로봇의 특징

	주요 특징
Easy to Program	• 프로그래밍 관련 전문성 없이도 협업 로봇의 셋업 및 오퍼레이션에 지장이 없음 • 가상으로 플러그 & 플레이하는 것이 가능하며, 타블렛으로 명령하거나 협업 로봇의 팔을 조정하는 방식으로 간단히 조작 가능
Fast to Setup	• 기존 산업용 로봇의 경우 오퍼레이션을 위해 수 주 간의 셋업 과정을 거쳐야 했던 것과 달리 협업 로봇은 몇 시간 만에 셋업을 마칠 수 있음
Flexible	• 기존 로봇이 바닥에 고정돼 있거나 특정한 애플리케이션을 수행하는 것에 한정돼 있다면 협업 로봇은 유연하게 이동 가능 • 또한 많은 공간을 차지하지 않으며, 다양한 애플리케이션의 실행을 지원
Safe	• 기존 로봇과 달리 작업자의 안전을 위한 장치를 설치할 필요가 없음 • 협업 로봇은 장애물 센싱, 속도 조절 등을 통해 사람에게 넘어지지 않고 사람과 접촉 시에도 바로 정지하는 기능이 탑재

자료: Forbes[1]

372

이러한 협업 로봇이 가진 주요 특징으로는, 우선 관리자가 프로그래밍에 대한 전문성이 없다고 할지라도 협업 로봇을 셋업하고 운용하는 데 큰 지장이 없다는 장점이 있다. 즉 태블릿 PC로 조작 및 명령을 내리는 것, 협업 로봇에 직접 손을 대어 가볍게 터치하거나 약간의 물리적인 힘을 가해 조작하는 것이 가능하다. 시간적인 측면에서도 기존 산업용 로봇들은 오퍼레이션을 위해 몇 주 동안의 셋업 과정이 필요하지만 협업 로봇은 단 몇 시간 만에 셋업을 마칠 수 있는 것으로 알려져 있다.

또, 기존 산업용 로봇에 비해 유연성이 높다는 장점도 있다. 기존 로봇이 한 곳에 고정돼 있거나 특정한 애플리케이션을 수행하는 것에 한정돼 있다면, 협업 로봇은 어느 장소로도 이동이 가능하고 많은 공간을 차지하지도 않아 인간이 원하는 작업 형태에 맞게 자유자재로 재배치할 수 있다.

마지막으로, 협업 로봇의 가장 큰 장점은 안전하다는 것이다. 기존 로봇과 달리 현장 작업자의 안전에 대한 별도의 장치safety cages를 설치할 필요가 없다. 장애물을 센싱하고 가동 속도를 조절하는 것이 가능하고 사람과 접촉하면 즉각 정지하는 기능이 있어 작업자의 안전사고 위험을 사전에 방지할 수 있다.

2020 미래 사회 이슈 해결의 열쇠

주요 국가들을 비롯해 전 세계는 급속한 인구 고령화 문제에 시

달리고 있다. 많은 인구통계학적 연구에서 저출산과 평균수명의 연장을 주된 원인으로 지적하고 있다. UN 경제사회국DESA: Department of Economic and Social Affairs은 「2019년 세계 인구 전망」 보고서를 통해 전 세계 인구가 2019년 기준 77억 명 수준에서 2030년에는 85억 명, 2050년에는 무려 97억 명에 이를 것으로 예상했다. 한편 65세 이상 인구는 현재 9% 수준으로부터 2050년에는 16%로 6명 중 1명은 고령층에 해당할 것으로 내다보았다.

대표적으로 이웃나라 일본은 인구 고령화, 생산가능인구 감소 등 특유의 사회문제로 많은 고민을 하고 있다. 일본은 2005년에 이미 65세 이상 고령 인구 비중이 20% 이상인 초고령 사회에 진입한 바 있다. 또한 당장 2025년 고령 인구 비중이 30%에 육박하고, 2050년 에는 총 인구수가 1억 명을 하회할 것으로 예상되고 있다(2019년 통계청 KOSIS 기준 약 1억 2685만 명). 이러한 가운데 일본 정부는 고령화 등 사회문제 해결을 위한 대책으로 '소사이어티Society 5.0'이라는 초연결 사회 비전을 설정하고, 사회적 어젠다에 대한 솔루션 중 하나로 5G, AI 등 다양한 ICT 기술에 주목하고 있다.

생산가능인구 부족과 인건비 상승 등 문제를 해결하기 위한 방안으로 제조업 분야에 로봇 기술을 활용하려는 움직임도 늘어나고 있다. 특히 최근에는 인간과의 협력 시너지 및 지능화 수준을 높이기 위해 AI 기술을 접목하기 위한 시도가 활발하다. 협업 로봇에 머신러닝 기능이 접목되면 더 똑똑하고 다재다능한 로봇으로 진화하는 것도 가능해진다. 즉 인간과의 기술 공유 및 전수가 가능한 수준에 이를 정도로 하드웨어만이 아니라 소프트웨어 측면의 활용성이

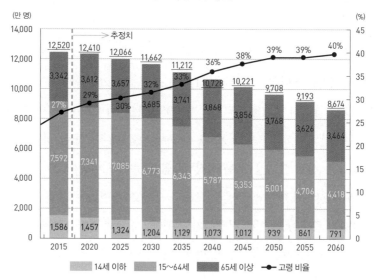

일본 미래 인구 추이

14세 이하	15~64세	65세 이상	고령 비율						

자료: 일본 총무성

높아질 것으로 보인다.

고도화를 거듭하는 AI 기술을 적용해 로봇들은 산업과 공장과 제조 과정의 특수성에 관계없이 매우 다양한 공정에 투입이 가능할 것으로 보인다. 이로써 인간은 비정형적이고 더욱 창의력을 요구하는 업무에 비교적 많은 시간과 노력을 투입할 수 있게 될 것이다. 협업 로봇은 다양한 산업 현장에 투입되어 2020년 이후 인구 고령화 등의 미래 사회 이슈를 해결할 핵심 도구로 자리매김할 것으로 전망된다.

협업 로봇, 로봇 진화와 시장의 대전환을 이끈다

협업 로봇 분야로 한정하지 않더라도 전 세계 산업용 로봇의 시장 규모는 2015년의 1억 달러(약 1170억 원)로부터 2025년까지 연평균 56.5%씩 급격히 성장해 무려 92억 1000만 달러(약 11조 원)에 이를 것으로 예상되고 있다(국제로봇연맹, 한국로봇산업진흥원). 또한 국제로봇연맹IFR은 전체 산업용 로봇 시장 내 협업 로봇의 비중이 2015년 기준 겨우 0.1%에 머물러 있을 정도로 작으나 2025년에는 전체 시장의 37%까지 증가할 것으로 전망하기도 했다. 사실상 절반 가까이 기존 로봇을 대체해가는 과정으로 나아가고 있다고 볼 수 있다. 글로벌 시장조사기관 리서치앤마켓Research and Markets에서도 전 세계 협업 로봇 시장의 규모가 2026년까지 연평균 49%씩 성장해 약 181억 달러 규모(21조 5000억 원)를 달성하게 될 것으로 전망했다.[2]

특히 전 세계 산업용 로봇 시장에서 빅4로 꼽히는 독일의 쿠카, 스위스의 ABB, 일본의 화낙과 야스카와Yaskawa 등 전통의 강자들을 중심으로 기존 로봇 업체들의 시장 진출이 활발해질 것으로 예상된다. 다만 아직은 협업 로봇 산업의 태동기로, 기존의 로봇 산업이 당장 협업 로봇 중심으로 급격히 전환될 것으로 보기는 어렵다. 현재 시점에서 협업 로봇 시장의 과반 이상을 점유하고 있는 사업자는 덴마크 기반의 유니버설 로봇Universal Robot이다. 쿠카, ABB, 화낙 등의 업체는 모두 로테크low-tech 로봇으로 알려져 있었지만, 최근에는 유니버설 로봇을 뒤따라 협업 로봇 개발을 위해 적극적인 움직임을 보이고 있다. 한편 협업 로봇은 단순히 로봇 기술 분야에 국한되지 않고,

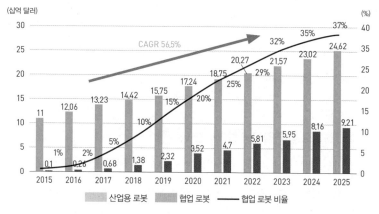

글로벌 산업용 로봇 및 협업 로봇 시장 전망

자료: World Robotics 2017(국제로봇연맹), 한국로봇산업진흥원

2020년 이후 안정기에 접어들 다양한 미래 기술 기반 위에서 급격히 발전하게 될 것이다. 5G 등의 통신 네트워크 인프라나 로봇 시스템의 효율성을 향상시킬 데이터 인텔리전스, 최적의 로봇 동선을 만들어주는 AI나 자율주행 기술이 집약된 형태가 될 것이다. 이렇듯 로봇 업계의 협업 로봇에 대한 관심도 증가와 빠른 혁신은 다양한 산업 부문에 효율성과 성장을 가져다줄 수 있을 것으로 보인다.

다양한 산업 현장에서 인간의 동반자가 되다

로봇 팔 외에도 공장에서의 협업 로봇 쓰임새는 각양각색이며, 향후 세부 공정별로 더욱 특화된 로봇들도 개발될 것으로 보인다. 물론 협업 로봇의 상위 개념인 산업용 로봇이 주로 제조 분야에 특화된 개념이긴 하지만, 이외에도 다양한 분야에서 적극 도입될 것으로 예상된다. 글로벌 연구조사기관인 CB 인사이츠에서도 제조업을 비롯해 물류, 커머스, 농업, 식품 분야 등에서 폭넓게 협업 로봇이 쓰이게 될 것으로 내다보았다.

선반봇으로 물류 경쟁력 강화하는 아마존

스마트 팩토리 내에서 가장 많이 활용되는 협업 로봇 중 하나가 바로 AIV로 불리는 무인운반차다. 무인운반차는 광범위한 공장과 창고 현장에서 효율적인 물류 자동화 업무를 지원한다.

아마존의 물류 거점인 풀필먼트 센터Fulfilment Center에서는 AIV 유형의 협업 로봇을 출하 업무에 적극 활용하고 있다. 사실 아마존은 이미 다양한 물류 창고 로봇들을 운용해왔다. 수억 가지의 제품을 빠른 속도로 이동시키는 것은 아마존 비즈니스의 가장 기본이 되는 요소이기 때문이다. 바퀴 달린 창고 로봇은 물건을 집어 드는 직원에게 제품을 쌓아 올린 선반shelves을 가져다주고, 컨베이어는 포장해야 할 제품들을 분류하고 운반한다. 아마존은 현재 25개 물류 센터에서 10만 개 이상의 로봇을 운영하고 있으며, 이 중에는 아마존의 자체 시스템뿐만 아니라 일본의 로봇 기업 화낙과 같은 서드파티 사업자의 디바이스 또한 포함돼 있는 것으로 알려져 있다.

한편 아마존은 2019년 6월 라스베이거스에서 개최된 컨퍼런스에서 새로운 물류 창고 로봇 '크산투스Xanthus'와 '페가수스Pegasus'를 공개했다. 새롭게 공개된 크산투스는 기존의 아마존 '선반봇shelf-bots'이 업그레이드된 형태이며, 페가수스는 기존에 사용하던 컨베이어를

아마존이 새로 공개한 물류 창고용 로봇 페가수스

자료: Amazon

완전히 대체하는 새로운 시스템이다.

아마존은 2019년 4월 창고용 로봇 개발 스타트업 캔버스 테크놀로지Canvas Technology를 인수하기도 했다. 캔버스는 창고 내에서 상품을 운반할 수 있는 자율주행 카트 시스템 '캔버스 자율 카트Canvas Autonomous Cart'를 개발하는 미국의 로보틱스 스타트업이다. 캔버스 자율 카트는 2018년 혼잡한 장소에서 사람과 장애물을 피해 이동하는 시범운행에 성공했다. 3D 이미지 기술과 자체 소프트웨어 솔루션을 활용한 캔버스의 자율주행 카트 시스템은 다양한 하드웨어에도 적용될 수 있을 정도로 범용성이 뛰어난 것으로 알려져 있다. 이렇듯 다양한 물류 협업 로봇을 통해 아마존은 기존에 약 1시간가량 걸리던 작업 소요 시간을 15분으로 대폭 줄이면서 75%의 생산성 향상 효과를 얻고 있다.

신생 농업 기업들은 자율주행 트랙터부터 특수 로봇 팔에 이르기까지 다양한 농업 장비들을 자동화하고 있다. 미국 캘리포니아의 아그로봇Agrobot이라는 회사는 손상 없이 빠르고 손쉽게 과실을 수확하도록 돕는 딸기 수확 로봇Robotic Strawberry harvester을 개발했다. 벨기에의 옥타니온이란 기업도 사람보다 훨씬 많은 양의 딸기 수확이 가능하다는 수확 로봇 '루비온Rubion'을 개발했다. 특히 딸기와 같이 비교적 과육이 부드러운 형태일 경우 기계가 사람의 수확 작업을 대체하기는 매우 어려운 것으로 알려져 있어 두 로봇이 갖는 의미는 크다고 할 수 있다.

이러한 수확 로봇의 원리는 생각보다 간단하다. 옥타니온 사의 루비온은 먼저 로봇에 장착된 광학 센서를 통해 잘 익은 딸기에서 나오는 빛의 파장을 찾는다. 그 후 그리퍼Gripper가 딸기를 따내 크기 및 무게에 따라 분류한다. 루비온을 통해 작업을 하면 한 개의 딸기를 수확하는 데 약 5초의 시간이 걸린다고 한다. 산술적으로 8시간 동안 약 5000개의 딸기 수확이 가능한 것이다. 사람의 직접 딸기를 따는 작업 효율과 비교하면 사람은 하루 50kg의 양을 수확하는 데 그치지만 루비온은 그의 약 6배인 하루 최대 360kg까지도 수확할 수 있다.

사실 농축산식품업 분야에서 협업 로봇 등의 ICT를 접목하기 위한 시도는 오래전부터 계속돼왔다. 이는 방대한 작업 분량에 비해 농가 인구의 감소 문제가 두드러지는 상황 때문이었다. 일본의 농가들도 마찬가지 문제를 겪고 있다. 일본 가나가와 현에 소재한 기업

미국 아그로봇의 딸기 수확 로봇

자료: Agrobot, CB Insights

이나호Inaho는 2017년 설립되어 농업 로봇을 통해 고령화와 일손 부족 문제가 심각한 지역의 업무 효율화에 기여해오고 있다.

이나호의 로봇은 정해진 경로를 자율주행하며 적외선 센서 및 카메라를 통해 농작물 관련 각종 데이터를 수집한다. 수집한 데이터는 AI 기술을 통해 분석해 작물의 성장 수준을 판단하는 데 활용하고, 수확기에 접어 든 작물로 인식되면 바로 따내어 용기에 담는다.

이나호에 따르면, 4명의 인력이 투입되는 농업 현장에서 이 로봇을 도입하면 1명으로도 충분히 수확 작업에 대응할 수 있다고 한다. 즉 이나호의 채소 로봇을 활용하면 총 4배가량의 생산성 향상 효과를 거두게 되는 것이다. 그뿐만 아니라 단순반복적 업무는 로봇에게 맡기고 인간은 좀 더 창의적이고 비정형적인 업무에 집중할 수 있게 되는 등 협업 로봇과의 시너지를 극대화할 수 있다. 이나호는 2019년 이미 아스파라거스 자동 수확 로봇 및 오이 수확 로봇을 시장에 출시한 바 있다. 2020년 이후에는 토마토, 가지 등으로도 수확 작물의 범위를 더욱 확대할 계획을 가지고 있다.

의료, 금융, 보안 등으로 응용 분야 확장하는 협업 로봇

협업 로봇 기술은 제조, 물류, 농업 등 기초 생산 활동과 깊이 연계돼 있는 영역 외에도 의료나 금융, 보안과 같이 전문 서비스를 제공하는 산업으로 점차 확대되는 추세다. 특히 의료 로봇 기술은 세계적으로 고령화가 가속화되고 헬스케어에 대한 관심도가 증가하는 상황에서 상당한 성장 잠재력이 있다고 할 수 있다. 2018년 전문 서비스 분야의 글로벌 로봇 시장 규모는 92억 달러(약 11조 원)에 달하는 것으로 나타났는데, 이 중에서도 의료 분야는 무려 28억 달러(31%)에 달하는 것으로 조사된 바 있다.[3] 이는 전년 대비 27%나 증가한 수치이기도 하다.

미국 인튜이티브 서지컬Intuitive Surgical 사의 복강경 수술 로봇 '다빈치Da Vinci'는 가장 잘 알려진 의료 로봇이다. 다빈치의 한 대 가격은 무려 30억 원에 이르며, 2000년 미국 식품의약국의 승인을 받은 이후 세계적으로 5000대가 넘는 판매고를 올렸다. 다빈치는 대형 절개 과정 없이도 배꼽 근처 2.5cm 미만의 작은 구멍을 통해 로봇을 삽입시켜 수술이 가능하다. 그만큼 통증과 흉터가 거의 없는 수술로도 유명하다. 의사는 다빈치의 수술용 카메라와 로봇 팔을 넣고 인체 내부 3차원 영상을 보면서 로봇 제어 콘솔로 로봇 팔을 조작한다. 직접 수술 행위를 하는 로봇 팔 손끝의 기능과 정밀도를 극한으로 끌어올려 사람이 직접 집도하는 경우의 손 떨림 문제 없이 미세하고 정교한

복강경 수술 로봇 다빈치(좌)와 ABB의 유미 로봇(우)

자료: UChicago Medicine, ABB

수술이 가능하다.

스위스에 기반을 둔 글로벌 로봇 기업 ABB는 미국 텍사스 휴스턴에 위치한 텍사스 메디컬센터에 기존의 협업 로봇 '유미Yumi'를 도입하는 등 비수술 의료 시스템을 구축하겠다는 계획을 밝혔다. 이 시스템의 주된 역할은 기존 의료 실험실의 자동화다. 그동안 의료 분야 연구진들이 일일이 수동으로 진행해오던 실험실 업무들을 로봇 자동화 솔루션 기반으로 처리해 프로세스를 빠르게 하는 것은 물론 실험의 일관성과 안전성을 향상시키려는 것이다.

기업의 생산 거점인 공장뿐만 아니라 의료기관의 경우에도 원심분리기를 장착하는 등 반복적이고 정형화된 업무가 많아 효율성 관점에서 일부 개선이 필요했던 것이 사실이다. 로봇을 활용해 이러한 업무들을 효율화하면 의료진들에게 더욱 많은 시간이 확보되어 환자 치료 등 더 중요한 작업에 집중할 수 있다. ABB는 실험 프로세스 자동화를 통해 무려 50%의 의료 테스트를 더 수행하는 등 생산성 향상에 기여할 수 있을 것으로 내다보고 있다.

ABB의 유미 로봇은 그 외에도 현금 자동 입출금기 ATM의 소프

ATM 테스트 업무 중인 ABB의 유미(좌)와 코발트 로보틱스의 보안 로봇(우)

자료: ABB, Youtube, Cobalt Robotics, The Robot Report

트웨어 테스트를 진행하는 업무도 할 수 있다. 그동안은 ATM 내 설치된 소프트웨어를 업그레이드한 이후 사람이 직접 소프트웨어가 잘 돌아가는지 안정성이나 버그에 대한 테스트 업무를 처리해왔다. 로봇 유미는 ATM 화면의 메뉴를 보고 직접 조작해 신용카드를 삽입하거나 현금을 출금하는 작업을 사람을 대신해 해낼 수 있다.

미국 캘리포니아의 로봇 스타트업 코발트 로보틱스Cobalt Robotics는 보안 분야에 특화된 협업 로봇을 개발하기도 했다. 코발트의 로봇은 텔레프레젠스Telepresence 기능을 갖춰 실내 공간을 자율적으로 이동하며 보안 관리자가 원격으로 현장을 모니터링할 수 있도록 지원한다. 그뿐만 아니라 초음파 센서·신분증 인식 장치·가스 감지기 등 60여 개의 센서를 기반으로 방문자 확인, 출입문 개폐, 가스 누출 등의 보안 기능을 수행할 수 있다. 업무 수행 중 이상 징후를 발견하면 그 즉시 관리자에게 알림을 보내주기도 한다. 향후 이러한 보안 로봇 기술이 더욱 고도화되면 보안 관리자들은 최소의 인력만으로도 기존과 동일한 수준의 대응력을 유지하는 것이 가능해질 것으로 보인다.

협업 로봇의 미래: 개인의 일상 속으로 파고드는 로봇

새로운 영역으로 진출 범위를 지속 확대해나가고 있는 협업 로봇은 이제 산업 현장은 물론 우리들의 일상 속으로도 깊숙이 침투하고 있다. 아주 가까운 예로 로봇 청소기의 보급 확산을 꼽을 수 있다. 사람이 먼저 방 안을 정돈해서 청소 길을 열어주면 로봇 청소기는 마치 더듬이처럼 생긴 회전솔을 부지런히 움직여 먼지를 청소기 흡입구 쪽으로 모으며 청소한다. 공장이 아닌 집안의 가사 활동 중 최소한 청소만큼은 완벽한 협업 체제를 향해 나아가고 있는 것으로 보인다.

IFR의 전망에 따르면 2018년 기준 개인 및 가정용 로봇 서비스 영역은 주로 집 안 청소 및 잔디 깎기 로봇을 포함하고 있는데, 전년 대비 25%가량 시장 규모가 증가해 25억 달러(약 2조 원)에 이른다. 개인 서비스 로봇의 판매량은 2019~2022년 사이에도 크게 증가해 2022년에는 4배에 달하는 약 97억 달러(11조 4000억 원)까지도 급성장이 예상되고 있다. 개인 및 가정용 로봇은 IFR가 전망한 다른 세부 로봇 서비스 분야 중 물류를 제외하면 가장 급격한 성장세를 보이는 영역에 해당한다.

이러한 전망을 반영하듯, 공장을 벗어나 세상 밖으로 나와 일반 고객들과 호흡하는 협업 로봇들의 사례도 늘어나고 있다. 일본의 덮밥 체인점 요시노야에는 협업 로봇 '코로Coro'가 일하고 있다. 코로는 일본 벤처기업 라이프로보틱스가 개발한 로봇으로 팔 한 개로 이루어진 다관절 로봇이다. 코로의 역할은 식기세척기에서 그릇이 나오면 이를 종류별로 식별해 정리하는 것이다. 코로의 팔은 최대

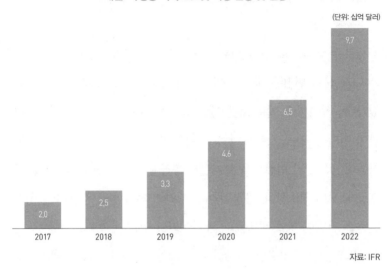

개인·가정용 서비스 로봇 시장 현황 및 전망

(단위: 십억 달러)

- 2017: 2.0
- 2018: 2.5
- 2019: 3.3
- 2020: 4.6
- 2021: 6.5
- 2022: 9.7

자료: IFR

86.5cm까지 늘어날 정도로 활동 반경이 넓은 편이며, 사람이 근처에 오면 위험 우려 상황으로 인지해 동작을 멈춘다. 그야말로 협업과 보조에 특화된 로봇이라 할 수 있다.

한국에서는 커피 전문 브랜드 달콤커피가 로봇이 직접 음료를 제조해주는 무인 로봇카페 '비트_b;eat'를 운영하고 있다. 특히 비트는 KT의 5G와 AI 기술을 적용해 세계 최초의 5G 바리스타 로봇을 상용화하는 데 성공한 사례다. 하드웨어는 일본 덴소에서 개발한 다관절 로봇이 채택되어 시간당 최대 90잔의 커피 제조가 가능하고 그 밖에 고객 모니터링, 매장 관리, 스마트 보안 등 5G 네트워크 기반으로 최적화된 다양한 서비스를 제공한다. 또한 비트는 2019년 3월 더욱 진화된 형태의 로봇카페 '비트2E'까지 공개했다. 이전 세대와 마찬가지로 5G를 탑재했을 뿐만 아니라 KT 사업 제휴를 통해 AI 솔루션 '기

무인 로봇카페 비트(좌)와 ABB 유미 로봇의 오케스트라 지휘(우)

자료: 달콤커피, 조선비즈

가 지니'까지 적용했다고 한다. 덕분에 고객과의 교감 및 대면 커뮤니케이션이 가능한 것은 물론 고객 요청에 따라 무려 47가지 메뉴에 모두 대응해 음료를 제조할 수 있다. 시간당 제조 가능한 음료의 수도 무려 120잔까지 늘어났다고 한다.

앞으로는 개인의 일상을 보조하는 업무 외에도 협업 로봇과 사람의 정서적인 교감을 위한 다양한 시도도 활발히 이루어질 것으로 보인다. 앞서 ABB의 휴머노이드 양팔 로봇 유미는 2017년 이탈리아 피사의 베르디 극장에서 세계적인 테너 가수인 안드레아 보첼리와 루카 필하모닉 오케스트라의 협연을 지휘했다. 유미의 지휘 하에 보첼리가 열창하기도 하고, 또 오케스트라의 오페라 간주곡이 연주되기도 했다. 유미는 로봇임에도 풍부한 표현력을 통해 연주를 성공적으로 이끌어 관객들로부터 많은 박수갈채를 받았다.

ABB 유미 등의 사례를 통해 알 수 있듯이 로봇 기술은 일반 산업용 로봇에서 협업 로봇 및 생활형 로봇, 다시 감성형 로봇으로 점점 높은 수준으로의 진전이 이루어지고 있다. 이에 따라 로봇 개발 업체가 아닌 서비스업 등 다른 산업 전반에도 로봇 기술 도입에 대한 관심도가 증가하고 있다. 고객을 직접 대면하는 B2C 로봇 서비스에 특화하기 위한 시도가 늘고 있는 것이다. 멀지 않은 미래 다양한 산업 분야에서의 로봇 활용성 극대화를 위해 향후 5G 인프라 등 로봇 서비스의 저변 확대를 위한 노력도 병행되어야 할 것으로 보인다.

13

고객 최접점에서
데이터를 처리하다

| 엣지 컴퓨팅 |

클라우드 시장에서 엣지의 중요성이 늘어나다

"우리는 인텔리전트 클라우드와 엣지의 시대에 살고 있다."

마이크로소프트 사티아 나델라 최고경영자는 2018년 5월 미국 시애틀에서 열린 '마이크로소프트 빌드 2018Microsoft Build 2018' 컨퍼런스에서 이와 같이 말했다. 이는 최근 ICT 산업에서 가장 뜨거운 이슈 중 하나인 엣지 컴퓨팅 기술을 이르는 것이었다.

사티아 나델라 CEO는 바로 이듬해 엣지 컴퓨팅에 대한 구체적인 계획에 대해서도 밝혔다. 2019년 7월 미국 라스베이거스에서 개최된 '마이크로소프트 인스파이어 2019Microsoft Inspire 2019' 행사에서였다. 통신 기업 AT&T와의 5G-엣지 컴퓨팅 기술 연계를 두고 협업하겠다는 것이었다. 마이크로소프트는 애저 클라우드와 AT&T의 네트워크 역량을 기반으로 인텔리전트 엣지Intelligent Edge 등 다양한 산업 솔루션을 개발할 것이라고 했다.

마이크로소프트뿐만이 아니라 글로벌 클라우드 시장에서 주도권 경쟁을 벌이고 있는 아마존과 구글 등 소위 테크 자이언트로 불리는 기업들도 엣지 컴퓨팅 기술 연구에 대한 주목도가 높은 상황이다. 글로벌 시장조사기관인 IDC는 오는 2022년까지 전 세계 기업의 약 40% 이상이 클라우드 서비스 채택 시 엣지 컴퓨팅 기술을 포함시킬 것으로 내다보기도 했다.

이처럼 엣지 컴퓨팅 기술이 최근 급격히 부각된 이유는 통신 인프라 발전 등으로 데이터 양이 폭발적으로 증가하고 있기 때문이다. 데이터 규모가 확대되면서 현재와 같이 중앙의 데이터센터에서 모든

클라우드 컴퓨팅 기술 한계 예시

요인	활용 사례	설명
안정성	자율주행 자동차	순간의 네트워크 지연·오류가 치명적 사고로 연결
	항공 엔진, 드론	
즉시성	연안 석유 시추 시설	중앙 서버와 기계 간 물리적 거리로 인해 연결이 어려움
	사막에 위치한 물분사 펌프	
	증강현실	
	가상현실	사람의 시청각 반응은 매우 민감해 몰입감에 영향
	생체인식	
효율성	스마트 팩토리	대규모의 센서 테이터가 발생, 효율적 처리 필요

자료: 《정보통신정책》 동향(29권 16호)

컴퓨팅 작업을 수행하는 클라우드 컴퓨팅의 부하 한계에 대한 지적이 일었다.

물론 초창기에 IoT 개념이 정립되던 시기에는 주로 저사양의 IoT 단말을 상정한 상태였다. 하지만 VR, 자율주행차 등의 기술이 부각되면서 대용량 데이터의 실시간 처리 및 낮은 지연 속도가 서비스 품질의 핵심 요건으로 강조되기 시작했다.[1] 일례로 고화질 카메라는 초당 20~60MB의 데이터를 생성하고, 자율주행차가 만드는 데이터 양은 대략 4TB에 이른다고 한다. 이처럼 각종 IoT 디바이스가 확산됨에 따라 실시간으로 막대한 양의 데이터를 저장하고 효율적으로 전송 및 처리할 수 있는 능력이 요구되는 시대가 열리고 있다. 그리고 그 대안 중 하나로 엣지 컴퓨팅 기술이 주목받고 있는 것이다.

5G 시대, 실시간 데이터 처리를 지원할 차세대 대안 기술로 부상

엣지 컴퓨팅Edge Computing이란, 중앙 컴퓨팅 자원이 아닌 데이터가 발생한 현장이나 그에 가까운 로컬 디바이스 단위(엣지)에서 실시간·분산적으로 컴퓨팅이 이뤄지는 기술을 의미한다. 한마디로 한 곳에 집중된 데이터 부하를 나누는 개념이다. 엣지 컴퓨팅은 기존 클라우드 중심의 컴퓨팅 시스템에 대한 해법으로 부각됐으나 새로이 대체하는 것이라고 할 수는 없다. 오히려 클라우드 서비스를 강화 및 보완하는 실시간 데이터 처리를 지원하는 대안 기술로 각광받고 있다.

'중앙→로컬'의 흐름으로 컴퓨팅 자원 및 서비스를 제공하는 분야

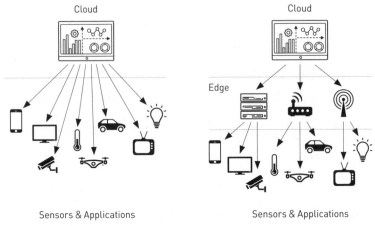

클라우드 컴퓨팅과 엣지 컴퓨팅 비교

Cloud

Cloud

Edge

Sensors & Applications

Sensors & Applications

자료: DBR

라면 엣지 컴퓨팅 기술을 적용할 후보 대상으로 충분히 검토할 만하다. 가령 기존 네트워크 인프라에 해당하는 스위치나 라우터 또는 좀 더 극단적인 경우 공유기나 가정용 NAS,[2] 셋톱박스도 엣지 컴퓨팅이 가능한 지점이라고 할 수 있다.

이러한 이유로 아직 엣지 컴퓨팅의 개념을 기술적으로 명확히 정의하기는 어렵다. 현재로서는 클라우드 엣지Cloud Edge 방식과 디바이스 엣지Device Edge 방식으로 구분이 가능하다. 클라우드 엣지는 마이크로 데이터센터, 이동통신 기지국 등 네트워크 장비를 통해 클라우드 컴퓨팅의 역할을 분담하는 방식이다. 라우팅[3] 과정을 거치지 않고 서버 혹은 더욱 성능이 좋은 디바이스 등 네트워크 엣지를 통해 컴퓨팅 기능을 제공할 수 있다.

특히 2020년을 기점으로 본격화될 5G 서비스와의 시너지에 대한 기대도 높다. 전 세계적으로 널리 5G·IoT 서비스가 보급되고 사

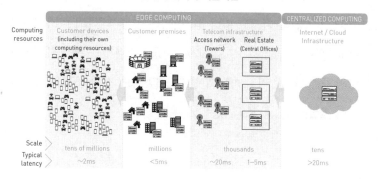

엣지의 위치와 지연시간

	EDGE COMPUTING				CENTRALIZED COMPUTING
Computing resources	Customer devices (including their own computing resources)	Customer premises	Telecom infrastructure Access network (Towers)	Real Estate (Central Offices)	Internet / Cloud Infrastructure
Scale	tens of millions	millions	thousands		tens
Typical latency	~2ms	<5ms	~20ms	1~5ms	>20ms

자료: Telefonica

람과 사람, 사람과 사물 간 연결 수가 급격히 증가하게 될 것이다. 앞서 서술한 바와 같이 IoT 디바이스가 기하급수적으로 증가하고 기기 자체도 고도화되어 처리해야 할 데이터의 규모도 폭증할 것으로 예상된다. 엣지 컴퓨팅과 5G 통신 간 결합 및 응용을 통해 5G-MEC Mobile Edge Computing 모델을 구축할 경우 5G 서비스의 지연 속도를 크게 단축하는 등 엣지 컴퓨팅은 5G 품질 향상 측면에서도 기대가 높은 기술이다.

한편 디바이스 엣지 방식에서는 단말 혹은 사용자가 보유하고 있는 기기에 자체적으로 컴퓨팅을 수행할 수 있는 하드웨어 및 소프트웨어를 탑재해 컴퓨팅 작업을 진행한다. 이 때문에 기존 단말보다 높은 수준의 컴퓨팅 작업이 가능하도록 더욱 강화된 성능을 갖출 것을 요구한다. 네트워크를 거치지 않고 데이터를 즉시 처리하므로 실시간 대응에 가장 유리하지만 단말 능력의 제한으로 고차원적인 데이터 분석까지 진행하기가 어렵다는 측면도 있다.

종합적으로 엣지 컴퓨팅은 클라우드 컴퓨팅에 비해 지연시간이 짧고 해킹 가능성이 낮으며 광범위한 이동성mobility을 지원할 수 있다는 점에서 강점을 가지고 있다. 미국 카네기멜론대학의 마하데브 사타나라야난Mahadev Satyanarayanan 교수는 엣지 컴퓨팅을 통해 데이터 처리량의 증가 문제, 처리 속도의 문제, 개인정보 침해 문제를 모두 해결할 수 있을 것으로 보고 있다.

사물인터넷과의 결합으로 도약하는 엣지 컴퓨팅 시장

────

컨설팅 기업 가트너는 2018년과 2019년 연속으로 엣지 컴퓨팅을 10대 유망 기술로 선정했으며,《포브스》역시 2019년 디지털 트랜스포메이션 10대 트렌드로 채택할 정도로 엣지 컴퓨팅은 세계 다수의 기업과 기관들의 주목을 한 몸에 받고 있다. 특히 가트너는 엣지 컴퓨팅의 중요한 특성으로 자율권이 부여되어Empowered 고객 최접점에서 프로세싱 작업을 처리할 수 있다는 점을 꼽았다. 가트너는 기존의 클라우드와 '자율권을 가진 엣지Empowered Edge'가 서로를 보완해 완성형 모델로 진화해나갈 것으로 전망했다.

한편 IoT 분야 시장조사기관 IoT 애널리틱스IoT Analytics는 2018년을 기준으로 전 세계의 IoT 기기 수를 약 70억 개로 추정했고, 2020년에는 100억 개, 2025년에는 무려 215억 개를 돌파하게 될 것으로 내다보았다. 또한 시스코에 따르면 2020년 전 세계 클라우드가 처리해야 할 연간 네트워크 부하량이 무려 14.1ZB⁴ 수준에 이를 것으로 전망하고 있다.

전 세계 IoT 기기 연결 수 및 시장 규모

작동 중인 전 세계 IOT 기기 수

(단위: 십억 개)

Number of global active Connections(installed base) in Bn

자료: IoT Analytics

이러한 전망을 반영하듯, 다수의 기관에서는 전 세계 IoT 시장 및 엣지 컴퓨팅 규모 또한 빠르게 성장할 것으로 보고 있다. IoT 애널리틱스는 2025년까지 글로벌 IoT 시장이 1.6조 달러(약 1900조 원) 규모로 성장할 것으로 전망했고, 맥킨지는 무려 6.1조 달러(약 7300조 원) 규모까지 시장이 확장될 것으로 예측했다. 또한 글로벌 시장조사 업체인 마켓앤마켓Markets and Markets은 전 세계 엣지 컴퓨팅 시장 규모를 2017년 14억 7000만 달러(약 1조 7000억 원)에서 2022년 67억 2000만 달러(약 8조 원) 규모까지 성장할 것으로 내다보았다. 즉 연평균 35.4%씩 급격히 성장할 것으로 전망하고 있다.

물론 기관별로 시장 규모 추정에 대한 기준은 다를 것이지만, 사실상 엣지 컴퓨팅 분야는 아직 IoT 시장에 대비해서도 시장 규모가 크지 않고 이제 막 성장을 시작한 걸음마 단계라고 할 수 있다. 클라우드와 엣지가 보완적 관계로 발전해나가고 있는 데다 5G 시대 데이터 트래픽이 폭증하면 엣지 기술에 대한 급격한 수요 증가로도 이어질 수 있는 만큼 예상보다 더 빠르게 관련 시장이 급성장할 가능성도 상당히 높다. IDC에서도 2020년까지 IoT로 인해 생성되는 모든 데이터 중 45%가 네트워크의 엣지에 저장, 처리, 분석, 활용될 것으로 전망한 바 있다. 또한 IoT 인프라에 투자하는 총비용의 약 18%가 엣지 인프라에 사용될 것으로 보고 있어 향후 엣지 컴퓨팅 시장의 성장동력은 충분한 것으로 평가되고 있다.

엣지를 둘러싼 통신 사업자와 테크 자이언트 간의 치열한 경쟁

Telco, 5G-MEC 시너지 겨냥

MEC_{Mobile Edge Computing}는 분산형 컴퓨팅의 기능을 무선 네트워크 자체에서 직접 제공하는 네트워크 아키텍처다. 4G 네트워크상에서 MEC를 활용하기 위해서는 특정 지역 내 별도의 망을 새로 구축해야 했지만, 5G 규격의 경우 아예 표준화 등 기술 개발 단계에서부터 MEC의 활용 가능성이 고려됐다. 5G-MEC는 공장이나 대형 스포츠 경기장 등 엣지 컴퓨팅 기술 적용이 필요한 곳이라면 어느 위치에서나 데이터 처리 플레인[5]을 분산화해 구축이 가능하다.

이동통신사들은 이러한 5G의 차별화된 구조를 기반으로 통신시장에서의 새로운 사업 기회에 주목하고 있다.[6] 특히 통신사들은 물리적으로 고객들과 아주 가까운 위치에서 통신 서비스를 제공해 왔다는 점에서 아마존 웹 서비스나 마이크로소프트 애저 등 클라우드 서비스 사업자들에 비해 고객 접근성 측면에서는 경쟁우위를 확보하고 있다고 볼 수 있다. 서비스 이용 고객들에게 보다 가까운 컴퓨팅·네트워크 접점을 제공하는 데 유리한 고지를 점하고 있는 것이다.

또한 대개 엣지 클라우드는 직접 개별 디바이스와 연결되어 통신 지연을 최소화함과 동시에 이동성도 보장하는 미션 크리티컬 서비스Mission-critical Services[7]를 담당하게 되는데, 이 역시 이동통신 사업자가 물리적으로 우위에 있다고 볼 수 있다.

실제로 버라이즌, AT&T, 오렌지와 같은 통신 사업자들은 MEC 기반의 표준 솔루션 및 애플리케이션 개발 등 엣지 컴퓨팅과 관련된 연구 및 사업을 추진하는 데 적극적인 움직임을 보이고 있다. 통신 사업자들은 엣지단 기능을 수행할 수 있는 별도의 통신센터를 구축해 앞서 설명한 5G-MEC 모델 기반 다양한 5G B2B 서비스를 개발하는 것에 초점을 두고 있다.

버라이즌은 5G 네트워크 안에서 MEC 관련 장비와 이를 구동하기 위한 플랫폼 소프트웨어를 활용해 서비스 효용 테스트를 진행하고 있다. 그 연구 결과 중 한 가지 주목할 부분은 5G-MEC 장비와 일반적인 데이터센터의 서비스 비교·분석 결과 MEC 장비를 통해 진행한 서비스에 대한 사용자 집단의 체감 반응 속도가 2배 정도 빠른 것으로 나타났다는 것이다.

AT&T는 다양한 사업자와의 협업을 통해 VR·AR, 자율주행차 등 본격적인 MEC 기반의 서비스 확대를 추진하겠다는 계획을 밝힌 바 있다. 일례로 2019년 2월부터 마이크로소프트 애저 및 드론 모니터

AT&T MEC 기반 드론 관제 실증 실험

링 서비스 업체인 보팔Vorpal과 제휴해 MEC에 대한 테스트를 추진하고 있다. AT&T는 미국 텍사스 주 플레이노에 구축된 테스트 환경에서 5G·LTE 네트워크와 애저 클라우드를 기반으로 드론 추적 센서 및 드론 탐지·추적 소프트웨어인 '바이길에어VigilAir'의 성능에 대한 실증 시험을 진행하고 있다. 또한 AT&T는 2019년 2월 열린 세계 최대 모바일 박람회 'MWC 2019' 행사에서 보다폰 비즈니스Vodafone Business와 협력해 5G 기반의 자동차 안전, 보안 및 엔터테인먼트 등 자동차용 IoT 애플리케이션을 개발하겠다는 계획을 발표하기도 했다.

또한 영국의 보다폰Vodafone은 엣지 컴퓨팅 솔루션 업체 사구나 네트워크Saguna Networks와 제휴해 MEC 기반 비디오 스트리밍 서비스 품질 개선 관련 실증 시험을 진행한 바 있다. 이 테스트를 통해 MEC를 활용할 경우 시작 시간이 빨라지고 버퍼링 대기 시간 및 정지하는 경우가 대폭 줄어드는 등 스트리밍에 대한 사용자 경험이 크게 향상된 것으로 알려졌다.

한편 프랑스를 대표하는 이동통신사 오렌지는 일반·미니mini·마이크로micro 단위의 데이터센터뿐만 아니라 엣지 단계를 담당할 수많

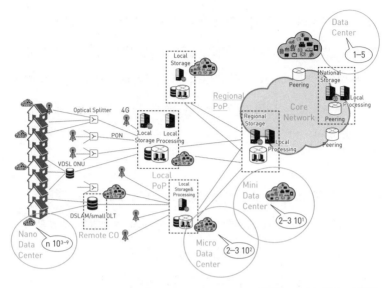

자료: Orange Lab, NIA(2018) 재인용

은 나노nano 단위의 데이터센터를 개설해 클라우드 서비스의 경쟁력을 확보해나가겠다는 입장을 발표했다. 앞서 미국 AT&T가 기존 통신시설 가상화 및 소프트웨어 기반 망 운용 능력 확보를 통해 엣지 클라우드 경쟁력을 강화하겠다고 밝힌 것과는 사뭇 다른 방향성을 띠고 있다.

글로벌 테크 자이언트, 디바이스 엣지 경쟁력 강화

이동통신사와 달리 글로벌 테크 자이언트 기업들은 통신 인프라보다는 AI 중심의 플랫폼·소프트웨어 개발 노하우 및 역량의 우위를 발판으로 엣지 컴퓨팅 분야에서의 입지를 다지는 데 주력하고 있다. 첫째, 아마존 등 글로벌 클라우드 시장을 주도하던 사업자들은 기존의 클라우드 소프트웨어를 엣지단까지 고려한 솔루션으로 업그레이드시키는 등 네트워크 의존도가 낮추는 방향으로 IoT 게이트웨이 전반의 고도화를 꾀하고 있다. 둘째, 반도체 제조사 중심으로 엣지 컴퓨팅 시대를 이끌어갈 차세대 프로세서 제조 경쟁이 벌어지는 가운데 구글 등의 테크 자이언트들도 프로세서 연구개발에 힘을 쏟고 있다.

• ① 네트워크 의존도를 낮추는 방향으로 IoT 게이트웨이 고도화

아마존, 마이크로소프트는 네트워크 연결과 관계없이 안정적으로 IoT 클라우드 서비스를 제공할 수 있도록 지원하는 엣지 기반의 컴퓨팅·전송·스토리지 서비스를 강화하고 있다. 먼저, 아마존은 네트워크 의존도를 낮출 수 있도록 클라우드 서비스 본연의 기능을 로컬 디바이스로까지 확장하는 엣지 컴퓨팅 소프트웨어 'IoT 그린그래스Greengrass'를 개발해 데이터 전송 서비스 측면에서도 엣지단의 기능을 강화했다. IoT 그린그래스는 로컬 단위에서 데이터를 수집 및 자체 분석하고, 또 인터넷에 연결돼 있지 않더라도 로컬 디바이스 간 통신이 가능하도록 지원하는 서비스다. 이를 통해 현장에서 발생하는 데이터를 안정적으로 처리하고, 개별 로컬 기기들 간에 데이터를 동기화된 상태로 유지할 수 있다.

또한 페타바이트 단위 대량 데이터 전송을 지원하는 데이터 마이그레이션 서비스 AWS 스노우볼AWS Snowball에 엣지 컴퓨팅 기능을 더한 '스노우볼 엣지Snowball Edge'를 개발했다. 제조나 의료 등 다양한 산업 현장에서는 대용량 데이터들이 다수 발생하며, 이는 인터넷이 연결돼 있지 않은 환경에서도 마찬가지다. 스노우볼 엣지를 활용하면 인터넷 연결이 불완전할 때는 전송하지 않고 엣지단에서 기계학습 및 데이터 분석 모델을 적용해 데이터를 1차 처리하고, 네트워크 연결이 안정화되면 중앙의 데이터센터로 전송해 데이터를 처리한다.

항공기 개발 기업으로 잘 알려진 미국의 보잉 사의 한 사업부인 인시투InSitu는 산불 지역, 광산, 사막, 전쟁터와 같이 멀고 험한 지역에서 오랜 시간 동안 고해상도 이미지를 캡처하는 드론을 운행하고 있다. 인시투는 실제 AWS의 스노우볼 엣지를 활용해 캡처 이미지를 확인하고 기준에 따라 분류하는 등의 1차 분석 작업을 거친 뒤 다시 클라우드 분석 애플리케이션으로 전송하는 프로세스를 따르고 있다.

이뿐만 아니라 수집한 데이터를 엣지단에서 실시간으로 가공 처리해 전송 작업까지 진행하는 스트리밍 서비스 '아마존 키네시스Amazon Kinesis'도 있다. 키네시스를 활용하면 대용량의 데이터를 안정적으로 수집한 후 보다 다양한 소프트웨어와 함께 사용 가능하도록 실시간으로 가공 데이터를 제공받을 수 있다. 이로써 적시에 인사이트를 확보하고 새로운 정보에도 신속하게 대응할 수 있다는 이점이 있다.

마이크로소프트 또한 아마존과 유사한 형태로 IoT 네트워크 포인트들을 고도화하는 작업에 매진하고 있다. 마이크로소프트는 디바이스뿐 아니라 고객과의 접점에 있는 서비스를 모두 '엣지Edge'라 정의하고 각각 인공지능화해 중앙부 컴퓨팅 자원과 연결하겠다는 비전을 설정하고 있다.

마이크로소프트의 대표적인 솔루션은 '애저 IoT 엣지'다. 네트워크 연결성이 좋지 않은 환경에서 이 장비의 컴퓨팅 파워와 스토리지를 통해 끊김 없는 서비스가 가능하다. 네트워크 연결 상태가 좋아지면 데이터를 클라우드에 전달한다. 애저 IoT 엣지 솔루션 내의 '애저 스트리밍 애널리틱스Azure Streaming Analytics' 엔진은 IoT 디바이스

IoT Edge Cloud 구조

- Sensor & Actuator: 센서는 실제 데이터를 엣지 장치에 전송, 엣지 장치에서 생성된 제어 신호는 액추에이터에 전달되어 동작하는 구조
- Edge Device: 센서 데이터를 읽어서 데이터를 처리하고, 그 데이터를 클라우드 서비스에 전송하거나 제어 신호를 액츄에이터에 전달
- Edge cloud service: 엣지 관리 서비스, 머신러닝 모델 생성, 센서 데이터 저장 및 분석의 기능을 수행
  - 엣지 관리: 엣지 장치의 등록·인증·상태 점검 등 프로비저닝 서비스 제공
  - 데이터 저장: 엣지 장치에서 전송한 데이터를 저장 및 관리
  - ML 모델 생성: 머신러닝 기반 데이터 분석 및 적절한 모델을 생성
  - 분석: 엣지 장치에서 분석할 수 없는 대용량 데이터에 대한 분석 수행

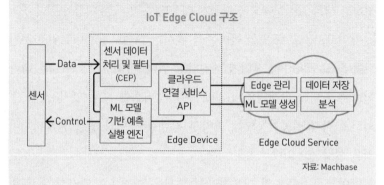

IoT Edge Cloud 구조

자료: Machbase

에서 대량의 데이터를 실시간 스트리밍 분석 및 처리하도록 설계돼 있다. 특히 공장과 같은 공간에서는 다양한 센서의 데이터를 실시간으로 분석하고 이상을 감지해 기계를 중지시키거나 관리자에게 경고 신호를 보낼 수 있다.

• ② AI 프로세서를 통한 엣지 컴퓨팅에서의 AI 구현 경쟁

엣지 컴퓨팅에 대한 기술적 수요가 높아지면서 이전과는 다른 특수한 형태의 하드웨어 개발이 불가피한 상황이다. 이와 관련해 전 세계적으로 GPU, NPU[8] 등 엣지단에서 AI 컴퓨팅 파워를 제공하는 AI 프로세서를 둘러싼 경쟁이 진행되고 있다. 특히 데이터센터 서버 또는 엣지 디바이스에서 AI 알고리즘에 대해서만 전문으로 계산하도록 최적화된 AI 반도체의 수요가 급증할 것으로 전망된다.

맥킨지에 따르면 AI 반도체 시장은 연평균 18%씩 성장해 2025년에는 전 세계 반도체 수요의 20%를 차지할 것으로 예상된다. 시장조사기관 트랙티카Tractica는 엣지 컴퓨팅 시장에서 AI 가속 프로세서의 사용은 전체 시장 기회의 4분의 3 이상을 차지할 만큼 빠른 성장과 광범위한 수요가 발생할 것으로 전망했다.

GPU 개발로 AI 하드웨어 선두주자로 꼽히는 엔비디아[9]는 2017년 일반 단말 적용 반도체인 '젯슨Jetson TX2'뿐 아니라 자율주행차 반도체 '드라이브Drive PX-2'까지 개발한 바 있다. 고속 영상 처리 하드웨어 PX-2는 자율주행차의 영상 처리를 위해 제공되는 딥러닝 기반의 그래픽 처리 장치로 자동차 주위의 영상 정보를 실시간으로 분석해 주위 장애물을 인지하도록 할 수 있다. 실제로 테슬라, BMW, 아우디 등 글로벌 자동차 기업들과 협력해 관련 연구가 진행되고 있으며, 해당 기업들이 개발 중인 자율주행차에 탑재될 것으로 알려져 있다.

퀄컴과 IBM, 삼성전자 등 글로벌 주요 반도체 기업들은 신경망 처리 장치 NPU에 대해서도 주목하고 있다. NPU는 인간의 뇌신경 구조를 모방한 차세대 프로세서로, 기존의 GPU보다도 딥러닝 알고리즘 연산에 최적화된 성능을 보여줄 유망 기술로 평가되고 있다. 퀄컴이 이미 2013년 '제로스Zeroth'를 공개했으며, IBM도 2014년 '트루노스TrueNorth'라는 이름의 NPU를 개발했다. 삼성전자도 관련 분야 인력을 확충하는 등 2030년까지 AI 핵심 기술인 NPU 사업을 육성하겠다는 계획을 밝혔다.

반도체 기업이 아닌 구글과 마이크로소프트 등도 역시 엣지 AI 기술 확대 차원에서 AI 프로세서 개발에 주력하고 있다. 먼저 구글은 2018년 7월 IoT 엣지에서 머신러닝을 수행할 수 있는 소형 AI 가속기 '엣지 TPUTensor Processing Units'를 공개했다. 엣지 TPU를 활용하면 엣지단에서 바로 추론에 의한 문제 해결을 실행할 수 있다.[10]

클라우드 시스템에서 처리하던 AI 기반 추론을 IoT 엣지 디바이스에 이전·분담해 수행하면 IoT 서비스 수행에 필요한 연산 동작을 더 빠르게 처리할 수 있다. 구글은 엣지 TPU를 개발 킷으로 제공함으로써 파트너 사업자 입장에서도 하드웨어 기능을 직접 테스트하고 자사의 제품들과 어떻게 적용 및 호환될지 쉽게 확인할 수 있도록 지원한다. 구글 측은 컴퓨터 구조에 관한 선도적 학술대회인 ISCAInternational Symposium On Computer Architecture를 통해 이러한 TPU가 기존의 CPU·GPU의 조합보다 약 15~30배 빠른 성능으로 구현될 것

자료: i-Micronews

으로 내다보았다(2017년 6월).

그 외 구글은 TPU 칩으로 구동되는 소프트웨어인 '클라우드 IoT 엣지Cloud IoT Edge'를 선보이기도 했다. 클라우드 IoT 엣지는 구글 클라우드의 데이터 처리와 머신러닝 기능을 게이트웨이, 카메라 등의 최종 기기로 확장하는 소프트웨어다.

엣지 소프트웨어가 경쟁력이다

요약하면 이동통신 기업은 기존의 통신 사업 역량을 활용해 클라우드 엣지 모델 중심 5G-MEC의 시너지에 주목하고 있다. 클라우드 및 AI 서비스 산업에서 주도권을 쥐고 있던 글로벌 테크 자이언트 기업들은 IoT 엣지 컴퓨팅 관련 소프트웨어의 개발은 물론, AI 프로세서 등 하드웨어의 연구에도 역량을 집중하고 있다. 이에 따라 향후 이동통신 업계와 테크 자이언트의 경쟁 구도는 물론, 협력 사례도 비일비재하게 나타날 가능성이 매우 높다. 이외에도 여러 제조사나 통신 장비 회사, 학술기관 등의 협업 참여도 활발해질 것으로 보인다.

실제로 2018년 에릭슨 주도로 오토모티브 엣지 컴퓨팅 컨소시움_{AECC: Automotive Edge Computing Consortium}이 출범했다. 이 컨소시움은 AT&T, 인텔, NTT, 토요타 등 글로벌 주요 기업의 참여와 함께 자율주행 엣지 컴퓨팅 분야에서의 협업을 목표로 구성됐다. AECC는 2025년이 되면 자동차들 간 현재 대비 1만 배 이상의 데이터를 서로 공유하며 복잡성이 더욱 증가하게 될 것으로 내다보고 있다. 향후 AECC는 'Distributed Computing(분산 컴퓨터) on Localized Network(지역 네트워크)'라는 개념 위에서 AI, 엣지 컴퓨팅, 무선통신 등의 기술을 적용한 자율주행 인프라 마련에 공동으로 협력해나가기로 했다.

물론 자율주행뿐만 아니라 스마트 홈, 스마트 팩토리, 드론 감시 등 다양한 분야에 IoT 기술이 확대되고 있다. 비교적 넓은 지역에 분산된 디바이스의 역할이 중요한 분야다. 산업 특수성에 따라 IoT 기기가 자체적으로 수행할 데이터 처리·분류·연산 작업은 매우 다른 속성을 지닐 수밖에 없다. ICT 인프라 및 서비스가 기능별로 더욱 세분화되는 경향 속에서 소프트웨어 개발 등의 IT 경쟁력이 엣지 컴퓨팅 시장의 핵심 가치로 자리매김할 것으로 보인다.

2000년대 아마존 웹 서비스의 '일래스틱 컴퓨트 클라우드_{EC2: Elastic}

Compute Cloud'를 필두로 클라우드 서비스가 출범했을 당시만 해도 IaaS(인프라 서비스)가 가장 기본적인 클라우드 서비스 모델이었다. 지금은 전 세계 퍼블릭 클라우드 시장 중 SaaS(소프트웨어 서비스)가 절반에 가까운 매출 비중을 차지할 정도로 대세를 이루고 있다.[11] 이에 따라 향후 AWS 스노우볼 엣지 등 기존 클라우드 서비스의 연장선 위에서 엣지 기능을 살린 SaaS의 개발이 활발히 추진될 가능성이 매우 높다고 할 수 있다. 또한 클라우드 시대 IaaS에서 SaaS 등 SW 경쟁력으로 무게중심이 옮겨 가고, 이것이 결국 고객 기업들의 중요한 구매 요인이 됐던 것처럼 엣지 컴퓨팅 시장의 패러다임도 유사한 방향으로 흘러갈 가능성이 높다.

'초연결'의
열쇠

| 저궤도 위성통신 |

인터넷 소외 지역을 없애는 저궤도 위성통신

일론 머스크와 제프 베조스의 우주 인터넷 경쟁

2019년 5월 23일 미국 동부 시각 밤 10시 30분. 플로리다 주에 위치한 케이프 커내버럴 공군기지에서 오렌지색 화염을 내뿜고 로켓이 발사됐다. 이 로켓에는 우주 인터넷 구상을 실현할 통신위성 60기가 탑재돼 있었다. 로켓을 쏘아 올린 주체는 전기자동차로 유명한 테슬라의 최고경영자 일론 머스크가 중심이 된 미국 민간 우주탐사 업체 스페이스X[SpaceX]였다.

스페이스X는 우주 인터넷 구상을 통해 총 1만여 개의 저궤도 위성을 띄워 지구촌의 인터넷 사각지대를 빠짐없이 커버하겠다는 스타링크 프로젝트를 발표했고, 마침내 첫 포문을 여는 위성 60기를 쏘아 올렸다. 스타링크 프로젝트란 스페이스X가 지구 저궤도에 1만 기가 넘는 소형 위성들을 쏘아 올려 초고속 인터넷 통신망을 구축하려는 계획인데, 통신위성 7500기와 광대역 통신위성 4425기를 쏘아 올려 인터넷 통신망을 구축한다. 스페이스X는 위성이 약 800개가 되면 인터넷 서비스를 시작할 수 있을 것으로 전망하고, 미국 정부로부터 다양한 궤도에 총 1만 2000개의 위성을 발사할 수 있는 허가를 받아놓은 상태다.

특히 광케이블, 유선을 이용한 인터넷 통신 방식과 비교할 때 스타링크 프로젝트는 통신 소외층에 대한 배려가 가능하다는 것이 특징이다. 광케이블을 포함한 유선 방식은 인구 밀집 지역에서는 경제적이지만 농촌, 산간, 사막 등 인구가 별로 없는 지역에서는 경제성

스페이스X가 쏘아 올린 저궤도 위성 탑재 로켓

자료: 언론 종합

이 없다. 경제력이 부족한 아프리카와 같은 곳에서는 유선 인터넷 설치가 이뤄지지 않는 경우가 많다. 그러나 저궤도 위성을 활용한 스타링크 프로젝트의 경우 경제력이 부족한 국가, 사람들이 많이 살지 않는 오지에서도 쉽게 인터넷에 접속하는 것이 가능하다.

그로부터 2개월 뒤 이번에는 제프 베조스Jeffrey Preston Bezos가 이끄는 아마존이 미국 정부에 통신용 위성 발사 허가를 신청하며 위성을 이용한 우주 인터넷 경쟁에 뛰어들었다. 아마존은 위성 궤도와 무선주파수 사용 조율 권한을 갖고 있는 미국 연방통신위원회FCC에 3236기의 통신위성을 발사하도록 허가해달라고 신청했다.

아마존도 스페이스X와 마찬가지로 저궤도 위성을 발사해 인터넷 서비스를 이용하지 못하는 수천만 명의 사람과 기업에게 초고속 인터넷을 제공한다는 '프로젝트 카이퍼'를 추진 중이었다. 저궤도 위성 통신을 통해 시골과 오지에 인터넷 통신 서비스를 제공해 미국 사회에 기여할 것이라고 CEO인 제프 베조스는 사업 추진 배경에 대해 설명했다. '프로젝트 카이퍼Project Kuiper'라는 이름은 태양계 외각 소행성대인 '카이퍼 벨트Kuiper Belt'에서 따온 이름인데, 카이퍼 벨트에 위치한 수많은 소행성처럼 많은 위성을 지구 궤도에 쏘아 올리겠다는 제프 베조스의 야심이 엿보이는 프로젝트명이다.

일론 머스크가 추진 중인 우주 인터넷 사업에 과감히 도전장을 던진 제프 베조스. 미국 언론들은 이 상황을 1970년대 전개된 미국과 옛 소련 간 우주 경쟁에 빗대 "아마존이 새로운 우주 경쟁에 뛰어들었다"고 보도하기도 했다.

세계적인 글로벌 기업의 수장 두 명이 우주 인터넷 시장의 주도권 확보를 위해 쏘아 올린 저궤도 위성통신은 인터넷 음영 지역을 보완할 중요한 수단으로 주목받고 있다. 대중들에게 아직 생소할 수 있는 저궤도 위성통신은 통신 인프라가 아직 정비되지 못한 지구촌의 수많은 지역에 보급 확산되어 진정한 초연결 사회를 구현하는 데 도움을 줄 것이다.

저궤도 위성통신으로 세계 어디서든 인터넷이 가능

FCC는 지금까지 약 1만 3000기의 지구 저궤도 위성을 승인했는데, 그중 1만 1943기가 머스크의 스페이스X가 신청한 것이다.

저궤도 위성통신이란 정지궤도 위성(3만 6000km)보다도 낮은 지구 상공 700~2000km의 저궤도LEO: Low Earth Orbit에 다수의 위성을 배치, 지상에서 휴대 단말기로 통신함으로써 세계 어디서나 이동통신 서비스를 받을 수 있는 위성 휴대 통신 서비스 시스템을 의미한다. 스페이스X가 쏘아 올린 저궤도 위성은 2단 로켓을 통해 440km 상공에서 배치되면 자체 추진력으로 550km 궤도에 자리를 잡게 된다. 이는 국제우주정거장ISS보다 약간 더 높은 궤도지만 최대 3만 6000km까지 올라가는 다른 위성과 비교하면 상당히 낮은 편이다. 아마존의 저궤도 위성 역시 고도 590~630km에서 작동하게 된다.

거리가 멀어 전파 왕복에 따른 통화 지연이 있는 정지궤도 위성의 단점을 보완하고 저궤도를 이용하기 때문에 전파가 도달하지 않는 영역이 거의 없다. 또한 전파 지연시간이 짧기 때문에 자연스럽고 끊김이 없는 통신이 가능하며, 전파 손실이 적기 때문에 단말기의 소형화·경량화가 용이하다. 전 세계에서 서비스를 제공하기 때문에 국내에서 사용하고 있는 단말기를 해외로 들고 나가도 서비스를 받을 수 있다.

저궤도 위성을 이용한 인터넷망은 이미 상용화된 지구 정지궤도 위성을 이용한 인터넷보다 더 저렴하고 지연이 적은 인터넷 서비스를 제공할 수 있다. 3만 6000km 고도에 있는 정지궤도 위성보다 2000km 이하 고도에 있는 저궤도 위성의 속도가 더 빠르며, 정지궤도 위성의 주기는 지구의 자전 주기가 같아 항상 같은 위치에 있는 것처럼 보이지만 저궤도 위성의 주기는 지구의 자전 주기보다 짧아 하루에도 몇 번씩 지구 주위를 선회할 수 있다. 따라서 저궤도 위성은 고도 180~2000km 상공에 머물며 90분마다 1바퀴씩 지구를 돌게 된다. 위성이 지평선에 근접하면 신호 송신 책임을 다음 위성에 넘겨주는 형태로 인터넷 서비스를 제공한다. 이 때문에 광범위한 지역에 지속적인 서비스를 공급하려면 많은 위성이 필요하다.

정지궤도 위성은 3만 6000km 상공에서 하루에 한 번 공전하기 때문에 특정 지점에 고정되어 방송, 데이터 등 대부분의 위성 트래픽을 처리한다. 정지궤도 위성의 장점은 위성과 데이터를 송수신하는 안테나를 움직일 필요가 없다는 것이다. 하지만 단점은 먼 거리까지 신호를 보내기 위해 거대한 안테나와 많은 전력이 필요하다. 위성 무게도 1톤을 초과하며 1기당 비용도 수억 달러가 소요된다. 정지궤도까지 트래픽이 왕복하면 0.5초가량 지연이 발생한다. 이 때문에 실시간 온라인 서비스가 원활하게 작동하기 어렵다.

반면 저궤도 위성은 보다 지상과 가까워 데이터 지연이 거의 없고, 신호를 멀리 전송할 필요가 없어 위성도 소형화되고 가격도 저렴해진다. 다만 위성이 가만히 있지 않고 빠른 속도로 공전하기 때문에 원활한 통신 서비스를 제공하기 위해서는 많은 수의 위성 군집과 이들을 추적할 수 있는 안테나가 필요하다.

수천 개의 위성이 조밀하게 군집을 형성할 경우 충돌로 인한 사고 가능성도 높다. 소형 저궤도 위성은 매우 적은 힘으로 동작하기 때문에 충돌을 감지하더라도 회피가 불가능하다. 1000km 상공의 궤도에서 사고가 발생하면 잔해가 수백 년간 그 궤도에 떠다니게 된다. 이러한 위험성을 방지하기 위해 고장 난 위성은 즉시 궤도에서 추락할 수 있도록 설계됐다.

대표적인 저궤도 위성으로는 텔레셋Telesat, 원웹OneWeb, 스페이스X가 있는데, 세 가지 시스템 모두 1000~1350km 상공에서 동작하지만 궤도 구성은 상이하다. 원웹은 전통적 방식인 polar-orbits를 통해 글로벌 커버리지를 제공하고, 텔레셋은 polar-orbits와 inclined-orbits[1]를 혼합적으로 구성해 커버리지를 제공한다. 스페이스X는 다섯 가지 종류의 궤도를 혼합해 4425개 위성으로 메가 컨스텔레이션을 구성한다.

전체 위성 수는 스페이스X가 4425개로 가장 많고 원웹 720개, 텔레셋 117개 순이다. 텔레셋은 117개 위성을 글로벌 커버리지 제공을 위한 6개의 polar-orbits에 궤도당 12개 위성을, 인구 밀집 지역 집중을 위한 5개의 inclined-orbits에 궤도당 9개의 위성을 배치한다. 원웹은 720개 위성을 18개의 polar-orbits에 궤도당 40개씩 위성을 배치하고 있는데, 2018년 3월에 원웹은 FCC에 1260개 위성을 추가해 총 1980개를 운영하겠다고 신청했다. 승인될 경우 궤도의 수가 18개에서 36개로 증가, 궤도당 위성 수도 40개에서 55개로 증가한다. 스페이스X는 4425개 위성을 다섯 가지 종류의 궤도에 분산해 배치할 계획이며, 우선 코어 군집 1600개 위성을 배치한 후 나머지 2825개 위성을 발사할 계획이다. 최초 800개 발사 후 시스템 가동 예정이며 위도 ±60도에서 서비스 계획이다.

텔레셋은 전체 위성 수는 적지만 효율적인 궤도 설계를 통해 한계를 극복했는데, 위성 수량 격차를 극복하기 위해 텔레셋은 위성 양각$_{elevation\ angle}$[2]을 낮췄고 텔레셋의 전체 위성 수는 원웹보다 적지만, 전 세계 인구 대부분이 거주하는 위도 ±60도 지역에서는 텔레셋이 원웹보다 더 많은 위성을 운영할 수 있다. 스페이스X는 모든 위성이 배치된 후 인구 밀집 지역에서 최소 20개의 위성을 운영할 수 있다.

저궤도 위성통신은 몇 가지 기술적 문제가 존재하는데 가장 중요한 문제가 주파수 간섭 방지$_{Interference\ Coordination}$다. 군집 내 위성 수가 많기 때문에 위성 간 간섭을 최소화하는 것이 관건이다. NGSO-GSO[3] 간섭이라고 하여 저궤도 위성과 정지궤도 위성 빔의 간섭이 있는데, 이를 해결하기 위해 원웹은 선택적 빔 비활성화와 더불어 위성 피치를 조정해 대응하고 있다. 스페이스X, 텔레셋은 빔의 모양과 방향을 조절할 수 있으며 다른 위성을 통해 경로 우회가 가능하다. NGSO-NGSO 간섭, 즉 서로 다른 군집 위성이 같은 주파수로 같은 지역에 교신할 때 발생하는 간섭도 있는데, 배분된 주파수를 감안했을 때 세 시스템의 주파수가 겹치는 구간에서 간섭이 발생될 수 있다. 이 경우 동일 지점에 서로 다른 주파수 채널을 사용하고, 빔 비활성화, 주파수 분할 등의 조치가 필요하다. 텔레셋과 스페이스X

는 경로 우회, 빔 크기·방향 조정 등 간섭 회피 메커니즘을 보유하고 있으나 원웹의 시스템은 고정 빔을 사용하기 때문에 소극적인 대응만 취할 수 있다.

또 다른 문제는 주파수 자원 관리 알고리즘의 개선Dynamic Resource Management이다. 위성을 둘러싼 환경이 수시로 바뀌는 상황에서 많은 위성과 빔들을 조작할 수 있도록 알고리즘 개선이 필요해진다. 스페이스X는 각각의 빔을 개별적으로 조정할 수 있도록 위상 배열phased array 가능 장비를 탑재하고 있고, 텔레셋은 각 빔마다 빔포밍, 빔쉐이핑, 방향 등 조절할 수 있도록 직접 방사 배열direct radiating array을 탑재하고 있다. 이를 통해 주파수 자원의 유연한 활용이 가능해 수요가 높은 지역에 빔을 더 할당해 네트워크 성능을 극대화할 수 있으며, 주파수 간섭 회피 메커니즘 등으로 활용할 수 있다. 그러나 궤도 위치, 주파수 간섭, 사용자 수요 등 위성 주변 환경이 수시로 바뀌고 많은 수의 위성이 사용되기 때문에 DRM 알고리즘은 더욱 개선될 필요가 있다.

충돌 회피, 사용 후 폐기 등 새로운 운영상 문제들을 해결하기 위한 방안 역시 모색되어야 한다. 많은 수의 위성이 군집을 이루기 때문에 충돌 회피collision avoidance, 사용 종료 후 폐기end-of-life disposal 등 새로운 문제점을 극복해야 하는데, 그라운드 인프라가 지속적으로 수백 개의 위성을 관측하고, 추적하고, 명령을 내려야 한다. 수백 개의 위성에서 나오는 통신, 신호 등을 지속적으로 모니터링하기 위해서는 현재의 시스템보다 높은 수준의 자동화가 필요해진다.

저궤도 위성통신이 활성화되면 정부의 네트워크 통제력 약화로 보안 우려가 제기될 수 있다. 각 국가들은 인터넷 라우터들을 제어하지만 위성은 이러한 통제력을 약화시킨다. 각 규제 당국에서는 국가에서 통제할 수 없는 인터넷 경로가 구축되어 보안 문제가 발생할 것을 우려하고 있다. 이에 원웹의 경우 지상 게이트웨이를 전 세계 각지에 건설할 계획이다.

나노위성으로 새로운 사물인터넷 시대를 여는 '뉴 스페이스 IoT'

최근 뉴 스페이스New Space라는 민간 주도의 우주 경쟁이 본격화되면서 중소기업, 스타트업 등 소규모 기업들까지 우주 산업에 진출하고 있다. 뉴 스페이스는 정부가 우주 개발의 주된 자금을 공급하던 기존 우주 산업Old Space과 대비해 소규모, 저자본 민간 우주 개발 기업의 등장으로 나타난 우주 산업 생태계 변화를 포괄하는 용어다.

민간 기업이 우주 개발을 이끄는 뉴 스페이스는 기존의 우주 기술과 장비 등 자산을 모두 대체하는 것이 아니라 이전의 것을 보완해 새로운 우주 시대를 여는 것이다. 그중 하나가 대량의 군집 위성을 저궤도에 촘촘히 깔아 전 지구적으로 인터넷을 활용할 수 있게 하는 것이다.

이미 많은 스타트업들이 나노위성으로도 알려진 소형 저궤도 위성Low Earth Orbiting을 활용한 위성통신 산업에 도전하고 있는데, 나노위성은 데이터 속도와 용량은 제한적이지만 상당히 저렴한 비용으로 글로벌 통신망을 구축할 수 있어 사물인터넷IoT 분야에 특화돼 있다.

이런 뉴 스페이스 IoT는 기존 통신 서비스에서 소외된 지역 및 산업에 대규모 변혁을 가능케 할 것으로 전망되는데, 대표적인 뉴 스페이스 IoT 백홀 네트워크 분야 스타트업으로는 플리트 스페이스 테크놀로지Fleet Space Technologies(오스트레일리아), 블링크 아스트로Blink Astro(미국), 아스트로캐스트Astrocast(스위스), 케플러 커뮤니케이션즈Kepler Communications(캐나다), 라쿠나 스페이스Lacuna Space(영국), 하이버Hiber(네덜란드) 등이 있다.

뉴 스페이스 IoT는 기존 산업에 통신 서비스를 제공해 디지털 트랜스포메이션과 새로운 비즈니스 모델 개발을 가능하게 할 것으로 기대되는데, 2025년경 5000여 개의 나노위성이 가동될 것으로 예상되고 있다. 특히 농업, 해양, 광산, 건설 현장 등 기존 통신 서비스가 미약한 곳에서 가장 큰 사업 기회가 존재할 것으로 보인다. 예를 들어 농업 분야 원격 관제 및 자동화를 통해 물탱크 수위와 토양 수분을 측정해 관개를 최적화하는가 하면, 가축에 부착된 센서를 활용한 최신 농경 솔루션 적용도 가능해진다.

기술적으로 IoT에서 나노위성으로 데이터를 송신하는 방법은 크게 두 가지가 있는데, 하나는 나노위성과 직접 교신, 다른 하나는 지상 게이트웨이 경유이다. 어떤 방법이든 나노위성으로부터 데이터를 수신할 그라운드 스테이션은 필수적이다. 나노위성과의 교신 주파수 대역에 따라 통신 속도가 결정될 것이다. 단, 초기 서비스에서는 실시간 교신까지는 어려울 것이다.

이러한 움직임 속에서 통신 사업자들은 뉴 스페이스 IoT로 인한 게임 체인징 이슈를 선제적으로 파악하고 대응할 필요가 있다. 뉴

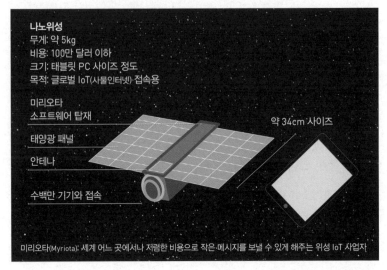

뉴 스페이스 IoT에 활용되는 나노위성 개요

나노위성
무게: 약 5kg
비용: 100만 달러 이하
크기: 태블릿 PC 사이즈 정도
목적: 글로벌 IoT(사물인터넷) 접속용

미리오타
소프트웨어 탑재

태양광 패널

안테나

수백만 기기와 접속

약 34cm 사이즈

미리오타(Myriota): 세계 어느 곳에서나 저렴한 비용으로 작은 메시지를 보낼 수 있게 해주는 위성 IoT 사업자

자료: Space IT Bridge HP, KT경제경영연구소 재작성

스페이스 IoT 스타트업들 역시 면허·비면허 대역 주파수 활용 및 통신 솔루션(LoRaWan, NB-IoT 등) 활용을 위해 통신 사업자들과의 긴밀한 협업이 필요하다. 뉴 스페이스 IoT 통신 솔루션의 표준을 마련하면 규모의 경제 달성이 가능하기 때문이다. 표준화 솔루션을 먼저 개발하는 사업자는 글로벌 수준의 규모의 경제를 달성하고 상당한 시장 지위를 확보할 수 있다. 기존 IoT 생태계와 긴밀한 상호 협력을 위해서는 표준화가 필수적이다. 따라서 시장이 성숙화될 때까지는 IoT–나노위성–지상 기지국 간 통신은 오픈 스탠더드로 진행될 것으로 전망된다.

아마존, 스페이스X 등은 저궤도 위성을 활용해 전 세계에 인터넷 공급을 하려 하고 있다. 이 기업들은 600~3000개 이상의 저궤도 위성을 발사해 지연시간 25~35ms 수준의 인터넷을 제공할 계획이다. 제대로 구현만 된다면 전 세계적으로 인터넷 기반의 사업은 지금보다 더 활성화될 것으로 기대된다.

또한 저궤도 위성 도입으로 전 세계 약 30억 인구는 새롭게 인터넷에 연결되어 글로벌 경제에 편입될 것이다. UN 조사에 따르면 2018년 기준 전 세계 인터넷 사용 인구는 전 인구의 49.2%인 30억 명 수준이다. 아직 인구의 절반은 인터넷을 경험해보지 못한 것이다. 지역별로 봐도 인터넷 보급률은 큰 격차가 존재한다. 유럽은 인터넷 보급률이 80%에 달하지만 아프리카는 겨우 22%에 불과하다. 이들을 위한 직관적인 인터페이스와 로컬 언어 사용은 매우 중요하다. 이 때문에 로컬 파트너와의 협력이 관건이다.

위성통신 업체 원웹은 에어버스 디펜스 앤 스페이스Airbus Defence and Space와 함께 통신 군집위성 구축 프로젝트인 '애로우 프로젝트'를 추진 중인데, 애로우 프로젝트는 2021년까지 5G 소형 위성 최소 650~수천 개를 지구 저궤도에 쏘아 올려 극지, 아프리카까지 포함한 지구상 어디서나 인터넷 네트워크를 구축하는 것을 목표로 하는 프로젝트다. 이 프로젝트를 달성하면 Ku 대역[4] 전파를 이용해 초당 10테라바이트 정도의 대용량 통신이 가능해진다. 위성 인터넷은 유선 통신망이 닿기 어려운 극지나 사막 등 오지에도 인터넷을 제공할 수 있지만, 기존 통신 기술로는 데이터 처리 속도가 느리고 유지비가 비싸다는 단점이 있다. 이를 해결하는 것이 5G 소형 위성이다.

저소득 국가 이용자들에 맞는 새로운 과금 방식도 필요할 것이다. 대표적 사례로 소비자들이 사용료를 조금씩 선불로 온라인 계좌에 충전하고 사용하는 '페이고Paygo' 모델이 있다. 저궤도 위성통신 기반 인터넷에 연결될 사람들 중 다수는 문맹일 가능성도 있다. 이런 경우에는 음성과 동영상 커뮤니케이션이 효과적일 수 있다. 아마존의 인공지능 알렉사Alexa는 지역 언어 기반의 음성, 동영상을 효과적으로 사용하고 있는데, 인도에서 힌두어를 비롯해 6개의 언어를 제공하며 발리우드 영화, 현지 음식 레시피 등을 제공한다. 이러한 특성과 저렴한 가격을 강점으로 알렉사는 미국보다 해외에서 더 판매 성적이 우수하다. 아마존이 저궤도 위성통신에 적극적인 이유도 이러한 이유 때문일 것이다.

앞으로 저궤도 위성을 통해 전 세계에 공급될 인터넷은 30억 인구를 디지털 경제에 끌어들임으로써 전무후무한 파급효과를 발휘할 수 있다. 기업체들은 이러한 변화에 선제적으로 대응해 새롭게 열릴 거대한 시장에서의 사업 기회를 잘 포착해야 할 것이다. 저궤도 위성통신은 통신 서비스를 제공하는 것뿐만 아니라 우주 사업 생태계에서도 핵심적인 인프라로 부각될 전망이다. 아마존은 AWS 그라운드 스테이션Ground Station 사업을 통해 이미 인프라 대여 사업을 진행 중에 있다. 우주 개발 비용 하락과 다양한 관련 서비스들의 등장으로 많은 기업은 우주 인터넷 산업에 도전하며 새로운 생태계를 형성하고 있다.

4장

세상의 변화에 주목하라,
테크이슈

15

5G·AI로 격화되다

| 미·중 분쟁 |

제2의 냉전, 미·중 기술 분쟁

새로운 냉전 시대의 돌입, 미·중 분쟁

2016년 도널드 트럼프Donald Trump는 대통령에 취임하자마자 어메리카 퍼스트America First를 새로운 비전으로 제시했다. 미국 우선주의인 아메리카 퍼스트는 무역과 세금, 이민 정책, 외교 문제에 대한 모든 의사 결정이 미국인 근로자와 미국인 가정의 이익을 위해 이뤄지는 것을 말한다. 트럼프는 이러한 미국 우선주의의 적을 '미국인들이 만들던 제품을 만들고 미국 기업을 훔치고, 미국의 일자리를 파괴하는 다른 나라의 유린'이라고 규정하고 이러한 유린으로부터 미국의 국경을 지키기 위해 싸울 것임을 천명했다.

미국과의 교역에서 대규모 흑자를 올리고 있는 중국은 가장 먼저 견제해야 할 적이 됐다. 1987년 미·중 양국의 무역 규모는 연간 20억 달러로 미국의 세계 무역 규모의 0.25%에 지나지 않았다. 그러나 2018년 미·중 양국 무역은 하루 20억 달러에 달했으며, 이는 미국의 세계 무역 중 13% 수준을 차지한다. 늘어난 대중 무역 규모와 함께 대중 무역 불균형도 심화되고 있었다. 2001년 중국의 WTO 가입 이후[1] 대중 무역수지 적자는 2000년 820억 달러에서 2017년 3357억 달러까지 4배 이상 증가했다. 미국의 무역 관련 정부 부처는 이 같은 대중 무역 불균형 심화 원인과 관련해 중국의 불공정 무역 관행을 지적했다. 또한 미국 학계 및 산업계를 중심으로 대중 무역 적자 누증이 미국 내 제조업의 경기 부진 및 일자리 축소[2]의 주요 원인이라는 공감대가 형성되면서 무역 불균형 시정 요구가 확대됐다.

이에 미국은 2018년 7월 340억 달러 상당의 중국산 수입품에 25% 비율의 관세 부과를 시작으로 2019년 9월 현재까지 4차례에 거쳐 중국 수입품에 대한 관세 조치를 발표했다. 트럼프 대통령은 트위터에 "수년간 중국은 무역과 지적재산권 탈취, 그리고 더 많은 것들에서 미국으로부터 이득을 취해 갔다. 미국은 중국에 한 해에 수천억 달러를 잃어왔고 불공정한 무역 관계에 끝이 보이질 않는다"며 관세 대응을 계속해나갈 것임을 밝혔다.

미국의 무역 압박에 중국도 맞대응에 나섰다. 미국이 2018년 대중 수입 5400억 달러[3] 중 2500억 달러에 대한 관세율을 인상하자 중국은 대미 수입 1200억 달러 중 1100억 달러에 대한 관세율을 인상했다. 하지만 보복은 또 다른 보복을 낳았다. 중국의 반격에 미국은 추가 관세를 부과하겠다는 입장을 밝혔다. 추가 관세까지 부과되면서 중국이 미국에 수출하는 거의 모든 상품에 관세가 매겨지게 됐다. 미국의 추가관세 부과에 중국은 미국산 농산물 수입을 잠정 중단했고, 트럼프의 지지층인 팜 벨트Farm Belt(미국 중서부 농업지대)의 농부들은 상당한 타격을 입었다. 이후 트럼프 행정부의 관세 인상 조치가 연기되면서 중국의 농산물 수입은 일부 재개 됐다. 2019년 10월 미중은 무역협상을 벌인 끝에 1단계 합의에 도달했고, 미국과 중국의 무역 전쟁은 사실상 휴전으로 접어들었다. 하지만 이는 언제 또 바뀔지 모른다. 미국과 중국의 무역 분쟁은 지금도 현재진행형이다.

트럼프 대통령은 일찌감치 중국을 겨냥하고 있었다. 대선 직전인 2015년 자신의 책에서 "중국은 저임금 노동력을 활용해 미국의 산업을 파괴했고, 수십만 개 일자리를 사라지게 했으며, 미국 기업들을 염탐하고 기술을 훔치고, 화폐 가치를 낮춰 미국 제품의 경쟁력을 떨어뜨렸다"고 정면으로 비난했다. 최근에는 "미국은 중국이 필요 없다. 솔직히 중국이 없으면 훨씬 더 나을 것이다. 중국이 미국에서 훔쳐간 막대한 돈은 중단될 것이고 중단되어야 한다. 미국의 위대한 기업들은 고국으로 기업을 되돌리고 미국에서 제품을 생산하는 것을 포함해 즉시 중국에 대한 대안을 찾기 시작해야 한다"고 언급했다.

미국은 1970년대 이후 중국과 협력 관계를 유지했으나 중국이 글로벌 경제위기 이후 급격한 경제 성장으로 글로벌 G2로 부상하자 중국을 적대적 경쟁자로 인식하게 됐다. 민주당과 언론으로 대표되는 미국 주류 사회에서 트럼프 대통령에 대한 인기는 높지 않다. 하지만 미·중 무역 전쟁에 대해서는 트럼프 편을 들어주며 트럼프 정책에 힘을 실어주고 있다. 중국은 미국을 앞지르고 자국의 의지를 타국에 강요하려는 전략을 가지고 있어 미국은 이에 대해 강하게 대응해야 한다는 새로운 합의가 이루어지고 있다. 이러한 연합에는 트럼프 대통령과 의회 내 안보 강경파뿐 아니라 백악관의 기존 자유무역 옹호론자들도 모두 포함된다. 국방부 장관과 정보기관의 수장들은 중국이 미국 안보에 가장 큰 위협이라고 몰아붙이며 '정부 차원의 대응'을 요구하고 있다.

중국의 경제적 위상이 강화되면서 미국은 중국을 경제적 우호 관계를 통한 동반 발전 대상이 아닌 미국의 우위에 도전하는 패권 국가로 인식하고 있는 것이다.

기술 전쟁을 촉발한 화웨이

2018년 12월 중국 최대 통신장비 업체인 화웨이의 런정페이 회장 딸인 멍완저우 화웨이 최고재무책임자CFO가 미국 정부의 요청으로 캐나다에서 체포되는 사건이 발생했다. 미국의 대이란 무역 제재[4]를 위반했다는 것이다. 화웨이는 전 세계 인터넷 업체들에 네트워크 장비를 생산 공급한다. 스마트폰 제조와 유통에도 영향력을 확대해 삼성전자와 함께 안드로이드 진영을 대표하는 스마트폰 제조사로 성장했다.

런정페이 화웨이 회장은 중국 공산당과 끈끈한 인맥으로 엮여 있는 중국 재계의 실세이자 큰손이다. 멍완저우는 아버지 런정페이를 이어 차기 회장으로 유력하게 손꼽히는 인물이다. 멍완저우 회장이 체포되던 날, 트럼프 대통령과 시진핑 주석은 G20 정상회의가 열린 아르헨티나에서 정상회담을 하고 90일간 무역 전쟁 정전 협정을 맺

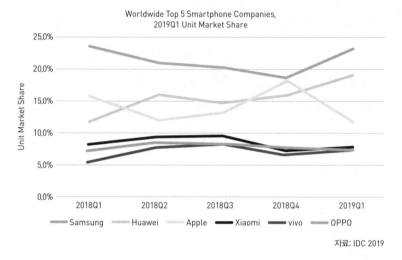

글로벌 스마트폰 시장 상위 5개 업체 점유율(2019년 1분기)

Worldwide Top 5 Smartphone Companies,
2019Q1 Unit Market Share

고 있었다. 미·중 무역 전쟁 5개월 만에 양국 정상이 처음으로 마주 앉은 날, 미국이 5G 이동통신의 상징 기업인 화웨이를 친 것이다.

화웨이와 중국 정부는 즉각 반발했다. 화웨이 측은 "멍완저우의 혐의에 관한 정보가 화웨이에 거의 제공되지 않았다. 캐나다와 미국 사법 제도가 정당한 결론에 이를 것이라고 믿는다"고 했고, 캐나다 주재 중국 대사관도 "중국은 피해자 인권을 심각하게 해치는 행동에 강력히 항의한다. 즉시 잘못된 행동을 바로잡고 멍완저우를 풀어달라"는 성명을 내놨다.

멍완저우 부회장의 체포 이유를 놓고 다양한 견해가 쏟아졌다. 미국이 중국 대표 IT 기업인 화웨이 회장의 딸을 체포한 건 무역 전쟁 갈등을 빚어왔던 중국을 길들이겠다는 '큰 그림'이라고 대부분 바라보았다. 미국이 중국과 통신 전쟁까지 벌이며 대중압박 수위를 높이고 있는 셈이다. 미국은 사이버 안보를 이유로 자국에 화웨이 제품이 들어오는 것을 제한하고 영국과 호주 등 동맹국들에게까지 화웨이 장비를 사용하지 못하도록 압력을 가하는 등 화웨이에 적대적인 태도를 보여왔다.

시간이 지나면서 드러난 체포 이유는 화웨이가 홍콩에 세운 비공식 자회사 스카이컴Skycom을 통해 미국의 제재를 피해 이란과 거래한 혐의가 있으며, 스카이컴의 이사를 맡았던 멍완저우 부회장이 불법 거래의 중심에 있었다는 것이다. 하지만 과거에 발생한 사건에 대해 굳이 미·중 무역 전쟁 정전 협정이 맺어지는 당일 급하게 멍완저우 부회장의 체포를 단행한 이유는 표면적인 혐의 보다는 미국이 중국의 기술굴기를 억제하기 위한 것이라는 해석이 설득력을 얻고 있다.[5]

미국은 멍완저우 부회장의 체포를 시작으로 최근 화웨이 제품의 자국 수출입을 전면 금지했다. 미국 상무부가 화웨이 계열 69개사를 블랙 리스트에 포함시켜 거래 금지 조치를 시행한 것이다. 화웨이는 공식 허가 없이 미국 기업과 거래를 할 수 없는 기업 리스트에 올랐고, 미국 기술을 화웨이로 수출하지 못하는 상황이 됐다. 조치 시행 이후 구글은 안드로이드 모바일 운영체제의 특허 서비스를 화웨이에 제공하지 않겠다고 발표했다. 페이스북 역시 화웨이 스마트폰에서 자사 앱을 선탑재할 수 없도록 결정한 것으로 보도됐다. 인텔, 퀄컴, 마이크론Micron 같은 미국 칩 제조사들도 잇따라 거래 중단을 발표했다.

이러한 거래제한 조치는 본격적인 5G 상용화 시점을 앞두고 2018년부터 화웨이에 대한 견제 수위를 높여온 트럼프 행정부의 전략이다. 트럼프 정부는 2018년 1월 AT&T와 버라이즌을 압박해 화웨이가 양 사와의 파트너십을 통해 화웨이 플래그십 스마트폰인 메이트 10Mate 10을 미국에서 판매하려던 계획을 좌절시킨 바 있다. 2018년 8월에는 국방수권법NDAA: National Defense Authorization Act에 서명하면서 미국 정부와 공공기관뿐만 아니라 정부와 업무 관련 계약을 맺은 모든 기업에서 중국 네트워크 장비 및 서비스 사용을 전면 금지시켰다. 국방수권법의 경우 2년의 유예 기간을 거쳐 2020년에 발효될 예정이다.

미국 관리들은 화웨이가 중국 스파이를 실어 나르는 트로이의 목마일 것이라고 경고하고 있다. 이들은 동맹국이라 할지라도 화웨이 장비를 구입하면 정보 동맹을 끊겠다고 위협하고 있다. 뉴질랜드 정부는 자국 모바일 사업자인 스파크Spark의 화웨이 5G 네트워크 장비 사용을 금지했다. 영국의 ARM은 사실상 전 세계 모든 전화기에 들어가는 칩을 생산하고 있는데, ARM 또한 미국 상무부의 조치를 따른다고 발표했다.

화웨이에 대한 규제 이후 미국 기술 기업 주가는 일제히 하락했다. 화웨이가 주요 거래사이기 때문이다. 퀄컴의 경우 화웨이와의 거래를 중단했다는 소식이 전해진 직후 주가가 5% 가까이 급락했다. 애플은 제품 중 상당수를 중국에서 생산한 뒤 수입하고 있는 데다 매출의 17~18%가량을 중국에서 벌어들이고 있는 것으로 알려졌다. 영국의 글로벌은행인 HSBC는 무역 분쟁 심화를 이유로 애플의 주가 목표치를 하향 조정했고 주가는 3% 이상 하락했다.

직원 수 8600명의 미국 무선통신 칩 제조사인 코보Qorvo는 매출의 15%를 화웨이에 의존한다. 2018년 미국 메모리 반도체 기업 마이크론 순매출의 57%는 중국이 차지했다. 미국 정보기술혁신재단The

Information Technology & Innovation Foundation은 화웨이 거래 금지 조치로 인해 향후 5년간 미국 기업들이 최대 560억 달러에 이르는 손실을 겪을 것으로 내다봤다.

화웨이는 중국 최대 기술 기업이자 국가 대표 기업이다. 이름부터 '중화민족의 성공'이다. 매출액은 1050억 달러로 마이크로소프트와 맞먹는다. 삼성전자의 뒤를 잇는 세계 2위 스마트폰 제조사이기도 하다. 화웨이는 또한 5G 네트워크에 중요한 특허를 다수 보유하고 있으며 최대 무선통신장비 브랜드다. 그런 화웨이가 무너지면 그 충격으로 전 세계 기술 사업이 뒤흔들릴지도 모른다.

미·중 분쟁의 핵심은 기술 전쟁

미·중 무역 전쟁의 기저에는 기술 경쟁이 자리 잡고 있다. 무역과 안보 사이의 경계를 흐리는 기술 분야의 변화가 미국의 대중국 인식 전환을 가속화시키고 있다. 화웨이의 5G 네트워크 사용을 막으려는 트럼프 행정부의 노력에서 미국의 인식 변화를 엿볼 수 있다. 중국이 운동화나 TV 같은 상품을 수출하던 시대에는 문제가 되지 않지만, 이제 중국은 도로에서 무인 자동차를 움직이고 하늘에서는 항공기를 날리는 마이크로칩을 수출하기 때문에 미국은 더 이상 좌시할 수 없는 상황이 됐다.

2012년 시진핑 주석이 권력을 잡은 시기부터 중국 관리들은 '새로운 시대'라고 부르기 시작했다. 시진핑이 역점을 기울이고 있는 일대일로—帶—路(육·해상 실크로드) 전략을 보면 글로벌 지배체제 개혁에 대한 중국의 야망이 여실히 드러난다. 중국이 2013년 제안한 다국가

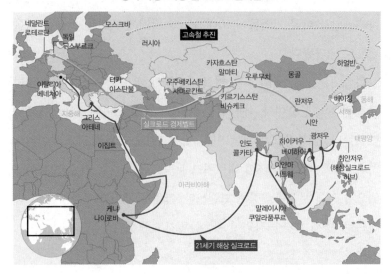

중국 육상·해상 실크로드 '일대일로'

자료: 매일경제, "육·해상 新실크로드 60개국 참여", 2015.3.

인프라 건설 사업인 일대일로는 중앙아시아와 유럽을 잇는 육상 실크로드(일대)와 동남아시아, 아프리카, 유럽을 잇는 해상 실크로드(일로)로 구성돼 있다. 수조 달러에 이르는 개발자금 상당 부분을 중국이 차관 형식으로 지원하며 이를 통해 아시아 및 아프리카 지역 저소득 국가의 참여를 적극 유도하고 있다. 중국 정부는 일대일로 구상을 처음 제기한 이후 현재까지 연선국가 지도층과 회담을 지속하면서 일대일로 건설을 위한 기반을 다지고 있다. 중국 건국 100년이 되는 2049년 일대일로 전략이 완료되면 아시아, 아프리카 및 유럽을 아우르는 경제 통합지대가 형성될 전망이다. 이렇게 되면 미국을 포함한 북미 지역이 무역 등 경제 협력 측면에서 소외될 가능성이 높다. 반세계화주의자인 트럼프 대통령이 과거 미국이 주도한 세계화에 대한 지원을 철회할 때 중국은 미국 중심의 세계 질서를 바꾸려고 하고 있다.

시진핑 주석의 G1이 되고자 하는 야망은 '중국제조 2025' 전략에서도 엿볼 수 있다. 2015년 국무원이 발표한 '중국제조 2025' 전략은 시진핑 주석이 직접 제시한 것으로 첨단 기술에 대한 자체 혁신과 기술 자급에 대한 내용으로 가득 차 있다. '중국제조 2025' 전략은 최첨단 기술 분야를 선도하는 세계적 제조국이 되겠다는 목표로 첨단 의료기기, 바이오 의약 기술 및 원료 물질, 로봇 통신장비, 첨단 화학제품, 항공우주, 해양 엔지니어링, 전기차, 반도체 등 10개 하이테크 제조업 분야 각각에서 대표 기업을 육성하는 것을 담고 있다. 중국 제조 2025 계획의 주요 내용은 국가별로 1등급 미국, 2등급 독일·일본, 3등급 중국·영국·프랑스·한국으로 분류한 뒤 1단계 2016~2025년에는 중국이 제조업 강국 대열에 들어서고, 2단계 2026~2035년에는 독일과 일본을 넘어 강국의 중간 수준에 진입하고, 3단계 2036~2049년에는 최선두에 서겠다는 구상이다.

'중국제조 2025' 주요 내용

분류	주요 내용
목표	• 정보통신, 철도, 전기부품 분야 세계 시장을 선도하는 제조국으로 성장 • 로봇, 자동화 설비, 신에너지 자동차 제조업 세계 2~3위 수준으로 육성
10대 전략 산업	• 차세대 IT 기술, 고정밀 수치 제어 및 로봇, 항공우주, 첨단 해양장비, 선진 궤도 교통장비, 신에너지 자동차, 전력설비, 농업기계, 신소재, 바이오
주요	• 영업이익 단위당 R&D 투자 비중(2015년 0.95%→2025년 1.68%)
목표치	• 핵심 공정 자동화 비율(2015년 33%→2025년 64%) 등

자료: 김대운 외(2018)

중국의 미국 첨단 기업에 대한 M&A 및 기술이전 요구 주요 사례

분류	주요 내용
인수합병	• 중국 지방정부가 실소유한 Chipone 사가 미국 반도체 기업 IML(2016.1) 및 Mattson(2015.12) 인수 • 중국 상하이와 베이징 투자펀드 컨소시엄이 항공기와 군사용 메모리칩 제조 기업 ISSI 인수(2015.6) • 중국항공공업기업(AVIC)은 2010년부터 Epic aircraft 등 7개 미국 항공 기업 인수
기술이전	• 자동차 및 신재생 에너지 분야의 기술이전을 목적으로 배터리 등 주요 기술에 대한 지적재산권을 중국내 합작법인이 보유토록 요건 부여 • 정부 심사 및 라이선스 과정에서 민감기술 정보의 공개를 강요

자료: USTR(2018.3), 제현정 외(2018.3)

이 계획을 추진하는 과정에서 중국은 자국 기업에 대규모의 보조금을 지원하고 중국에 진출한 외국 기업에게는 핵심 기술을 이전하라고 압박을 가하고 있다. 미·중 비즈니스 협의회US-China Business Council 설문조사에 따르면 중국 진출 미국 기업의 19%가 중국으로부터 기술이전을 직접적으로 요구받은 적이 있다고 응답했다. 이에 마이크 펜스Mike Pence 미국 부통령은 중국 공산당이 모든 수단을 동원해 미국 경제 리더십의 토대인 미국의 지식재산권을 획득한다고 비난했다. 이렇게 확보한 지식재산권으로 로봇공학, 생명공학, AI 등 첨단 산업을 장악하겠다는 '중국제조 2025' 전략에 힘을 실어준다는 것이다.

이에 미국 행정부는 첨단 산업 분야 대중 견제 조치를 시행했다. 2018년 미국은 기술 유출 방지를 위해 로봇공학, 항공 등 첨단 기술 분야 관련 중국 유학생의 비자 기간을 기존 5년에서 1년으로 제한하고 엄격한 심사 기준도 도입했다. 해당 분야는 '중국제조 2025'에서 지원하는 산업 분야와 일치한다. 2019년 중국인 유학생은 36만여 명으로 미국 내 전체 외국인 유학생 110만여 명의 3분의 1을 차지한다. 시진핑 중국 국가주석은 2019년 4월 25~27일 미국이 불참한 가운데 베이징에서 열린 제2회 일대일로 정상 포럼에서 "세계 각국은 중국인 기업가, 유학생, 학자 등을 공평하게 대우하고 우호적인 환경을 제공해야 할 것"이라고 촉구했다.

하지만 비자 원칙은 더욱 엄격해질 예정이다. 크리스토퍼 레이 Cristopher Ray FBI 국장은 2019년 4월 연구기관들에게 해외 연구원들이 미국의 개방적이고 협력적인 연구 환경을 악용할 수 있으니 유념하라고 촉구했다. 중국이 대학원생과 연구원을 보내 혁신을 가로챈다는 것이다. 2019년 4월 《뉴욕타임스》는 중국 국책 연구기관인 사회과학원을 포함해 30명의 저명한 중국인 학자의 미국 비자가 취소됐거나 발급이 거부됐다고 보도했다. 이에 중국 《글로벌타임스》는 30명이 아니라 280명의 중국인 학자가 미국 비자 문제를 2018년 겨

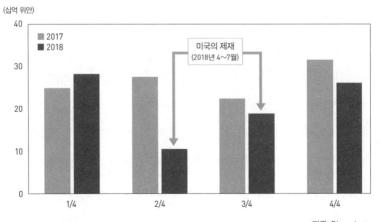

중흥통신의 매출액 변화

자료: Bloomberg

시기	대상 중국 기업	제재 내용
2018.4	통신장비 기업 'ZTE'	미국 기업의 기술 및 부품 수출 금지
2018.10	메모리 제조 기업 '푸젠 진화'	
2019.5	통신장비기업 '화웨이'	
2019.5	영상감시장비 업체 '하이캉웨이스(하이크비전)'	
2019.6	슈퍼컴퓨터 제조 기업 5곳	

자료: 언론 보도 종합

었다고 주장했다.

미국은 또한 국가 안보를 이유로 중국 기업의 미국 시장 진입 및 미국 기업과의 거래 제한 조치를 시행했다. 2018년 1월 화웨이의 미국 스마트폰 시장 진출이 무산됐고, AT&T와의 통신장비 분야 협력도 저지됐다. 2018년 4월에는 대이란 제재를 위반한 중국 통신장비 회사 중흥통신ZTE를 상대로 미국의 칩과 소프트웨어에 대한 판매 금지 조치를 내려 불과 며칠 만에 파산 직전까지 몰고 갔다. 예상외의 피해 규모와 시진핑 주석의 항의에 트럼프 대통령은 곧 조치를 철회했다.

기업 간 인수합병도 제재가 가해졌다. 미국은 2018년 3월 5G 기술이전 우려로 브로드컴Broadcomm의 퀄컴 인수합병 금지 명령을 발표했다. 싱가포르 기업인 아바고 테크놀로지스Avago Technologies에 브로드컴이 인수되면서 더 이상 미국 기업이 아닌 브로드컴이 미국의 대표적인 반도체 회사인 퀄컴을 인수할 경우 5G에서 미국의 입지가 줄어들며, 이는 곧 화웨이와 같은 중국 기업에 주도권이 넘어가는 사태를 초래해 국가 안보에서도 우려를 자아낼 수 있다는 것이다.

이 결정은 미국 외국인투자심의위원회CFIUS[7]의 권고를 받아들여 이루어졌다. 미국은 CFIUS를 통해 국외 자본이 미국의 첨단 기술 및 안보, 인프라, 민감 정보 관련 기업에 투자할 경우 조사 대상과 범위를 확대하고 정부의 권한을 강화해 적대적 인수합병이나 핵심 기술의 유출을 방지하고 있다. 브로드컴과 퀄컴 건은 상호 인수 합의가 이루어지기도 전에 CFIUS가 제재를 가한 첫 번째 케이스다. 아메리카 퍼스트 정책을 표방하고 있는 트럼프 정부 하에서 CFIUS의 역할 및 권한이 확대되고 있다는 사실의 방증이다. 특히 중국 기업의 글로벌 진출을 저지하기 위해서라도 CFIUS의 역할은 더욱 그 무게가 커질 것으로 예상되고 있다.

기업 간 인수합병 제재에 대해 중국도 보복했다. 2018년 미국 퀄컴이 추진 중이던 네덜란드 반도체 업체 NXP 인수 계획은 베이징의 경쟁 규제기관에 의해 무산됐다. 또한 중국 당국은 마이크론을 포함한 미국 및 한국의 반도체 제조업체들 간 가격 담합도 조사했다.

미국은 중국의 산업 스파이 활동 혐의에도 문제를 제기했다. 2018년 11월 미국 검찰은 중국 반도체 제조사인 푸젠 진화Fujian Jinhua와 대만 측 파트너인 유나이티드 마이크로일렉트로닉스United Microelectronics가 미국의 대형 기업인 마이크론의 영업 비밀을 훔쳤다고 고발했다.

2018년 10월 중국의 해외 정보기관의 직원 쉬예진은 벨기에로 유인되어 미국 항공우주 회사들로부터 무역 비밀을 훔친 혐의로 미국으로 인도됐다. 중국인이 스파이 행위를 이유로 미국으로 인도된 것은 이번이 처음이다. FBI 56개 지부는 거의 하나같이 중국이 배경인 산업 스파이 사건을 조사하고 있다. 2018년 3월과 11월 사이에 법무부는 중국 정부와 직접 손을 잡고 항공과 첨단 기술 분야의 15개 기업으로부터 기밀을 빼돌린 혐의로 12명의 개인과 조직을 기소했다.

미국의 컴퓨터 보안 회사인 크라우드스트라이크_{CrowdStrike}는 2018년 10월 상반기 동안 자사가 모니터링했던 침입 시도 관련 보고서를 발표했다. 침입의 주원인은 중국의 미국 컴퓨터 네트워크에 대한 국가적 차원의 공격임을 확인했다. 또한 중국에 기반을 둔 해커들이 생명공학, 항공우주, 광산, 제약 회사, 전문 서비스 및 운송 업체들을 공격하고 있다는 증거를 제시했다. 외국 외교관들과 서방 경제인들은 중국 침입자들이 중국이나 심지어 서방 국가의 서버들 안에 있는 민감한 상업 데이터를 자주 표적으로 삼는다고 말한다. 2015년 시진핑 주석과 오바마 대통령 사이의 상업적인 지식재산권 도용에 대한 정부 개입을 자제하기로 한 합의는 제대로 작동되고 있지 않다.

중국 정부의 반응은 사이버 보안과 지식재산권 보호에 대한 지지를 선언한다는 것이다. 하지만 미국 기업들은 중국 법원이 모든 사람에게 동일한 법을 적용하는 시늉조차도 하지 않는다고 말한다. 2018년 10월 중국 관영 신화통신사는 미국을 "다른 나라의 이익과 권리를 침해한 악명 높은 기록을 가진 사이버 범죄자"라고 언급한 논평을 실었다. 중국에 대한 미국의 숨은 동기는 에드워드 스노든 Edward Snoden 사례[8]를 들면서 중국에 대한 공포를 퍼뜨리는 것이라고 비판했다. 또한 신화통신사는 미국이 다른 나라에 중국 기업의 진입을 저지하기 위해 그들을 속이거나 협박하고 미국 기업을 위한 시장을 확보하기 위해 중국 공포증Sinophobia을 부추겨 화웨이 같은 중국 기술 기업을 중상모략한다고 비난했다.

중국을 좌절시키려는 미국의 노력은 중국의 강경 노선을 더욱 부채질하고 있다. 칩 제조 장비 분야 선두인 미국[9]은 반도체 장비 수출 금지[10]를 통해 중국을 압박하고 있지만, 중국은 슈퍼컴퓨터, 양자 컴퓨팅 등 신시장 개척을 통해 활로를 모색하고 있다. 자체 설계한 선웨이Shenwei 26010 칩을 기반으로 세계에서 두 번째로 빠른 슈퍼컴퓨터 '타이후 라이트Taihu Light'를 개발했다. 2015년에는 세계 2위의 반도체 회사인 인텔이 자사의 하이엔드 칩을 중국의 슈퍼컴퓨터 설계 연구소에 판매하려 하자 미국이 이를 금지한 사건이 있었다. 인텔 금지 사태로 인해 중국은 고성능 컴퓨팅 연구에 훨씬 더 많은 자금을 투자하게 됐고, 현재는 더욱 우수한 성능의 칩을 바탕으로 타이후 라이트 후속품을 제작하고 있다. 한편 중국은 2018년 6월 기준 슈퍼컴퓨터 최다 보유국 순위에서는 미국의 124대보다 많은 206대로 1위를 차지하고 있다.

세계 반도체 강국이 되기 위한 중국의 노력은 시기적으로도 적절하다. 수십 년 동안 칩 산업은 칩의 성능이 2년에 2배씩 증가한다는 무어의 법칙이 주도해왔다. 하지만 무어의 법칙은 물리적 한계에 다다르고 있다. 양자 컴퓨팅부터 AI 전용 칩에 이르기까지 모두가 신기술 개발에 뛰어들고 있으며, 중국에도 새로운 기회가 열리고 있다. 중국은 이미 허페이 지역에 대규모 양자 컴퓨팅 연구소 구축을 위해 100억 달러 투자를 추진하고 있다. 미국이 기술적 우위와 수출 통제를 통해 중국의 발전 속도를 둔화시킬 수 있을지는 몰라도 멈추게 하지는 못할 것이다. 미국이 상품들을 더 엄격하게 통제할수록 중국은 이것들을 스스로 만들겠다는 의지가 강해지고 있다.

중국이 이렇게 칩 제조 분야에서 발전을 거듭하자 미국은 중국이 따라올 수 없는 수준으로 앞서나가려고 하고 있다. 현재 구글, 마이크로소프트, IBM 등의 미국 기업들은 자체적으로 양자 컴퓨팅 프로젝트를 추진하고 있다. 2017년 대통령 과학기술자문위원회President's Council of Advisors on Science and Technology 보고서는 중국의 성장에 대한 최선의 대응은 기술 선도를 유지하기 위한 투자라고 조언했다. 이를 염두에 둔 미국 군사 연구기관인 DARPA는 민간 기업이 상용화할 수 있는 신기술 개발을 목표로 ERIElectronics Resurgence Initiative 프로젝트를 진행 중이다.

이러한 미국과 중국의 기술 경쟁이 제로섬이 되는 몇 가지 방식이 있는데 모두 오늘날 중국에서 볼 수 있다. 그중 하나는 절도이고 또 다른 방법은 수입 대체이다. 공정한 수단이든 불법이든 수입품을 국산으로 대체하는 것이다. 미국은 경쟁력 상실을 두려워하지만 항공, 반도체, 소프트웨어와 자율주행까지 글로벌 챔피언을 배출한 국가다. 미국은 '중국제조 2025'로 중국이 이 모든 분야에서 세계 최고가 되기로 결심한 것을 걱정하고 있다.

미·중 무역 분쟁의 본질은 5G와 AI 패권 다툼

《이코노미스트》는 미국과 중국 간 무역 분쟁의 핵심을 '21세기 기술 전쟁'으로 표현했다. 중국의 기술 발전에 미국이 받은 충격은 적지 않다. 2019년 1월 중국의 달 탐사선 창어 4호의 달 뒷면 착륙은 1969년 7월 아폴로 11호를 달에 착륙시켰던 미국에 쇼크를 줬다. 우주선에는 첨단 기술이 총 집약되어 있어 군사기술과 과학기술의 발전 정도를 가늠할 수 있는 척도가 되기도 한다. 아직은 미국에 필적할 만한 수준이라고 보긴 어렵지만 중국의 발전은 누구도 무시할 수 없을 정도로 빠르게 이뤄지고 있는 것이다.

2019년 2월 트럼프 대통령은 중국에 맞서 AI와 5G를 집중 육성하는 행정명령을 발표했다. 트럼프 대통령이 내놓은 행정명령에는 5G 기술 분야에서 미국 기업 진출을 유도하고, 중국 기업을 대체할 한국과 일본의 장비 공급업체를 확보하는 방안이 담겨 있다. AI 기술 확산을 위해서는 연방정부의 방대한 데이터 활용을 촉진하는 대책이 포함됐다. 연방정부가 'AI 기술의 인큐베이터'가 되겠다는 것이다.

마이클 크래치오스 백악관 수석기술정책 보좌관은 "5G, AI, 양자 컴퓨팅, 첨단 제조 분야의 미국 리더십에 대한 트럼프 대통령의 약속은 미국 혁신 생태계가 수 세대에 걸쳐 세계의 부러움을 받을 수 있게 하려는 것"이라며 미래 기술 투자를 예고했다. 2019년 2월 《월스트리트저널》은 트럼프 대통령이 미국과 중국의 경쟁이 격화되는 대표 영역인 5G와 AI 분야에서 추가적인 기술 육성 계획을 준비하고 있다"고 보도했다. 5G와 AI는 미·중 기술 경쟁의 최대 격전지다.

5G 패권 다툼

5G 기술은 기존보다 속도와 데이터 용량을 획기적으로 개선했다.

기존 4G보다 데이터 용량은 약 1000배 많고, 속도는 200배 빨라지고, 통신 지연은 10배 짧아지며, 연결기기는 10배 많아지는 초연결성이 특징이다. 5G가 구현돼야 자율주행차와 AI, 가상·증강 현실 등 데이터 용량이 큰 미래 산업에 최적의 환경을 구축할 수 있다. 수많은 기기가 네트워크에 접속해야 하는 스마트 시티, 스마트 팩토리 등 IoT를 가능하게 한다. 5G는 기술 그 자체보다 5G가 보여줄 미래에 주목하는 이유이다.

미·중 정상은 5G 기술을 국가 의제로 설정했다. 트럼프 대통령이 주장하는 '미국을 다시 위대하게Make America Great Again'의 핵심 추진 과제이자 중국이 추진하는 10대 핵심 산업 육성 정책인 '중국제조 2025'의 주요 목표 중 하나이다.

5G 기술 분야는 퍼스트 무버First Mover 현상으로 초기에 투자하는 국가나 기업이 엄청난 보상을 받는다. 후발주자들은 이들이 정한 표준을 따라갈 수밖에 없다. 5G 경쟁의 핵심은 5G 국제 기술 표준 선점이다. 누가 5G 모델과 설계를 규정하고 통제하느냐를 둘러싸고 주도권 다툼이 벌어지고 있다. 국제전기통신연합ITU: International Telecommunication Union은 2020년 상반기 최종 표준을 채택할 예정인데, 중국이 활발히 움직이고 있다. 글로벌 표준으로 선정되면 시장을 리드하고 다양한 부가가치를 창출할 수 있어서다. 중국 정부와 기업들은 통신 업계의 표준을 정하는 국제전기통신연합과 국제표준화기구International Organization for Standardization와 같은 단체들에게 영향력을 확대하기 위해 공격적인 움직임을 보이고 있는데, 중국 출신 인력들이 ITU의 다양한 기술 분야의 리더로 포진하고 있다. 또한 중국 기업은

무선 및 통합 음성·데이터 시스템과 같은 기술 사양을 작성하는 미국 전기·전자 엔지니어 협회 혹은 단체에 참여 중이다.

미국은 시장 점유율이 표준을 지배하는 효과적인 수단임을 활용하고 있다. 미국은 중국이 시장 지배력을 넓히지 못하도록 초반에 방어 중이다. 업계에서는 기술 표준의 승자가 약 12조 달러로 추산되는 전 세계 5G 시장을 선점할 것으로 예상한다. 예컨대 퀄컴은 이동통신 분야 표준 선점을 통해 10억 대 이상의 정보통신기기에 자사 칩을 공급하고 있다.

2019년 4월 실리콘밸리 전문가들로 구성된 국방성 자문단인 국방혁신위원회는 중국이 5G 이동통신을 주도할 것이라고 경고했다.

국가별 5G 준비 순위 및 점수

Rank	Country/Region	5G Readiness Score*
1	China	19
1	USA	19
3	South Korea	18
4	Japan	17
5	Italy	15
5	United Kingdom	15
7	Germany	14
7	Hong Kong	14
9	Australia	13
10	Spain	11

* 주파수 할당 현황, 주파수 로드맵, 정부 지원 및 정책, 산업계의 노력 및 합의 정도 등을 반영.

자료: Analysys Mason

2018년 9월 《월스트리트 저널》은 "5G 경쟁: 세상에서 가장 빠른 무선 인터넷을 둘러싼 미·중 간 전투"라는 기사를 통해 중국 5G 기술이 미국 대비 우위를 점하고 있다는 의견을 제시했다. 실제로 미국 이동통신산업협회CTIA가 2018년 4월 5G 기술이 가장 잘 준비된 10개국을 선정했는데 중국이 1위를 차지했다. 또한 최근 발간된 「중국 인터넷 보고서China Internet Report 2019」는 통신, 미디어 및 기술 컨설팅 업체인 애널리시스 메이슨Analysys Mason의 자료를 인용하며 중국이 글로벌 5G 준비에서 시장을 리드하고 있다고 조명했다.

미국 기업들은 10년 전에 4G 산업을 선점했던 사업자였다. 전 세계에 보급된 신형 단말기와 앱 표준을 수립하면서 애플, 구글 같은 미국 기업들이 시장을 주도해 수십억 달러를 벌어들였다. 중국은 이에 교훈을 얻어 2025년까지 5G에 1840억 달러(약 221조 원)을 투자할 계획이고, 5G 서비스에 유리한 대역의 무선통신 주파수를 세 국영 통신사(차이나 모바일China Mobile, 차이나 텔레콤China Telecom, 차이나 유니콤China Unicom)에 할당했다. 미국에서 그 주파수 대역은 연방정부가 활용하고 있어 주로 상업적 접근이 제한된다. 미국 기업들은 실험실 환경에서 장점이 있는 다른 주파수 대역으로 실험을 하지만 건물과 나무에 쉽게 막힌다. 이러한 이유로 미국이 동맹국에 압박을 가하지만 많은 국가가 중국산 핸드셋, 칩, 표준을 채택할 것이라고 펜타곤 위원회는 경고했다. 미 국방부는 전 세계가 중국산 단말, 칩 등의 표준을 따를 경우 '탈서구'로 인한 무선통신망의 보안 문제를 우려해 화웨이 등 중국 업체를 강력하게 견제 중이다.

미국이 중국산 상품에 전방위로 고율 관세를 매기는 무역 전쟁 국

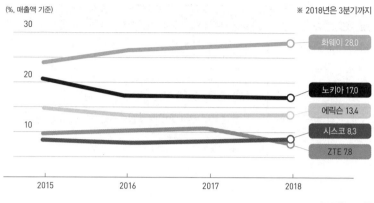

세계 5G 통신장비 점유율

(%, 매출액 기준)   ※ 2018년은 3분기까지

30

화웨이 28.0

20

노키아 17.0
에릭슨 13.4

10

시스코 8.3
ZTE 7.8

2015   2016   2017   2018

자료: 델오로그룹

면에서 별도의 제재를 부과한 두 기업, 화웨이와 ZTE는 중국 5G 기술 선두주자라는 공통점이 있다. 화웨이는 에릭슨, 노키아와 함께 통신장비 산업 3강 구도를 만들었다. 가격경쟁력은 물론 지속적인 연구개발 투자로 기술경쟁력을 높여 1위에 올랐다. 통신장비 업체 시장 점유율은 화웨이(28%)가 미국 시스코(8.3%)보다 높다. 중국 정보통신연구원에 따르면 5G 휴대폰 특허 건수는 화웨이(17%)와 ZTE(9%)가 미국 퀄컴(10%)과 인텔(5%)보다 많다. 4G와 5G 복합 운영체제NSA에서 5G 독자 운영체제SA로 옮겨 가는 데 중국은 1년, 미국은 5년이 걸릴 것으로 추산된다.

중국이 5G 기술 개발 선두에 선 계기는 신성장동력을 찾고자 하는 국가 전략과 풍부한 자금을 바탕으로 하는 대규모 펀딩, 국내외 유능한 중국계 연구자 영입, 그리고 중국 특유의 권위주의적 정치 체제에 기인한다. 2018년 딜로이트 연구 결과를 보면 중국은 미국보다 5G 인프라에 240억 달러(약 29조 원)를 더 투자했다. 중국은

중국의 5G 산업 육성 정책 개요

주요 추진 정책	육성 방향 및 핵심 내용
5G 연구개발 계획(2015.3)	• 무인운전, 내비게이션, 제조업, 유통, 미디어 분야가 포함된 5G R&D 계획(공업정보화부)
중국제조 2025(2015.5)	• 5G 기술, 첨단 라우팅 기술 발전 • 신형 단말기, 차세대 장비 개발
5G 육성 계획(2018.2)	• 2020년 5G 상용화, 2030년 최강국 도약 위해 5000억 위안 투자

자료: KIET 산업경제분석, "한·중 신산업 정책동향 및 경쟁력 비교와 협력방향", 2019.6.

35만 개의 기지국을 새로 세웠는데, 미국은 이보다 적은 3만 개의 기지국을 세웠다. 딜로이트는 "중국 등의 국가들이 5G 쓰나미를 만들면 다른 나라들이 따라잡기 사실상 불가능하게 될 수 있다"고 전망했다. 중국은 앞으로 자국의 5G 관련 영향력 확산을 위해 노력할 것으로 보인다. 우방국 및 인접국에 5G 관련 경제·기술적 영향력 전파를 시도할 것이다.

미국 역시 5G 동맹을 추구하고 있다. 통신장비에 도청 혹은 정보수집이 가능한 백도어 설치 가능성을 제기하며 호주, 뉴질랜드, 영국, 폴란드 등 우방국에 화웨이 장비 배제를 강요하고 있다. 2018년 10월 미국의 상원의원은 캐나다 정부가 중국 화웨이가 추진 중인 5G 이동전화 네트워크 구축 계획을 허가해서는 안 된다고 공개적으로 경고하기도 했다.

미국은 폴란드와 5G 보안 강화 합의를 체결하며 화웨이를 견제했다. 2019년 9월 미국 부통령 마이크 펜스Mike Pence와 폴란드 대통령이 5G 네트워크 보안 가이드라인을 강화하는 합의를 체결한 것이다. 해당 공동 합의가 화웨이를 직접 언급하지는 않았으나 폴란드의 5G 인터넷 인프라 구축과 관련된 공급자가 외국 정부에 의해 통제되고 있는지를 신중하게 검토할 것이란 내용이 포함됐다. 펜스 부통령은 이 합의가 양국의 디지털 인프라스트럭처 안보를 보장해줄 수 있을 것이며, 다른 유럽 국가들을 위한 좋은 사례가 될 수 있을 것이라고 언급했다.[11]

급성장하는 5G 시장은 화웨이와 같은 장비 제조사들에게 큰 기회가 될 것이나 미국은 화웨이를 미국 시장으로부터 배제하기 위한 조치들을 시행 중이다. 미 연방통신위원회FCC가 5G FAST 플랜의 일환으로 준비 중인 '공급사슬 무결성Supply Chain Integrity' 법안은 국가 안보를 위협하는 기업의 장비·서비스 구매 시 정부 보조금 지원을 차단하도록 하고 있다. 화웨이는 해당 법안에 대해 '제멋대로고 변덕스러운 법안'이라고 평가하며 강력하게 반발했다.

미국의 제재로 인한 중국의 첨단 기술 분야 자체 혁신 노력으로 인해 중국과 미국이 각각 인터넷 분야를 주도하는 '분리'의 우려가 존재하고 있다고 전문가들은 경고하고 있다. 한 시장에서 생산된 기기가 다른 시장에서 생산된 장치와 호환되지 않을 수 있음을 의미하며, 이로 하여금 세계의 국가들은 표준 선택의 문제에 직면하게 되는 것이다. 전 구글 회장인 에릭 슈미츠Eric Schmidts는 5G 인터넷 표준이 분리의 위험에 처해 있다고 언급했고, 유럽의 통신사 두 곳은 동반구과 서반구에 각기 다른 별도의 장치를 구축하는 것을 고려하고 있다고 알려졌다.

기술 종주국 '미국'과 신흥강자 '중국'의 AI 패권 경쟁

중국 정부는 AI 산업 발전을 향후 국가 경쟁력 향상을 위한 전략적 과제로 인식하고 육성 정책을 수립하고 정책기관을 설립하는 등 지원을 아끼지 않고 있다. 중국 교육부도 2018년 4월 고등교육기관의 AI 인재 양성 및 연구 촉진을 목표로 '대학 AI 혁신 행동 계획'을 발표하기도 했다. 다수의 기업들은 AI 3개년(2018~2020년) 추진 계획, '중국제조 2025' 등 정부의 전폭적인 AI 산업 발전 계획 하에 AI 도입을 추진하고 있거나 실증 테스트를 전개 중이다. 실제로 비즈니스 프로세스에 AI 도입을 추진하고 있는 기업은 32%로 미국(22%)이나 EU(18%)보다 앞선 것으로 조사됐다.[12]

중국의 경우 14억 인구가 창출해내는 막대한 데이터와 정보 처리 기술 진전 등이 AI 산업의 발전을 촉진하고 있다. 특히 개인 소비와 생활 패턴 데이터를 확보할 수 있는 모바일 결제 이용자 수가 2018년 5억 2510만 명에 달해 미국(5500만 명)과 EU(4470만 명) 대비 거의

중국의 AI 산업 육성 정책 개요

주요 추진 정책	육성 방향 및 핵심 내용
차세대 AI 발전 계획 (2017.7)	• 2030년까지 차세대 AI 3단계 전략 목표, 5대 중점 과제 제시 • AI의 국가 전략 분야 승격
차세대 AI 산업 발전 3년 행동 계획(2018~20)	• 차세대 AI 기술의 산업화와 응용에 중점
대학 AI 인재 국제 양성 계획, 대학 AI 인재 혁신 행동 계획(2018.4)	• 대학 과학기술 혁신 및 단과대 시스템 완성 • 인재 양성 시스템 개선 • 5년 내 교수 500명 및 학생 5000명 양성

자료: KIET 산업경제분석, "한중 신산업 정책 동향 및 경쟁력 비교와 협력 방향", 2019.6

10배 수준에 이르고 있다. IoT 데이터 양도 1억 5200만 TB[13]로 미국 6900만 TB의 2배 수준이다.

2019년 중국 AI 산업의 시장 규모는 약 330억 위안(5조 4700억 원) 내외로 추정되고 있다. 중국의 AI 관련 기업 수는 1040개로 전 세계의 약 20.8%를 차지하고 있다. 이는 미국(40.8%) 다음으로 높은 수준이다. 또한 중국 내 AI 산업체에 대한 투자는 2013년 이후 꾸준히 증가했으며, 산업 내 인프라도 상당 수준으로 구축되고 있다. 2013년 1월부터 2018년 3월까지 약 5년간 중국의 AI 산업에 대한 투자액은 글로벌 투자 규모의 60%가량을 차지한다. 적극적 투자에 힘입어 중국은 최근 10년간(1997~2017년) 전 세계 AI 관련 특허의 37.1%를 창출하면서 세계 1위 국가로 도약하고 있다.

2019년 3월 미국 앨런 AI 연구소Allen Institute for Artificial Intelligence는 2018년 말까지 발표된 200만 개 이상의 학술 AI 논문을 분석한 결과, 2001년부터 2010년 정점에 이르는 중국 AI 연구의 급증으로 인해 전체 논문 수는 이미 미국을 추월한 것을 발견했다. 중국의 AI 출판 논문 발표자 수는 1985년에 5000명 수준에서 2018년에 14만 3000명으로 2800% 이상 증가했다. 연구소는 지난 5년간의 추세에 따르면 중국은 2020년 초에 상위 10%, 2025년에 상위 1% 논문에서 미국을 추월할 것으로 예상된다고 밝혔다.

중국은 이미 AI 기술에서 미국과 양강 구도를 구축하고 있다. 중국이 10년 안에 미국을 제치고 세계 AI 기술을 선도할 것이라는 전망도 나오고 있다. 하지만 하와이 소재 싱크탱크인 이스트 웨스트 센터East-West Center의 디터 언스트Dieter Ernst는 빅데이터 분석과 AI에서 중국의 능력을 과대평가하는 것은 실수라고 지적한다. 언스트는 사실상 전무한 개인보호 정책으로 엄청난 데이터를 축적할 수는 있겠지만 미국 기업은 AI의 빅데이터 의존도를 낮추는 첨단 알고리즘에서 더 뛰어나다고 말한다. 주요 중국 앱도 아직은 미국이 설계한 세

AI 경쟁력 분석, 주요 세부 지표 현황

6개 항목	세부 지표	🇺🇸	🇪🇺	🇨🇳
연구자	2017년 AI 연구자 수	2만 8536명	4만 3064명	1만 8232명
	2018년 주요 학술 컨퍼런스에 논문을 게재한 우수 연구자 수	1만 295명	4840명	2525명
연구 성과	2018년 소프트웨어 및 컴퓨터 서비스 기업의 AI 투자 규모 상위 100대 순위에 포진한 기업 수	62개	13개	12개
개발과 투자	2017~18년 벤처캐피털 및 사모펀드의 AI 스타트업 투자 규모	169억 달러	28억 달러	135억 달러
	2017년 AI 스타트업 수	1393개	726개	383개
	2019년 AI 기업 수	1727개	762개	224개
	2000~2019년 5월까지 AI 관련 M&A Top 10 기업	10개	–	–
실행력	2018년 AI를 도입하고 있는 기업 비중	22%	18%	32%
	2018년 AI를 실증 테스트하고 있는 기업 비중	29%	26%	53%
데이터	2018년 모바일 결제 이용자 수	5500만 명	4470만 명	5억 2510만 명
	2018년 IoT 기기 데이터량	6900만 TB	5300만 TB	1억 5200만 TB
하드웨어	2017년 반도체 R&D 상위 10대 기업	5개	–	–
	2019년 AI 칩 설계 회사 수	55개	12개	26개
	2019년 슈퍼컴퓨터 500대 기업 수	92개	116개	219개

자료: Center for Data Innovation, 2019.8 / IITP 정리

계 최고 수준의 칩으로 돌아간다.

미국은 다른 강점도 있다. 폴슨 연구소Paulson Institute 산하의 마크로폴로MacroPolo의 조이 단통 마Joy Dantong Ma는 가장 유명한 AI 컨퍼런스에서 주요 연사들의 국적을 분석했다. 그 결과 대부분 미국 대학이나 기술 기업 출신이었다. 그러나 중요한 것은 그들 중 절반 이상이 해외 출신이었다. 트럼프 행정부의 비자 심사 강화는 이래서 위험할 수 있다.

현재 미국은 전반적으로 고른 경쟁력을 확보하며 글로벌 AI 시장을 선도하고 있다. 구글, 아마존과 같은 민간 기업이 AI 분야를 선도해가고 있으며, 정부는 AI 발전에 근로자들이 빠르게 적응할 수 있는 프로그램을 모색하고 있다. 특히 트럼프 행정부는 AI 이니셔티브 서명,[14] AI 특별위원회 설치,[15] AI Next 캠페인 추진,[16] 미국 국립과학재단NSF: National Science Foundation 인간-기술 협력 연구 지원[17] 등 활발한 활동을 추진하고 있다.

미국과 중국의 AI 기술 격차가 1.4년[18]으로 짧아지면서 미국의 불안감은 서서히 커져가고 있다. 무서운 속도로 추격하는 중국이 AI 분야에서 우위를 점할 경우 세계 안보 질서가 재편될 수 있다고 걱정한다.

최근 구글은 화웨이와 1년간 진행해왔던 AI 스피커 공동 개발 프로젝트를 백지화했다. 2018년 5월 미국 상무부가 화웨이를 블랙리스트 기업에 지정하면서 수출금지 조치의 영향을 받은 것이다.

이러한 이유로 미국은 중국 정부와 유착 관계가 있을 수 있는 중국 기업이 만든 장비 도입 등 중국과의 거래를 금지하고 있다.

미·중 기술 분쟁이 한국에 미치는 영향

한국, 중국, 미국의 제조업 및 신산업 육성 전략은 정책 배경과 핵심 목표, 대응 전략이 매우 유사하다. 3국 모두 제조업과 ICT 융합을 통한 신산업 육성을 주된 목표로 하며, 또한 신성장동력 창출을 위한 중점 산업이 유사하다. 전략 관점에서도 글로벌 경쟁에서 기회를 선점하고 경쟁우위 확보를 통해 지속적인 발전을 이루고자 하는 유사성을 지닌다. 정책 방안에서도 3국은 정보기술과 제조기술의 융합, 제조업 경쟁력 강화를 지원하기 위한 혁신 기술 축적, 제조업의 서비스 융합화 촉진, 5G·AI·로봇·데이터 등 4차 산업 혁명 기반 기술의 집중 육성 등을 강조하는 점도 대동소이하다.[19]

3국의 기술력을 비교하면 5개 비교 대상 중 한국이 경쟁력을 가지고 있는 분야는 5G이다. 중국은 시스템 반도체, AI, 빅데이터 등에서 한국보다 기술력에서 우위로 평가받고 있다.

AI와 빅데이터는 중국의 기술력이 우세하지만 한국과 중국이 미국 대비 80 내외의 거의 비슷한 수준으로 그 격차는 크지 않다. 5G는 한국과 중국이 거의 비슷하게 미국 대비 90 이상이어서 기술력 자체는 높은 수준에 도달한 편이다. 5G는 한국의 기술력이 중국보다 근소하게 우위이지만 거의 대등한 수준이다. 5G 단말 및 부품 기술은 중국이 한국에 비해 다소 미흡한 수준이다. 통신장비의 경우 화웨이로 대표되는 중국의 기술 수준은 세계적이나 한국도 5G 기술력을 확보한 상태이며, 세계 최초로 5G 상용화 서비스에 성공하면서 2019년 10월 상용화된 중국보다 상용화 속도도 앞서가고 있다.

첨단 산업 분야의 미국, 중국, 한국의 기술력 비교

	한국	중국	기술 선도국 (미국)
시스템 반도체	50	60	100
로봇	80	75	100
인공지능	78	82	100
빅데이터	79	83	100
5G 이동통신	93.5	91.5	100

자료: IITP, 전문가 조사 등을 종합하여 작성

이러한 상황에서 미국과 중국의 기술 전쟁이 한국에 미치는 영향은 지대하다. 한국의 5G 기술 수준이 세계 1, 2위를 다투고 부품과 장비 분야에서도 미국과 중국 주도의 글로벌 공급망과 밀접히 연관돼 있어 유불리를 단순히 판단하기 어려운 실정이다. 한국 기업의 중국 현지 생산 법인은 말할 것도 없이 향후 미·중 기술 전쟁과 화웨이 사태로 인해 영향을 받을 기업과 시장의 규모는 섣불리 예측하기 어렵다.

미국의 화웨이에 대한 거래제한 조치에 한국 정부와 기업의 동참을 요구한 것으로 알려지면서 한국 정부는 난감한 처지에 몰려 있다. 화웨이와 전쟁에 나선 미국과 같은 편에 서달라는 요청이지만 이에 응할 경우 중국의 경제 보복이 이어질 수 있다는 우려에서다. 이러한 가운데 화웨이는 미국과 중국 간의 기술 경쟁에 관련된 동향을 주시함과 동시에 글로벌 5G 시장과 자사의 상황을 중국이 아닌 다른 국가의 비즈니스 파트너 및 투자자들에게 알리려는 움직임도 보이고 있다. 한국 정부와 주요 기업도 화웨이 장비 관련 이슈가 향후 미국·중국 외교 관계에 지대한 영향력을 미칠 수 있음을 감안해 일단 정확한 현황을 파악하는 데 집중하고 있다.

무역 갈등의 고조로 중국 거시경제가 침체되거나 세계 교역량이 유의하게 하락하게 된다면 한국은 간접적 영향을 받을 수 있다. 세계 교역량의 추세 대비 1.6% 하락 충격은 한국 GDP, ICT 수출, 그리고 ICT 투자를 각각 0.33%, 0.77%, 그리고 0.75% 하락시킨다.[20] 또한 한국 자체적으로는 '중국제조 2025'의 지향점이 한국과 매우 유사해 향후 중국과의 경쟁 심화가 예상됨에 따라 ICT 융합을 통한 제조업 혁신과 주요 부품에 대한 기술력 확보도 요구된다.

미국과 중국은 동시에 한국의 적극적인 참여를 기대하고 있다. 이번 전쟁의 절대적 승자는 없다는 사실은 점차 분명해지고 있으나 문제는 시간이 갈수록 전략적 모호성을 가지고 있는 한국의 입지가 좁아지고 있다는 것이다. 급변하는 국제 정세 속에서 미·중 분쟁에 대비한 한국의 대응 방안 마련이 필요하다.

금방 끝나지 않을 미·중 분쟁, 장기전에 대비하는 자세

미·중 분쟁이 단순 무역수지 개선을 넘어 경제 패권 경쟁으로 확대되면서 양국 간 긴장 관계가 장기화될 것으로 전망된다. 미국은 관세나 거래제한 조치, EU·일본·호주 등 우방국과의 공조 등 중국에 대한 압력 수단이 많고, 중국은 미국의 요구가 시진핑 주석의 정책과 충돌하면서 미국에게 양보하기 어려운 상황이다.

중국은 거대한 시장과 정부 정책을 바탕으로 5G뿐만 아니라 AI 등 기술 분야에서 빠른 발전을 보이고 있다. 물론 여기에는 자국 진출 외국 기업에 대한 강제적인 기술이전 등 권위주의 국가 정책에 의해 기인된 것도 있다. 미국은 중국의 이러한 기술 발전에 대해 국가 안보를 이유로 보호무역주의 정책을 실시하고 있어 양국 간의 관계가 더욱 불안정해지고 있다.

미·중 무역 분쟁으로 중국 경제가 단기적으로는 어려움을 겪고 있으나 장기적으로 자체 기술 능력 향상과 생산 효율화로 유연한 회복 능력resilient을 키우면서 관세 인상 등 미국의 대중 압력이 역설적으로 중국 경제를 더욱 강하게 만드는 기회가 될 것이다.

어떠한 기술도 고립된 섬이 아니기 때문에 미·중 간 기술 분쟁의 여파는 무시무시해질 것이다. 예를 들어 마이크로칩은 수십억 개의 부품으로 구성돼 있다. 이 엄청나게 복잡한 제품은 전 세계 수천 개의 전문 기업이 참여하고 있는 복잡한 공급망을 만들어냈다. 미국 무역기구인 반도체산업협회Semiconductor Industry Association의 한 기업은 1만 6000개 이상의 공급업체를 보유하고 있으며 그중 8500개 이상이 미국 밖에 있다고 한다. 칩의 구성요소인 원자재와 부품들은 결국 스마트폰이나 자동차의 브레이크 시스템 등 수천 개 제품들의 두뇌가 되기 전까지 전 세계를 가로지르고 있다. 이런 공급망에서 누군가를 퇴출시킨다는 것은 심각한 혼란을 불러일으킬 것이다.

미국 전문가들에게 중국과의 패권 싸움이 어떻게 끝날 것 같냐고 물어보면 이들은 한결같이 가까운 미래에 중국이 도를 넘고 휘청거릴 것이라고 말한다. 전문가들은 중국이 자국의 성장 둔화와 해외에서의 공격적인 방식에 대한 반발로 인해 대가를 치를 것으로 생각한다. 전문가들은 중국이 세계 질서를 재편하기보다는 기존의 질서 안에서 선도적 역할을 모색하기를 바란다.

중국 전문가들도 비슷한 의견을 내놓고 있다. 이들은 단도직입적으로 미국이 스스로 이 문제를 극복해야 한다고 말한다. 미국이 중국을 동등한 상대로 받아들일 겸손을 배우고, 아시아에 있는 중국을 도발하지 않는 지혜를 갖추길 바란다.

양국이 모두 승리할 것이라고 미래를 예측하는 전문가는 아무도 없다. 과거 소련과의 냉전은 미국의 승리로 끝났다. 새로운 미·중 냉전에서는 양국 모두 패배할 수 있다.

현대사에 미국과 중국 같은 두 거대 무역 협력국 간 이념적 대결은 없었다. 이 대결을 어떻게 안전하고 건설적인 것으로 만들 것인지 합의하는 것은 쉬운 일이 아니겠지만, 이번 세기의 평화와 번영은 여기에 달려 있다.

16

실제 해법 구축에
나서다

| 블록체인 |

페이스북 암호화폐 리브라로 다시 주목받는 블록체인

여전히 뜨거운 감자인 블록체인

2019년은 블록체인 기술이 비트코인과 함께 등장한 지 꼭 10년이 되는 해다. 2009년 사토시 나카모토가 비트코인의 거래 원장으로 개발한 블록체인은 2017년 비트코인 광풍과 함께 세상의 주목을 받기 시작했다. 자고 일어나면 비트코인의 가격이 몇 배씩 뛰어올랐고, 사람들은 새로운 투자 수단으로 암호화폐에 관심을 보였다. 암호화폐에 대한 뜨거운 관심은 기반기술인 블록체인까지 이어졌고, 지난 10년 동안 블록체인 기술은 계속해서 발전해왔다.

블록체인Block Chain은 거래 정보Block를 연결Chain한다는 의미의 합성어다. 각종 거래 정보를 중앙 서버에서 관리하지 않고 여러 곳으로 분산해 동시에 저장하는 기술로, 위·변조가 거의 불가능한 속성을 가지고 있다. 이 때문에 블록체인을 '끊임없이 업데이트되는 거대한 장부'라고 표현하기도 한다.[1] 또한 모든 거래가 영구적으로 기록되기 때문에 공공 및 금융뿐만 아니라 의료, 에너지, 유통, 미디어, 부동산 거래, SNS, IoT 영역 등 다양한 분야에서 블록체인을 활발하게 도입하고 있다.

이러한 블록체인의 기술적 속성과 잠재력이 높이 평가되면서 블록체인은 '제2의 인터넷 혁명'이자 4차 산업혁명 시대에 경제·사회 전 분야의 근본적 재정립을 추동할 파괴적 혁신 기술로까지 불리고 있다. 『블록체인 혁명』의 저자인 돈 탭스콧Don Tapscott은 "인터넷이 지난 30년을 지배했듯, 앞으로 블록체인이 우리 미래를 30년간 지배할 것이다"라는 평을 내놓기도 했다. 또한 세계 리더들이 모인 다보스포럼에서는 2016년 미래 4차 산업혁명을 이끌 7대 주요 기술로 블록체인을 선정했고, 2019년 현재까지 블록체인에 대한 논의를 폭넓게 이어가고 있다.

현재 블록체인은 기업들을 중심으로 활발하게 도입되고 있다. 세계 어느 곳보다 블록체인 도입에 적극적인 중국 기업의 대다수는 블록체인을 중요 전략 자산으로 손꼽고 있다. 최근 발표된 딜로이트의 '2019 글로벌 블록체인 설문조사'에 따르면 조사 대상 200개 중국 기업 중 73%가 블록체인 기술을 기업의 주요 전략으로 추진 중인 것으로 나타났다. 이에 비해 미국은 조사 대상 기업 중 56%가 블록체인 기술이 기업의 5대 전략 우선순위 중 하나라고 답했다. 또한 전 세계

기업의 블록체인 관점 변화, 2019 vs. 2018

질문: 향후 1년 동안 조직이나 프로젝트에 블록체인이 미치는 영향력을 가장 잘 설명하는 것은?

■ 2019 ■ 2018

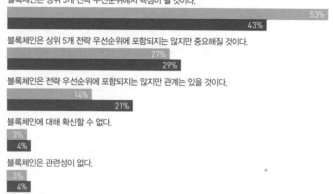

블록체인은 상위 5개 전략 우선순위에서 핵심이 될 것이다.
53%
43%

블록체인은 상위 5개 전략 우선순위에 포함되지는 않지만 중요해질 것이다.
27%
29%

블록체인은 전략 우선순위에 포함되지는 않지만 관계는 있을 것이다.
14%
21%

블록체인에 대해 확신할 수 없다.
3%
4%

블록체인은 관련성이 없다.
3%
4%

주: N=1,386(2019 글로벌 기업), N=1,053(2018 글로벌 기업)
출처: Deloitte's Global Blockchain Survey, 2018 and 2019

자료: Deloitte

기업들 중 5대 전략 우선순위에 분산원장Distributed Ledger 기술을 선택한 비율은 53%로, 2018년 대비 10% 증가한 수치를 보였다.

　기업들뿐만 아니라 각국 정부의 블록체인에 대한 관심도 뜨겁다. 에스토니아는 정부 플랫폼에 블록체인을 도입해 기존 전산 업무를 디지털화하고 공공부문 업무를 원스톱으로 대응할 수 있게 할 계획이다. 미국에서는 블록체인 진흥법Blockchain Promotion Act이 2019년 7월 9일 미국 상원 상업과학교통위원회의 승인을 얻었다. 이 법이 발효되면 발효일로부터 90일 내 미국 상무부 내 블록체인 실무 그룹 설립이 의무화된다. 이 그룹은 1년 이내 의회에 관련 보고서를 제출해야 한다. 보고서는 블록체인 기술의 정의에 대한 권고안과 더불어 블록체인의 잠재적 적용 범위에 대한 권고안, 그리고 미국 연방기관 내에서 블록체인 기술이 어떻게 적용될 수 있는가에 대한 권고안도 포함될 예정이다. 또한 블록체인이 정보통신 기술에 미치는 영향에 대한 연구도 수행하게 된다.

한국 정부도 2018년 과학기술정보통신부에서 블록체인 초기 시장 형성과 민간 주도 성장 지원을 위해 '블록체인 기술 발전 전략'을 발표했다. 이 정책은 블록체인 인력 양성, 전문 기업 지원, 공공 시범사업 실행, 핵심 기술 개발 등의 사업을 포함하고 있다. 2022년까지 1만 명 규모의 블록체인 인력 양성, 100여 개의 블록체인 전문 기업 육성, 선진국 대비 90% 수준 기술력 확보라는 목표도 제시했다. 최근에는 부산을 블록체인 규제자유특구로 선정해 블록체인 기술을 활용한 디지털 지역화폐, 관광, 수산물 이력 관리 서비스 실증, 지역 금융 인프라 연계 등을 통해 지역 경제를 활성화한다는 계획을 발표했다.

4차 산업혁명의 시대가 초연결, 초지능, 초실감, 초신뢰의 시대라고 할 때, 초신뢰 시대를 실현할 수 있는 기술 중 하나가 바로 블록체인이다.[2] 블록체인이 서로 신뢰할 수 없는 개인과 개인이 중재자 없이도 직접 거래할 수 있게 해주는 '신뢰의 네트워크 기술'이기 때문이다. 블록체인 기술은 경제·사회·문화를 대폭 전환시킬 만큼 파급력이 큰 기술이다. 많은 기업과 각국 정부들은 블록체인 기술의 잠재력을 높이 평가하고, 시장 활성화를 위해 비즈니스와 공공 측면에서 다양한 실험과 적용을 추진 중이다. 2020년이 다가오는 지금 블록체인에 대한 관심은 여전히 뜨겁다.

암호화폐 현황 및 열기

2017년 말부터 불어닥친 비트코인 광풍은 용어조차 생소했던 암호화폐와 그 기반기술인 블록체인을 대중적으로 확산시키는 데 일조했다. 하루가 다르게 치솟는 암호화폐의 가격이 현존하는 통화들에 비해 변동성이 커 종종 암호화폐는 투기성이고 사행성이 짙은 나쁜 것이라고 인식되는 경우가 있다. 일부는 블록체인은 유익한 신기술이지만 암호화폐는 투기와 사행을 조장하는 잘못된 것이라며 그 둘을 분리하기도 한다. 하지만 이는 암호화폐와 블록체인의 상관관계에 대한 이해도 부족에서 비롯된 오해이다.

암호화폐는 퍼블릭 블록체인(누구에게나 참여가 개방된 블록체인) 네트워크를 작동시키는 인센티브이자 블록체인 내 경제 시스템을 구현해 새로운 비즈니스 모델을 만들 수 있게 해주는 요소다. 또 암호화폐 자체가 송금, 지불결제, 가치이전의 목적으로 활용될 수 있는 애플리케이션이기도 하다. 블록체인 서비스가 기존 인터넷 기반 서비스와 차별화된 경험과 경쟁력을 가질 수 있는 원천이 암호화폐에서 나온다고 해도 과언이 아니다.

비트코인의 경우를 예로 들어보자. 블록체인을 처음 제안한 사토시 나카모토는 자신의 제안을 구현한 최초의 블록체인 관리 프로그램인 '비트코인 코어Bitcoin Core'를 제작했다. 비트코인 코어는 암호화폐인 비트코인을 생성하고 비트코인 거래를 블록체인 형태로 기록하도록 설계됐다. 블록체인 기록을 검증한 대가로 주어지는 인센티브가 바로 새로 생성된 비트코인이다.

이렇게 블록체인과 뗄 수 없는 관계인 암호화폐에 대한 대중의 관심은 식을 줄 모르고 있다. 해외 암호화폐 시황 중계 사이트인 코인마켓캡CoinMarketCap에 따르면 2019년 10월 2일 기준 전체 암호화폐 시가총액[3]은 약 2211억 달러 수준으로 나타났다. 시가총액 기준으로 비트코인, 이더리움Ethereum, 리플Ripple, 비트코인 캐시 등 상위 10개 암호화폐가 전체 시장에서 90.3%의 비중을 차지하고 있다. 비트코인이 압도적인 1위를 기록했고, 이더리움과 리플이 뒤를 이었다. 하지만 암호화폐 시장의 선구자인 비트코인 이외에도 수백 가지의 다양한 암호화폐가 존재한다. 코인마켓캡 사이트에 따르면 2019년 9월 기준 거래소에 등록된 암호화폐는 2493종에 이른다. 매주 새로운 암호화폐가 등장한다고 해도 과언이 아닐 정도이다.

암호화폐 거래소 이용자 수를 보면 한국이 얼마나 암호화폐에 열광하고 있는지 알 수 있다. 데이터 분석기관인 데이터라이트의 최신 보고서에 따르면 한국은 미국과 일본에 이어 글로벌 상위 100개 암

시가총액 상위 암호자산

(단위: 십억 달러)

순위	이름	시가총액	순위	이름	시가총액
1	비트코인(Bitcoin, BTC)	182.58	6	테더(Tether, USDT)	4.04
2	이더리움(Ethereum, ETH)	20.00	7	바이낸스 코인 (Binance Coin, BNB)	3.96
3	XRP	11.51	8	EOS	3.29
4	비트코인 캐시 (Bitcoin Cash, BCH)	5.49	9	비트코인 SV (Bitcoin SV, BSV)	2.31
5	라이트코인(Litecoin, LTC)	4.61	10	스텔라(Stellar, XLM)	1.37

자료: Coinmarketcap.com(2019.9.4. 기준)

1. USA	22 260 554	11. India	2 014 631
2. Japan	6 142 686	12. Ukraine	1 936 441
3. Korea	5 731 772	13. Australia	1 750 188
4. United Kingdom	3 898 222	14. Italy	1 588 534
5. Russia	3 183 839	15. Poland	1 586 770
6. Brazil	3 108 640	16. Mexico	1 446 095
7. Germany	2 528 541	17. Netherlands	1 331 690
8. Vietnam	2 482 579	18. France	1 155 364
9. Turkey	2 414 148	19. Spain	990 220
10. Canada	2 027 280	20. Indonesia	894 236

자료: DataLight(2019.4.29)

호화폐 거래소 이용자 수 3위에 랭크돼 있다. 미국과 일본은 각각 2226만 명과 614만 명이고 한국은 573만 명으로 집계됐다. 데이터라이트는 현재 전 세계적으로 암호화폐 트레이더는 약 6800만 명으로 영국 국민보다 많다고 발표했다. 세계 최대 암호화폐 거래소인 바이낸스 CEO 자오창펑은 몇 년 후면 암호화폐 사용자 수가 인터넷 사용자 수를 넘어설 것이라고 전망했다.

페이스북 리브라로 재점화된 암호화폐 시장

2019년 6월 18일 페이스북이 암호화폐 프로젝트 리브라 백서를 공개하자마자 관련 업계와 시장이 들썩였다. 금융권 및 정부 규제기관에서는 기존 화폐제도 및 금융권 붕괴에 대한 우려의 목소리를 냈고, 블록체인과 암호화폐 전문가들은 리브라 출시에 환호했다. 리브라가 출시될 경우 블록체인과 비트코인에도 긍정적인 영향이 미칠 것이라는 기대감에 2019년 초 400만 원 초반이었던 비트코인 가격이 1600만 원까지 치솟으며 4배가 급등하는 현상도 일어났다.

페이스북은 글로벌에서 통용 가능한 간편한 형태의 화폐와 금융 인프라를 제공해 전 세계 모든 이에게 금융의 자유를 주고자 리브라를 출시했다고 밝혔다. 전 세계적으로 17억 명 이상의 성인이 전통 금융 서비스를 이용하지 못하고 있고, 전통 금융 시스템은 서비스를 이용하기까지의 절차가 복잡하고 수수료가 비싸[4] 경제력이 약한 계층이 이용하기 어려운 한계점이 있다. 페이스북은 리브라를 출시해 메신저와 왓츠앱WhatsApp 등 자사 서비스에서 송금, 제품 구매 등에 이용할 수 있도록 할 예정이다. 리브라 사용을 위한 계정이 따로 필요 없어 누구나 참여가 가능하다.

"텍스트 메시지를 보내는 것처럼 쉽고 즉각적으로 리브라를 주고받을 수 있게 될 것이다. 향후 버튼을 누르는 것만으로 청구서를 지불하거나 QR코드를 스캔해서 커피를 구입하고 현금이나 카드 없이 대중교통을 이용하는 등 추가 서비스를 제공할 수 있을 것이다."

– 페이스북 창업자 마크 저커버그

페이스북의 암호화폐 출시는 일찍이 예견된 일이었다. 지난 2018년 5월 페이스북은 온라인 결제 회사 페이팔의 대표를 지낸 데이비드 마커스David Marcus를 주축으로 블록체인 담당 부서를 신설

가상통화 리브라 구조

리브라 송금·결제

고객(송금인) → 전자지갑 → 블록체인 libra → 전자지갑 → 상점(수신인)

자료: 금융위원회

했다. 페이스북 메신저 인프라에는 최대 라이벌인 중국의 위챗과 달리 결제 기능이 없다. 마커스는 이 문제를 해결할 수 있는 적임자였다. 또한 지난 2019년 2월에는 영국의 블록체인 스타트업 체인스페이스Chainspace를 인수하기도 했다. 페이스북은 사업 인수 자체보다는 인력을 확보하기 위한 팀 합병이라고 밝혔다. 이러한 소식들을 접한 업계는 페이스북이 자체 암호화폐를 출시할 시점이 다가왔음을 여러 매체를 통해 보도해왔다.

암호화폐 전문가들은 페이스북 리브라 출시를 반기면서 리브라가 암호화폐에 대한 인지도를 높이고 인식을 개선할 것으로 기대하고 있다. 모건크릭 디지털에셋Morgan Creek Digital Assets 창업자인 안토니 팜플리아노Anthony Pompliano는 아직까지 암호화폐에 대해 모르는 사람들이 많은데, 리브라는 대중들에게 암호화폐 기술을 교육하는 중요한 수단이 될 것이라고 밝혔다. 24억 명 이상의 이용자를 보유한 세계 최대 소셜 미디어 플랫폼인 페이스북이 주도하는 암호화폐 프로젝트라는 점에서 시장에 미치는 파급효과는 엄청날 것으로 예상된다. 페이스북과 인스타그램, 왓츠앱의 사용자 수를 모두 합하면 지갑 개수만 40억 개에 달할 것이다. 별도로 구축하느라 애쓸 필요도 없이 곧바로 글로벌 네트워크 효과가 생기는 것이다. 미국 의회 블록체인 회의 공동 위원장인 대런 소토Darren Soto는 다층적인 암호화폐 연합을 위한 페이스북의 노력이 성공한다면 21세기 경제의 큰 발전이 이어질 것이라고 전망했다.

페이스북의 글로벌한 영향력은 해외 송금 및 국제 결제 사업과 관련해 규제 당국과 대화를 트는 데 도움을 줄 것이다. 전문가들은 리브라 프로젝트의 진행 자체만으로도 블록체인 업계 모두가 고민하고 있는 법적 문제들이 하나씩 해결의 실마리를 찾아갈 것으로 기대하고 있다.

이러한 업계의 기대와 반대로 규제기관은 깊은 우려를 표명했다. 프랑스의 브뤼노 르 메르Bruno Le Maire 재무경제부 장관은 리브라는 국가 권한에 해당하는 특성을 가지고 있고, 이는 사익을 추구하는 사기업이 아닌 국가의 손에 있어야 하는 부분이라며, 리브라는 주권통화가 될 수 없으며 기존 화폐의 대체 수단이 되어서는 안 된다고 주장했다. 예를 들어 법정 화폐의 변동성이 리브라의 기초 자산보다 높은 국가일 경우에는 리브라를 통화 가치 방어용으로 활용할 수도 있어 중앙은행의 통제력을 약화시킬 수도 있다는 것이다.

페이스북이 고객의 금융 데이터까지 관리하게 될 경우 데이터 축적과 독점에 대한 우려도 제기됐다. 《뉴욕타임스》는 미래에 리브라 코인이 대중화되면 페이스북은 누가 누구에게 얼마를 보내고, 무엇을 샀으며, 잔고가 얼마인지까지 모조리 알 수 있다고 보도했다. 미국은 남북전쟁 이후 은행권이 금융 외 사업을 하지 못하도록 은산분리정책을 시행하고 있는데, 페이스북의 리브라 프로젝트는 이를 위배하고 있다는 것이다.

이에 대해 페이스북은 기존 경제구조와 규제를 따르기 위해 주력할 것이고, 금융 규제에 대한 우려가 해소되기 전까지 리브라를 출시하지 않겠다는 입장을 밝혔다. 또한 소셜 데이터와 금융 데이터를 완전히 분리해 페이스북이 사용자 동의 없이 리브라 트랜잭션으로부터 어떠한 데이터도 수집하지 않을 것이라고 주장했다.

페이스북을 시작으로 구글이나 아마존, 넷플릭스 등 경쟁사들이 자체 암호화폐를 발행할 가능성은 아주 높다. 실제로 미국 최대 유통업체인 월마트는 리브라 출시 이후 2019년 8월 '블록체인을 통한 디지털 화폐 시스템과 방식'에 대한 특허를 출원했다.[5] 특허는 기존 통화 단위에 디지털 화폐를 연동하고, 디지털 화폐 데이터를 블록체인에 보관하는 시스템에 관련된 것이다. 월마트도 페이스북과 마찬가지로 디지털 화폐가 기존 금융 인프라에서 불편을 느낀 사람들에게 도움이 될 것이라고 기대했다. 수입이 적은 주부 입장에선 신용 문제로 카드를 쓸 수 없고, 은행 계좌가 있더라도 예금을 많이 할 수 없다. 월마트의 암호화폐는 은행이 부담스러운 저소득 가구가 자산 관리에 사용할 수 있는 대안 금융 시스템이 될 수 있다는 것이 월마트의 입장이다. 미국 중앙은행인 연방준비제도의 제롬 파월Jerome Powell 의장은 디지털 통화 자체는 이제 막 걸음마를 뗀 단계에 불과해 암호화폐나 디지털 통화가 중앙은행의 통화정책에 장애물이 되거나 제약을 가하지는 않을 것이라고 전망했다. 암호화폐 거래소 제미니Gemini의 창업자 윙클보스Winklevoss 형제가 비트코인을 야구에 비유하면 이제 겨우 1회말에 불과하다고 말한 것처럼 블록체인과 암호화폐는 아직 가야 길이 멀다.

현실 문제 해결로 한 단계씩 발전하며 진입장벽을 낮추다

기술적 한계를 넘어선 새로운 형태의 블록체인 등장

블록체인은 엄청난 속도로 진화하고 있다. 전에 없던 새로운 개념의 서비스와 상품이 쏟아지고 기술적 한계를 무너뜨리는 연구가 속속 성과를 내고 있다. 이 산업에 몸담고 있는 사람들도 순간 흐름을 놓치면 따라잡기 어려울 정도라고 입을 모은다.

최근에는 블록체인과 AI를 결합해 한 단계 진보한 블록체인도 출시되고 있다. 세계적으로 가장 큰 규모를 차지하는 블록체인 지갑 및 결제 플랫폼인 코인페이먼트CoinPayments는 최근 AI 블록체인 벨라스Velas를 출시했다. 벨라스는 기존의 블록체인이 가진 확장성과 효율성의 한계를 벗어나기 위해 AI가 지분 위임 증명에 참여하는 알고리즘으로 운영되는 블록체인이다.

기존의 위임지분증명 방식이 소수의 블록 생성자를 선발해 블록체인의 합의를 얻는다면, 벨라스는 AI에 위임해 노드를 운영한다. 벨라스 관계자는 초당 3만 트랜잭션까지 확장 가능하며 요청이 있을 때만 블록을 형성하기 때문에 기존의 블록체인보다 효율이 높다고 설명했다.

퍼블릭 블록체인과 프라이빗 블록체인을 서로 연결하거나 섞은 혼합형 블록체인인 하이브리드 블록체인Hybrid Blockchain도 등장했다. 예

를 들어 보안이 중요한 가정용 IoT 기기
는 프라이빗 블록체인을 이용하고, 자동
화된 결제는 퍼블릭 블록체인에 연결하는
방식이다. 하이브리드 블록체인을 통해
커스터마이징 가능한 솔루션을 제공하면
서도 블록체인 특유의 투명성과 보안 등
을 유지할 수 있을 것으로 기대되고 있다.

새로운 형태의 계약도 등장했다. 기존
의 스마트 계약은 어떤 이벤트를 받고 그
에 따라 작업을 시작하도록 해주는, 기계
가 읽을 수 있는 명령어이다. 이에 반해 리
카르디안 계약Ricardian Contract은 둘 이상의
당사자들이 서로 행동하기 위한 조건과

내용을 정의한 디지털 문서로 사람이 읽을 수 있는 형태로 쓰이며,
그다음에 암호로 서명하고 승인한다.[6] 리카르디안 계약의 주요 목표
는 사람이 읽을 수 있게 한다는 것이다. 그것이 대부분의 상황에서
분쟁의 해결을 어렵게 만드는 점이기 때문이다. 리카르디안 계약은
정확히 구매 및 교환하고 있는 것이 무엇인지에 대한 가이드라인을
제시해 인터넷상에서 발행한 자산에 가치를 부여한다.

다양한 블록체인 네트워크가 생성되고, 이들 간의 스피드나 네트
워크 프로세싱, 사용 사례 등의 차이가 발생하면서 이를 해결하려
는 새로운 블록체인 기술과 알고리즘이 지금 이 시점에도 개발되고
있다. 블록체인은 AI와 같이 새로운 기술과 접목되어 진화하기도 하

고, 특정 산업 영역에 적용하기 위해 변형되기도 한다.

블록체인 대중화를 위한 본격적인 규제 장치 마련

리브라의 등장에 전 세계 규제 당국과 정치권은 신경을 곤두세우고 있다. 각국의 규제 당국은 입장을 밝히고, 관련 규제 마련이 시급하다는 입장을 일제히 밝혔다.

"페이스북 리브라 관련 규제의 필요성이 있다. 강력한 강제 규정과 합의된 약속이 필요한데 이것들이 리브라 프로젝트에서 충족되지 않았다."

― 브뤼노 르메르 프랑스 재정경제부 장관

(G7 재무장관·중앙은행 총재 회담)

"리브라가 세계적으로 통용되기를 원한다면 각국은 글로벌 차원에서 조율된 대응책을 마련해야 한다. G7 중앙은행 총재들만 논의할 내용은 아니다."

― 구로다 하루히코 일본은행 총재

(G7 재무장관·중앙은행 총재 회담)

"리브라 사용은 금지되지 않을 것이다. 리브라는 다른 디지털 자산과 동일하게 취급되어 곧 마련될 디지털 자산 관련법의 적용을 받게 될 것이다."

― 알렉세이 모이세예프 러시아 재무차관

2019년 6월 페이스북의 리브라 백서가 공개된 후 미국의 상원과 하원은 강도 높은 청문회를 열었다. 7월 16일 미국 상원 은행·주거·도시위원회는 '페이스북이 제안한 디지털 통화 및 데이터 프라이버시 검토'라는 주제로 청문회를 개최해 페이스북의 프라이버시 침해 우려를 표명했다. 또한 7월 17일 하원 금융서비스위원회는 '페이스북이 제안한 암호화폐와 소비자, 투자자 그리고 미국 금융 시스템에 미치는 영향력 검토'라는 주제로 리브라 네트워크의 탈중앙성, 리브라의 정치적 중립성, 리브라협회의 정당성 등의 문제를 제기했다.

청문회에 참여한 의원들은 블록체인의 잠재력과 필요성을 인정하면서도 암호화폐에 대한 의구심을 표명했다. 마이크 크래포Mike Crapo 상원 은행위원회 위원장은 미국은 블록체인 규제에 앞장서야 하며, 혁신 분야에 뒤처져서는 안 된다고 말했다. 이어 그는 블록체인 기술은 엄청난 잠재력을 가지고 있으며, 미국에 좋은 결과를 가져올 수 있다고 전망했다. 그러나 동시에 엄청난 리스크를 갖고 있기 때문에 이를 통제하는 방안이 요구된다고 덧붙였다. 글로벌 시장에서 뒤처지지 않고 혁신을 주도하기 위해 암호화폐 산업을 명확하게 규제하고 프레임워크를 만들어야 한다는 의견이 주로 제시됐다.

블록체인과 암호화폐를 관련 규제를 통해 제도권에 편입시키는 것, 자금 세탁에 대한 우려를 해결하기 위해 라이선스 제도를 도입하고, 투명성을 요구할 수 있는 다양한 방법이 모색되고 있다. 또한 이러한 규제를 담당할 단독 규제 기관에 대한 필요성도 주장되고 있다.

한편 유럽에서는 2019년 4월 유럽연합을 중심으로 블록체인 기술 활용을 촉진하기 위한 국제 연합체인 국제신뢰블록체인응용협회INATBA: International Association of Trusted Blockchain Applications가 출범됐다.
INATBA는 구체적으로 공공부문과 민간부문의 협력, 규제 당국 및
정책 결정자들과의 대화, 그리고 법률적 예측성을 권장하기 위한 틀
을 구축할 계획이다. INATBA는 이와 함께 블록체인 인프라의 완전
성integrity과 투명성을 보장하고 블록체인과 분산원장 기반 응용 프로
그램들을 위한 지침과 설명서를 만들 방침이다. INATBA에는 IBM,
SWIFT, 액센츄어, 도이치텔레콤Deutsche Telekom, 아이오타IOTA, 리플
등 100여 개 이상의 블록체인 스타트업, 중소기업, 규제기관, 표준수
립기관 등이 회원으로 참여한 것으로 알려지고 있다.

암호화폐에 대한 규제안도 하나씩 마련되고 있다. 2019년 6월 국
제자금세탁방지기구FATF는 암호화폐에 대한 국제적 규제 지침을 발
표했다. FATF는 자금 세탁 및 테러 자금 조달 방지와 관련된 국제기
구다. 한국을 포함한 37개국이 회원으로 있고, 현재 미국이 FATF
의장국으로 활동하고 있다. 이 총회에서 암호화폐 국제 규제 기준이
논의됐는데, 논의 후 가상자산Virtual Assets 주석서와 지침서,[7] 그리고
공개성명서가 채택됐다.

주석서에는 가상자산 취급 업소가 준수해야 할 구체적인 의무와
이들이 의무를 잘 지키고 있는지 감독 당국이 감시해야 한다는 내용
이 담겨 있다. 주요 내용으로는 암호화폐 거래소 또는 수탁사와 같
은 가상자산 취급 업소는 감독 당국에 허가를 받거나 신고 및 등록
을 해야 한다. 가상자산 취급 업소 역시 금융회사들과 같은 자금 세
탁 방지 의무를 지켜야 하는데, 이에 따라 가상자산을 보내고 받는
이의 정보를 가지고 있어야 하며 필요시 금융 당국에 이러한 내용

을 제공해야 한다. 거래소들 간 사용자 거래 정보 공유를 포함하는 FATF 권고안을 따르는 것 자체가 만만치 않다는 평가가 많은데, 개별 거래소들의 프로세스 개선 외에 거래소들 간 협력 플레이가 이뤄져야 한다는 목소리가 높다.

FATF의 암호화폐 규제안 도입에는 1년간 유예 기간이 있고, 2020년 6월 FATF 총회에서 규제 이행 상황을 점검할 예정이기 때문에 규제 당국이 어떤 식으로 제도를 정비해나갈지 주목된다.

블록체인, BaaS로 범용 기술화

얼마 전까지만 해도 비즈니스를 위해 블록체인 서비스를 구축하려면 기업이나 사용자는 블록체인에 접속하기 위한 소프트웨어인 노드를 하드웨어에 직접 설치해야 했다. 이 같은 방식을 설치형 블록체인이라고도 한다. 설치형 블록체인은 개발과 전반적인 운영에 큰 비용이 지출되고 기술적 접근성이 떨어진다는 한계가 있다. 실제로 블록체인을 도입하기 위한 퍼블릭 노드를 구축하는 것만으로도 비즈니스 업체에는 큰 부담으로 작용한다.

일반적으로 블록체인 서비스를 효율적으로 운영하려면 블록체인의 인프라를 설계하는 블록체인 아키텍처, 애플리케이션 컨테이너의 관리와 서버를 운영하는 블록체인 서비스 운영자, 스마트 계약이나 디앱DApp[8]을 개발·배포하는 블록체인 개발자가 모두 필요하다. 하지만 현실적으로 비즈니스를 시작하기 위해 블록체인 전문 인력을 확보하기란 쉽지 않은 게 현실이다.

블록체인 비즈니스를 실질적으로 구현하기 어려운 점을 해결하기 위해 하드웨어 구비 없이 클라우드에서 블록체인 서비스를 쉽게 구축해주는 서비스형 블록체인_{BaaS: Blockchain as a Service}이 속속 등장해 최근 각광받고 있다. BaaS는 블록체인 인프라 구축의 어려움, 퍼블릭과 프라이빗 블록체인 노드 구현의 어려움, 블록체인 전문 엔지니어 부족 등의 어려움을 극복해 블록체인 비즈니스를 쉽게 할 수 있도록 핵심 기능을 제공하는 것이 목표다.[9]

글로벌 시장조사기관 리서치앤마켓이 발표한 보고서에 따르면 BaaS 시장은 2023년까지 17조 원 규모로 성장할 전망이다. 2018년 BaaS 시장 규모는 7000억 원으로, 향후 5년간 연평균 성장률이 90%를 기록할 것으로 예상된다. BaaS는 이제야 걸음마를 시작하는 단계다. 여러 대기업도 BaaS의 가능성을 포착해 블록체인 플랫폼을 개발하고 제품을 하나둘씩 출시하고 있다. 현재 IBM, 마이크로소프트, 아마존, HP, 오라클 등 글로벌 IT 기업들이 BaaS 서비스를 준비하거나 상용화를 시작했다.

국내 IT 업체들도 BaaS 서비스를 출시하고 있다. 2019년 4월 KT는 클라우드 기반 서비스형 블록체인 플랫폼 '기가 체인_{GiGA Chain} BaaS' 서비스를 출시했다. 기가 체인 BaaS는 블록체인 서비스 개발 환경과 통합 운영, 관제 기능을 클라우드 형태로 제공하는 엔터프라이즈형 블록체인 플랫폼이다. 블록체인 전문 개발 인력이 없어도 몇 번의 클릭만으로 블록체인 노드_{Node}를 구성하고, 블록체인 핵심 기술인 스마트 컨트랙트_{Smart Contract}를 구현할 수 있다. 별도 서버 구축이 필요 없어 블록체인 서비스를 도입하려는 기업 입장에서는 서비스 개발을 위한 비용과 시간을 획기적으로 단축할 수 있다.

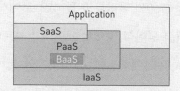
KT와 함께 삼성 SDS와 SK C&C, LG CNS 등 국내 IT 서비스 업체도 2019년 초부터 일제히 BaaS 서비스를 출시했다. 국내 주요 IT 기업들이 BaaS 플랫폼을 시장에 선보이는 이유는 블록체인을 활용하려는 기업들의 요구가 많아지기 때문이다. 블록체인 기술이 핀테크 영역을 비롯해 게임, 기업 운영, 관리 등에서 운영비와 시간을 줄여줄 수 있을 것이라는 기대감이 커지고 있다.

BaaS를 통해 블록체인 사업을 이제 누구나 할 수 있게 되어 블록체인의 기술적인 어려움은 앞으로 비즈니스의 장벽이 되지 않을 것이다. 기획자는 BaaS에서 제공하는 다양한 기술을 비즈니스에 적용할 수 있는 기술 역량이 요구될 것으로 보인다. 향후 BaaS를 이용한 비즈니스 성공 사례가 다양하게 발굴되기를 기대해본다.

블록체인, 비즈니스로서 가능성을 엿보다

블록체인 시장 규모 및 전망

글로벌 리서치 기관들은 블록체인 관련 시장 규모 및 지출 규모가 꾸준히 성장할 것이라고 전망하고 있다. 컨설팅 기업 가트너의 최신 전망에 따르면 2025년까지 블록체인이 창출하는 비즈니스 가치는 1760억 달러를 웃돌 것으로 예상되며, 2030년에는 3조 1000억 달러를 넘어설 것으로 보인다.[10] 가트너는 특히 연간 성장률Annual Growth Rate을 제시했는데, 블록체인은 초기 도입 이후 높아진 기대치와 함께 2020년 120%의 최고 성장률을 보이다가 일종의 거품이 사라지는 캐즘이 발생해 2019~2021년 사이 블록체인 프로젝트의 80~90% 이상이 실패하고 2023년에는 27%의 낮은 성장률을 보일 것이라고 예상했다. 그리고 이후 2024년에 들어서야 캐즘이 극복되고 블록체인의 실질적인 도입과 성장이 본격화될 것이라고 전망했다.

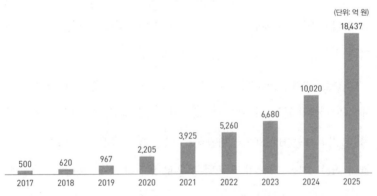

국내 블록체인 시장 규모 전망(2017~2025)

(단위: 억 원)

2017	2018	2019	2020	2021	2022	2023	2024	2025
500	620	967	2,205	3,925	5,260	6,680	10,020	18,437

자료: 과학기술정보통신부(2018.6), Gartner(2017.3)

블록체인이 가져올 경제적 효과에 힘입어 국내 블록체인 시장 규모 또한 지속적으로 증가할 것으로 보인다. 과학기술정보통신부가 2018년 6월 발표한 '블록체인 기술 발전전략'에 의하면 가상화폐 분야를 제외한 2017년 국내 블록체인 서비스 및 장비 시장 규모는 약 500억 원 수준에 이른다. 이를 토대로 가트너가 발표한 2025년까지의 글로벌 블록체인 비즈니스 규모 연간 성장률을 적용하면 국내 블록체인 서비스 및 장비 시장은 2020년에 2200억 원을 달성하고 2024년에는 1조 원 시장으로 거듭날 전망이다.[11]

비즈니스로서 가능성을 보이는 블록체인

2019년 7월 가트너가 발간한 「블록체인 비즈니스의 하이프 사이클

블록체인 비즈니스의 하이프 사이클 2019

자료: Gartner

2019」보고서는 공급망, 운송 및 물류, 게임, 에너지 산업에서의 블록체인 비즈니스가 정점을 향해 가고 있다고 설명하고 있다. 실제로 블록체인 기술은 금융 산업을 넘어 제조업, 헬스케어, 유통, 공공 분야 등 다양한 분야에 적용되면서 기존 산업의 모습을 크게 변화시키고 있다.

금융 분야의 경우 은행, 카드사 등 금융업 주체가 복잡한 은행 간 거래 간소화와 효율성 제고를 위해 송금 관련 원천기술 개발과 본인 인증 등 금융 거래 및 관리 시스템에 블록체인을 적용 중이다. 또한 이체 및 해외 송금뿐 아니라 부동산, 금·다이아몬드와 같은 실물자산 등 거래 가능한 모든 자산을 대상으로 블록체인을 적용하는 추세이다.

금융 산업에 이어 블록체인을 적극적으로 시험하고 있는 산업은 에너지 산업이다. 지금까지 전기는 중앙 집중형 발전소에서 생산되어 먼 거리까지 송전했으나 블록체인 기반 P2P 거래를 통해 비용을 줄이고 효율을 높일 수 있는 가능성이 열린 것이다. 기존 시스템이 잘 갖춰진 산업에서는 블록체인이 대부분 실패할 가능성이 높은 반면 에너지 P2P 거래는 실현 가능성이 높은 분야로 손꼽히고 있다. 또한 대부분 선진국에서는 신재생 에너지를 개발하면서 분산 전력 시스템과 스마트 그리드Smart Grid[12]에 대한 연구와 투자를 오랫동안 해왔기 때문에 제도적 저항도 크지 않다. 블록체인 기술이 투명한 에너지 거래 구축, 신재생 에너지 거래 확산, 수요 관리 최적화 등 새로운 부가가치를 창출하고 에너지 신산업 발굴을 촉진할 것으로 전망되고 있다.

유통 및 물류 산업에서는 소비자와 기업, 기업과 기업 간 등 수많은 이해관계자 간 거래와 계약이 발생한다. 게다가 최근 들어 공급망은 점점 더 다양하고 복잡해지고 있다. 유통사들은 원재료부터 최종 소비자에 이르기까지 전 과정을 효율적이고 투명하게 관리하는 데 어려움을 겪고 있고, 더욱더 까다로워진 소비자들은 유통상의 모든 과정을 한눈에 확인하기를 원하고 있다. 또한 대부분 종이에 기반한 프로세스로 거래와 계약이 운영되면서 투명성이 감소하고 협력이 어려운 실정이다. 이러한 상황의 해결책으로 블록체인이 주목받고 있다. 블록체인은 이해관계자 간 필요한 정보를 높은 신뢰성을 바탕으로 제공할 수 있어 기업들은 자사의 공급망 관리SCM: Supply Chain Management, 유통망 관리, 물류 관리 등에 확대 적용하는 방안을 모색하고 있다.

이외에도 헬스케어 분야에서는 블록체인을 이용해 의료 정보를 기록함으로써 위·변조의 가능성을 차단하고 있다. 또한 블록체인으로 각종 의료기관 및 이해기관에서 발행하는 데이터를 신뢰도 있게 통합하려는 움직임을 보이고 있다.

미디어 콘텐츠 분야에서는 블록체인 기술을 통해 직접적인 콘텐츠 보상 체계를 마련하고 신뢰성 높은 저작권 보호로 창작자 중심의 콘텐츠를 관리할 수 있게 되었을 뿐만 아니라 유통 및 정산에 새로운 변화가 일고 있다. 미디어 콘텐츠 분야에도 변화가 기대된다. 현재 미디어와 엔터테인먼트 산업에서는 정당한 콘텐츠 수익률 배분, 효율적인 콘텐츠 배포, 지적재산권 보호 등 고착화된 문제들을 해결하기 위한 새로운 블록체인 비즈니스 모델이 속속 등장하고 있다.

우리의 일상 속으로 성큼 다가온 블록체인

블록체인은 분명 잠재력이 큰 기술이다. 블록체인 관련 업체에서 이루어지고 있는 글로벌 투자 현황이 이를 증명한다. 미국의 금융 데이터 조사 보고서 피치북Pitchbook의 2019년 1분기 보고서에 따르면 2019년 2월 19일 기준으로 블록체인 관련 VC(벤처캐피털) 거래액이 벌써 1억 800만 달러에 이르면서 2017년에 이어 계속해서 성장하는 모습을 보여주고 있다. 과거 2012년에서 2017년[13]의 연간 거래금액이 1400만 달러에서 6억 2800만 달러까지 성장했음을 참고했을 때 2019년의 거래 금액이 적지 않음을 알 수 있다. 특히 2019년 초반 암호화폐의 폭락 사태가 발생했음에도 2017년 이상의 수준으로 투자가 지속되고 있다는 점은 주목할 만하다.

과학기술정보통신부는 최근 발간한 보고서를 통해 암호화폐 투자에 대한 거품이 걷힌 지금이 블록체인 기술의 성장 가능성과 잠재력에 집중할 때라고 설명했다. 또한 블록체인 기술을 기반으로 한 새로운 비즈니스 모델을 개발하고 시장을 선점하기 위해 블록체인 산업 생태계를 조성하는 것이 시급하다고 강조했다.

EU의 블록체인 관측소 역할을 하는 포럼 기구, EU 블록체인 관측 및 포럼EU Blockchain Observatory & Forum은 2019년 4월 「물리적 자산의 토큰화와 IoT·AI의 영향Tokenization of physical assets and the impact of IoT and AI」이라는 연구 논문을 발표했다. 이 논문은 물리적인 실제 세계가 디지털의 가상 세계와 연결되는 과정에서 블록체인 기술이 어떠한 역할을 할 수 있는지를 설명했다. 블록체인, 토큰, 암호화폐 등 블록체인의 기술적인 개념들이 우리 사회를 어떻게 바꿀 수 있으며 IoT, AI와는 어떠한 접점이 있는지를 다루고 있다. 이 논문의 전반에 깔린 인식은 블록체인 기술이 우리가 생각하는 것보다 훨씬 근본적인 역할을 할 수 있고 우리 사회를 매우 편리하고 효율적으로 바꿀 수 있다는 것이다.

블록체인 기술은 생각보다 빨리 우리 곁으로 다가오고 있다. 2019년 4월 KT는 블록체인 지역화폐인 '김포페이'를 론칭했다. 김포페이는 KT의 블록체인 기반 지역화폐 플랫폼인 '착한페이'를 활용하고 있다. 착한페이는 지류형 지역화폐의 단점을 보완하기 위해 블록체인을 활용한 것으로, 모바일 앱 기반의 상품권 발행 및 QR 결제 시스템을 제공한다. 블록체인의 분산원장 기술 및 스마트 컨트랙트를 적용해 사용 지역, 업체, 기간 등의 조건을 자유롭게 설정할 수 있으며, 사용 이력 추적도 가능해 불법적인 현금화 문제도 원천 차단할 수 있다. 지류 발행 대비 30%의 운영 비용 감소 효과로 재정 운영의 효율성도 확보했다. 또한 가맹점 수수료가 없어 소상공인의 경영 부담을 덜어주고, 지역 경제를 활성화하는 두 가지 이점이 기대된다.

이러한 디지털 토큰[14]은 향후 더 많은 곳에서 활용될 수 있을 것이다. 예를 들어 디지털 토큰을 사용해 전기자동차 대여료를 지불할 수 있다. 엔진을 활성화하거나 중단시킴으로써 스마트 계약서의 암호화된 조건을 따르는 디지털 토큰은 이미 사용한 서비스에 대해 요금을 지불하는 아날로그 토큰인 지폐나 동전과는 상당히 다르다. 블록체인을 기반으로 한 토큰 경제가 우리 곁에 성큼 다가오고 있어 이에 대한 준비를 해야 할 것이다.

17

미디어 왕좌에
도전한다

| 디즈니 이펙트 |

별들의 전쟁을 촉발시킨 '디즈니 이펙트'

2019년 전 세계 극장가를 달군 화두는 '디즈니의, 디즈니에 의한, 디즈니를 위한'이라는 한 문장으로 압축할 수 있을 듯하다. 10여 년간의 대서사시에 종지부를 찍은 〈어벤져스: 엔드게임〉, 20여 년 만에 실사 영화로 멋지게 부활한 〈알라딘〉 등등 한 해 동안 영화 팬들의 가슴을 설레게 만들었던 많은 흥행작들이 디즈니Disney의 손에서 탄생했기 때문이다. 디즈니의 '열일'은 여기서 멈추지 않는다. 2019년 11월에는, 6년 전 전 세계를 〈Let it go〉 열풍으로 물들였던 〈겨울왕국〉의 후속편이 개봉될 예정이다.

디즈니가 2019년 들어 무서운 공세를 펼치고 있는 이유는 바로

2019년 말 출시 예정인 자체 OTT 서비스 '디즈니+' 때문인 것으로 해석된다. 디즈니는 마블Marvel, 스타워즈Star Wars, 오리지널 애니메이션 등 오랜 시간 축적해온 콘텐츠 파워를 바탕으로 영화관을 넘어 모바일, TV까지 그 영향력을 확대하고자 하며, 그 최전선에 디즈니+를 앞세우고 있다. 영화 스크린 속 주인공들의 활동 무대를 OTT 서비스 속 TV 시리즈와 연동해 채널을 넘나드는 디즈니만의 세계관을 구축해나가겠다는 전략이다.

콘텐츠 확보를 위한 공격적인 M&A 또한 주목할 만하다. 1995년 미국 ABC를 시작으로 2005년 픽사Pixar, 2009년 마블, 2019년 루카스필름(《스타워즈》 시리즈 제작사)까지 큼직한 M&A를 성사시켜왔던 디즈니는 2018년 7월 굴지의 미디어 업체인 21세기폭스의 영화 및 TV 사업 인수까지 성사시키며 더욱 막강한 콘텐츠 라인업을 구축하게 됐다.

이로써 다가올 2020년의 OTT 시장은 그 어느 때보다 흥미진진해질 전망이다. 지난 몇 년간 선두의 자리를 굳건히 지키고 있는 넷플릭스, 강력한 화력으로 맞불을 놓은 디즈니, 왕좌의 게임에 참전한 HBO와 AT&T 등 다양한 미디어 사업자들 간의 각축전이 가시화되는 한 해가 될 것이기 때문이다. 실제로 넷플릭스는 디즈니+ 출시 소식이 전해진 이후 주가에 타격을 받고 있으며, 신규 가입자 유치에도 큰 차질을 빚고 있다. 매 분기 어닝 서프라이즈로 시장을 놀라게 했던 넷플릭스였음을 감안하면 현재의 넷플릭스 위기론이 괜한 설레발은 아닌 것으로 보인다. 디즈니로부터 촉발된 OTT 서비스 시장 경쟁, 가히 '디즈니 이펙트'라 불릴 만하다.

최종장에 다다른 넷플릭스의 독주

넷플릭스가 장악해온 OTT 스트리밍 시장에 전통적 미디어 사업자들뿐 아니라 글로벌 테크 사업자들까지 대거 진출하고 있다. 2019년 중 신규 OTT 서비스 출시를 발표한 디즈니와 워너 미디어Warner Media에 이어 미국 방송사인 NBC 유니버설NBC Universal도 OTT 시장 진출을 선언했으며, 애플 역시 2019년 중 자체 OTT 서비스를 출시할 예정이라고 밝혔다. 이렇듯 OTT 시장 경쟁이 심화되며 줄곧 부동의 1위를 유지하고 있던 넷플릭스의 입지가 흔들리기 시작하고 있다.

넷플릭스의 2019년 2분기 실적 발표에 따르면 넷플릭스는 2분기 중 미국과 글로벌을 포함해 총 270만 명의 신규 가입자를 확보했고, 이로써 누적 유료 가입자 규모는 1억 5160만 명을 기록했다. 같은 기간 동안 넷플릭스의 매출은 전년 동기(2018년 2분기) 대비 약 26% 증가한 49억 2300만 달러(약 5조 9000억 원)를 기록했다. 별다른 문제 없는 호실적으로 보이지만, 2019년 1분기 넷플릭스가 추정한 전망치와 비교하면 위기 상황은 극명하게 드러난다.

먼저, 2019년 2분기 중 미국에서만 12만 6000명의 가입자가 넷플릭스를 떠난 것으로 나타났다. 이러한 부정적 상황을 반영한 탓인지 실적 발표 이후 넷플릭스의 주가는 시간외 거래에서 약 12%포인트 하락한 320달러(약 38만 4000원) 이하를 기록하기도 했다. OTT 서비스 가입자가 사실상 포화 상태에 이른 미국 시장에서도 넷플릭스 가입자 증가 추세가 이어져 왔음을 감안하면 아이러니한 소식이 아닐

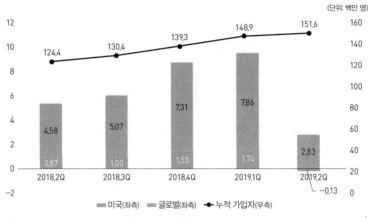

2018년 2분기~2019년 2분기 넷플릭스 가입자 추이

(단위: 백만 명)

자료: Netflix[1]

수 없다. 일찍이 넷플릭스는 2019년 1분기 실적 발표를 통해 "다음 분기(2019년 2분기)에 미국 내에서 약 30만 명의 신규 가입자를 유치할 수 있을 것"으로 예측했으나, 막상 뚜껑을 열어보니 넷플릭스 역사상 최초의 유료 가입자 유실이라는 충격의 2분기를 보내게 된 것이다.

넷플릭스의 글로벌 가입자 상황도 그리 좋은 편은 아니다. 글로벌 가입자 성장 지표는 넷플릭스의 미래 가치를 가늠할 수 있는 중요한 척도로서 투자자들이 가장 주의 깊게 들여다보는 지표다. 넷플릭스는 2019년 1분기 실적 발표에서 2분기 중 약 500만 명의 신규 가입자를 확보할 것으로 예측한 바 있으나 실제로는 예측치의 절반 수준에 그친 283만 명을 확보하는 데 그쳤다.

넷플릭스는 이러한 부진에 대해 2019년 1분기에 이미 기존 예측치를 뛰어넘는 호실적을 보였기 때문이라고 분석했으며, 가입자 유실은 신규 OTT 서비스들(디즈니, HBO, AT&T의 워너 미디어 등)과의 경쟁

구도와 무관하게 발생한 현상이라고 언급했다. 주주 서한에는 가입자 유실의 주원인으로 2019년 초 단행한 일부 지역의 구독료 인상을 꼽기도 했다. 2019년 2분기의 OTT 시장 상황은 신규 서비스들이 아직 출시되지 않았거나 출시를 준비 중인 단계이므로 이들과의 경쟁 구도가 넷플릭스의 실적에 영향을 미친 것은 아니라는 주장이다.

하지만 넷플릭스의 해명에도 불구하고, 디즈니+와의 경쟁에서 상당한 압박을 받고 있다는 주장도 제기되고 있다. 디지털 미디어 더 인포메이션The Information은 "지금까지 넷플릭스는 디즈니를 비롯한 기존 스튜디오들의 이탈을 우려해 오리지널 콘텐츠를 꾸준히 준비해왔으나 여전히 오리지널 콘텐츠만으로 지금과 같은 경쟁 상황을 타개하기에는 충분하지 않아 보인다"고 분석했다.[2] 주식시장에서도 이러한 상황을 감지한 듯하다. 디즈니+에 대한 세부 사항이 공개된 이후 디즈니의 주가는 12%포인트 상승한 반면, 넷플릭스의 주가는 5%포인트 하락한 것으로 나타났다.

실제로 넷플릭스가 공개한 재무 자료에 의하면 2018년 넷플릭스가 콘텐츠 라이선스 확보를 위해 스튜디오들에게 지급한 비용은 141억 달러(약 16조 9000억 원)에 달하는 반면, 오리지널 콘텐츠 제작에는 60억 달러(약 7조 2000억 원)를 지출한 것으로 나타났다. 표면적으로는 넷플릭스의 외부 스튜디오 의존 비중이 여전히 높다는 점을 알 수 있으며, 다른 한편으로는 외부 스튜디오들 역시 넷플릭스로부터 받는 라이선스 수익이 적지 않음을 알 수 있다. 그 때문에 외부 스튜디오들이 향후 자체 OTT 서비스 제공을 위해 넷플릭스에 콘텐츠를 공급하지 않게 될 경우 단기적으로는 수익 지표에 타격을 받을

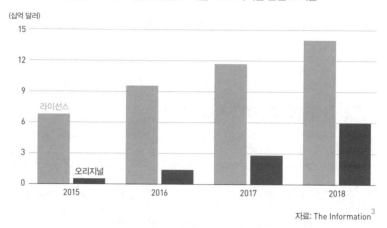

넷플릭스의 라이선스 콘텐츠 지출 VS 오리지널 콘텐츠 지출

(십억 달러)

라이선스

오리지널

2015   2016   2017   2018

자료: The Information[3]

수 있음을 의미하기도 한다. 물론 과거에 비해 외부 라이선스 콘텐츠
와 오리지널 콘텐츠 간의 차이가 줄어들고 있기는 하지만, 여전히 외
부 콘텐츠는 넷플릭스 자체 콘텐츠의 2배 이상을 차지하고 있는 상
황이다.

따라서 향후 넷플릭스는 지금보다 더 공격적인 콘텐츠 확보 경
쟁에 나설 것으로 보인다. 2018년 넷플릭스는 120억 달러(약 14조
4000억 원)를 라이선스 및 오리지널 콘텐츠 비용으로 지출했다. 반면
디즈니의 경우 2020년 오리지널 콘텐츠 제작을 위해 10억 달러를 지
출할 계획이며, 콘텐츠 라이선스를 위해 15억 달러를 지출하겠다고
밝혔다. 또한 2024년까지 각 분야에서 20억 달러씩 증액할 계획임을
밝혔다. '세계 최대의 콘텐츠 왕국'으로 불리는 만큼 방대한 콘텐츠
라인업에서 오는 자신감을 표현하고 있는 것이다. 넷플릭스가 천문
학적인 비용을 콘텐츠 확보에 지출하며 적자를 기록하는 사이에 디

즈니가 전 세계적인 팬덤을 형성하고 있는 기존의 콘텐츠들을 내세워 손쉽게 OTT 시장의 왕좌를 차지할 가능성도 높아 보인다.

무한 경쟁에 진입한 OTT 시장 경쟁

유력 외신들이 묘사한 2019년 OTT 서비스 시장은 무한 경쟁 직전의 전쟁터를 방불케 한다. 《뉴욕타임스》[4]는 OTT 서비스 간의 경쟁이 제로섬 게임에 가까울 수 있다는 분석을 제시했으며, 《월스트리트저널》 또한 2019년 '인생을 바꾸는 기술 2019Tech That Will Change Your Life in 2019'[5] 특집 기사를 통해 2019년의 OTT 서비스 시장은 과거 그 어느 때보다 치열한 경쟁 양상을 보일 것이라고 전망하기도 했다. 넷플릭스가 꾸준한 성장세를 보여주는 사이에 디즈니나 AT&T의 공세가 거세게 이어질 것이며, 애플 또한 자체 OTT 서비스의 출시를 준비하고 있기 때문이다.

[디즈니] 압도적인 콘텐츠 파워와 누적의 힘

디즈니는 2017년 8월 공식 발표를 통해 2019년 출시를 목표로 자체 OTT 서비스를 준비 중이라고 밝혔다. 그 후 2019년 4월에는 그동안 예고해온 OTT 서비스 디즈니+에 대한 세부 정보를 공개했다. 디즈니+는 2019년 11월 12일 출시될 예정이며, 가격은 월 6.99달러(약 8400원), 연 69.99달러(약 8만 4000원)로 책정됐다.

디즈니+는 공개 첫해에 7000여 편의 TV 시리즈와 500여 편의 영화 및 스페셜 시리즈를 제공할 예정이다. 이 중 오리지널 시리즈는 25개 이상이 될 것으로 보이며 매년 50개가 넘는 신작 오리지널 시리즈를 추가할 것이라고 밝혔다. 이 밖에도 디즈니+ 론칭 이후 디즈니 산하 제작사 및 유명 프랜차이즈의 콘텐츠들은 모두 디즈니+를 통해서만 독점 제공될 예정이다.

또한 콘텐츠의 양 만큼이나 이목을 끄는 것은 디즈니 콘텐츠들 간의 시너지다. 디즈니는 공전의 히트를 기록한 슈퍼히어로 프랜차이즈 마블의 성공을 발판 삼아 주요 등장인물들의 단독 드라마를 오리지널 시리즈로 제작할 계획이며, 영화 주인공을 OTT로, OTT 주인공을 영화로 끌어들이며 방대한 세계관을 구축할 전망이다. 이러한 플랫폼 간 크로스오버는 콘텐츠의 상승 작용을 이끌며 단단한 팬덤 확보에 기여할 것으로 보인다.

디즈니는 2024년까지 6000에서 9000만 명 규모의 디즈니+ 가입자를 유치할 수 있을 것으로 예상하고 있다. 디즈니의 CFO는 "디즈니+가 시장에 안착하기 위해 향후 몇 년간은 적자를 감수하고 오리지널 콘텐츠에 투자를 지속할 예정이며, 흑자 전환 시기는 2024년으로 예상하고 있다"고 언급했다. 향후 5년간의 적자를 감수할 수 있을 정도로 막대한 자금력을 보유하고 있는 디즈니의 자신감을 엿볼 수 있는 발언이기도 하지만, 한편으로는 규모의 경제로 시장을 지배

디즈니+의 마블 오리지널 시리즈 출시 일정

| 〈팔콘 앤 윈터솔저〉 | 2020년 가을 | 〈완다비전〉 | 2021년 봄 |
| 〈로키〉 | 2021년 봄 | 〈호크아이〉 | 2021년 가을 |

하려는 의도로 해석된다. 실제로 디즈니+의 요금은 월 6.99달러로 넷플릭스, HBO 맥스_{Max} 등 경쟁사에 비해 저렴하게 책정됐다.

하지만 '콘텐츠의 제왕' 디즈니에게도 약점은 존재한다. 첫 번째로 언급되는 디즈니+의 약점은 바로 서드파티 콘텐츠의 부족이다. 전 세계에 다양한 서드파티를 확보하고 있는 넷플릭스와 달리 디즈니+는 디즈니가 보유한 콘텐츠만 서비스할 것으로 예상되며, 이는 다양한 시청 기호를 만족시키고 있는 넷플릭스와의 경쟁에서 한계점으로 작용할 것으로 보인다. 두 번째 약점은 성인향 콘텐츠의 부재다. 디즈니는 공식 발표를 통해 디즈니+는 PG-13 등급(13세 미만 보호자 동반 요망)을 넘지 않는 콘텐츠만 서비스할 것이라고 발표했다. 넷플릭스나 HBO 맥스가 오리지널 콘텐츠를 통해 성인층을 적극 공략하고 있는 것과는 상반되는 행보다. 성인들을 위한 콘텐츠는 훌루를 통해 서비스 할 것으로 보이지만 콘텐츠에 따라 플랫폼을 이동해야 하는 불편함, 넷플릭스에 비해 열세인 훌루의 인지도를 고려하면 이 또한 향후 경쟁에서 불리한 요소로 작용할 가능성이 높다.

[HBO/AT&T] 독점 TV 시리즈로 넷플릭스 무력화

2018년 10월, AT&T 산하의 워너 미디어가 2019년 4분기 중 자체 OTT 서비스를 출시할 것이라고 발표했다. 그로부터 9개월 후인 2019년 7월에는 워너 미디어가 출시하게 될 넷플릭스 경쟁 서비스의 구체적인 내용이 공개됐다. 워너 미디어는 2019년 말 'HBO 맥스'라는 신규 OTT 서비스의 베타버전을 출시한 후 2020년 봄에 이를 공식 출시할 계획이라고 말했다.

HBO 맥스의 강점은 〈왕좌의 게임Game of thrones〉, 〈프렌즈Friends〉, 〈닥터후Dr. Who〉 등 약 200개가 넘는 인기 TV 시리즈에 있다. 이러한 글로벌 히트작들뿐 아니라 워너 미디어 산하 브랜드들(워너 브라더스 Warner Bros, 뉴 라인New Line, DC 엔터테인먼트DC Entertainment, CNN, 카툰 네트워크 Cartoon Network 등)을 모두 포함해 약 1만 시간 이상에 해당하는 콘텐츠를 제공할 예정이며, 할리우드의 유명 배우들을 주연으로 내세운 오리지널 콘텐츠 역시 선보일 전망이다.

콘텐츠와 관련해 가장 눈에 띄는 점은 워너 미디어가 산하 브랜드 워너 브로스의 인기 TV 시리즈인 〈프렌즈〉 전편을 HBO 맥스에서만 독점 제공할 예정이라는 것이다. 이는 OTT 서비스 경쟁이 본격화되면서 타 스튜디오 콘텐츠에 대한 넷플릭스의 영향력이 점차 약화되고 궁극적으로 넷플릭스의 가입자가 대거 이탈할 수 있음을 의미한다.

시장조사업체 닐슨Nielsen의 조사에 의하면, 2018년 가장 많이 시청된 넷플릭스의 TV 프로그램 중 넷플릭스가 독점적 권한을 가지는 프로그램은 단 2개에 불과하다. 같은 조사에서 1위를 차지한 NBC 유니버설의 〈The Office〉 역시 NBC 유니버설이 자체 OTT 서비스를 출시하겠다는 계획을 발표하면서 2021년부터 넷플릭스에서 시청할 수 없게 되는 등 이미 미국 주요 스튜디오들 사이에서도 탈 넷플릭스 현상이 확산되고 있는 모습이다.

AT&T는 HBO 맥스 외에도 다이렉TV 나우(AT&T가 출시한 온라인 영상 서비스로 최근 월 구독료를 50~60달러 선으로 인상), 와치 TVWatch TV(월 15달러의 OTT 서비스), AT&T TV 등 총 4개의 OTT 서비스를 보

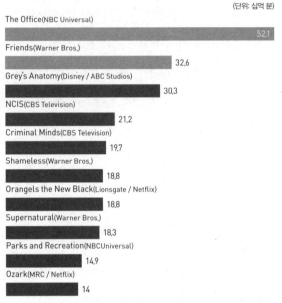

2018년 기준, 가장 많이 시청된 넷플릭스 TV 프로그램

(단위: 십억 분)

The Office(NBC Universal) — 52.1
Friends(Warner Bros.) — 32.6
Grey's Anatomy(Disney / ABC Studios) — 30.3
NCIS(CBS Television) — 21.2
Criminal Minds(CBS Television) — 19.7
Shameless(Warner Bros.) — 18.8
Orangels the New Black(Lionsgate / Netflix) — 18.8
Supernatural(Warner Bros.) — 18.3
Parks and Recreation(NBCUniversal) — 14.9
Ozark(MRC / Netflix) — 14

자료: Wall Street Journal[6]

유하고 있다. 중구난방인 AT&T의 OTT 서비스가 일원화되어야 한다는 지적이 이어지고 있는 가운데 독점 TV 시리즈를 다수 보유하고 있는 HBO 맥스를 중심으로 서비스 통합이 추진된다면 향후 AT&T 또한 OTT 시장 내에서 큰 영향력을 발휘할 수 있을 것으로 예상된다.

[애플] OTT 서비스들의 채널 기능을 강화

애플은 2019년 3월 개최한 자체 쇼타임Show Time 행사를 통해 OTT 서비스인 애플 TV+를 공개했다. 지난 수년간 주목을 받았던 애플 TV+는 다수의 오리지널 콘텐츠를 포함하는 광고 없는 구독형 서비스로, 애플 TV 앱을 새로 디자인한 후 2019년 5월 출시된 새로운 애플 TV 앱에서 서비스를 제공하게 될 예정이다. 애플은 2019년 가을 중 전 세계 100개 이상의 국가에서 애플 TV+를 출시할 계획이나 주요 콘텐츠, 가격 등에 대해서는 아직 공개되지 않았다.

또한 애플은 애플 TV 앱 내의 '애플 TV 채널애플 TV Channels' 섹션을 강화함으로써 애플 TV를 구독형 동영상 서비스의 허브로 포지셔닝하려는 의지를 드러내기도 했다. 즉 애플은 애플 TV 채널을 통해 HBO, 쇼타임, 스타즈Starz, CBS 올 엑세스CBS All Access를 비롯한 총 150개 이상의 서드파티 OTT 서비스 앱을 제공할 것이며, 이들 앱의 콘텐츠 활용도를 향상시키기 위해 개인화 추천이나 '머스트와치Must-Watch' 콘텐츠 추천 등을 제공하겠다고 밝혔다. 현시점에 애플 TV+의 가장 강력한 경쟁자로 꼽히고 있는 넷플릭스는 애플 TV 채널에 포함되지 않았다.

한편 2019년 5월에 출시된 새로운 애플 TV 앱은 애플 TV 앱을 지원하는 디바이스를 보유하고 있다면 누구나 무료로 이용할 수 있다. 애플은 새로운 애플 TV 앱을 iOS와 맥Mac, 애플 TV 스트리밍 디바이스뿐만 아니라 서드파티 디바이스들을 통해서도 제공할 예정이다. 애플은 로쿠Roku와 아마존 파이어 TVAmazon Fire TV 등 스트리밍 디바이스와 삼성전자, LG, 소니, 비지오Vizio 등의 스마트 TV에서도 애플 TV 앱을 제공하겠다고 밝혔다.

OTT 무한 경쟁, 그 한계를 넘기 위한 움직임들

넷플릭스가 차지하고 있던 왕좌를 빼앗기 위해 너도나도 오리지 널 콘텐츠를 제작하고 독점 콘텐츠에 대한 권리를 강화해가는 사이에 넷플릭스 또한 나름의 자구책을 통해 다가올 방어전을 준비하고 있다. 최근 넷플릭스는 경쟁 포화에 다다른 OTT 시장 내 생존을 위해 기존 콘텐츠 포트폴리오를 개편하고 사업 분야의 다각화를 추진 중이다.

가장 눈에 띄는 움직임은 게임 콘텐츠의 상호작용성을 차용한 인터랙티브 콘텐츠 제작이다. 2018년 12월 공개된 넷플릭스의 인터랙티브 콘텐츠 '블랙미러: 밴더스내치Black Mirror: Bandersnatch'는 공개 당시 이용자의 선택을 통한 스토리 전개, 끊김 없는 재생 등 상호작용성이 극대화된 새로운 형태로 큰 화제가 됐다. 이슈 몰이에 성공한 밴더스내치를 발판 삼아 게임 요소를 더욱 강화한 리얼리티쇼 〈당신과 자연의 대결〉을 공개했으며, 현재는 인기 게임 '마인크래프트'를 바탕으로 한 인터랙티브 콘텐츠를 개발하고 있다.

넷플릭스의 '게임과의 접점 찾기'는 여기서 그치지 않는다. 2019년 넷플릭스는 창사 이후 최초로 글로벌 대표 게임 전시회 'E3Electronic Entertainment Expo'에 참가했다. 참가 주제는 '넷플릭스 오리지널을 비디오 게임으로 개발하기'였으며, 이 자리에서 넷플릭스의 인기 오리지널 시리즈인 〈기묘한 이야기〉를 기반으로 제작한 게임을 공개하기도 했다. 이러한 시도는 마블 코믹스의 영화화로 전대미문의 성공을 거둔바 있는 디즈니의 OSMUOne Source Multi Use 전략과 유사하다. 넷플릭스의 행보 또한 콘텐츠 IP를 기반으로 부가 판권 시장에 진출하고자 하는 것으로 추측되며, 그 주력 분야 중 하나로 게임을 지목한 것으로 보인다.

거대 미디어 사업자들이 육중한 전투를 벌이는 사이에 틈새시장을 노린 군소 사업자들의 약진도 눈에 띈다. 그 대표적인 사례로 드림웍스DreamWorks의 설립자 제프리 카첸버그Jeffrey Katzenberg가 준비 중인 '큐비Quibi'를 꼽을 수 있다. 큐비는 모바일을 통해 짧은 길이의 고품질 동영상을 제공하는 구독형 OTT 서비스로, 2018년 7월 디즈니, 폭스Fox, NBC 유니버설 등 거대 미디어 사업자들로부터 약 10억 달러(약 1조 2000억 원) 규모의 투자금을 유치해 화제가 되기도 했다. 2020년 4월 중 출시될 예정이며 가격은 광고 포함 서비스 월 4.99달러(약 5800원), 광고 미포함 서비스 월 7.99달러(약 9300원)로 책정됐다.

하지만 큐비의 가장 큰 강점은 오리지널 시리즈에 대한 콘텐츠 IP 정책이다. 오리지널 시리즈의 IP를 모두 가져가는 기존 플랫폼과 달리 이를 시리즈 제작자가 소유하는 것을 허용하면서 미국 엔터테인먼트 업계의 폭넓은 지지를 받고 있다. 이에 호응한 스티븐 스필버그, 길예르모 델 토로Guillermo del Toro 등 할리우드의 유명 감독들이 큐비에 대거 합류했고, 최근에는 유명 코미디언, 배우, 뮤지션 등도 큐비의 오리지널 시리즈에 합류하며 기대감이 커지고 있다.

18

테크 자이언트를
누가 막을 것인가

| 테크래시 |

점점 더 커져가는 거대 ICT 기업들

2만 달러의 벌금과 개인정보

스웨덴의 셸레프테오Skelleftea라는 도시에 위치한 한 학교에서 행정 업무 향상을 위해 작은 실험이 진행됐다. 이 지역의 교사들은 학생 출석 확인, 보고에만 매년 1만 7000시간을 쓰고 있는데, 시 당국은 이 문제를 신속히 처리하기 위해 안면인식 기술을 활용하기로 결정 했다. 그리고 한 고등학교에서 약 3주에 걸쳐 22명의 학생을 대상으 로 안면인식 기술을 이용한 출석 확인 실험을 시범 실시했다. 학생 들은 교실에 들어갈 때 카메라 안면인식 기술을 통해 출석을 확인했 고 결과는 만족스러웠다. 당연히 사전에 학생 당사자와 부모의 동의

스웨덴의 셀레프테오 학교에서 추진한 안면인식 출석 체크 프로젝트

자료: 스웨덴 DPA

를 받은 상태였다. 시 당국은 실험 결과를 토대로 전 학교에 보급 확대하고자 검토를 시작했다.

그런데 뜻밖의 문제가 발생했다. 스웨덴 데이터보호당국DPA이 유럽연합 개인정보 보호 규정GDPR을 위반했다며 셀레프테오 시 고등학교위원회에 벌금 20만 크로나(약 2500만 원)를 부과한 것이다. 2018년 5월부터 시행된 GDPR은 개인정보를 다루는 기업이나 기관이 프라이버시 보호와 관련된 광범위한 규정을 준수하도록 의무화하고 개인정보 활용 및 역외 이전 절차 등을 일원화했다. 결국 프로젝트는 중단됐다. 학생과 학부모의 사전 동의까지 다 받았는데 대체 무엇이 문제였을까?

문제의 핵심은 '입장의 균형'이었다. 학교가 학부모와 학생에게서 동의서를 받았더라도 학교와 학생이라는 관계에서 입장의 균형이 제대로 갖춰지지 않았다는 것이다. 즉 학교가 하라고 하면 학생과 학부모는 할 수밖에 없다는 것이고, 그런 상황에서 동의서는 큰 의미를 갖지 못한다는 것이 벌금 부과의 이유였다.

이 사건은 개인정보를 활용해 여러 서비스를 구상 중인 수많은 ICT 기업들, 특히 개인정보를 수집해 플랫폼 사업으로 급성장한 구글, 아마존, 애플, 페이스북 등 소위 '테크 자이언트_{Tech Giant}'들에게 적지 않은 충격을 던져주었다. 이들 ICT 기업이 유럽에서 서비스를 제공할 때 개인 정보와 관련된 동의서가 작성됐다고 해도 입장의 균형 문제 때문에 동의서가 인정되지 않을 수 있다는 것이다. GDPR에서는 생체 정보를 '특수한 유형의 개인정보'로 분류하고 있기 때문에 가능성이 높은 시나리오다. 유럽에 진출하거나 유럽 시민을 대상으로 사업을 벌이는 조직들이 염두에 두어야 할 상황이 하나 더 생긴 것이다.

그렇다면 은행에서 사용되고 있는 생체 정보 기반 인증은 문제가 없을까? 여러 은행에서 생체 인증을 도입하고 있는데, 여기에는 고객들의 적극적인 동의가 존재한다. 게다가 은행과 고객 사이에서는 입장 차이나 힘의 불균형은 거의 없다고 여겨지기 때문에 '동의'가 합법으로 인정된다. 완벽하게 은행과 고객이 동등한 위치에 있는 건 아니지만, 고객이 얼마든지 다른 은행을 선택할 수 있다는 것 때문에 둘의 동의는 문제없다고 받아들여진다.

결국 핵심은 점점 힘이 커지고 있는 ICT 기업들로부터 개인들을 보호하기 위해 어떻게 견제하느냐다. GDPR은 유럽 시민들 편에서 보면 자신들의 정보를 보호하고 신뢰할 수 있는 안전장치인 셈이다.

플랫폼을 중심으로 거대화된 ICT 기업들과 테크래시의 대두

인터넷이 보편화된 오늘날 많은 사람들은 구글로 검색을 하고, 아마존으로 쇼핑을 하며, 페이스북으로 SNS를 즐긴다. 거기에는 수많은 데이터들이 오고 가는데, 이 데이터들을 가지고 이들 플랫폼 기업들은 다양한 서비스와 수익원을 창출한다. 이처럼 우리에게 편리함을 제공하며 성장을 해온 글로벌 ICT 기업들, 소위 테크 자이언트들이 이제는 독과점화와 개인정보 침해 등으로 사회적 반감을 사고있다. 이러한 움직임을 '테크래시Techlash(반 IT 기업 정서)'라고 하는데, 이는 기술 기업을 의미하는 Tech와 채찍질의 뜻을 가진 lash의 합성어로, 최근에는 점점 거대화되고 영향력이 커져가는 글로벌 ICT 기업들에 대해 각국 정부와 규제기관 등이 적극적으로 나서서 제재를가하고 있다.

글로벌 ICT 기업들의 시장 지배력은 상상 이상이다. 페이스북은 전 세계 광고 지출의 84%(중국 제외)를 차지하고 있고, 구글은 미국 내 검색 광고수익의 80%를 점유하고 있다. 페이스북, 애플, 아마존, 구글, 넷플릭스 그리고 마이크로소프트의 시가총액 총합은 4조 달러(약 4700조 원)로, 이는 미국 GDP의 20%에 해당하는 수치다. 고용 직원 규모만도 55만 명에 달한다. 시장 내 이들 기업의 영향력을 무시할 수 없는 수준이다.

게다가 이 테크 자이언트들은 신생 기업들이 시장에서 성공 신호를 보일 때 주식이나 현금으로 해당 기업을 인수해 잠재 경쟁자를 제거한다. '킬 존Kill Zone'이라고 하여 거대 ICT 기업들의 자금력 및 플랫폼 장악력을 이기지 못해 스타트업들이 무너지는 현상마저 발생하고있다.

이런 상황이 심각해지자 《이코노미스트》는 '민주주의와 혁신의 상

테크 자이언트의 시장 내 지배력과 이를 비판하고 있는 《이코노미스트》지

Tech Giant들의 과도한 시장 집중

FAANG+MS의 시가총액은 약 4조 달러로 미국 GDP의 20%, 고용 직원은 약 55만 명 규모

Economist Special Report(2018) 「The Next Capitalist Revolution」

① 데이터 독점으로 신규 기업 성장 저해
② 향후 빅데이터, AI에 기반한 차별적 가격 설정 가능성
③ 신규 기술 기업 인수로 잠재적 경쟁자 제거

세계 인터넷 기업 순위

(단위: 억 달러)

	기업명	국가	시가총액
1	애플	미국	9,240
2	아마존	미국	7,830
3	마이크로소프트	미국	7,530
4	알파벳(구글)	미국	7,390
5	페이스북	미국	5,380
6	알리바바	중국	5,090
7	텐센트	중국	4,830
8	넷플릭스	미국	1,520
9	앤트파이낸셜	중국	1,500
10	이베이+페이팔	미국	1,330

※ 시가총액은 2018년 5월 기준

자료: 인터넷 트렌드(2018), KT경제경영연구소 재작성

징이었던 테크 자이언트들이 독과점화로 공정 경쟁을 저해하고 자유 시장경제를 위협한다'는 내용으로 특집 기사를 발표해 테크 자이언 트들을 강하게 비판하는가 하면, 미국 민주당 하원의원 데이비드 시 실린David Cicilline은 거대 ICT 기업들의 과도한 지배력이 기술 혁신 선 순환을 위협하고 있다고 경고했다. 연이은 개인정보 유출이나 자율 주행차 사고 등으로 인해 ICT 기술에 대한 신뢰 역시 위기에 봉착한 상태다.

급변하는 시장 환경에서 독점을 기존의 법률로 제재하는 것은 사 실상 실효성이 적다. 불공정 독점이 아닌 소위 '혁신형 독점'이라면 테크 자이언트들을 대하는 판단 기준이 달라져야 한다. 인식의 전환 이 필요하다. 그래서 주목하고 있는 것이 바로 '데이터'이다. 테크 자 이언트들의 독점은 데이터를 토대로 하고 있다. 가장 시의적절한 독

점 규제는 이들 기업의 '데이터 장악'에 대한 견제라고 할 수 있다. 유럽 국가들이 개인정보 보호를 명분으로 내세운 GDPR도 이러한 배경에서 탄생된 것이다.

GDPR과 디지털세, 반독점 규제로 테크 자이언트들을 견제하다

GDPR 규제에 숨죽이고 있는 테크 자이언트들

GDPR이란 'General Data Protection Regulation(개인정보 보호 규정)'의 약자로 유럽 의회에서 유럽 시민들의 개인정보 보호를 강화하기 위해 만든 통합 규정을 의미한다. 2016년에 유럽 의회에서 공표됐고, 약 2년간의 유예 기간을 가진 후 2018년 5월 25일부터 EU 각 회원국에서 시행됐다. 이에 따라 EU 국가 내 사업장을 운영하는 기업뿐 아니라 전자상거래 등을 통해 해외에서 EU 주민의 개인정보를 활용하는 기업들은 모두 GDPR을 준수해야 한다.

GDPR은 위반 성격, 지속 기간, 중대성 등 11가지 기준에 따라 크게 두 종류의 과징금이 부과된다. '일반 위반'과 '심각한 위반'이다. 일반 위반은 '1000만 유로(약 132억 원)'와 '전 세계 연간 매출액의 2%' 중 높은 금액이 과징금으로 부과된다. 심각한 위반은 '전 세계 연간 매출액의 4%' 또는 '2000만 유로(약 264억 원)' 중 높은 금액이 과징금으로 부과된다. 수십조 단위 매출을 올리는 ICT 글로벌 기업 입장에서는 2%나 4%도 천문학적 금액이 될 수 있다. 시행된 지 1년여가 지난 지금 구글을 비롯한 많은 글로벌 기업들이 GDPR 위반으로 과징금 폭탄을 맞은 바 있다.

구글은 2019년 1월 프랑스 정보자유국가위원회CNIL로부터 GDPR 의 '투명성(제5조 개인정보 처리 원칙)' 정책을 위반했다는 이유로 과징금 5000만 유로(약 653억 원)를 선고받았다. 데이터 처리 목적 및 저장 기간에 대한 정보를 한 곳에서 제공하지 않고 5~6회 이상 클릭하도록 한 점, 일반적이고 모호한 설명으로 명확하고 포괄적인 정보를 제공하지 않은 점 등이 문제가 됐다. 개인 맞춤형 광고에 요구되는 '유효한 동의'를 획득하지 않은 점도 GDPR 제6조 '처리의 적법성'을 어긴 것으로 판단됐다.

설사가상으로 구글은 2019년 10월까지 유럽 지역에서 구글 어시스턴트를 이용한 사용자 음성 녹음이 금지되기까지 했다. 독일 규제 당국은 구글 어시스턴트에서 수집한 1000여 건 이상의 이용자 대화가 유출된 사실을 조사 중이었는데, 조사 기간 동안은 사용자 음성 데이터를 수집하지 못하기 때문이다. EU 당국도 구글의 이용자 데이터 수집 및 분석 작업이 GDPR을 위반했는지 조사에 착수했다.

페이스북도 예외는 아니다. EU는 페이스북에 대해 개인정보 침해 혐의로 수십억 유로의 벌금을 부과할 방침인데, 이미 페이스북은 2019년 7월 미국 연방거래위원회FTC로부터 개인정보 유출 문제로 50억 달러에 달하는 벌금을 받은데 이어 유사한 명목으로 유럽에서도 조사를 받게 됐다. 페이스북이 미국 FTC로부터 부과받은 이번 벌금은 지난 2016년 데이터 분석업체 케임브리지 애널리티카CA를 통해 페이스북 이용자 개인정보가 유출된 사태에 대한 관리 소홀의 책임을 물은 것이다. 이후에도 페이스북은 개인정보 보호 조항을 반복

GDPR 위반으로 엄청난 규모의 벌금을 부과받은 테크 자이언트

자료: myrepublica.com

적으로 위반했고, 결국 FTC는 재량권을 갖고 50억 달러라는 거액의 벌금을 부과한 것이다.

FTC의 이번 결정은 유럽의 반독점 규제 움직임에도 영향을 미쳐 EU에서 정보통신 기업 규제를 담당하는 아일랜드 데이터보호위원회 DPC는 페이스북이 사생활 보호 문제 등 GDPR 11건을 위반한 것으로 보고 본격 조사에 착수했다. DPC는 2019년 9월 말까지 위반 사항에 대해 조사를 마치고, EU 내 27개 국가에 벌금 및 제재안을 전달해 페이스북에 대해 최소 수십억 유로의 벌금을 부과할 예정이다.

지난 수년간 미 법무부나 연방규제기관의 주목을 피하며 큰 문제 없이 사업을 추진해온 마이크로소프트도 GDPR의 감시망을 피할 수 없게 됐다. 윈도우 10과 오피스가 타깃이 된 것이다. 사실 GDPR 규제가 발효되기 이전부터 일부 유럽 국가는 윈도우의 프라이버시 문제를 미심쩍어 했다. 2017년 네덜란드 정보보호국DPA은 윈도우

10의 사용자 데이터 수집 방식이 자국의 데이터 보호 법률을 위반했다고 결론을 내린 바 있다. 하지만 DPA는 벌금을 부과하는 대신 마이크로소프트에 데이터를 수집하고 사용하는 방법을 바꾸도록 요구했다. 그리고 요구 사항은 윈도우 10 업데이트에 반영됐다. 그러나 여전히 데이터 수집 방식은 투명하지 못했고, 결국 DPA는 많은 시간을 들여 진단 데이터 뷰어와 다른 마이크로소프트의 변경 사항을 검사해 정보보호국의 규제와 새로운 GDPR을 준수하고 있는지를 평가했다. 마이크로소프트가 원래 요구했던 사항에 부합하도록 수정은 했지만, 이 검사를 통해 마이크로소프트가 사용자로부터 원격으로 다른 데이터를 수집한다는 새로운 사실이 밝혀졌다. 네덜란드 DPA는 이 내용을 아일랜드 정보보호위원회DPC에 넘겼고, 이제 DPC가 마이크로소프트의 GDPR 위반 여부를 조사하게 됐다.

만약 조사를 통해 마이크로소프트가 GDPR을 위반한 것으로 드러나면 벌금은 최대 40억 달러에 이를 것이며, 마이크로소프트 윈도우는 사용자 데이터 수집 방식을 바꿔야만 한다. 오피스 역시 문제이다. 마이크로소프트는 워드, 엑셀, 파워포인트, 아웃룩의 개인 사용에 대한 막대한 양의 데이터를 체계적으로 수집한다. 하지만 데이터 수집 거절 가능성, 수집되는 데이터의 내용을 볼 수 있는 기능 등어느 것 하나도 사용자에게 선택권을 주지 않는다. 이런 데이터 처리 방식 때문에 독일 정부는 오피스 365 사용을 금지하기도 했다.

아일랜드의 DPC는 애플의 타깃 광고와 관련한 개인정보 처리 및애플의 사생활 보호 정책에도 주목하고 있다. DPC는 애플의 사생활 보호 문제와 관련해 세 번째 조사를 진행 중인데, 애플이 소비자가 제기한 접근 요구와 관련해 GDPR 관련 조항을 준수했는지를 살펴보는 것이다. 이에 대해 애플의 CEO 팀 쿡Tim Cook은 "우리는 규제를 강력히 지지하고 있습니다. 다른 길은 보이지 않습니다. GDPR은 올바른 방향으로 나아가는 단계입니다. 유럽의 규칙은 미국이 천천히 모방할 수 있는 예시"라며 GDPR에 대해 지지 발언을 하기도 했다. 팀 쿡은 데이터 프라이버시를 위해 보다 강력한 규제가 필요하다고까지 주장했다.

이처럼 테크 자이언트들이 거액의 벌금을 부과받음에 따라 전 산업 영역에서 GDPR에 기반한 보안 인식과 투자 강화에 대한 경고음은 커질 전망이다.

디지털 서비스에도 세금을 매긴다, 디지털세

2018년 3월 EU 집행위원회European Commission가 글로벌 디지털 기업에 세금을 부과하는 디지털세Digital Tax 법안을 발표하면서 전 세계적으로 디지털세 도입에 대한 논의가 활성화되고 있다. EU가 발표한 디지털세 법안은 연매출 7억 5000만 유로(약 9800억 원) 이상인 기업 중 EU 내에서 벌어들인 과세 대상 매출이 5000만 유로(약 650억 원) 이상인 기업에 해당 매출의 3%를 세금으로 납부하도록 하는 법안이다. 이때 과세 대상이 되는 매출은 디지털 광고 매출, 중개 플랫폼 매출, 사용자 데이터 거래를 통해 발생한 매출 총 세 가지로, 해당 매출의 3%를 세금으로 납부하도록 하는 것이다.

EU 내에서는 구글, 페이스북 같은 기업들이 일반 기업들에 비해 유럽에 지나치게 적은 세금을 내고 있다는 비판이 지속적으로 제기

과세 대상 기업	연매출 7억 5000만 유로 이상인 기업 중 EU에서 발생한 과세 대상 매출이 5000만 유로 이상인 모든 기업
과세 대상 매출	디지털 광고 매출(사용자에게 타깃 광고를 제공하는 디지털 인터페이스를 통해 발생한 매출)
	중개 플랫폼 매출(사용자 간 직접 서비스나 재화를 교환하도록 하는 것을 포함해 사용자들이 다른 사용자를 찾아서 인터랙션할 수 있도록 하는 multi-sided 디지털 인터페이스에서 발생한 매출)
	데이터 매출(디지털 인터페이스에서의 사용자 활동에 의해 발생한 데이터를 거래함으로써 발생한 매출)
세율	과세 대상 매출의 3%

자료: 로아컨설팅

돼왔으며, 이들 기업에 과징금을 부과함으로써 공정 과세를 달성하고자 하는 시도가 꾸준히 이루어져왔다. EU의 디지털세 법안 발표는 이러한 맥락 하에서 이루어진 것으로, 디지털 비즈니스의 성장에 발맞춰 세제를 개편함으로써 기존 세제의 공백을 메우고 공정과제를 달성하고자 하는 움직임이라 할 수 있다. EU 집행위원회는 디지털세 법안을 발표하며 전통적인 기업들이 납부하는 평균 세율이 23.3%인 반면, 디지털 기업들이 납부하는 평균 세율은 9.5%에 불과하다는 점을 들어 디지털세의 필요성을 주장했다. 당시 EU 집행위원회가 발표한 바에 의하면 이러한 디지털세 도입으로 연 50억 유로의 추가 세수가 발생[1]할 것으로 예상된다.

디지털세 법안은 재정과 관련된 내용이기 때문에 해당 법안이 발효되기 위해서는 EU의 28개 회원국이 만장일치로 동의해야 하는데, EU는 2018년 12월까지를 회원국 간 논의 기간으로 잡고 2019년 3월

표결을 진행했으나 결과적으로는 부결됐다. 당시 영국, 프랑스는 디지털세에 적극적인 찬성 입장을 밝혔으나, 낮은 법인세율로 기업들의 본사 이전을 유도해온 아일랜드나 룩셈부르크 등은 반대했으며 덴마크, 스웨덴, 핀란드 등 EU 내에서 상대적으로 세력이 약한 북유럽 블록의 경우 미국의 보복을 우려해 반대 입장을 취한 것으로 알려졌다.

당시 반대 입장을 밝힌 회원국 중 당상수가 디지털세 문제가 OECD 주도로 전 세계적 차원에서 논의되어야 한다는 입장을 밝혔으며, 이에 따라 디지털세에 대한 논의는 OECD로 넘어가게 된 상황이다. OECD는 2019년 2월 디지털 기업 과세에 대한 보고서 초안을 발표한 상태로 2020년 4월까지 최종 보고서를 도출할 예정이다. EU 역시 OECD의 디지털세 법안 마련이 지연될 경우 자체적인 디지털세 방안에 대한 논의를 재개할 수 있다는 가능성을 열어놓은 상태이며, 영국과 프랑스 등 디지털세 도입에 적극 찬성했던 국가들은 개별 국가 차원에서 디지털세를 도입하기 위한 작업을 추진하기 시작했다. 호주, 스페인, 이탈리아 등도 국가 차원의 디지털세 법안을 마련하겠다는 계획을 발표한 상태다.

영국은 2018년 10월 영국에서 발생하는 디지털 서비스 매출에 2%의 세금을 부과하는 법안을 발표했다. 과세 대상은 연매출 5억 파운드(약 754억 원) 이상의 흑자 기업으로 한정되며, 영국 재무부 장관인 필립 해먼드Philip Hammond는 법안을 발표하며 해당 법안이 "자국의 스타트업들이 아니라 테크 자이언트들에게 과세 부담이 지워지도록 조심스럽게 설계될 것"[2]이라고 밝혔다. 해당 법안은 2020년 4월부터 발효될 예정이며, 이에 따른 추가 세수 규모는 연 4억 파운드(약

6030억 원)가 될 것으로 예상된다.

프랑스 상원은 2019년 7월 11일에 디지털세 법안을 통과시켰다. 법안은 통과 후 21일 내에 발효되며, 2019년 1월 매출부터 소급 적용되어 과세가 이루어진다. 프랑스 정부는 2019년 한 해에만 4억 유로(약 5210억 원)의 추가 세수를 확보할 수 있을 것으로 전망하고 있다.

이에 따른 과세 대상 기업은 구글, 애플, 페이스북, 아마존, 마이크로소프트 등 미국의 거대 테크 기업을 포함해 총 30개 내외일 것으로 예상된다. 과세 대상 기업에는 미국 기업뿐만 아니라 중국, 독일, 스페인, 영국 기업들도 포함된 것으로 알려졌으며, 프랑스 온라인 광고 기업 크리테오Criteo 등도 포함된다. 글로벌 디지털 기업들이 국가 차원의 세금과 국제적 차원의 세금을 이중으로 부담하고 있다는 반발을 의식해 프랑스 정부는 만일 국제적 자원에서 유사한 디지털세 법안이 통과될 경우 자국 차원의 디지털세 과세를 중단하겠다고 발표한 상태다.

프랑스의 엠마뉘엘 마크롱Emmanuel Macron 대통령이 디지털세 법안에 서명하자 미국의 트럼프 대통령은 프랑스에 대한 보복 가능성을 시사하고 나섰다. 트럼프 대통령은 트위터를 통해 "미국 테크 기업들에 세금을 부과한다면 그것은 그들의 조국이 되어야 할 것"이라면서 백악관이 프랑스의 디지털세에 대한 '상당한 상호적 조치'를 근시일 내에 취하겠다고 경고했다. 이후 트럼프 대통령은 언론을 통해 프랑스 측에 만약 미국 기업들에게 디지털세를 부과한다면 "나는 당신들의 와인에 세금을 부과할 것"[3]이라고 경고했다고 밝히면서 프랑스 와인에 대한 관세 강화를 시사했다. 이에 대해 프랑스 농업부 장관

디디에 길롬Didier Guillaume은 "GAFAGoogle, Amazon, Facebook, Apple을 묶어서 지칭 하는 말에 세금을 부과한다면 와인에 세금을 부과하겠다고 하는 것은 완전히 바보 같은completely moronic 것"이라고 강도 높게 비난했다. 프랑스 재무장관 브뤼노 르 메르Bruno Le Maire 역시 "핵심은 디지털 활동에 대한 공정한 과세를 어떻게 할 것인지에 대한 합의를 도출하는 것"이라면서 디지털세와 관세의 문제를 섞지 말라고 답변했다. 한편 전자 상거래 업체인 아마존은 프랑스의 디지털세 도입에 대해 프랑스 내 제휴 업체들의 수수료를 2019년 10월부터 3% 인상하기로 하면서 정면으로 대응했다. 프랑스 정부가 아마존에 부과하기로 한 3%의 디지털세를 현지 제3자 판매 업체 수천 곳에 그대로 전가하면서 '눈에는 눈, 이에는 이'로 맞대응한 것이다. 아마존의 조치로 테크 자이언트와 중소기업 간의 균형을 유지하려고 한 프랑스 정부의 목표는 다시금 원점으로 돌아온 듯하다. 오히려 디지털세로 아마존, 페이스북, 구글 같은 회사들을 통제하려고 한 프랑스 정부의 셈법은 더욱더 복잡하기만 해졌다.

한국의 경우 2018년 12월 과학기술정보방송통신위원회 소속 의원이 대표 발의한 부가가치세법 일부 개정 법률안이 국회 본회의를 통과했다. 해당 법은 2019년 7월 1일부터 해외 IT 기업들이 소비자 대상 매출에 대해 10%의 부가가치세를 납부하도록 하는 법으로, 이를 통한 추가 세수는 연간 4000억 원 수준으로 전망되고 있다. 단, B2B 매출은 과세 대상에서 제외됐는데 향후 개정안 발의를 통해 B2B 매출로 과세 대상을 확대하겠다는 입장이나, 기획재정부는 B2B 매출에 대한 과세는 실효성이 없다[4]는 입장을 밝힌 상태다.

애플, 아마존, 구글, 페이스북 등 ICT 산업을 대표하는 4대 테크 자이언트들이 미국 규제 당국과 의회의 반독점 조사를 받게 된다. 2019년 6월, 미국의 양대 반독점 당국인 법무부와 연방거래위원회 FTC는 이들 4대 ICT 기업의 시장 독점 여부를 분담해 조사하기로 하는 내용의 협약을 맺었고, 이에 따라 법무부는 애플과 구글을, FTC는 아마존과 페이스북의 조사를 각각 담당한다. 특히 구글은 2013년 온라인 쇼핑 검색 관행 조사 이래 6년 만에 다시 반독점 조사를 받게 되었다.

미 의회도 4대 테크 자이언트의 반독점 문제를 본격 조사하겠다는 방침이다. 미 하원 법사위원회의 데이비드 시실린 반독점소위원장은 "열린 인터넷은 미국인들에게 엄청난 이익을 가져다줬지만, 소수의 문지기들이 전자상거래, 콘텐츠, 통신 등에 대한 통제권을 장악했다는 증거가 증가하고 있다"고 밝혔다. 법사위원회는 이들 기업에 대한 정보 요청과 함께 다수의 공청회를 실시할 계획이다.

엘리자베스 워런Elizabeth Warren 미국 민주당 상원의원은 '반독점'을 명분으로 아마존, 구글, 페이스북 등의 분할·해체까지 언급했다. 그는 테크 자이언트들에 대해 "너무 많은 권력을 갖고 군림하고 있다. 경쟁을 막고 혁신을 억제한다"고 비판했다.

그동안 테크 자이언트들의 거침없는 성장에 제동을 걸 마땅한 견제장치가 없었던 상황에서 이번 반독점 규제는 업계와 학계, 정치권이 '일치단결'하여 이뤄낸 결과라고 할 수 있다. 규제 당국 입장에서는 앞으로 이들 테크 자이언트들이 시장지배적 지위를 남용해 공정한 경쟁을 억제했는지 등을 언제든 조사할 수 있는 발판을 마련하게 된 셈이다.

이 같은 움직임은 반독점법Antitrust Laws에 근거를 두고 있다. 독점으로 기업 간 경쟁을 저하시키고 소비자 이익을 침해하는 행위를 막는 게 이 법의 기본 목적이다. 기업 활동의 자유 못지않게 독점으로 인한 경쟁 잠식과 시장 교란을 방지하는 것이 중요하기 때문이다. 독점 기업 출현으로 사실상 경쟁이 불가능해진 현재의 시장에 정부가 개입해 일정 점유율을 넘지 않게 조정하고, 새로운 기업들이 경쟁할 수 있도록 하겠다는 것이다.

문제는 테크 자이언트들의 양상이 기존 독점 기업들과는 다르다는 점이다. 독점 기업이 문제시되는 것은 독점한 뒤 가격을 올리는 등 '소비자 후생'을 위협했기 때문이다. 그러나 거대 ICT 기업들은 기술 혁신을 통해 오히려 가격을 낮추고 편리함을 제공하며 소비자에게 더 많은 가치를 제공하려 하고 있다. 우수한 품질과 저렴한 가격으로 소비자를 만족시킨다면 독점 자체를 문제시할 이유가 없다.

경쟁 기업의 인수합병 역시 자연스러운 경쟁의 과정으로 볼 수 있는 부분이다. 업종 간 경계가 무너지면서 경쟁의 환경은 급변했다. 구글은 인터넷 검색 기업으로 출발했지만 빅데이터 기반 인공지능 기업으로 범주를 넓히고 있다. 웨이모를 앞세워 자율주행차 분야에서도 앞서나가고 있다. 테크 자이언트들은 특정 업종을 넘어 전방위로 사업을 확장하면서 '플랫폼 생태계 구축'에 초점을 맞추고 있다. 무조건적으로 다른 업체를 압박하거나 쫓아내는 것이 아니라 플랫폼에 들어오는 업체와 협력 관계를 맺어 생태계를 확장시키려고 한다.

하지만 테크 자이언트들이 인수합병과 앱마켓 등 플랫폼을 활용해 경쟁을 제한해왔다는 사실에서는 자유로울 수 없다. 페이스북이 인스타그램, 왓츠앱 등 경쟁 업체를 인수해 시장을 사실상 독점했는가 하면, 구글도 지도 회사 웨이즈Waze와 광고 전문 기업 더블클릭DoubleClick을 인수해 잠재적 경쟁자를 없앴다. 애플과 마이크로소프트는 앱마켓과 윈도우를 활용해 경쟁자들보다 플랫폼상 우월한 입장에서 상품을 판매하고 있다.

게다가 2016년 대선 때 페이스북, 구글 등이 러시아의 미 대선 개입 도구로 활용된 사실이 드러나면서 미 정치권의 테크 자이언트에 대한 비판은 더욱 강해졌다. 트럼프 대통령도 이들 ICT 기업에 매우 비판적이다. 트럼프 대통령은 "구글에서 '트럼프 뉴스'라고 쳐봤더니 96%가 반대 성향 뉴스였다. 매우 위험하다. 구글과 페이스북, 아마존이 반독점 상황에 처할 수 있다"고 경고했다.

유례없이 강력한 반독점 규제가 테크 자이언트들의 진격을 멈추게 할지는 지켜봐야 할 일이다. 이들 기업에 대한 규제 움직임이 본격화된다면 해당 기업은 물론 글로벌 ICT 산업 전반에 미칠 파장이 적지 않기 때문이다. 무엇보다 미국 입장에서는 알리바바, 텐센트, 바이두 등 중국 정부의 지원을 등에 업고 급속도로 세력을 확장시켜나가고 있는 'Red ICT 기업'들의 성장을 무시할 수만은 없는 상황이다. 과거 거대해진 마이크로소프트를 겨냥해 반독점법 위반 소송을 걸어 결국 10년간의 소송 끝에 마이크로소프트의 지배력이 약화되고 구글, 아마존 등 신생 기업들에게 추격을 허용한 사례를 되짚어보면 반독점 규제는 신중하게 꺼내 들어야 할 카드이다.

위기를 기회로, 규제를 기술로 극복하려는 ICT 기업들

GDPR을 기회로 활용하다

GDPR, 디지털세 등 테크 자이언트들을 향한 각종 규제 시행 후 전 세계적으로 다양한 변화가 진행되고 있다. 세계 각국은 GDPR을 기준으로 개인정보법제를 강화 신설하고 있고, 정보 주체의 권리 중 하나인 '정보 열람권'을 소비자가 적극적으로 행사하기 시작하면서 AI 비즈니스를 하는 플랫폼 기업들의 데이터 거버넌스가 중요해지기 시작했다. 특히 기업은 정보 열람권 확대 등 소비자가 제공한 개인정보를 본인 스스로 통제할 수 있도록 지원하는 것이 매우 중요해졌다.

GDPR 도입 후 대형 플랫폼들의 각종 정보 유출 사건들이 이어지면서 소비자들의 프라이버시 보호 의식이 강화되고, 애플과 마이크로소프트 등은 개인정보 보호를 인권으로 언급하며 차별화, 신뢰의 이미지를 경쟁력으로 삼고 있다. 개인정보를 활용한 타깃 광고가 핵심 BM인 페이스북, 구글은 이용자의 정보 통제권을 강화하는 방향으로 대응 중이며, 제조사를 중심으로는 정보 유출을 최소화하는 온디바이스 AI$_{On-Device AI}$, 엣지 AI$_{Edge AI}$ 방식 프라이버시 단말 기술 개발이 진행되고 있다. 삼성, 퀄컴 등은 단말기 내에서 데이터를 분석하는 방식인 온디바이스 AI, 엣지 AI를 스마트폰, 자율주행차, 로봇, 드론 등에 적용 계획 중이고, 일부 스타트업은 온디바이스 AI 프라이버시 스피커를 출시했다.

미국을 비롯해 중국, 인도, 베트남 등에서도 개인정보 법제가 강화되면서 현지인의 데이터 이용 시 동의 획득이 어려워짐과 동시에

미국도 GDPR을 도입해야 한다고 기술 규제를 강조한 애플 CEO 팀 쿡

정보의 국제 이전을 제한하거나 자국 내 서버를 두도록 하는 규정은 글로벌 사업을 하는 ICT 기업들에게 부담으로 작용했다.

GDPR은 집행 전 규정상의 모호함과 포괄성으로 인해 실제 집행력의 우려가 있었으나 시민 단체들의 이의 제기와 규제기관의 처벌이 이어지면서 구속력을 확대하고 있다. 더 나아가 개인정보의 부당한 수집과 이용을 경쟁법 측면에서도 규제하는 움직임이 본격화되고 있다. 한국도 공정위가 빅데이터 등 정보 자산 독과점 우려가 있는 M&A에 선제 대응할 필요가 있다고 보고 '기업 결합 심사 기준'을 일부 개정해 2019년 2월 27일부터 시행했다.

멈추지 않는 테크 자이언트의 진격

이러한 테크 자이언트에 대한 강력한 규제 대응에도 불구하고 여전히 플랫폼을 무기로 한 이들 거대 ICT 기업들은 영향력은 막강하다.

실제로 GDPR 시행 이후 구글, 페이스북의 매출, 이용자 수에는 큰 변동 없이 오히려 상승세가 지속됐다. 조사기관인 모바일마케터가 공개한 자료에 따르면 페이스북의 2018년 4분기 매출은 전년 동기보다 61% 증가한 69억 달러 순이익을 기록했고, 4분기 월간 기준 사용자 수는 23억 2000만 명으로 전년 같은 기간보다 9% 증가했다.

광고시장도 마찬가지다. 유럽 광고 물량은 오히려 구글과 페이스북으로 더 집중됐다. 엄격한 GDPR 규정을 준수할 수 있는 충분한 자원과 인력을 보유한 대형 기업에 광고가 집중된 것이다. 구글과 페이스북은 GDPR 관련 인력을 추가 채용하는 한편, 개인정보를 제외한 콘텐츠 활용 마케팅 상품 개발에 나서는 등 자구책 마련에도 힘을 썼다. 그 결과 GDPR이 적용되기 이틀 전에는 유럽 광고주 마케팅 자금의 50%가 구글에 유입됐던 반면, GDPR이 시행된 첫날에는 마케팅 자금의 95%가 구글에 쏠렸다. 데이터를 보호하고 지킬 수 있는 기업은 결국 돈이 많은 구글, 페이스북이기 때문에 광고, 데이터는 계속 이들 기업에 몰릴 수밖에 없다는 반증이다. 마이크로소프트도 자신들의 서비스를 통해 GDPR을 준수할 수 있다는 마케팅이 가능한 것은 그만큼 자본을 이용해 대비를 했기 때문이다.

데이터를 활용해 유럽에 진출하려는 중소 ICT 사업자들에게는 GDPR이 테크 자이언트보다 더 큰 장벽으로 작용한다. GDPR 위반 시 최대 글로벌 매출 4%에 달하는 벌금을 부과 받거나 데이터 이동권 등 기술적 요구 사항 준수를 위해서는 많은 비용이 들기 때문이다. 개별 중소 사업자는 GDPR 외에도 유럽 각 국가가 마련한 개인정보보호법까지 준수해야 해 부담이 가중된다. 실제로 미국의 온라인 서비스 기업들은 GDPR 준수에 들어가는 비용을 고려해 유럽 시장 진출을 포기했는데, 미국 뉴스 사이트 3분의 1 정도가 접속지 IP 주소를 기반으로 하여 EU 사용자를 차단했다고 한다. 게다가 소비자 입장에서는 구글이나 페이스북같이 글로벌 규모로 운영하는 서비스를 이용하기 위해 제시하는 고지와 동의를 거부할 수가 없다. 반면 중소 사업자나 스타트업이 제공하는 서비스는 글로벌 ICT 기업들보다 신중하게 동의 여부를 결정할 가능성이 높다. 엣지 컴퓨팅 기반 AR·VR, 영상 공유 활성화, 더 정교한 위치 추적이 가능해질 스몰셀 환경 등은 프라이버시 침해가 큰 사회문제로 부상할 수 있다.

최근에는 개인정보의 재식별 위험을 줄이면서도 분석 정확도를 높일 수 있는 빅데이터 분석 기법으로 차등 프라이버시,[5] 동형 암호 Homomorphic Encryption[6]가 새로운 대안으로 검토되고 있다. 이 기술은 암호화된 상태 그대로 데이터를 분석, 이용하는 방식으로 개인정보 규제 완화 우려가 큰 상황에서 비식별 조치의 안전성을 크게 향상시킬 새로운 대안으로 관심이 모아지고 있다. 점점 더 빨라지고 보폭마저 커지고 있는 테크 자이언트들의 진격은 단순히 규제만으로 막기에는 한계가 있다. 5G 상용화로 신사업 기회와 위협이 공존하는 상황에서 ICT 기업들은 프라이버시에 대한 선제적 대응을 통해 고객 신뢰를 얻고 차별화된 경쟁력 확보의 계기로 활용해야 할 것이다.

19

ICT와 병원이 만나
혁신을 이루다

| 헬스케어 |

헬스케어 시장에 부는 변화의 바람

4차 산업혁명으로 진화하는 헬스케어 산업

4차 산업혁명 시대의 도래와 함께 전 산업 영역이 급속히 변하고 있다. 헬스케어Healthcare 산업도 예외가 아니다. 4차 산업혁명 기술인 AI, 빅데이터, 5G, IoT, 블록체인, 클라우드 등의 최신 ICT 기술과 의료 산업이 융합되면서 헬스케어 산업의 기본 틀이 뒤바뀌는 대전환기에 돌입하고 있다. 다양하게 생성된 데이터를 수집, 분석, 활용해 맞춤형 의료 서비스를 제공하는 디지털 헬스케어는 4차 산업혁명 시대 핵심 산업 분야로 부각되고 있다.

최근 전 세계적으로 고령화와 만성질환 환자, 1인 가구가 급증하

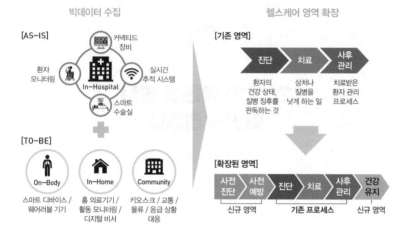

글로벌 디지털 헬스케어 시장의 변화

자료: Harvard Business Review 참고 KT 경제경영연구소 재구성

게 되어 의료비 부담이 가중됨에 따라 스마트 헬스케어를 통한 의료비 절감에 관심이 높아지고 있다. 또한 생활수준이 향상되고 소득이 증가하면서 전 연령층에 걸쳐 건강에 대한 관심이 확대되고 있다. 과거 치료와 진단 중심으로 운영되던 시스템이 정밀의료, 예측의료, 예방의료 등 전체 삶을 관리하는 '풀 라이프 케어Full Life Care' 시스템으로 헬스케어 시장이 변하고 있다.

실제로 지난 2019년 1월 라스베이거스에서 개최된 세계 최대 소비자가전박람회CES: Consumer Electronic Show에서는 '측정과 예방'에 집중된 디지털 헬스케어 기술이 대거 선보였다. 제품의 형태와 타깃 소비자층은 다르지만, 기본적인 틀은 현재 사용자의 상태를 정확하게 파악하고 진단해 질병의 진행이나 사고를 미연에 방지하고, 더 나은 삶을 영위할 수 있는 개념의 제품들이 대부분이었다.

이제 웨어러블 기기를 착용하거나 기기 주변에 있는 것만으로 심박수, 심전도, 호흡, 수면, 혈압, 배란, 신진대사, 방광 내 소변량까지 내 몸의 상태 측정이 가능하고, DNA 분석도 집에서 간단하게 할 수 있다. 이러한 측정의 결과가 쌓인 기록은 데이터가 되어 나 자신도 인지하지 못했던 건강의 이상이나 위험 신호를 감지해 병을 미리 진단하고 더 큰 병으로 키우는 것을 예방할 수 있게 되는 것이다.

다양하고 방대한 의료 데이터는 빅데이터 시스템이 수집, 분석, 응용, 관리한다. ICT, 의료 기술, 빅데이터는 AI와 결합해 헬스케어 산업에서 혁신 서비스를 창출할 것으로 기대되고 있다.

소변량을 체크하는 웨어러블

- 일본의 스타트업 트리플W가 개발한 소변량 측정 웨어러블 기기 DFree
- 배에 부착한 기기의 초음파 센서가 소변량을 감지하고, 사용자는 실시간으로 앱을 통해 소변량을 체크할 수 있음
- 이용자의 배변 습관을 날짜별로 누적 수집하고 종양이나 결석이 있는지도 확인 가능

자료: KOTRA 해외시장 뉴스

착용 없이 공간 내에서 신체 활동 측정

- Xandar Kardian의 스마트 LED 램프 겸 인디케이터
- 레이더 기술을 이용해 웨어러블 착용 없이 공간 내에서 심박수, 호흡수, 수면 무호흡증 및 수면 측정, 신체 활동 인덱스를 측정할 수 있으며, 침대 낙상을 감지
- 위급 상황 시 음성, 제스처, 버튼으로 구조 요청 가능

자료: kardian.com

파괴적인 혁신가를 중심으로 의료 시장의 지각 변동이 시작

헬스케어 산업은 소득 내 의료 지출 상승비가 높고, 닫힌 전문 영역이며 생명을 다루는 산업 특성상[1] 타 산업 대비 상대적으로 디지털화가 더디게 진행되고 있다. 최근 맥킨지가 발표한 산업별 디지털 지표[2]에 따르면 헬스케어는 하위권에 머물고 있음을 알 수 있다.

이러한 헬스케어 산업에서도 저비용, 고효율, 높은 접근성을 무기로 하는 파괴적 기술에 의해 파괴적 혁신Disruptive Innovation이 진행되고 있다. 디지털 기술과 데이터를 가진 의료 비전문가들에 의해 진료, 보험, 제약, 규제 분야에서 변화의 움직임이 발생하고 있다.

특히 글로벌 IT 기업들이 의료시장의 혁신을 주도해 헬스케어 생

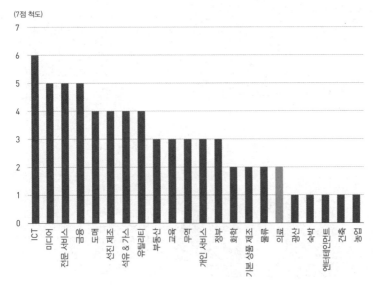

맥킨지의 산업별 디지털 지표

(7점 척도)

자료: Mckinsey Global Institute(2016.4)

태계의 지각변동을 예고하고 있다. 글로벌 유통 기업인 아마존이 최근 도전하고 있는 분야는 헬스케어와 제약 유통 분야다. 아마존은 온·오프라인 의약품 업체를 인수해 의약품 O2O 밸류 체인으로 헬스케어 시장 진출을 시도하고 있다.

헬스케어 산업 진출을 노리는 IT 기업으로 아마존이 유일한 것은 아니다. 구글은 데이터에 기반한 의료산업 전방위를 공략할 예정이고, 애플은 아이폰과 애플워치를 통해 헬스 데이터를 수집하고 분석해 보험 및 의료 사업에 진출할 계획이다. 이들뿐만 아니라 마이크로소프트, IBM, 페이스북 등 글로벌 IT 기업들 대부분이 헬스케어 산업에서 새로운 기회를 엿보고 있다. 헬스케어 분야는 데이터가 풍부하고 최근 발전된 IT 기술로 혁신할 여지가 많은 데다 헬스케어 시장이 전 세계 GDP의 18%를 차지할 정도로 규모가 커 IT 기업들에게는 기회로 인식되고 있다.

비록 국내에서는 각종 규제와 이해관계 상충으로 인해 디지털 헬스케어 산업 활성화가 더디게 진행되고 있지만, 4차 산업혁명 시대가 도래하고 글로벌 IT 기업들이 진출하면서 전 세계적으로 디지털 헬스케어는 이제 더 이상 거스를 수 없는 시대적인 흐름이 되고 있다.

2020년 병원을 중심으로 헬스케어와 ICT 기술이 융합

5G, AI, 블록체인으로 변혁을 맞이하는 헬스케어 산업

• 5G + 헬스케어

헬스케어 산업은 5G 시대에 가장 많이 성장할 것으로 기대되는 분야다. 5G 네트워크의 가장 큰 장점은 빠르고 안정적인 데이터 전송과 와이파이 대비 더 다양한 기기, 센서, 웨어러블과의 연결을 지원하는 능력이다. 다양한 원격 센서기기를 활용해 환자의 생체 데이터를 실시간으로 제공받을 수 있는 환경이 조성되고, 의료진은 센서를 통해 수집한 환자의 데이터를 고도화된 알고리즘으로 분석해 정확한 진단과 처방을 내릴 수 있게 된다.

글로벌 통신 기업 에릭슨Ericsson에 따르면 2026년 의료 서비스 관련 5G 시장 규모는 760억 달러에 이를 것으로 전망된다. 5G 도입으로 가장 큰 성장이 예상 되는 분야는 전통적 치료법을 뛰어넘은 환자 중심의 정밀의료, 모니터링을 통한 조기치료 방식 등이 있으며 이는 2026년 의료 서비스 관련 5G 시장의 49.2%를 차지할 것으로 보인다. 원격진료, 가상현실을 통한 수술 트레이닝 등 병원 중심의 적용 방식은 19.8%, 방대한 데이터의 실시간 전송, 전자 병원 기록 등 의료 데이터 관리 분야는 5.2%를 차지할 것으로 전망된다. 이외에, 3D 프린팅, 구급용 드론 등 다양한 분야가 5G 보급에 힘입어 의료 서비스에 활용될 수 있을 것으로 예상된다.

5G를 통해 신속한 영상자료 전송이 가능해짐에 따라 의료 서비스

활용 분야	환자 중심 적용	병원 중심 적용	의료 기록 관리	기타
활용 예시	• 정밀의학 • 모니터링을 통한 조기 치료	• 원격진료 • 가상현실을 활용한 수술 트레이닝	• 방대한 데이터의 실시간 전송 • 전자 병원 기록	• 3D 프린팅 • 구급용 드론

자료: Ericsson.com

의 질과 접근성 또한 향상될 것이다. MRI 등 의료용 영상기기는 일반적으로 매우 큰 용량의 파일 생성하는데, 네트워크의 속도가 느릴 경우 전문의의 검토를 위해 파일을 전송할 때 더 많은 시간이 소요되거나 전송에 실패할 수 있다. 결과적으로 환자의 대기시간이 길어지고 의사가 정해진 시간 동안 진료를 볼 수 있는 환자 수가 감소하게 된다. 빠른 속도의 5G 네트워크가 이용되면 거대한 용량의 의료용 영상 자료를 신속하고 정확하게 전달할 수 있게 된다.

5G를 통한 원격진료 시스템이 확대될 것이다. 시장조사 기업 마켓리서치 퓨처Market Research Future에 따르면 2017~2023년 글로벌 원격진료 시장은 연평균 16.5%의 성장이 예상되는데, 이는 정부의 육성정책과 농촌 지역에서 의료 서비스에 대한 수요 증가가 주요 원인인 것으로 판단된다. 원격진료를 위해서는 실시간 고화질 비디오를 전송할 수 있는 네트워크가 요구되는데, 5G 네트워크 도입 이후에는 랜선 연결 없이 모바일 네트워크상에서도 원격진료가 가능해짐에 따라 환자가 더 빠르게 진료 및 치료를 받거나 전문의와 상담이 가능해진다.

IoT 장비는 개인화된 맞춤형 치료와 예방치료를 개선할 수 있도록 환자를 모니터링하고 데이터를 수집할 수 있다. 건강보험 회사 앤뎀 Anthem의 조사에 따르면, 86%의 의사들이 환자를 모니터링하는 웨어러블 기기가 환자의 건강관리를 돕는다고 답변했다. 엔뎀은 웨어러블 기기가 향후 5년 내로 병원비를 16% 절감할 것으로 예측하고 있다. 이러한 웨어러블 기기의 장점에도 불구하고 충분한 네트워크 속도가 뒷받침되지 않으면 의사가 신속한 의학적 결정을 내리기 위해 필요한 실시간 데이터를 얻을 수 없다. 향후 5G 네트워크 도입으로 신속하고 더 큰 용량의 데이터 전송이 가능해지면서 웨어러블 기기를 활용한 건강 상태 모니터링과 실시간 의료 서비스 제공이 가능해질 것이다.

미국 컬럼비아대학의 컴퓨터 그래픽 및 사용자 환경 연구소Computer Graphics and User Interfaces Laboratory는 미국 통신사 버라이즌 5G 연구소와 함께 원격 물리치료 플랫폼을 개발했다. 대학 연구팀은 버라이즌 5G 연구소에서 가상현실 장비로 실제 의사와 환자의 만남 없이 운동성

컬럼비아대학에서 개발한 가상현실 물리치료 애플리케이션

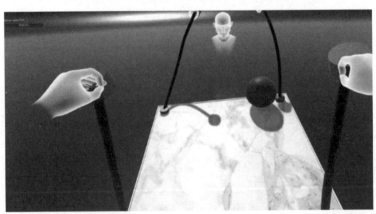

자료: Verizon

향상 물리치료를 할 수 있는 디지털 방식을 개발해 테스트 중이다. 환자와 의사가 모두 VR 헤드셋을 장착하고 손에 든 컨트롤러를 움직여 가상현실 속의 공을 튀기는 운동을 하는데, 5G 네트워크를 통해 사용자의 장비가 보내는 신호가 20마일 떨어진 서버에 도착 후 다시 사용자에 되돌아가는 과정이 실시간에 가깝게 전송된다.

• AI + 헬스케어

AI는 질병 진단, 의료 데이터 해석 등 다방면의 분석 및 예측에 적용되어 의료인의 역할을 보완하고 강화한다. 전자 의무 기록EMR: Electronic Medical Record, 유전 정보, 건강 정보 등 다양한 데이터를 분석해 치료 권고안이나 건강 조언을 제시하고, 방대한 학습량을 기반으로 엑스─레이X-Ray, MRI와 같은 영상 데이터나 암 조직 검사와 같은 병리 데이터 등 특정 분야의 의료 데이터를 해석하고 판독한다. 또한 AI는 심전도, 혈당, 혈압 등 연속적인 생체 데이터를 분석해 위험 징후를 조기에 파악하고 예측할 수 있다.

한국보건산업진흥원에 따르면 세계 AI 헬스케어 시장 규모는 2015년 7100만 3000달러(약 800억 원)에서 2020년 7억 5400만 7000달러(약 8475억 원)에 이를 것으로 예상된다. 국내 AI 헬스케어 시장 규모는 2015년 17.9억 원에서 2020년 256.4억 원에 달할 것으로 전망된다.

AI에 헬스케어가 활발하게 적용되는 가장 큰 이유는 최근 헬스케어 데이터 빅뱅이 이뤄지고 있고, 이 중 80%는 비정형 데이터로 구성돼 있기 때문이다. 글로벌 시장조사 전문 기관인 IDC에 따르면

2020년까지 2015년 기준으로 약 15배 이상의 의료 데이터가 쌓일 전망이다. IBM은 한 사람이 일생 동안 100만 기가바이트 이상의 의료 정보를 생산한다고 보고한 바도 있다. 이러한 방대한 헬스 데이터는 AI 기술을 만나면서 데이터를 통합하고 분석함으로써 헬스케어 분야의 새로운 가치를 창출하고 있다.

　AI는 의료의 질을 최고 전문의 수준으로 상향 평준화시킨다. 데이터 기반 임상의사 결정지원시스템CDSS: Clinical Decision Support System을 통해 오진율을 최소화시킬 수 있다. 딥러닝 기술로 영상 진단기기를 고성능화하여 진단율을 높이는 것이다. 또한 자동화된 학습, 가설, 검증을 통해 새로운 치료법의 개발을 촉진한다. 의사들의 81%는 의학 저널을 읽는 데 한 달에 평균 5시간 이하를 투자한다고 한다. AI는 방대한 의학 참고문헌을 수집, 분석, 학습하는 데 소요되는 물리적 시간 부족 문제를 해결할 수 있다. 의료진을 대신해 1년에도 수천 편씩 쏟아지는 논문을 학습해 환자의 치료법에 대해 조언하는 왓슨 Watson 같은 임상의사 결정지원시스템 기술은 특히 경험이 부족한 의료진에게 큰 도움이 되고 환자에게는 신뢰감을 줄 수 있으며, AI가 신약 개발에 사용될 경우에는 개발 기간을 크게 단축시켜준다.

AI를 통한 의료 수준 향상

IBM Watson for Oncology	Enlitic	빠른 학습이 가능한 Watson
평균 암 진단율: 약 96% 전문의보다 정확도 높음	폐암 검진 시 방사선과 의사의 감지 정확도보다 50% 이상 높음	15초 내에 4000만 건의 문서 학습 가능

자료: 김태호, "인공지능과 헬스케어 산업 혁신", 소프트웨어정책연구소

예측 모델링을 통해 환자의 대기 시간도 감소한다. 미국의 존스홉킨스 병원과 소프트웨어 기업 태블로Tableau가 공동 연구를 통해 집중 치료실에 머무르는 환자의 시간을 평균 11시간에서 4시간으로 단축하는 데 성공했다는 결과가 보고된 바 있다. 또한 AI는 진료과에 따라 종적으로 나뉘어 있는 지식을 통합해 전문과 의사가 서로 협력하도록 도울 수 있을 것으로 보인다. 미래에는 1인의 의사가 지능형 진단 지원으로 전문적 종합 진료가 가능해질 것이다.

• 블록체인 + 헬스케어

블록체인이 헬스케어 분야에서 빅데이터 공유, 환자 개인정보 보호, 비용 절감 등의 장점이 부각되면서 의료 산업에서 큰 관심을 받고 있다. 개인의 건강에 관한 데이터가 많아지고 다양해지면서 이런 데이터의 생산, 저장, 전송, 공유, 활용되는 과정에서의 소유권, 보안, 프라이버시, 무결성, 추적 가능성 등 높은 수준의 보안성과 신뢰성이 요구되고 있다. 블록체인은 데이터를 새로운 방식으로 저장하고, 위·변조를 방지할 수 있는 기술로 의료 데이터가 새롭게 필요로 하는 부분들을 충족시킬 수 있다.[3] 다국적 컨설팅 그룹인 딜로이트는 최근 보고서를 통해 모든 업종을 통틀어 의료와 생명과학 분야의 블록체인 구축 계획이 가장 적극적이라고 밝히기도 했다.

헬스케어 분야에서 블록체인의 도입은 많은 이점을 제공한다. 첫째, 개인 건강관리 향상과 맞춤형 치료에 기여한다. 둘째, 보험청구—심사 프로세스에 적용할 수 있다. 의료기관 및 보험회사의 과다, 부당 청구 사례를 최소화할 수 있고, 스마트 계약을 이용해 보험금

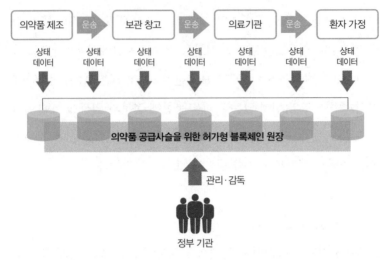

블록체인 기반 의약품 공급사슬 관리 개념도

자료: 언론 보도 기반 KT경제경영연구소 재구성

이 자동 지급되도록 하여 환자의 편이성이 향상된다. 셋째, 임상시험에 효과적으로 활용되어 연구의 투명성을 확보하고 임상시험 안정성을 향상시킬 수 있다. 넷째, 의료기기, 의약품의 유통 채널에 적용해 위조 의약품 적발 및 유통기한, 부작용, 중복 과다 처방 관리 등에 활용할 수 있다.[4]

글로벌 컨설팅 그룹인 프로스트 앤 설리번은 헬스케어 산업에서 블록체인의 잠재력과 2017~2025년 사이에 예상되는 주요 유스케이스Use Case를 다룬 보고서를 2017년 발간했다. 특히 이 보고서를 통해 유스케이스들을 현재, 단기 미래, 장기 미래에 걸쳐 단계적으로 정리하고 있어 향후 헬스케어 블록체인의 발전 단계를 전망했다. 현재 헬스케어 블록체인은 신원 인증 관리, 국가 의료 및 건강 기록 관리, 의약품 공급망 감시 등과 같은 유스케이스를 중심으로 확장 중이고 향후 IoMT_{Internet of Medical Things}와 스마트 계약, 헬스 토큰을 비롯해 전 세계적으로 통합된 건강 기록과 신원 관리까지 확장될 것으로 전망된다.[5]

더 나은 제품과 서비스를 발굴하기 위해 정보의 통합과 신뢰 가능한 유통망 관리 체계 구축에 블록체인이 활용되기도 한다. 공급망 솔루션 회사인 크로니클드_{Chronicled}와 컨설팅 회사인 링크랩_{LinkLab}은 화이자_{Pfizer}와 같은 글로벌 제약 회사들과 함께 의약품 공급망 관리 솔루션을 개발하는 프로젝트를 진행 중이다.

국내 헬스케어 산업에 미치는 영향

국내는 최근 대형병원의 소프트웨어 투자 및 시장 진출, AI 스타트업 증가 등 의료 데이터와 5G, AI, 블록체인의 융합으로 새로운 디지털 헬스케어의 생태계가 조성 중이다.

최근 KT는 한국의학연구소 KMI와 ICT 기반의 차세대 건강검진 서비스 사업 협력을 체결했다. KT의 ICT 역량과 KMI의 국내 최고 수준의 검진 노하우를 융합해 지능형 검진 예약, 스마트 검진, 맞춤형 사후관리 서비스 등 차세대 건강검진 플랫폼을 개발할 계획이다. 고객은 AI로 건강검진을 예약하고 결과를 확인할 수 있다. 또한 의료비 수납, 전자 처방전 전달 등 의료 서비스 전 과정도 모바일 앱 형태로 제공받을 수 있다. 5G 기반의 혼합현실_{MR: Mixed Reality} 기술을 활용해 인지 능력과 신체 능력을 증진시키는 헬스케어 서비스도 제공 예정이다. 이와 더불어 KT는 모바일 헬스케어 전문 기업인 레몬헬스케어와 함께 데이터 보안성을 강화한 블록체인 기반 스마트 병원 서비스를 2019년 하반기에 출시할 계획이다.

이처럼 병원과 기업의 디지털 헬스케어 시장 진출이 활발하다. 서울아산병원이 설립한 국내 첫 의료 빅데이터 회사, 연세의료원이 출자한 파이디지털헬스케어의 개인 맞춤형 정밀의료 서비스, 분당서울대병원과 대웅제약이 손잡은 다나아데이터가 대표적이다.

국내 대형병원들은 병원 내 분산돼 있는 의료 데이터의 통합 및 분석을 위한 빅데이터센터 신설 등도 추진하고 있다. 세브란스 병원의 의료영상데이터사이언스센터, 서울아산병원의 헬스이노베이션빅데이터센터, 전북대병원의 전북빅데이터센터, 서울대병원의 의료빅데이터연구센터 등이 있다.

분당서울대병원은 2019년 8월 국내 가전제품 업체와 디지털 헬스케어 서비스의 공동 개발과 협력을 위한 양해각서MOU를 체결했다. 분당서울대학병원은 고객들이 가전제품을 통해 약을 복용한 상태나 혈당, 혈압의 수치 및 병원 진료 기록 등 건강 정보를 쉽게 확인하고 관리할 수 있게 디지털 헬스케어 서비스 플랫폼을 개발하고 시범 서비스를 진행할 예정이라고 밝혔다. 또 고객이 혈압계 등 기존에 사용하던 가정용 의료기기를 이용해 측정한 수치를 음성 등으로 가전제품에 쉽게 입력해 서버에서 통합적으로 관리할 수 있도록 할 계획이다. 데이터는 분당서울대학병원이 만든 애플리케이션 '헬스포유'와 연동되도록 할 예정이다.

헬스케어 서비스를 개발하는 기업들의 움직임도 활발하다. AI가 결합된 의료 기술 관련 국내 특허 출원이 최근 5년간 급격히 증가했다. 2013년 48건이었던 특허 건수가 2017년에는 92건으로 2배 이상 증가했다.[6] 국내 기업인 뷰노, 루닛, 제이엘케이인스펙션은 병원과 협력해 의료 AI 소프트웨어를 개발해 식약처의 인허가를 취득하기도 했다.

하지만 국내의 경우 5G 상용화, 높은 스마트폰 보급률 등 우수한 네트워크 인프라를 보유 중이나 헬스케어에 활용할 수 있는 준비는 부족한 편이다. AI의 경우도 의료 분야 AI 기술 수준이 주요국 대비 낮고 AI를 이용한 디지털 헬스케어 서비스 활용도 및 적용 수준이 미흡하다.[7]

여기에 더해 국내 규제와 이해관계자들의 의견 대립으로 인해 디지털 헬스케어로의 진입은 더디게 진행되고 있다. 예를 들면 한국의 전자 의무 기록 및 영상 정보 관리 시스템 보급률은 세계적으로 높은 편이지만, 정작 개별 병원별로 저장돼 있고 정보의 공유가 소극적으로 이루어지거나 규제에 의해 막혀 있어 정보의 활용도가 낮다.[8]

의료 분야의 4차 산업혁명인 디지털 헬스케어는 거스를 수 없는 흐름이다. 디지털 헬스케어 기회를 놓친다는 것은 단지 융합 신산업 육성 기회를 놓치는 것에 그치지 않고, 기존 의료 서비스의 경쟁력도 퇴보하게 된다는 것을 명심할 필요가 있다.

변동성이 큰 헬스케어 시장

프로스트 앤 설리번에 따르면 글로벌 디지털 헬스케어 시장의 성장은 지속될 것이고, 2019년 1470억 달러 규모에서 2023년 2200억

글로벌 디지털 헬스케어 시장

글로벌 매출 예측(2017~2023)
CAGR: 12.0%

지역별 매출 점유율 현황(2018)

United States 68%
Europe 14%
APAC 10%
Latin America 2%
Rest of World 6%

자료: Frost & Sullivan, Global digital Health outlook 2020(2019,8)

달러 이상까지 성장할 것으로 전망된다. 매출의 대부분은 전자 건강 기록EHR: Electronic Health Record과 청구 시스템 및 서비스가 차지한다. 디지털 헬스케어 시장은 향후 분석기술, 사이버 보안, 원격진료, 펨테크Femtech(여성 대상 디지털 헬스케어 서비스)[9] 등 첨단 IT 기술과 융합되면서 점차 성장할 것으로 기대된다.

2018년 지역별 글로벌 디지털 헬스케어 시장 매출을 살펴보면 68%는 미국에서 발생해 가장 큰 시장 규모를 형성하고 있음을 알 수 있다. 미국의 경우 의료비가 높아 정부에서는 의료 개혁을 추진하고, 대형 ICT 기업들의 의료 산업 진출로 인해 의료업의 디지털화가 빠르게 진행되고 있다. 특히 모바일 원격진료, 데이터 기반의 AI 진단 시스템, AI 기반의 운영 자동화 등을 중심으로 확산되고 있다.

프로스트 앤 설리번은 헬스케어 산업 분야가 변동이 큰 시장이고, 앞으로의 10년을 전망하는 것은 의미가 없다고 밝혔다. 앞으로 18개월 동안 헬스케어 시장의 성장에 영향을 미치는 중요 변수를 살펴보는 것이 비즈니스 계획을 수립하는 데 더욱 중요하고 효과적이라고 조언했다.

식약처의 의료기기 산업 전망 분석 보고서에 따르면 한국 디지털 헬스케어 시장은 2014년 3조 원에서 연평균 12.5% 성장해 2020년에는 14조 원 규모가 될 것으로 전망된다. 특히 AI 헬스케어 시장 점유율은 주요국에 비해 낮은 편이나 성장 속도는 빠를 것으로 전망된다. 한국과학기술정보연구원의 마켓리포트[10]는 국내 AI 헬스케어 시장의 연평균 성장률은 70.4%로 세계 AI 헬스케어 시장의 연평균 성장률 60.3%보다 높다고 보고했다.

의료 데이터를 활용해 플랫폼 사업을 추진하는 글로벌 ICT 기업들

글로벌 IT 사업자들의 헬스케어 사업 동향

글로벌 IT 기업들이 의료시장에 뛰어들어 혁신을 주도하고 있다. 헬스케어 산업은 타 산업 영역에 비해 높은 성장성이 보장될 뿐만 아니라 진입장벽이 높은 분야이고, 일단 진입하게 되면 안정적인 성장이 가능하다는 장점을 가지고 있어 많은 글로벌 기업들이 미래 비즈니스 모델로 주목하고 있다. 구글, 아마존, 알리바바, 애플, IBM, 마이크로소프트 등 거대 IT 기업들은 자사의 강점을 살려 헬스케어 시장에 진입하고 있다.

• 구글, 데이터에 기반한 의료산업 전방위 공략

구글은 2008년 독감 확산 예측 후 질병 연구에 뛰어들며 데이터 기반의 질병 예방, 로봇, AI 진단 등의 다양한 헬스케어 분야로 진출

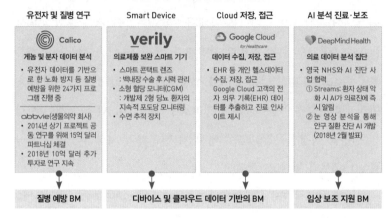

유전자 및 질병 연구	Smart Device	Cloud 저장, 접근	AI 분석 진료·보조
Calico	verily	Google Cloud for Healthcare	DeepMind Health
게놈 및 분자 데이터 분석	의료제품 보완 스마트 기기	데이터 수집, 저장, 접근	의료 데이터 분석 집단
• 유전자 데이터를 기반으로 한 노화 방지 등 질병 예방을 위한 24가지 프로그램 진행 중	• 스마트 콘택트 렌즈 : 백내장 수술 후 시력 관리 • 소형 혈당 모니터(CGM) : 개발제 2형 당뇨 환자의 지속적 포도당 모니터링 • 수면 추적 장치	• EHR 등 개인 헬스데이터 수집, 저장, 접근 Google Cloud 고객의 전자 의무 기록(EHR) 데이터를 추출하고 진료 인사이트 제시	• 영국 NHS와 AI 진단 사업 협력 ① Streams: 환자 상태 악화 시 AI가 의료진에 즉시 알림 ② 눈 영상 분석을 통해 안구 질환 진단 AI 개발 (2018년 2월 발표)
abbvie(생물의약 회사) • 2014년 상기 프로젝트 공동 연구를 위해 15억 달러 파트너십 체결 • 2018년 10억 달러 추가 투자로 연구 지속			
질병 예방 BM	디바이스 및 클라우드 데이터 기반의 BM		임상 보조 지원 BM

자료: KT경제경영연구소

하고 있다. 자회사인 베릴리Verily는 주로 헬스케어 데이터 분석 연구, 칼리코Calico는 노화 예방 관련 연구, 딥마인드Deepmind는 AI 분야에 집중하고 있다. 또한 투자 전문 회사인 구글 벤처스Google Ventures를 통해 다수의 유망 헬스케어 스타트업에도 투자를 진행하고 있다.

구글은 특히 IT 및 클라우드 노하우를 바탕으로 스마트 의료기기, 유전자 분석, 의료 데이터 분석 등 전방위적 영역에서 영향력을 빠르게 확대 중이다. 질병 직접 연구와 IT를 활용한 데이터 수집 및 AI 분석으로 클라우드 기반 헬스케어 시장을 집중 공략하고 있다.

• 알리바바, 의사와 환자를 연결하는 모바일 의료 서비스 플랫폼 구축

알리바바는 'Future Hospital' 3단계 추진 전략을 발표하며 헬스케어 시장을 공략 중이다. 1단계는 알리페이 결제 솔루션을 바탕으로 병원을 위한 모바일 서비스 시스템을 구축하는 것이다. 2단계는

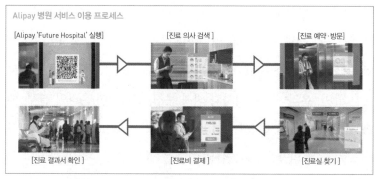

Alipay 병원 서비스 이용 프로세스

[Alipay 'Future Hospital' 실행] → [진료 의사 검색] → [진료 예약·방문]

[진료 결과서 확인] ← [진료비 결제] ← [진료실 찾기]

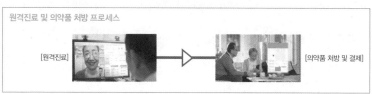

원격진료 및 의약품 처방 프로세스

[원격진료] → [의약품 처방 및 결제]

자료: KT경제경영연구소

약 처방, 약품 배송, 의료 보험 실시간 제공 등 생태계를 온라인으로 전환하는 것이다. 3단계는 웨어러블 디바이스를 활용해 의료기구 및 정부 의료기관과 함께 플랫폼을 구축하는 것이다.

알리바바는 예약, 결과 확인, 결제, 의사 평가까지 모바일 플랫폼으로 구현해 환자의 만족도가 상승하고 자원 관리가 효율적으로 운영되는 효과를 얻었다. 실제로 2015년 광저우 부인소아 병원에 적용해 문진대기는 1/2시간, 진료비 결제시간은 1/3시간, 약 처방 대기시간은 2/3시간 절약되는 효과를 얻었다. 또한 직원 1인당 업무 처리 건수는 7배 상승했으며, 대기시간 감소와 온라인 검진 결과 확인 등으로 환자의 만족도가 상승했다.

알리바바는 'Future Hospital'의 2단계로 2018년부터 약 처방, 배송, 보험 등 생태계를 온라인으로 전환하고 의약품 유통시장 진출을 본격적으로 시도하고 있다. 알리바바 그룹 내 헬스케어 전문 기업인 알리헬스AliHealth가 출시한 퓨처 파마시Future Pharmacy를 통해 얼굴로 신분 확인, 온라인으로 약사와 의사 문진, 알리페이 온라인 결제, 배송 서비스 등이 가능하다. 2018년 11월 약국 체인 65곳과 연합해 공동으로 '중국 의약품 O2O 선봉 연합'을 설립했고, 온라인 약국의 경우 알리바바 그룹 물류 택배 기업 이러머와 제휴해 일반 의약품, 콘텍트렌즈 용액, 영양제, 소화제 등을 배송하고 있다.

알리바바의 쇼핑몰인 티몰을 통해 온라인 의약품 매출 확대에도 힘쓰고 있다. 티몰에서는 처방전 약의 90%를 구매할 수 있고, 기존 약값의 70% 선에서 의약품을 구입할 수 있다. 티몰은 사용자에게 대체가능한 의약품 정보도 제공한다. 한 약품당 판매량이 3000만 유닛이 넘는 상품도 있어 제약사가 영업을 위해 알리바바에 선제안하기도 한다.

• 아마존, AI 스피커를 활용한 건강관리

아마존은 최근 헬스케어 관련 사업에 진출함으로써 관련 타 업계의 주식이 폭락하는 등 사업 진출과 동시에 업계에 큰 파장을 주고 있다. 아마존은 약·의료 용품 유통 플랫폼을 중심으로 AI 스피커 알렉사를 통한 재택 건강관리에 중점을 두고 있다. 2018년 6월에는 온라인 약국인 필팩Pillpack을 인수함으로써 아마존이 보유한 물류·배송 인프라의 강점을 살려 본격적으로 신산업을 추진할 것으로 예상된다.

아마존이 준비하고 있는 헬스케어 진출 분야

- 병원 진료 시 의사의 음성 진료 내용을 Alexa를 통해 EMR 데이터로 전송 가능
- 홈에서 Alexa를 활용하여 병원 예약 및 혈당 결과 통보, 처방약 배송 등의 서비스 제공(2019.4)

Health Care Cloud
- AWS Cloud를 활용하여 보험 청구 관리, 환자 모니터링, 전자 의료 기록 등의 API 개발 중
- AWS를 활용한 유전자 분석 저장 및 임상시험 데이터 Cloud 서비스 제공 가능

Personal Assistant (Alexa)

amazon
진출을 준비하는
의료 분야

Medicare Life Manager
- Medicare(보험) 적용 범위가 식이요법, 영양제 등으로 확대 검토
- Amazon Prime 및 Fresh와 연계하여 Medicare 수혜자 대상 건강 식사 키트 및 영양제 매출 확대 모색

Clinic In Store

Hospital Supply
- 2017년 인수한 Whole Foods Market 활용한 진료소 개설 전략
- Lora Health 의료 책임자 Martin Levine을 고용하여 1차 진료소 설치 추진 중 (2018)

- Amazon B2B 부서는 병원내 물품 공급 시 저렴하고 더 빠르게 제공할 수 있는 프로세스 개발 중(담당자 Chris Holt, 2018)
- 의사가 환자를 대신하여 의료용품을 주문할 수 있도록 하는 Xhealth와 파트너십 제휴(2018)

자료: Amazon In Healthcare: The E-Commerce Giant's Strategy For A $3 Trillion Market_CB Insight(2019)

2019년 4월 《월스트리트저널》에 따르면 의료보험회사 시그나, 당뇨 관리 회사 리봉고헬스, 대형병원 등 5곳이 긴급진료 예약, 처방약 배송 추적, 의료보험 혜택 확인, 혈당 결과 통보 등 알렉사의 새로운 기능을 개발했다. 병원 애플리케이션을 별도로 내려받거나 어려운 사용 설명서 등을 읽는 번거로움 없이 누구나 집에 설치된 스마트 스피커를 통해 음성으로 편리하게 설명을 듣거나 명령을 내릴 수 있다.

또한 아마존은 내부적으로 '1492' 팀을 운영하며 AI 기술 기반의 원격진료 시스템을 구축하는 것을 목표로 하고 있으며 아마존 웹 서비스를 통해 IT 클라우드 인프라를 구축하고 있다. 아마존은 의약품, 의료기기, IT 서비스, 보험 등 분야를 가리지 않고 전방위적 차원에서 헬스케어 사업 진출을 추진하고 있다.

• 애플, 하드웨어 중심으로 데이터 정보 허브 기반 의료 모니터링 시장 공략

애플은 아이폰, 애플 워치 등을 이용해 환자 건강 정보를 수집하고 이를 통해 환자 건강을 관리하는 것에 초점을 맞추고 있다. 2014년 아이폰 애플리케이션 '헬스 킷Health Kit'을 발표하면서 간단한 건강 정보 측정 기능을 강조했으나 이후 다수의 병원, 연구소들과 협력을 추진하면서 의료기기와 IT 시스템 서비스를 동시에 공략하고 있다. 애플 워치의 센서를 통해 심박수 측정 및 모니터링 서비스를 2017년부터 시작했고, 2017년 11월에는 심전도 분석 알고리즘 기술을 보유한 스타트업 얼라이브코어AliveCor의 카디아밴드KardiaBand가 애플 워치용 의료기기로서는 처음으로 FDA 승인을 받았다. 애플은 애플 워치를 이용해 비침습 혈당계, 혈압, 산소 포화도 등 더 많은 측정 기능을 구현하기 위해 연구 중이며, 데이터 플랫폼은 헬스킷(개인 건강관리용), 리서치 킷Research Kit(의학 연구용), 케어 킷Care Kit(질환 관리용) 앱을 출시해 분야별로 활용하면서 데이터를 취합함으로써 새로운 부가가치를 창출하고자 노력 중이다.

특히 애플은 클리브랜드 클리닉, 존스홉킨스 등 320여 개 의료기관과 함께 애플 헬스 레코드Apple Health Record 프로젝트를 진행 중이다. 고객은 아이폰 앱 '마이 차트My Chart'를 통해 여러 의료기관에 있는 자신의 체중, 콜레스테롤, 혈당 데이터 등을 파악해 스스로 건강 상태를 파악할 수 있다. 또한 입원, 예약 현황 및 기록, 의사 노트, 약물치료, 예방진료, 의사와의 대화 등도 확인할 수 있다.

누구에게나 기회가 열린 헬스케어 시장

헬스케어 영역에서 4차 산업혁명 시대의 경쟁은 데이터 기반 수익화 경쟁이다. 미국을 비롯해 중국, 일본, 유럽 등 선진국들은 디지털 헬스케어에 대한 국가적 전략을 제시하고 체계적으로 산업을 육성시키고 있다. 한국이 글로벌 경쟁에서 뒤처지지 않기 위해 가장 시급한 것이 의료 데이터의 연계와 활용을 촉진하기 위한 기반을 마련하는 것이다. 각 기관이 보유한 의료 데이터의 연계 및 활용 시 ① 진단·검사·예측 소프트웨어를 통한 질병의 조기 진단 및 최적 치료법 도출, ② 개인별 맞춤 건강관리, ③ 신약 개발 기간 단축, ④ 감염병 감시 등의 효과를 얻을 수 있을 것이다.

최근 한국 정부는 의료 공공 데이터를 전면 개방한다고 발표했다.[11] 스타트업이나 중소기업이 접근하기 어려운 양질의 의료 데이터가 개방되어 디지털 헬스케어 서비스 개발 등 새로운 가치가 창출될 것으로 기대되고 있다. 또한 강원도를 디지털 헬스케어 규제자유특구로 지정해 기존 관련 법령으로 사업이 불가능했던 신기술, 신제품에 대해 실증 특례, 임시 허가 등이 가능하게 됐다. 강원도는 해당 기관이 보유한 인적자원, 의료 빅데이터, 노하우 등을 통해 디지털 헬스케어 사업을 고도화한다는 계획이다.

기존의 병원과 제약 회사 중심의 모델이 ICT 기술을 만나면서 미래의 헬스케어는 환자 개인 중심 모델로 전환될 것이다. 디지털 헬스케어는 종래의 수동적이고 일방적인 서비스보다는 이용자의 능동적인 참여를 통해 한층 개선된 서비스를 제공할 것이고 의료 서비스의 효과를 향상시킬 것이다. 전통적인 헬스케어 서비스를 넘어 인접 산업과 융합되면서 미용 분야, 피트니스 분야, 홈 미디어 분야 등 새로운 시장도 출현할 것이다. 다양한 사업자들에게 헬스케어 시장은 기회의 영역이 되었다.

이제 헬스케어는 디지털 헬스케어를 통해 일상적인 의료 형태로 진화할 것이다. 우리의 일상생활이 곧 미래 헬스케어의 실험장이 되어 우리의 삶을 바꿀 새로운 헬스케어 기술과 서비스들이 우리 앞에 펼쳐질 것이다.

20

4차 산업혁명의 미래를 책임질 교육 혁명

| 에듀테크 |

ICT를 활용한 평생학습으로 100세 시대에 대비하라

행복한 100세 시대를 여는 평생학습

과거 먼 미래의 이야기로만 느껴졌던 100세 시대가 우리 앞으로 성큼 다가오고 있다. 인구보건복지협회의 2019년 보고서에 의하면 1994년 73세였던 한국의 기대수명은 2018년 83세를 기록했다. 이는 인간의 수명이 점차 증가하고 있음을 보여주며 100세 시대가 멀지 않았음을 말해주고 있다. 과거 축복으로 여겨지던 장수는 21세기 들어 부정적인 인식이 확산되고 있다. 전문가들은 그 대표적인 이유로 노인들의 빈곤 문제를 꼽는다. 한국의 65세 이상 노인의 빈곤율은 48.6%로 OECD 평균의 4배에 달하는 높은 수치를 보이고 있다. 즉 노인 인구의 약 절반 정도가 빈곤에 시달리고 있는 것이다. 노인 빈곤 문제는 장수를 저주로 만드는 심각한 사회문제로 부상하고 있다.

100세 시대의 저주를 축복으로 바꿀 해결책으로 전문가들은 노인 일자리를 주목하고 있다. 현재 대부분의 65세 이상 노인들은 10년 전 노인들과 비교할 수 없을 만큼 건강한 상태를 유지하고 있다. 과거와 비교해 건강해진 노인들은 경제활동에 적극적으로 참여하고 있지만 대부분의 노인 근로자들이 단순반복 업무에 종사하고 있다. 한국노인인력개발원에 따르면 60대 근로자의 전일제 비율은 35%, 70대 이상은 9%이고, 노인 근로자 대부분이 비정규직이면서 단순반복 업무를 담당하고 있다고 한다. 수십 년 동안의 업무 경험을 통해 지혜를 확보한 노인층이 단순반복 업무에만 활용되는 것은 국가적으로 비효율적인 일이다.

선진국들은 노인들이 단순반복 업무가 아닌 고부가가치 업무를 담당할 수 있게 재취업 교육 프로그램을 지원하고 있다. 미국은 약 4000만 명의 회원을 보유한 은퇴자협회AARP를 중심으로 재취업 프로그램을 고령 근로자와 은퇴자들에게 제공하고 있다. 이를 통해 새로운 기술을 배워 고부가가치 업무를 수행할 수 있게 지원하고 있다. 싱가포르는 정부, 직원, 기업이 공동으로 만든 3자 협의회가 중심이 되어 정년이 가까운 근로자들에게 재훈련 기회를 주어 노인이 되어도 수준 높은 업무를 담당할 수 있게 지원하고 있다.

100세까지 꾸준히 배우고 일할 각오로 인생을 계획하지 않으면 노년은 축복이 아니라 저주가 될 수 있다. 런던 비즈니스스쿨 린다 그래튼Lynda Gratton 교수는 100세 시대에는 기존 교육-일-은퇴의 3단계

인생이 아니라 재투자, 역량 강화 과정을 거쳐 교육과 일이 계속해서 반복되는 다단계 인생Multi-Stage Life이 될 것이라 전망했다. 이로 인해 교육은 생애 모든 영역에 걸쳐 지속적으로 반복 강조되어야 한다고 주장했다.

100세 시대를 맞이해 교육은 점차 중요해지고 있다. 미래 사회에 큰 영향을 주는 교육 분야는 최근 ICT 기술과 결합해 에듀테크라는 새로운 학습 방법으로 진화하고 있다. 에듀테크는 교육 분야의 미래로 주목받으면서 우리 사회에 큰 영향을 줄 것으로 전망된다. 에듀테크 분야에 대해 우리는 좀 더 면밀히 살펴볼 필요가 있다.

교육과 ICT의 만남, 에듀테크

• 에듀테크의 정의

4차 산업혁명 시대를 맞이해 교육 분야는 ICT 발전으로 인해 영국과 미국 등 교육 선진국을 중심으로 이러닝E-Learning 산업에서 에듀테크 산업으로 급속히 전환되고 있다. 이러닝은 전자적 수단이나 정보통신 및 전파 방송기술을 활용해 이루어지는 학습을 의미한다. 이러닝은 온라인을 통해 가능한 많은 사람들을 교육하는 효율성을 강조했다.

에듀테크는 효율성을 넘어 교육 효과를 강조한다. 에듀테크EduTech는 교육Education과 기술Technology의 합성어로, ICT 또는 첨단 디바이스를 활용한 학습을 의미한다. 에듀테크는 ICT의 발전에 따라서 기존 책 중심이나 온라인을 통한 단순 강의 방식에서 벗어나 미디어, 소

에듀테크의 주요 기술별 활용

주요 기술	활용
빅데이터	• 에듀테크 발전으로 인해 빅데이터 분석의 중요성 증대 – 학습 관련 통계는 학습 과정에 대한 이해도 제고 – 학습자 및 그룹의 패턴 분석 – 개인차를 고려한 맞춤형 강의 제공 – 학습 시간을 바탕으로 난이도 평가
게임화	• 게임 공학과 게임 설계 기법을 활용해 동기부여 고취 – 게임을 통한 학습으로 기억력 향상
AI	• AI 기반의 에듀테크 기술로 언제든지 학습 지원 가능 – AI를 통해 채점과 같은 기본적 교육과정 자동화 – 학생별로 진도와 교육과정 전체를 맞춤 진행
가상·증강 현실	• 학습자의 환경에 따라 변화하는 온디맨드 학습으로 이해도 향상 – VR 기기를 활용한 강의, 애플 워치 및 구글 글래스를 활용한 교육
MooC 플랫폼	• 대학 강의를 전 세계 학생들이 공유하는 온라인 공개 강의 – 개인별, 기업별 수요에 맞게 온라인으로 교육하고, 지식 공유

자료: Talent LMS, 한국과학창의재단, 융합연구정책센터 재인용

프트웨어, VR, AR, 모바일 플랫폼 등 최첨단 ICT를 활용해 교육 효과를 높이도록 진화되고 있다. 에듀테크는 학습 효과, 진행 과정, 학습 방법 등을 최첨단 ICT을 활용, 분석해 1:1 교육과 유사한 효과적인 학습을 가능케 한다.

• 온라인 강좌를 통한 평생학습

급속도로 기술이 변화하는 시대인 21세기에는 필요에 따라 새로운 기술과 역량을 강화하는 평생학습이 중요해지고 있다. 유다시티Udacity의 공동 창업자이자 스탠퍼드대학 교수인 세바스찬 서런 Sebastian Thrun은 한 번의 교육 효과가 더 이상 평생 지속되지 않을 것

이라고 하며 평생교육의 중요성을 강조했다. 또한 그는 현재의 정규 교육과정이 변화하는 시대에 필요한 역량을 습득하기에는 한계가 존재한다고 주장했으며, 커리어 패스에 걸쳐 필요한 기술을 지속적으로 익히는 모델이 필요하다 강조했다.

온라인 강좌를 통해 학습과 일을 병행할 수 있게 되면서 평생학습이 필요한 사람들에게 온라인 강좌는 효과적인 도구로 인식되기 시작했다. 기업들도 온라인 강좌를 평생학습의 중요 수단으로 간주해 적극적으로 활용하기 시작했다. 온라인 강좌를 통한 직원 재교육은 오프라인 교육과 비교해 적은 비용이 투자된다. 기업들은 온라인 강좌를 활용해 인력 부족에 시달리는 분야의 인력을 확보하고, 기존 직원을 해고 하면서 발생할 수 있는 비용을 절감하고 있다. 글로벌 항공 대기업 에어버스Airbus는 직원들을 위한 나노디그리Nanodegree 제도를 도입해 데이터 분석 능력 개발에 온라인 강좌를 활용하고 있다.

AI 기반 적응형 학습으로 교육의 효율성과 효과성 동시 확보

학습 데이터를 빠르게 확보하여 분석해 학습자별 최적화된 콘텐츠를 제공하는 것은 에듀테크에서 더욱 중요해지고 있다. 교육 솔루션은 단순히 수준별로 콘텐츠를 제공하는 것을 넘어 학습자가 잘 이해한 부분과 이해하지 못한 부분을 파악해 실시간으로 학습 콘텐츠를 최적화해줄 수 있어야 한다.

AI 기반의 적응형 학습은 교육의 효율성과 효과성을 동시에 확보 가능하다. AI 기반의 적응형 학습Adaptive Learning은 개인별로 학습 데이터를 분석해 학습자의 능력이나 스타일에 맞게 학습량과 학습 방법

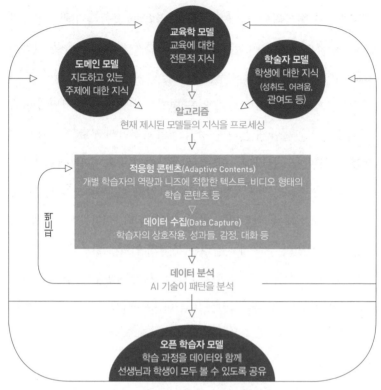

적응형 학습의 개념도

교육학 모델
교육에 대한 전문적 지식

도메인 모델
지도하고 있는 주제에 대한 지식

학술자 모델
학생에 대한 지식
(성취도, 어려움, 관여도 등)

알고리즘
현재 제시된 모델들의 지식을 프로세싱

적응형 콘텐츠(Adaptive Contents)
개별 학습자의 역량과 니즈에 적합한 텍스트, 비디오 형태의 학습 콘텐츠 등

데이터 수집(Data Capture)
학습자의 상호작용, 성과들, 감정, 대화 등

피드백

데이터 분석
AI 기술이 패턴을 분석

오픈 학습자 모델
학습 과정을 데이터와 함께 선생님과 학생이 모두 볼 수 있도록 공유

자료: Pearson, Raconteur.com

등을 맞춤형으로 제공하는 학습법이다. AI가 학습자의 개별적인 선호와 수준을 파악해 실시간으로 콘텐츠를 조절해준다. 모바일, 태블릿 PC 등 디지털 학습기기의 확산으로 인해 수많은 학습 데이터를 확보할 수 있게 되어 적응형 학습 솔루션은 빠르게 발전하고 있다.

일본 AI 에듀테크 기업 큐비나Qubena는 AI를 활용한 맞춤형 수학 콘텐츠를 제공하는 서비스를 제공하고 있다. AI는 학습자들의 해답, 풀이 과정, 풀이 속도 등을 분석해 학습자들이 이해하지 못한 개념을 파악한 다음, 학습자가 이해하지 못한 개념을 익힐 수 있게 콘텐츠를 반복적으로 제공해준다. 예를 들어 '소인수분해' 개념을 숙지하지 못했다고 판단되면 학습자에게 관련된 문항을 반복 출제해 해당 개념을 숙지시킨 다음 더 높은 레벨의 학습 과정으로 안내해준다.

국내에서도 뤼이드Riiid가 AI 기반의 적응형 학습 기술을 B2B 솔루션 형태로 선보이고 있다. 개인별로 문제 풀이 결과를 분석해 교육 콘텐츠를 추천하는 국내 벤처기업의 적응형 학습 기술은 차세대 에듀테크 기술로 주목받고 있다. 국내 한 AI 에듀테크 기업은 2019년 6월 200억 원 규모의 시리즈C 투자를 유치했다. 국내 AI 기반 적응형 학습 기술은 토익을 중심으로 다양한 교육 상품에 적용되어 활용되고 있다.

업스킬링, 리스킬링으로 4차 산업혁명 인재를 양성하는 기업들

업스킬링, 리스킬링에 주목하는 기업들

최근 에듀테크 분야에서는 업스킬링과 리스킬링이 화두로 떠오르고 있다. 업스킬링Upskilling의 사전적 의미는 현재 하고 있는 업무와 관련된 기술을 향상시키는 과정으로 정의된다. 즉 업스킬링은 똑같은 일을 더 잘할 수 있도록 교육하거나 더 복잡한 일을 수행할 수 있도록 기술을 숙련하는 것이다. 업스킬링은 현재 맡고 있는 업무와 관련된 기술 수준을 향상시켜 더 높은 가치를 창출하는 데 방점을 두고 있다.

리스킬링Reskilling의 사전적 의미는 새로운 기술을 배워 다른 일을 수행할 수 있도록 훈련시키는 것이다. 즉 리스킬링은 지금까지와는 다른 업무를 수행할 수 있도록 새로운 기술을 익히는 것으로 해석된다. 리스킬링을 거친 근로자들은 기존에 활용하던 기술 및 업무와는 다른 새로운 분야의 역량을 습득해 완전히 다른 업무를 수행할 수 있다.

2017년 OECD가 발표한 미래 업무와 기술 수준 보고서에 따르면, 근로자의 25% 이상이 현재 보유하고 있는 역량과 현재 일하고 있는 직무가 요구하는 기술 수준 사이에서 기술 격차Skill Gap를 경험했다고 한다. 또한 OECD는 2020년까지 산업 전반적으로 직무 수행에 요구되는 역량의 3분의 1이 변화할 것이라고 전망했다.

업무 수행에 필요한 기술 수준과 보유하고 있는 역량의 차이가 점차 벌어지고 있는 상황에서 직원들의 업스킬링과 리스킬링의 중요성은 점차 강조되고 있다. 세계경제포럼World Economic Forum의 클라우스 슈밥Klaus Schwab 회장은 4차 산업혁명으로 인해 발생할 수 있는 인재 부족, 대량 실업 등의 불평등 문제를 해결하기 위해서는 업스킬링과 리스킬링을 통해 기존 인력을 적극 지원하는 것이 중요하다고 강조했다.

특히 산업에 대한 지식과 ICT 기술이 모두 필요한 분야일수록 업스킬링과 리스킬링은 더욱 중요하게 여겨지고 있다. 선박 물류 시스템을 개선하는 사업자 플렉스포트Flexport는 자사가 활용하는 소프트웨어를 활용할 수 있으면서 물류 산업을 깊이 있게 이해하고 있는 직원이 필요했다. 하지만 높은 ICT 역량을 갖고 있으면서 동시에 물류 산업에 대한 이해도가 높은 직원을 채용하는 것은 매우 힘든 일이었다. 이에 플렉스포트는 기존 직원들을 재교육하는 프로그램을 개발했다.

아마존의 업스킬링 2025 프로그램

아마존은 직원 재교육을 위해 업스킬링 2025 프로그램을 개발했다. 아마존은 업스킬링 2025 프로그램을 통해 2019년부터 2025년까지 6년 동안 미국에 근무하고 있는 인력의 약 30%에 해당하는 직원 10만 명을 재교육하기 위해 7억 달러(약 8400억 원)를 투자할 것임을 발표했다.

업스킬링 2025는 직원 재교육을 위한 수업과 수업료 등을 지원하는 프로그램이다. 재직 중인 직원들의 역량 향상의 필요성이 점차 높아지고 있다. 자동화, 머신러닝, AI, 빅데이터 등의 최첨단 ICT 기술이 직장 내 업무를 수행하는 방식과 역할을 변화시키고 있다. 업스킬링 2025는 이러한 상황에 능동적으로 대응하기 위해 시작됐다.

《월스트리트저널》은 아마존의 업스킬링 2025 프로그램이 기업의 재교육 프로그램 중에서 가장 큰 규모라고 분석했다. 아마존은 2025년까지 1년에 직원 1명당 1200달러(약 144만 원) 정도를 지원한다. 아마존의 직원 교육 예산은 일반 다른 대기업 평균의 2배 이상이다. 미국 인재개발협회Association for Talent Development가 조사한 결과에 따르면 대기업의 경우 2017년 기준 직원 1명당 재교육비를 평균 500달러(약 60만 원)를 사용했다고 한다.

직원들은 아마존의 무료 재훈련 프로그램을 자발적으로 선택할 수 있으며, 교육 이후 아마존에 의무적으로 근무할 필요도 없다. 그리고 현재 직무와 관련 없는 다른 직무에 대해 교육을 받을 수도 있다. 예를 들어 기술 관련 직종에 속하지 않은 근로자들이 학교에 가지 않고도 소프트웨어 엔지니어가 될 수 있도록 아마존을 통해 수 년 동안 교육을 받을 수 있다.

《뉴욕타임스》는 2017년 9월 아마존의 산업용 로봇 확산과 재교육을 통해 기존 근로자들에게 새로운 업무를 부여하고 있는 상황을 소개했다. 미국 뉴저지에 위치한 아마존의 물류 창고에서 근무하고 있는 근로자는 11kg이 넘는 물류용 용기를 매일 10시간 동안 다뤘다. 하지만 아마존이 새롭게 도입한 산업용 로봇 팔이 근로자의 단순반복 업무를 대신하기 시작했다. 이로 인해 일자리를 잃어버릴 수도 있던 근로자들은 아마존의 재교육 프로그램을 통해 새로운 업무를 부여받았다. 해당 근로자는 재교육을 통해 단순 물류 배분 업무에서 여러 개의 로봇 팔을 운영 관리하는 업무로 전환했다.

아마존의 재교육 프로그램은 고급 교육과정도 제공한다. 아마존의 머신러닝대학Machine Learning University은 컴퓨터 과학을 전공한 소프트웨어 기술자들이 참여할 수 있다. 소프트웨어 기술자들이 아마존의 머신러닝대학을 통해 학교로 돌아가지 않고도 대학원 수준의 머신러닝 과정을 수강할 수 있다. 머신러닝대학에는 전직 대학교수였던 아마존 직원들이 중심이 되어 수업을 가르친다.

재교육 프로그램은 아마존이 ICT 기술 도입으로 업무가 자동화되고 있는 상황에서 직원들의 업무 재배치를 위해 효과적인 도구라고 할 수 있다. '근로자 재훈련'은 사회 전체적인 자동화 흐름에 직면한 대부분의 기업 경영진들이 가장 많이 선택할 수 있는 해결책이기도 하다.

AT&T의 재교육 프로그램 리부트 캠프

미국 통신사 AT&T는 2013년부터 직원 재교육 프로그램 리부트 캠프Reboot Camp를 진행하고 있다. AT&T는 28만 명에 이르는 직원 중 절반 정도인 14만 명을 대상으로 프로그램을 진행하고 있다. 이는 미국 기업 역사상 가장 많은 직원을 대상으로 진행되는 직원 재교육 프로그램으로 평가된다. AT&T는 먼저 직원들이 갖춰야 하는 역량이 무엇인지 면담을 통해 분석하는 과정으로 재훈련 프로그램을 시작한다. 이후 AT&T는 에듀테크 기업 유다시티, 조지아공과대학과 함께 개발한 온라인 교육 프로그램 등을 직원들에게 맞춤 별로 제공한다. 대부분의 AT&T 직원들은 재교육을 위해 주당 5시간에서 10시간 정도를 할애한다.

AT&T의 리부트 캠프는 조지아공대 이외에 노스캐롤라이나 주립대학 등의 미국 지역 명문대와 제휴하고, 에듀테크 기업 유다시티 및 코세라의 머신러닝, 딥러닝 및 디지털 마케팅 프로그램 등을 수강하고 학위를 취득하면 비용을 보조해주는 방식으로 운영되고 있다.

AT&T 직원 상당수는 유무선 통신장비 및 네트워크, 콜센터 등에 종사하는 인력이다. 통신 산업의 디지털 전환 이후 네트워크 관리 관련 직무는 상대적으로 줄어들 가능성이 있다. AT&T는 통신 네트워크를 소프트웨어 모델로 전환할 계획을 세우면서 모바일 데이터 및 AI 도입을 위한 기술 인력 부족을 직원 재교육을 통해 해결하기 위해 전략적으로 재교육을 실시하고 있다. 실제로 약 4만 명의 기술 관련 필요 인력 중 40%를 내부에서 재교육 후 선발하면서 기존 인력의 대량 해고를 막은 것으로 밝혀졌다.

변화하는 시장 환경에 대응하기 위해서는 AI, 빅데이터 활용 능력을 갖춘 전문가의 확보가 필요하다. AT&T는 기존의 통신 경쟁사인 스프린트Sprint나 버라이즌을 넘어 구글이나 아마존과 같은 ICT 업체와도 경쟁해야 하는 상황에서 재교육 전략을 통해 미래 인재를 확보하기 위해 노력하고 있다.

월마트, 허니웰, 에어비앤비의 ICT를 활용한 직업훈련

• 월마트, VR을 활용한 직무교육

월마트는 경영관리와 고객 서비스 분야에서 VR을 활용해 직원을 훈련시키고 있다. 월마트는 VR 관련 스타트업인 STRIVR과의 제휴를 통해 VR 훈련 프로그램을 기획했다. STRIVR은 펩시나 미국프로풋볼NFL 스포츠 리그 등에 솔루션을 공급하는 업체로 알려져 있다. 월마트는 31곳의 자사 교육 아카데미에 시범적으로 STRIVR의 기술을 접목해 테스트 후 2017년 말 200곳으로 도입을 확대했다. 이를 통해 매년 약 15만 명의 월마트 임직원들이 VR을 통해 직무교육을 받고 있다.

STRIVR과 제휴를 통해 개발한 VR 교육 프로그램은 오큘러스의 헤드셋을 활용해 직원들이 실제 업무 현장에서 벌어지는 시나리오를 미리 체험해볼 수 있도록 지원한다. 월마트는 직원들이 연말 쇼핑 시즌에 많은 고객이 몰려 혼잡한 상황 등을 VR로 체험한 후 이를 해결할 수 있게 훈련시킨다.

• AR·VR 시뮬레이션을 활용한 허니웰의 재교육 솔루션

허니웰Honeywell은 2018년 2월 클라우드 기반의 AR·VR 시뮬레이션 교육 시스템을 공개했다. 허니웰이 개발한 AR·VR 시뮬레이션 교육 시스템은 제조업을 비롯해 대부분의 산업 내 다양한 직무교육을 지원한다. 허니웰은 AR·VR 솔루션을 활용해 직원들이 보다 빠르게 업무를 습득할 수 있게 도와주고 있다.

허니웰의 솔루션은 마이크로소프트의 AR 글래스인 홀로렌즈 기술을 활용하고 있다. 직원들은 허니웰 솔루션과 AR 글래스를 통해 시스템 오류 대처 방법, 부품 수리 방법, 케이블이나 전력 공급이 중단된 경우 대처 방법 등을 시뮬레이션 교육 시스템으로 훈련할 수 있다. 미국의 유명 벤처캐피털 클라이너 퍼킨스Kleiner Perkins의 파트너급 임원 메리 미커Mary Meeker는 매년 5월 출시하는 인터넷 트렌드 보고서에서 VR·AR을 활용한 직무훈련의 중요성이 갈수록 높아질 것

허니웰의 시뮬레이터 솔루션을 활용한 직무훈련

자료: PR Newswire

임을 전망하며, 허니웰의 재교육 솔루션과 월마트의 VR 직무 교육을 소개했다.

• 데이터 과학자를 육성하는 에어비앤비 데이터 대학교

에어비앤비는 데이터 과학자를 자체적으로 양성하고 직원들의 데이터 기술 능력을 향상시키기 위해 에어비앤비 데이터 대학교Airbnb Data University를 운영하고 있다. 에듀테크 사이트인 코세라나 유다시티가 운영하는 온라인 교육 프로그램은 에어비앤비의 내부 데이터나 시스템에 특화돼 있지 않아 실제 업무에 바로 적용하기 힘들었다. 이런 이유로 에어비앤비는 자체 데이터 과학자 양성 프로그램을 운영하기 시작했다.

에어비앤비의 자체 데이터 과학 교육 프로그램은 성과를 내기 시작했다. 2016년 3분기부터 시작된 에어비앤비의 자체 데이터 과학자 육성 프로그램으로 인해 직원들의 내부 데이터 분석 도구 사용 빈도는 30%에서 45%로 증가했다.

에어비앤비는 직원들의 수준에 맞춰 수업을 진행하고 있다. 에어비앤비의 데이터 과학 수업은 초급, 중급, 고급으로 나누어져 있다. 기초 레벨의 수업은 데이터에 기반한 의사 결정 방법에 대해 교육한다. 중급 레벨은 프로그램 언어 SQL과 슈퍼셋Superset에 관한 수업으로, 전문가가 아닌 일반 직원들이 데이터 관련 프로젝트 매니저 역할을 맡을 수 있도록 교육시킨다. 마지막으로, 고급 레벨의 수업은 프로그램 언어 파이선Python과 머신러닝, 데이터 로깅Data Logging과 관련해 집중적으로 가르친다.

Z세대 디지털 인재 양성에 직접 뛰어든 글로벌 ICT 기업들

• Z세대를 위한 에듀테크, 소셜 러닝

Z세대가 주류 사회로 편입되고 있다. 디지털 환경에서 성장하고, 새로운 것을 배우고 자기계발을 중요하게 생각하는 Z세대가 사회 주류로 편입되기 시작하면서 학습 방법의 변화가 필요한 상태다. Z세대는 1990년대 중반부터 2010년대 초반 사이에 태어난 '디지털 네이티브 세대'로 불리며, 모바일에 익숙하고 자기 주도적 학습을 선호한다. 시장조사업체 글로벌 웹 인덱스Global Web Index의 조사에 따르면 Z세대는 하루 약 7시간을 온라인에 할애하고, 스마트폰 사용량이 PC나 노트북보다 현저히 높다. 그리고 Z세대의 82%가 새로운 것을 배우는 것이 중요하다고 답했다. 또한 Z세대들은 시간과 장소의 제약을 받지 않는 온라인 학습과 이를 기반으로 한 주도적 학습을 선호한다. 이러한 Z세대의 특징으로 학습 방식에 변화가 발생하고 있다.

상호작용을 강조하는 '소셜 러닝Social Learning' 플랫폼은 Z세대 맞춤형 교육 방식으로 주목받고 있다. 스탠퍼드대학 앨버트 반두라Albert Bandura 교수는 인간의 행동 발달과 학습은 끝없는 상호작용을 통해 형성된다고 강조하며 바람직한 교육 방식으로 소셜 러닝 모델을 제안했다. 소셜 러닝 개념은 디지털과 ICT와 결합해 Z세대를 위한 참여, 공유, 개방, 협업을 강조하는 형태로 발전하고 있다.

글로벌 스타트업들은 Z세대의 선호를 반영한 소셜러닝 플랫폼을 개발하기 시작했다. 실제로 영국 스타트업 브라이트 리틀 랩스Bright Little Labs는 어린이들의 컴퓨터 프로그래밍 교육을 지원하는 소셜 러닝 서비스를 개발했다. 만 7~12세의 어린이들은 해당 서비스를 통해 게임을 하듯이 미션을 완수하면서 자연스럽게 코딩을 학습한다. 해당 소셜 러닝 서비스는 2019년 7월 기준으로 약 23개 언어로 번역되어 전 세계에 서비스 되고 있다.

• 클라우드 인재 양성 프로그램 'AWS 에듀케이트'

글로벌 ICT 기업들이 한국 대학생들을 대상으로 최첨단 기술 교육을 시작했다. 아마존 웹 서비스AWS는 2019년 3월 대학생들을 대상으로 클라우드를 온라인으로 교육시키는 'AWS 에듀케이트AWS Educate'를 한국에서 본격 추진하기로 발표했다.

AWS 에듀케이트는 1개의 클라우드 기본 교육 과정과 11개의 관련 직무 교육과정으로 구성돼 있다. AWS 에듀케이트는 먼저 대학들의 등록을 받은 후 해당 학교 학생들의 수업 신청을 받는다. 학생들은 수업을 무료로 수강할 수 있으며, 학교 또한 등록을 위해 아마존 웹 서비스에 별도로 비용을 지불하지 않는다. 한국에서는 서울대, 연세대, 고려대, 서강대, 숙명여대, 인하대 등이 아마존 웹 서비스와 파트너 계약을 맺고 교육 프로그램을 지원하고 있다.

AWS 에듀케이트는 포트폴리오 기능을 제공해 참여 학생들이 취업에 활용할 수 있게 지원한다. 아마존 웹 서비스는 온라인 교육 후 인증 과정을 통해 자체 자격증을 부여하고, 교육을 이수한 학생들은 교육 내용을 바탕으로 포트폴리오를 완성시킬 수 있다. 채용을 원하는 기업들은 해당 포트폴리오를 검토해 클라우드와 컴퓨터 역량을 확보한 인재를 채용할 수 있고, 학생들은 AWS 에듀케이트를 통해 역량을 키우면서 동시에 직장을 구할 수도 있다.

· 구글코리아의 개발자 5만 명 양성 계획

구글은 자체 프로그래밍 언어 모음 도구인 '머신러닝 스터디 잼'을 활용해 한국에서 개발자 5만 명을 양성할 계획임을 밝혔다. 구글코리아의 존 리 사장은 2019년 3월 'AI with 구글 2019 코리아'에서 머신러닝 스터디 잼을 통해 개발자 5만 명을 양성하겠다고 발표했다. 이를 위해 구글은 무상으로 교육 콘텐츠를 제공하고, 구글이가진 머신러닝 기술, 클라우드, 텐서플로우 등의 사용을 종합 지원하는 머신러닝 스터디 잼을 확대 보급할 예정이다. 또한 구글코리아는 15억 원을 투입해 전국 600여 개 중학교 학생들의 기술 이해도를 높이고, 디지털 문맹 퇴출을 위한 '디지털 & 미디어 리터러시 캠퍼스'교육도 추진할 계획이다.

· IBM의 P-테크 학교

IBM은 공교육 기관과 협력해 4차 산업혁명 시대에 적합한 인재를 양성하기 시작했다. IBM은 2019년 3월 세명컴퓨터고등학교와 협력해 한국 최초의 P-테크TECH 학교인 서울 뉴칼라 스쿨을 개교했다. P-테크는 IBM이 이끄는 5년제 공교육 혁신 모델로 과학, 기술, 공학, 수학STEM을 중심으로 한 새로운 교육과정이다. 서울 뉴칼라 스쿨에 입학한 AI 소프트웨어학과 학생들은 5년제 통합교육과정 중에 3년은 세명컴퓨터고등학교에서 교육을 받고, 남은 2년은 경기과학기술대학에서 수업을 받게 된다. 서울 뉴칼라 스쿨의 교육 커리큘럼은

AI, 클라우드 컴퓨팅, 사이버 보안, 블록체인 등이 중심이 되어 구성된다. 이외에도 P-테크 교육 프로그램에는 자료 구조, 알고리즘 등 소프트웨어 관련 교육 프로그램부터 시작해서 빅데이터, 머신러닝, 수학 이론 및 통계학 등이 제공된다.

'하고 싶은 공부를 하자', 인생 2막 시니어들을 응원하는 에듀테크

나이가 들수록 무언가 새로운 일에 도전하기 힘들어진다. 새로운 도전을 주저하게 만드는 요인들 중 가장 큰 요인은 교육의 접근성과 비용 문제다. 도전을 시작하기 전 사람들은 새로운 분야에 대한 학습이 필요하다. 지금까지 교육을 받기 위해서는 대부분 정규 교육기관인 학교에 등록해야 했다. 학교의 교육은 공짜가 아니다. 교육을 받기 위해서는 수업료를 지불해야 한다. 또한 수업이 전일제로 진행되는 경우 지금까지 해오던 일을 그만둬야 한다. 이로 인해 생활비 문제도 발생하게 된다. 젊고 혼자라면 이런 문제들을 어떻게든 감당할 수 있겠지만, 나이가 어느 정도 들고 가정의 생계를 책임지는 사람들은 감당하기 힘들다.

에듀테크가 방해 요소들을 해결해 사람들의 새로운 도전을 응원하기 시작했다. 에듀테크의 온라인 강좌는 새로운 분야의 기술 학습이 필요한 사람들에게 효과적인 도구로 활용되고 있다. 유다시티 Udacity, 유데미Udemy, 코세라Coursera 등 온라인 강좌들은 다양한 분야의 고품질 학습 프로그램을 저렴한 비용에 제공한다. 온라인 강좌는 일과 학습을 동시에 병행할 수 있는 효과적인 학습 환경을 제공해 새로운 도전의 경제적인 부담을 덜어주고 교육의 접근성을 높여주고 있다.

대학들은 온라인 강좌를 통해 학교를 졸업한 학생들에게 무료로 평생학습의 기회를 제공하기 시작했다. 캘리포니아 버클리대학교의 경영대학은 경영 관리와 관련한 온라인 프로그램과 세미나를 졸업생들에게 무료로 제공하고 있다. 버클리대학교는 이러한 온라인 프로그램을 통해 100세 시대 들어 빈번해질 졸업생들의 진로 변화를 위해 적극적으로 지원하고 있다.

에듀테크는 노년층들의 새로운 분야에 대한 도전을 도와주고 있다. 일본에 사는 82세의 와카미야 마사코 씨는 2017년 고령자들을 위한 아이폰용 게임을 개발했다. 앱을 개발하는 일은 보통 젊은 청년들만이 가능하다고 생각했던 일이었다. 은퇴할 때까지 컴퓨터를 활용해본 적이 없다는 마사코 씨는 인터넷을 통해 앱 개발 기술을 습득해 아이폰용 게임을 개발했다. 이를 통해 2017년 캘리포니아에서 열린 애플의 개발자 회의에 82세라는 고령으로 참석할 정도로 앱 개발 분야에서 성공을 거두었다.

새로운 일에 도전하는 데 걸림돌이 되었던 교육의 접근성과 경제적인 부담이 에듀테크로 해결되고 있다. 에듀테크는 100세 시대를 맞아 도전하는 모든 남녀노소를 지원해주는 든든한 지원군이 될 것이다.

감사의 말

연결된 '집단지성'이 모여
미래를 만든다

매년 ICT 트렌드 책자 작업을 해왔지만, 2020년 ICT 트렌드 전망은 새로운 10년을 맞이하는 기념비적인 해이기에 그 어느 때보다 많은 준비가 필요했다. 출판사와 논의를 하면서 2020년 ICT 트렌드의 책자는 단순한 트렌드 전망보다는 보다 거시적인 차원에서 한국의 미래 10년을 조망하고 방향을 제시하는 내용으로 갔으면 좋겠다는 의견이 나왔다. 그리고 책 제목을 기존의 'ICT 트렌드'가 아닌 함축적 의미를 내포한 제목으로 하면 좋겠다는 의견도 나왔다.

여러 제목들이 후보에 올랐고, 최종적으로 '2020 빅 체인지'가 제목으로 선정되었다. 2020년에 다가올 우리 사회의 큰 변화를 직관적으로 표현하기에 적합한 제목이었다. 그런데 고민은 그때부터 시작되었다. 과연 '빅 체인지', 그 '큰 변화'란 대체 무엇일까?

'온고지신溫故知新'이란 말이 있다. 옛것을 통해 새것을 배운다는 의미다. 우리는 미래를 예측하는 점성술사도 예언가도 아니다. 하지만 과거와 현재의 데이터를 분석하고 의미를 찾음으로써 어느 정도 미래의 변화를 가늠할 수는 있다. 그런 생각을 가지고 앞으로 다가올 '빅 체인지'를 찾기 위해 지난 10여 년간 전망해왔던 트렌드 자료들을 찬찬히 훑어보았다. 아이폰으로 시작된 스마트폰의 등장과 모바일 인터넷 시대의 도래, 클라우스 슈밥 회장의 발언으로 유행처럼 번진 4차 산업혁명, 알파고 열풍으로 주목받기 시작한 AI, 비트코인 광풍으로 세상에 알려진 블록체인 등 수많은 ICT 기술과 트렌드들이 등장했고, 그 트렌드들은 한국 사회와 산업 전반을 지배했다.

이 트렌드들을 시계열적으로 바라보면서 떠오르는 것은 이 모든 트렌드들의 기저에는 '데이터'가 움직이고 있고, 시간이 흐를수록 이 데이터들의 '연결'이 점점 더 중요해져 가고 있다는 점이다. 이것은 거스를 수 없는 시대의 흐름이고 기술적 진화이다. 그리고 이 연결은 5G라고 하는 엄청난 속도와 초지연성, 초연결성을 지닌 네트워크의 등장으로 가속화될 것이다. 2차선 도로가 8차선, 아니 100차선 도로로 확 넓어진 것이다. 여기에 AI까지 가세하면 연결은 지능화되고 고도화된다. 단순한 네트워크상의 연결을 뛰어넘어 기술과 사물과 사람이 모두 연결되어 데이터를 주고받고 이것들을 AI가 분석해 새로운 가치를 제공하는 '초연결 사회'. 이것이 바로 2020년 이후 우리에게 다가올 큰 변화, '빅 체인지'라는 생각이 들었다.

『2020 빅 체인지』 책의 콘셉트가 정해짐에 따라, 본격적으로 트렌드 선정 작업에 들어갔다. 보통 10여 개 정도 선정했던 트렌드 수도 이번에는 '2020'이라는 숫자를 강조하고자 20개 트렌드를 선정하기로 했다. 그러다 보니 더 많은 정보와 자료, 더 다양한 의견, 그리고 정말로 미래 10년을 이끌어갈 기술이 무엇인지 꿰뚫어 볼 수 있는 혜안慧眼이 필요했다. 이것은 개인 혼자서 해결할 수 있는 일이 아니다. 각 분야의 전문가들이 모여 머리를 맞대고 토론을 하며 아이디어를 쏟아내는 이른바 '집단지성'이 요구되었다.

이번 『2020 빅 체인지』는 진정한 집단지성의 산물이다. ICT 기술, 시장, 비즈니스, 정책·규제 등 KT경제경영연구소가 지난 십수 년간 각 분야에서 쌓아온 전문 지식과 내공이 한데 어우러져 만들어낸 트렌드 작업의 결정체이다. 특히 이번 책에서는 기술 트렌드뿐만 아니라 비즈니스적 관점에서의 시장 전망 및 글로벌 환경 변화에 대응하는 규제, 정책 관련 이슈까지도 다루고 있다. 담당 간 영역을 뛰어넘는 협업이 요구될 수밖에 없었고, 연구소의 모든 연구원들이 공들여 만든 수많은 보고서들은 원고 작성에 큰 도움이 되었다.

이 자리를 빌려 비즈트렌드 연구담당의 모순래 상무님과 대외정책 연구담당의 이용훈 상무님, 경제 전망 작성에 도움을 준 최명호 책임, 그리고 관련 보고서를 작성하신 모든 연구원분들께 감사의 말씀을 드린다. 또한 초연결의 핵심이라 할 수 있는 5G를 이해하는 데 있어 많은 자료 제공과 조언을 해준 경영전략 연구담당의 김재현 팀장님과 김선영 선임연구원에게 무한한 감사를 드리는 바이다. 아울러 1차 키워드 도출을 위해 글로벌 기업들의 자료를 분석하느라 애써주신 로아컨설팅의 임하늬 대표님과 김소연 이사님께도 깊은 감사를 드린다.

'초연결 사회'의 미래상을 그리는 것은 결코 쉬운 일이 아니다. 공상과학 영화같이 허무맹랑해서도 안 되지만, 현재 나와 있는 기술들의 단순 열거가 되어서도 안 된다. 진일보된 기술로 점진적이지만 과거와는 분명히 다른 모습을 그려나가야 한다. 이것은 깊은 통찰력, 즉 '인사이트insight'가 필요한 작업이다. 현상에 대한 깊은 고찰과 오랜 경험, 지식의 축적 등이 한데 모여 응축된 메시지로 나타나야 하는 것이다. 이 과정에서 도움을 주신 분들이 경영전략 연구담당의 김재경 상무님과 지금은 미디어플랫폼 사업본부로 자리를 옮기신 이성춘 상무님, 그리고 KT경제경영연구소의 현재와 미래를 책임지고 계시는 김희수 소장님이시다.

현상을 날카롭게 꿰뚫고 분석해 누가 봐도 알기 쉬운 키워드로 정리해주신 김재경 상무님과 새로운 기술과 이슈가 등장할 때마다 같이 토론하며 의미를 해석해주신 이성춘 상무님 덕분에 자칫 자가당착自家撞着에 빠질 수 있었던 책 작업이 방향성을 잃지 않고 무사히 진행될 수 있었다. 바쁘신 중에도 늘 조언을 아끼지 않으셨던 두 분 상무님께 진심으로 감사를 드린다. 그리고 '초연결 사회'의 미래상을 그리는 데 있어서 《이코노미스트》, 《HBRHarvard Business Review》 등 최신 정보를 통해 끊임없이 아이디어와 인사이트를 제공해주신 김희수 소장님께는 그저 감사무지感謝無地할 따름이다.

2020년은 경자년庚子年으로, '하얀 쥐'의 해이다. 흰쥐는 근면과 부, 다산과 풍요의 상징이라고 하는데, 또 한편으로는 실험과 노력, 개혁을 상징한다고도 한다. '2020 빅 체인지' 프로젝트는 2020년의 트렌드도 전망하지만 미래 10년의 트렌드도 동시에 바라보는, 어찌 보면 도전적이고 실험적인 작업이었다. 이 쉽지 않은 작업을 끝까지 믿고 따라와준 팀원들에게 수고했다는 말과 함께 고맙다는 말을 전하고자 한다. 팀의 중심추 역할을 하면서 각 팀원들의 원고를 감수하느라 애써준 김도향 책임연구원, 마블 영화와 게임을 사랑하고 VR·AR 등 최신 ICT 트렌드 연구를 선도한 홍원균 전임연구원, 클라우드·엣지컴퓨팅 등 쉽지 않은 기술 영역을 묵묵히 공부하며 자기 것으로 소화해 글로 옮긴 황지현 전임연구원, 원고 작성과 함께 인쇄 전날까지 출판사와 연락하며 책자가 발간될 수 있도록 불철주야 힘써준 김우현 전임연구원, 언제나 스스로 좋아하는 일을 찾아서 한 낙지자樂之者 나현 전임연구원. 『2020 빅 체인지』가 세상에 나오기까지 1년동안 희로애락喜怒哀樂을 같이한 다섯 명의 팀원들에게 진심으로 감사하다는 말을 전하는 바이다. 끝으로 이번에도 무사히 책을 발간할 수 있게 도움을 주신 한스미디어의 모민원 팀장님과 김광현 편집자님께도 감사의 말씀을 전한다.

다가오는 2020년, 이 책을 읽으시는 모든 분들이 '흰쥐'처럼 풍요롭고 부가 번창하기를 기원한다.

KT경제경영연구소 수석연구원 김재필

PART 1 빅 체인지, 초연결 시대가 온다

1   2007년에 선보인 아이폰은 초대 아이폰으로, 일반적으로 잘 알려진 아이폰 3G는 2008년에 대중화의 기폭제 역할을 한 아이폰 3Gs는 2009년에 출시되었다.
2   Mark Purdy and Paul Daugherty, "Why Artificial Intelligence Is the Future of Growth", Accenture, 2016.
3   맥킨지에 따르면 1차 산업혁명 당시 증기기관에 의한 생산성 증가율은 0.3%였고, 전기와 로봇에 의한 2차 산업혁명의 생산성 증가율은 0.4%였다. 인터넷의 확산으로 3차 산업혁명 시기의 생산성 증가율은 1차 산업혁명의 2배 수준인 0.6%로 증가했다. 그리고 4차 산업혁명은 이를 2배 이상 뛰어넘는 0.8~1.4% 수준으로 생산성을 크게 향상시킬 것으로 전망되고 있다.
4   John McCallum, 2019.
5   하이프 사이클의 가로축은 기술의 성숙도를 다섯 단계로 나눈 시간, 세로축은 시장이 해당 기술해 대해 갖는 기대치로 하이프 사이클 곡선을 따라 기술의 변화, 퇴출, 진화, 성숙하는 과정을 설명한다. 특히 기술의 성숙 단계를 표시하는 시간 축은 혁신적 기술(Innovation Trigger), 기대의 정점(Peak of Inflated Expectations), 환멸의 도래(Trough of Disillusionment), 이해의 확산(Slope of Enlightenment), 생산의 안정(Plateau of Productivity)으로 구분되어 기술이 현재 어느 위치에 있으며, 얼마나 빨리 변하고 있는지를 알 수 있다.

PART 2 한국을 바꾸는 20가지 ICT 트렌드

1장 한국의 4차 산업혁명을 견인하는 2대 기반기술
01 5G | 현실이 된 5G, 2020년 더욱 진화된 5G를 만난다
1   표준필수특허: 통신 기술에서 대체할 수 없는 핵심 기술 특허. 이 특허를 보유한 기업은 기지국 등 인프라 설비와 스마트폰 가격 경쟁력에서 유리한 고지를 점할 수 있다.

02 AI | 일상이 된 AI, 'AI Everywhere'로 비상하다
1   사실 초고속 인터넷망 계획은 손정의 회장 방문 전부터 국가 기간산업으로 육성하고자 수립되어 추진돼왔다. 손정의 회장의 방문을 계기로 초고속 인터넷 사업 추진이 더욱 탄력을 받고 본격화됐다.
2   소프트뱅크그룹은 2019년 11월 6일 2분기 실적 발표에서 영업이익이 7043억 엔(약 7조 4793억 원) 적자를 기록했다고 발표했다. 소프트뱅크그룹이 중간 결산에서 적자를 기록한 것은 2004년

상반기 이후 처음으로, 가장 큰 원인은 우버, 위워크에 투자한 비전펀드 등 주력 펀드 사업에서 9702억 엔 규모의 손실이 발생했기 때문이다. 그럼에도 손정의 회장은 비전펀드에 대한 전략 변경은 없으며 현재와 같은 투자 포트폴리오를 견지해나갈 것임을 강조했다.

3   ZDNet Korea, "중국 인터넷 빅3 'AI 전략, 같은 듯 다르네'", 2017.8.30.

4   2017년 기준 한국 GDP 1.5조 달러 적용.

5   리카이푸 저, 박세정·조성숙 역, 「AI 슈퍼파워」, 이콘, pp189~246, 'ch5. 네 번의 AI 물결' 참조.

6   OECD, "AI in Society", 2019.6.11.

7   Gary Marcus, "The deepest problem with deep learning", Medium, 2018.12.2.

8   한국정보화진흥원, 「엣지 컴퓨팅과 인공지능」, 클라우드 이슈리포트, 2019.4.

9   CB Insights, "Artificial Intelligence Trends", 2019.

10 뉴럴 네트워크: 인간의 뇌의 기능을 적극적으로 모방하려는 생각에 기초를 둔 AI.

11 기가 지니는 200만 대 돌파(2019년 10월 기준).

2장 새로운 시장이 열린다, 비즈테크

03 VR | 개인 미디어로 돌파구를 찾다

1   과학기술정보통신부, "2018년도 통신서비스 품질평가 결과" 보도자료, 2018.12.31.

2   Forbes, "This Week In XR: Back From The Dead, Is 2019 VR's Big Year, AI Character Stars At Sundance", 2019.1.25.

3   소니는 2019년 3월 26일에 열린 'State of Play' 행사에서 PlayStation VR의 누적 판매 대수를 420만 대로 언급했으며 2018년까지의 PlayStation VR 누적 판매 대수는 370만 대로 추정했다 (SuperData, 2019.1).

4   페이스북의 CEO 마크 저커버그는 2018년 9월 오큘러스 개발자 컨퍼런스 기조연설을 통해 'VR 인구 10억 명'이 목표라고 언급했다.

5   퀘스트와 동급인 HTC의 VIVE Focus의 경우 599달러(약 72만 원). 컨트롤러 추가 구매를 포함하면 약 800달러 수준이다.

6   TechCrunch, "Oculus sold $5 million worth of Quest content in first 2 weeks on sale", 2019.6.11.

7   마이크로소프트의 보급형 AR 기기 라인업. 현재 HP, 레노버, 삼성 등이 WMR 기반 헤드셋을 출시했다.

8   KT가 제공하는 모바일 OTT 서비스. 슈퍼 VR에서는 100여 개 실시간 방송과 18만여 편의 VOD를 제공한다.

9   ATLAS, FierceVideo, "Only 8% of U.S. broadband households own VR headsets, Parks Associates says", 2019.4.15.

10 Financial Times, "Can tech save bricks and mortar retail?", 2019.1.21.

11 WIRED, "AR Will Spark the Next Big Tech Platform—Call It Mirrorworld", 2019.2.12.

12 코덱 아바타(Codec Avatar)의 연구책임자 야셰르 셰이크(Yaser Sheikh)는 "수집한 데이터는 AI 시

스템 훈련의 밑거름. 훈련을 거친 AI 시스템을 통해 이용자가 몇 개의 사진과 영상만으로도 VR 아바타 구축이 가능할 것"이라고 언급했다.

04 클라우드 | 황금알을 낳는 거위로 환골탈태하다

1 양쪽을 연결해 데이터를 주고받을 수 있도록 중간에서 매개 역할을 하는 소프트웨어.

2 하이브리드 클라우드는 프라이빗·퍼블릭 클라우드를 복합적으로 이용하는 개념, 멀티클라우드 는 엔터프라이즈 고객이 복수의 클라우드 서비스를 이용하는 것을 의미한다.

3 단일 애플리케이션을 넘어 과업의 여러 단계의 전체 또는 일부를 관리 지원하는 클라우드 서비스.

4 득점 기록을 비롯한 야구 경기의 세부 사항을 기록하는 것.

5 간편하고 빠르게 조리할 수 있는 식사 키트.

05 스마트 모빌리티 | 세상 모든 탈것을 서비스화하는 세계

1 라스트 마일(Last-mile)은 모빌리티 분야에서 목적지까지 남은 마지막 1마일을 이동할 수 있는 최후의 이동수단으로 전기자전거, 전기 스쿠터 등 마이크로 모빌리티를 지칭한다.

06 스마트 팩토리 | 5G로 생산성과 안전 두 마리 토끼를 잡는다

1 정보통신기술진흥센터(2017).

2 https://www.i-scoop.eu/internet-of-things-guide/industrial-internet-things-iiot-saving-costs-innovation/

3 공장 설비 등의 시스템을 사용할 수 없는 시간.

07 클라우드 게임 | 5G 시대의 킬러 콘텐츠

1 Financial Times, "Apple spends hundreds of millions on Arcade video game service", 2019.4.13.

2 Morgan Stanley, "Streaming, Bundles and Ads: 3 Media Debates for 2019", 2019.2.25.

3 2019년 1분기 넷플릭스의 글로벌 가입자 수는 약 1억 5000만 명으로 동종 서비스 중 1위(넷플릭 스 2019.1Q 실적 발표).

08 프롭테크 | ICT와 부동산의 만남

1 University of Oxford, "PropTech 3.0: the future of real estate" 참조.

2 University of Oxford, "PropTech 3.0: the future of real estate 및 Bain Capital Ventures, The Future of Real Estate Tech: How We Got Here And What's Next In An Exploding New Ecosystem" 참조.

3 KB경영연구소가 발간한 프롭테크로 진화하는 부동산 서비스 보고서와 소프트웨어정책연구소 가 정리한 프롭테크 국내 동향과 이슈 참조.

4 2016년 한국에 설립된 프롭테크 기업 스페이스워크(Space Work)는 공공 데이터를 바탕으로 개

발한 AI를 이용해 부동산 개발의 예상 수익을 알려주는 '랜드북(Landbook)'을 개발했다. 랜드북은 AI를 활용해 건축물 대장, 실거래가, 인허가 정보, 건축 법규, 도시 계획 변경 공고 등의 공공데이터를 학습한 후 부동산 사업의 타당성을 분석해준다. 고객들의 부동산 개발 이익을 극대화시키기 위해 랜드북은 건물 층수, 배치도, 평면도, 단면도, 3차원 모델링 투시도 등의 정보를 제공해준다. 스페이스워크는 축적된 부동산 관련 데이터와 AI 역량을 바탕으로 부동산 가치 평가 플랫폼에서 토지 거래 플랫폼으로 사업 영역을 확대하고 있다.

5 LTV(Loan-To-Value)는 금융기관에서 대출을 해줄 때 담보물의 가격에 대비해 인정해주는 금액의 비율을 말한다. 흔히 주택담보대출비율이라고도 한다. 대출자 입장에서 주택 등 담보물 가격에 대비해 최대한 빌릴 수 있는 금액의 비율이라고 생각할 수 있다. 예를 들어 대출자가 시가 1억원 주택을 담보로 최대 5000만 원까지 대출할 수 있다면 LTV는 50%이다.

3장 기술이 미래를 만든다, 퓨처테크

09 양자 컴퓨터 | 상상 초월의 속도로 미래를 지배할 컴퓨터

1 그러나 다음 날인 10월 24일, 블록체인 기술을 육성해야 한다는 중국 시진핑 국가주석의 한마디에 비트코인을 포함한 암호화폐가 급등했다.

2 Sciencelove.com, "원자의 크기는 얼마나 작을까─사물과 비교", 2013.4.17.

3 Center for a New American Security, "Quantum Hegemony?: China's Ambitions and the challenge to U.S. Innovation Leadership", 2018.9.12.

4 Bloomberg, "Forget the trade war. China wants to win the computing arms race", 2018.4.10.

5 Louise Lerner, "Quantum network to test unhackable communications, Argonne National Laboratory", Press Releases, 2018.10.25.

6 J.P. Morgan, "What is Quantum Computing", Tech Trend 채널, https://youtu.be/xeSMUPRd1WQ

7 Deloitte, David Schatsky and Ramya Kunnath Puliyakodil, "Signals for Strategists: From Fantasy to reality─ Quantum computing is coming to the marketplace", 2017.

8 Bloomberg, Jeremy Kahn, "Why Quantum Computers Will Be Super Awesome, Someday", 2018.11.14.

9 조성선, 「양자 컴퓨터 개발 동향과 시사점」, 정보통신기술진흥센터, 2018.2.23.

10 조성선, 「양자 컴퓨터 개발 동향과 시사점」, 정보통신기술진흥센터, 2018.2.23.

11 유진투자증권, 「양자 컴퓨터, 판도라의 상자가 열릴 것인가?」, 2018.2.13.

12 조성선, 「양자 컴퓨터 개발 동향과 시사점」, 정보통신기술진흥센터, 2018.2.23.

13 Automotive News Canada, "VW, Canadian tech company D-Wave team on quantum computing", 2019.5.16.

14 WSJ, "VW Nears Commercialization of 'Quantum Routing' Technique", 2018.11.

15 Fortune, "Microsoft Quantum Algorithm Boosts Medical Imaging", 2019.6.15.

16 Accenture, "Accenture Labs and 1QBit Work with Biogen to Apply Quantum Computing to Accelerate Drug Discovery", 2017.6.14.

17 Google, "Announcing OpenFermion: The Open Source Chemistry Package for Quantum Computers", Google Blog, 2017.10.23.

18 Nature, Vojtech Havlicek etc., "Supervised learning with quantum—enhanced feature spaces", 2019.3.

19 IBM, "Exploring quantum computing use cases for manufacturing", 2019.6.

20 D—Wave, "Quantum Applications", 2019.5.

10 AR 글래스 | 차세대 디바이스로 부상하다

1 IDC는 AR 하드웨어 시장을 크게 탑재형 AR 글래스(Screenless viewers), 독립형 AR 글래스(Standalone HMD), 연결형 AR 글래스(Tethered HMD)로 분류했다. 탑재형은 스마트폰을 기기에 삽입하는 AR 글래스, 독립형은 마이크로소프트 홀로렌즈 등 별도의 기기 연결이 필요 없는 AR 글래스, 연결형은 스마트폰 등 거점 기기와 연결해 사용하는 AR 글래스로 구분된다.

2 이 중 탑재형 AR 글래스는 향후 AR 하드웨어 시장 내 비중이 1% 이하를 맴돌 것으로 보여 시장 규모 전망에서 제외했다.

11 밀리테크 | 새로운 한국의 성장동력

1 석유, 천연가스, 금속 제련 따위의 생산 공정에서 황 성분을 없애는 시설.

2 매일경제 국민보고대회팀, 『밀리테크 4.0』, 매일경제신문사, 2019.

3 홀로렌즈의 개발자 버전은 3000달러, 비즈니스 버전은 5000달러에 판매되고 있으며, 마이크로소프트는 2019년 초에 보다 저렴한 버전의 홀로렌즈를 출시할 계획이라고도 발표한 바 있다. 마이크로소프트가 공개한 바에 따르면 현재까지 판매된 홀로렌즈의 수는 약 5만 대 정도이다.

12 협업 로봇 | 경쟁자에서 동반자로

1 https://www.forbes.com/sites/bernardmarr/2018/08/29/the—future—of—work—are—you—ready—for—smart—cobots/#42b608b5522b

2 https://www.globenewswire.com/news—release/2019/06/24/1872784/0/en/Global—Collaborative—Robots—Market—Analysis—Report—2019.html

3 http://www.irobotnews.com/news/articleView.html?idxno=18275
    2019 World Robotics Report—Service Robots, presented by the IFR

13 엣지 컴퓨팅 | 고객 최접점에서 데이터를 처리하다

1 DBR, 2018.12.

2 NAS(Network Attached Storage): 멀티미디어 등 방대한 데이터를 네트워크에 접속해 저장하는 장치.

3   라우팅: 네트워크상에서 데이터 패킷이 이동할 목적지까지의 최적의 경로를 찾아 전송하는 것.

4   1ZB(Zettabyte)=약 1조 1000억 GB 수준.

5   실제 데이터가 흐르는 경로.

6   5G-ACIA, 2019.4.

7   어떤 상황에서도 정상적으로 사용자에게 제공되어야 하는 특성을 지닌 고신뢰성 요구 서비스. 모빌리티, 제조, 관제, 의료 등 작은 시스템 오류로도 막대한 피해 발생이 가능하다(ITFIND, 2018.4).

8   GPU(Graphic Processing Units): 입력된 순서에 따라 처리(직렬 컴퓨팅)하는 CPU와 달리 개개의 연산을 동시에 처리(병렬 컴퓨팅). 수천~수만 개의 데이터를 동시에 처리하는 딥러닝(deep learning)에 적합.
    NPU(Neural Processing Units): 인간의 뇌신경 구조를 모방해 개발된 신경망처리장치로 차세대 AI 프로세서로 주목.

9   2019년 5월, 엔비디아는 저지연·실시간 분석이 가능한 AI 엣지 컴퓨팅 플랫폼 '엔비디아 EGX'를 공개했고, 같은 해 10월 마이크로소프트와 인텔리전트 엣지 컴퓨팅 기술 협력을 위한 계획을 발표했다. 또한 2018년 세계 최초로 공개한 '엔비디아 젯슨 자비에'에 이어 2020년 3월 출시를 목표로 초소형 엣지 AI 슈퍼컴퓨터 '엔비디아 젯슨 자비에 NX'의 개발 계획을 공개했다.

10 2018년 11월, 아마존 웹 서비스 또한 개발이 진행 중인 AI 칩셋 'AWS 인퍼런시아(Inferentia)'를 공개(2020년 출시 예정).

11 전체 1824억 달러 규모 시장 중 800억 달러(43.9%), Gartner(2019.4).

14 저궤도 위성통신 | '초연결'의 열쇠

1   polar-orbits는 글로벌 커버리지를 제공하고, inclined-orbits는 인구 밀집 지역에 집중한다

2   위성 양각(elevation angle): 텔레셋(20도), 스페이스X(40도), 원웹(55도).

3   NGSO(비정지 위성궤도): Non Geostationary Satellite Orbit, GSO(정지 위성궤도): Geostationary Satellite Orbit

4   KU 대역: 12~18GHz의 위성통신, 위성방송 등에 이용되는 마이크로파대역. K Under 대역의 약자.

4장 세상의 변화에 주목하라, 테크이슈

15 미·중 분쟁 | 5G·AI로 격화되다

1   트럼프 대통령은 2019년 7월 USTR(미국 무역대표부)에 경제적 성장을 이룬 국가들이 WTO에서 개도국으로 분류되어 무역 혜택을 받는 것을 근절하기 위한 방안 마련을 지시했다. 미국이 제시한 WTO 개도국 제외 기준은 ① OECD 회원국, ② G20 국가, ③ 고소득 국가(1인당 국민총소득 1만 2056달러 이상), ④ 세계 무역 비중 0.5% 이상이다. 이 중 중국은 ②, ④에 해당한다.

2   미국 내 제조업 취업자 수(2015년 말)는 1999년 말 대비 490만 명 감소(-28.4%).

3   2018년 무역 통계 기준.

4   이란에 불법적으로 기술을 수출하는 행위를 금지.

5   매일경제 국민보고대회팀, 《밀리테크 4.0》, 매일경제신문사, 2019.

6   선진국의 제조업 경쟁력 강화 추세, 미국(Re-industrialization), 독일(Industries 4.0), 일본(Industrial Revolution) 등.

7   CFIUS는 국무부, 국방부, 법무부, 에너지부, 국토안보부 등 16개 정부기관이 참여하고 미 재무부 장관이 의장으로 있는 외국인의 미국 기업에 대한 투자 심의를 위해 설립된 기관이다. 1975년 제럴드 포드 대통령이 행정명령에 서명함으로써 설립됐으며, 외국인의 자국 내 투자에 대한 연구로부터 출발해 그 활동 반경과 영향력이 점점 확대됐다.

8   에드워드 스노든은 미국 국가안보국 전 직원으로 미국이 해킹 기술과 취약점을 활용해 중국과 같은 경쟁국뿐만 아니라 우방국에 대한 정보 수집이 이루어지고 있음을 폭로했다.

9   칩 제조장비 상위 5개 회사 중 3개(Applied Material, Lam Research, KLA-Tencor)가 미국 회사다.

10 미국 현행법은 중국 내 제조 공장을 보유한 기업들은 미국 장비를 구매할 수 없도록 금지한다.

11 미국의 유럽 내 주요 동맹국들은 대부분 중국과의 관계 악화를 우려해 화웨이를 배제하는 결정을 내리기를 주저한다. 다른 미국의 유럽 동맹국과 달리 폴란드는 중국과의 교역 규모가 작고 국경을 접하고 있는 러시아의 군사 활동을 견제하기 위해 미군 4500명이 주둔하고 있어 미국과의 긴밀한 관계 형성이 필요한 상황이다. 또한 다음 달에 선거를 앞두고 있어 여당인 법과 정의당은 트럼프 정부와의 긴밀한 관계를 과시하고 싶어 한다. 2019년 1월에는 지역 경찰이 화웨이의 폴란드 본부를 급습해 한 간부를 스파이 혐의로 체포했으며, 화웨이는 해당 간부를 즉각 해고한 사례가 있었다.

12 미국 데이터혁신센터(Center For Data Innovation), "Who Is Winning the AI Race: China, the EU or the United States?", 2019.8.

13 1테라바이트(TB)는 1024기가바이트(GB).

14 2019년 2월 AI 분야 미국 리더십 지위 유지라는 행정명령에서 미국이 우위를 확보하기 위해 기술 개발에 노력해야 한다고 규정했다. 이 행정명령은 연방기관이 AI 프로그램에 우선순위를 두고 예산을 운용하도록 지시하는 동시에 연구개발자들이 더 많은 정부 데이터에 접근하는 길을 열어두는 것이 핵심 내용이다.

15 NSTC(National Science and Technology Council, 국가과학기술위원회) 산하에 인공지능 특별위원회(Select Committee on AI)를 설치해 연방기관의 R&D 계획을 조율했다.

16 방위고등연구계획국(DARPA)는 차세대 AI 기술의 발전을 촉진하는 AI Next 캠페인을 추진하고 5대 분야에서 20억 달러 투자 방안을 수립했다(2018.9).

17 2018년 NSF는 인간-기술 간 협력적 업무 환경을 촉진하는 AI를 포함한 26개 프로젝트에 2500만 달러(약 280억 원) 이상을 투자했다.

18 정보통신기술진흥센터(IITP)가 발표한 「2017 ICT 기술 수준 조사 보고서」에 따르면 중국은 미국과의 기술격차를 1.4년까지 따라잡았다.

19 "한·중 신산업 정책동향 및 경쟁력 비교와 협력방향", 2019.7.

20 고동환, "트럼프 정부의 등장이 ICT 산업에 미치는 영향", 프리미엄 리포트(Premium Report) 16-07, 정보통신정책연구원.

16 블록체인 | 실제 해법 구축에 나서다

1 KT경제경영연구소, 『블록체인 비즈니스의 미래』, 한스미디어, 2018.

2 KAIST 문술미래전략대학원·미래전략연구센터, 『카이스트 미래전략 2019』, 김영사, 2018.

3 암호화폐 시가총액은 개별 코인 또는 전체 코인 가격과 시장에 풀린 유통량을 곱해 계산한다. 시가총액 = 코인 가격 × 유통 공급량.

4 미국의 경우 5%대의 해외 송금 수수료 지불, 3대 신용카드사 연간 300억 달러 이상 수수료가 수취(거래 대금의 0.25%)되며, 리브라는 이러한 금융 비용의 절감을 추진한다.

5 출원서는 '블록체인 보호 디지털 화폐(Blockchain-protected Digital Currency)'를 소개하면서 일반 화폐와 연결된 디지털 화폐 단위 생성, 디지털 화폐 단위의 정보를 블록체인에 저장, 디지털 화폐 단위로 매입 또는 결제 방식 등을 기술한다.

6 미디엄, "리카르디안 컨트랙트(Ricardian Contract)를 소개합니다", 2018.5.27.

7 주석서는 구속력이 있지만, 지침서는 구속력이 없는 일종의 해설서이다.

8 디앱 또는 댑이란 Decentralized Application의 약자로서 이더리움, 큐텀(Qtum), 이오스(EOS) 같은 플랫폼 코인 위에서 작동하는 탈중앙화 분산 애플리케이션이다.

9 매일경제, "투명성, 보안성, 생산성 높여줄 블록체인 어댑터 BaaS", 2019.5.27.

10 Gartner, "Forecast: Blockchain Business Value, Worldwide, 2017-2030", 2017.

11 KT경제경영연구소, 『블록체인 비즈니스의 미래』, 한스미디어, 2018.

12 전기 공급자와 생산자에게 전기 사용자의 정보를 제공함으로써 전기 공급을 더욱 효과적으로 관리할 수 있게 해주는 서비스.

13 2018년의 경우 암호화폐 광풍으로 인해 투자가 급상승했으나 비정상 수치로 간주해 제외했다.

14 토큰으로 네트워크 참여자들의 활동을 독려하는 블록체인 운용 메커니즘에 중요한 역할을 담당한다. 토큰은 항상 발행자, 기질(sub-strate), 의미를 나타내는 시스템, 가치, 사용될 방식 등의 성질들을 가진다. 어떤 토큰들은 박물관 입장권처럼 형태나 성질이 동일하고 또 어떤 토큰들은 비행기 티켓처럼 토큰의 내용이 유일하며 증명 가능하다. 또한 토큰은 양도, 거래가 가능할 수도 있고 불가할 수도 있다.

17 디즈니 이펙트 | 미디어 왕좌에 도전한다

1 https://s22.q4cdn.com/959853165/files/doc_financials/quarterly_reports/2019/q2/Q2-19-Shareholder-Letter-FINAL.pdf

2 https://www.theinformation.com/articles/netflix-races-to-make-more-originals-as-studios-pull-back

3 https://www.theinformation.com/articles/netflix-races-to-make-more-originals-as-studios-pull-back

4 https://www.nytimes.com/2019/07/10/magazine/streaming-race-netflix-hbo-hulu-amazon.html

5 https://www.wsj.com/articles/tech-that-will-change-your-life-in-2019-

11546092180?mod=djemptech_t

6 https://www.wsj.com/articles/friends-to-move-to-hbo-max-warnermedias-new-streaming-service-11562691481

18 테크래시 | 테크 자이언트를 누가 막을 것인가

1 https://www.bbc.com/news/business-43486403
2 https://edition.cnn.com/2018/10/29/tech/uk-tech-tax-facebook/index.html
3 https://www.theguardian.com/world/2019/jul/30/trumps-threat-to-tax-french-wines-labelled-completely-moronic
4 http://www.intn.co.kr/news/articleView.html?idxno=2004833
5 여러 프라이버시에 차등적 등급을 두고 관리해 사용자의 프라이버시를 보호.
6 동형 암호: 암호화된 데이터를 복호화 없이도 연산할 수 있는 차세대 암호 기술.

19 헬스케어 | ICT와 병원이 만나 혁신을 이루다

1 노동조합 및 노동관계 조정법 제71조 2항 필수 공익 사업에 의료 서비스가 해당. 의료 서비스는 생명과 직결되는 필수 공익사업임을 법적으로 명시.
2 Mckinsey Global Institute 발표 인덱스로 ① Assets(투자 금액, 디지털 자산 비중), ② Usage(내외부 거래 방법, 비즈니스 프로세스 디지털화, 시장 개발), ③ Labor(디지털 역량 강화 교육비 지출, 디지털 Capital deepening, 업무 내 디지털 처리 비중) 등으로 평가.
3 "블록체인은 의료를 어떻게 바꾸는가", 최윤섭의 Healthcare Innovation.
4 김용균, 「디지털 헬스케어 최근 동향과 시사점」, 정보통신기술진흥센터, 2018.5.
5 KT경제경영연구소, 『블록체인 비즈니스의 미래』, 한스미디어, 2018.
6 48건(2013), 73건(2014), 58건(2015), 127건(2016), 92건(2017) (특허청, 2018.10)
7 인공지능 기술 수준(미국 100점 기준): 한국 67.1점, 일본 81.7점, EU 80.7점, 중국 65.4점(한국보건산업진흥원, 2017.11)
8 현대경제연구원, '국내 의료산업의 4차산업혁명 준비수준 점검', 2017.11.2.
9 조사 가정의 90%는 여성이 의료 관련 결정권을 행사하고 있고, 가족의 헬스케어 지출의 80%를 책임지고 있다. 실제로 19세 이상 여성의 1인당 헬스케어 관련 지출은 남성보다 높다.
10 박정우, "인공지능 헬스케어 새로운 고부가 서비스 창출 기대", KISTI 마켓리포트, 2016.10, 한국과학기술정보연구원.
11 행정안전부는 혁신성장 지원, 일자리 창출, 사회적 가치 확산 등 주요 5개 영역 19개 분야 데이터를 연내에 개방한다고 발표했다(2019.8.27). 의료 분야는 국립암센터가 암병기(암세포가 퍼진 정도) 조사 데이터를 개방한다. 암병기 조사 정보는 국립암센터가 암 감시 체계 구축의 일환으로 매년 조사·수집하는 데이터로, 위암·대장암 등 6대 암병기 데이터와 관련 생활 습관, 환경 정보, 치료·예후 관련 정보이다.

참고문헌

PART 1 빅 체인지, 초연결 시대가 온다

로아컨설팅, 「스페셜 리포트: 15대 ICT 키워드 트렌드」, 2019.8.

홍준표외 5명, 「2020년 국내외 경제 이슈」, 현대경제연구원, 2019.10.4.

홍준표, 정민외 4명, 「2020년 한국 경제 전망」, 현대경제연구원, 2019.9.20.

KT경제경영연구소, 『한국형 4차 산업혁명의 미래: KT경제경영연구소가 찾아낸 미래 한국의 7가지
　　성장전략』, 한스미디어, 2017.6.

KT경제경영연구소, 『2018 한국을 바꾸는 10가지 ICT 트렌드: KT경제경영연구소가 찾아낸 2018년
　　의 핵심 트렌드』, 한스미디어, 2017.12.

KT경제경영연구소, 『애프터 스마트: 한국의 미래를 바꿀 10가지 혁명』, 한국경제신문사, 2011.11.

KT경제경영연구소, 『한국을 바꾸는 7가지 ICT 트렌드』, 한스미디어, 2016.11.

KT경제경영연구소, 「2017년 ICT 10대 주목 이슈」, 2016.11.30.

KT경제경영연구소, 「5G의 사회경제적 파급효과 분석」, 2018.7.11.

The Economist, "Chips with everything: How the world will change as computers spread
　　into everyday objects", 2019.9.12

tistory.com, "초대 아이폰2G부터 7플러스까지 10년간 진화", 2017.1.24.

PART 2 한국을 바꾸는 20가지 ICT 트렌드

1장 한국의 4차 산업혁명을 견인하는 2대 기반기술

01　5G | 현실이 된 5G, 2020년 더욱 진화된 5G를 만난다

경향신문, "알뜰폰 '5G 서비스' 시장 판도 흔들까", 2019.9.17.

글로벌이코노믹, "[글로벌−Biz 24] 중국, 5G 휴대폰 사전예약 1000만 명 돌파…", 2019.10.18.

금융소비자뉴스, "KB국민은행, 금융업계 최초 5G 알뜰폰 '리브M' 출시", 2019.9.17.

김재필·박현수·신종근, 『2019 ICT 트렌드: 새로운 비즈니스와 투자의 흐름이 보이는 크로스 테크놀
　　러지의 시대가 온다』, 한스미디어, 2018.11.

김홍식, 「2020년에도 5G 관련주의 높은 주가 상승은 지속된다」, 하나금융투자, 2,01,9.10.18.

디지털데일리, "[일문일답] 유영민 과기정통부 장관 '5G 세계 최초 미국 아닌 한국', 2019.4.6.

디지털데일리, "[창간 14주년 기획/통신] 5G 1등 경쟁, KT의 전략은?", 2019.5.26.

디지털데일리, "[니하오5G①] 중국인은 이미 100만 원 이하 5G폰을 쓴다", 2019.9.24.

디지털투데이, "세계 최초 5G '빨간불'…美 4월 11일 5G 상용화 선언", 2019.3.15.

매일뉴스, "갤럭시 폴드 글로벌 흥행열기 이어간다⋯유럽 7개국 동시 출격", 2019.10.17.

머니투데이, "美, 제재 해봤자⋯글로벌 5G 영토 넓히는 화웨이", 2019.10.7.

안재민, "힘들었던 4G 시대는 잊어라. 이제 5G시대다", NH투자증권, 2019.10.18.

이임복, 『5G 더 빠른 연결의 시대, 2019 IT 트렌드를 읽다: 중국의 현재는 우리의 미래다!』, 천그루숲, 2018.12.

이준호·박지웅, 『5G와 AI가 만들 새로운 세상: 50가지 흥미로운 이야기』, 갈라북스, 2019.8.

이창민, "RFHIC-5G-Related Revenues to be Fully Reflected in 2020", KB증권, 2019.10.18.

전자신문, "세계 최고 5G, B2B에 달렸다", 2019.9.17.

전자신문, "5G 상용화 100일⋯품질 안정화하고 콘텐츠 늘려야", 2019.7.10.

조선비즈, "중국, 9월 1일 5G 서비스 시작⋯글로벌 5G 시장 주도 목표", 2019.8.22.

조선비즈, "국민銀, 혁신폰 '리브M' 내달 출시⋯'차별화된 서비스·요금'", 2019.9.17.

중앙일보, "갤럭시 폴드가 불붙인 폴더블 경쟁⋯최후의 폼팩터(formfactor) 승자는?", 2019.10.17.

테크플러스, "완벽한 5G라는 'SA'⋯지금 5G랑 뭐가 달라?", 2019.8.19.

파이낸셜뉴스, "'세계 최초' 거머쥔 한국, 이제부턴 '세계 최고 5G' 올인", 2019.4.14.

헤럴드경제, "화웨이-모토로라 폴더블폰 출시 임박⋯폴더블폰 시장 가열", 2019.10.18.

ETRI 5G사업전략실, 『5G 시대가 온다: 미래를 사는 기술 5G, 제4차 산업혁명의 거의 모든 것을 가능하게 하다』, 콘텐츠하다, 2017.11.

KT경제경영연구소, 『한국형 4차 산업혁명의 미래: KT경제경영연구소가 찾아낸 미래 한국의 7가지 성장전략』, 한스미디어, 2017.6.

KT경제경영연구소, 『2018 한국을 바꾸는 10가지 ICT 트렌드: KT경제경영연구소가 찾아낸 2018년의 핵심 트렌드』, 한스미디어, 2017.12.

KT경제경영연구소, 「5G의 사회경제적 파급효과 분석」, 2018.7.11.

KT경제경영연구소, 「세상 모든 새로움의 시작, 5G: 당신의 산업을 바꿉니다」, 2019.4.

MTN, "중국, 5G 상용화⋯美 화웨이 제재", 2019.9.9.

Smart Its, "5G : Standalone (SA) vs Non-Standalone (NSA) Network", 2018.8.13.

W. 데이비드 스티븐슨 저, 김정아 역, 『초연결: 구글, 아마존, 애플, 테슬라가 그리는 10년 후 미래』, 다산북스, 2019.4.

Capgemini Invent, "5G in industrial operations: How telcos and industrial companies stand to benefit", 2019.4.

Capgemini Invent, Interview with Stig Are Remmen, OT/IT convergence lead at Yara International, 2019.2.

MIT Technology Review, "Companies fed up with crappy WI-FI are deploying 5G instead", 2018.11.

TelecomLead.com, "Volkswagen, Siemens and BASF may buy 5G spectrum in Germany", 2019.1.

Nikkei Xtech, 「5Gスマホをハブに、ドコモの「マイネットワーク構想」が越えるべきハードル」,

2019.6.10.

ITmedia Moibile, 「ドコモ、2019年9月20日に5Gプレサービス開始 米Magic Leapとの提携も」,
2019.4.26.

02 AI | 일상이 된 AI, 'AI Everywhere'로 비상하다

김도향, 「신뢰가능한 AI(Trustworthy AI) 구현을 위한 쟁점과 해결 방안」, KT경제경영연구소, 2019.4.5.

김재필·김도향·김우현·나현, 『생활 속 인공지능 사례 100선』, KT경제경영연구소, 2019.5.

뉴시스, "머스크의 뉴럴링크, 뇌와 컴퓨터회로 연결 인간실험 승인 요청", 2019.7.17.

디지털데일리, "손정의 소프트뱅크 회장 '첫째도 AI 둘째도 AI 셋째도 AI'", 2019.7.4.

디지털데일리, "적용사례 늘려가는 RPA…오토메이션 애니웨어 'AI와 결합한 RPA 고도화'",
2019.10.4.

리서치페이퍼, "구글의 AI, 99% 정확도로 유방암 진단", 2019.10.8.

리카이푸 저, 박세정·조성숙 역, 『AI 슈퍼파워: 중국, 실리콘밸리 그리고 새로운 세계 질서』, 이콘,
2019.4.

마틴 포드 저, 김대영·김태우·서창원·최종현·한성일 역, 『AI 마인드』, 터닝포인트, 2019.7.

매일경제, "손정의 'AI 야심'…127조 원 비전펀드 2호 떴다'", 2019.7.26.

매일경제, "손정의 소프트뱅크 회장 '단순 업무 벗어난 인간, 더 창의적인 일에 몰두'", 2019.10.4.

앤드루 맥아피·에릭 브린욜프슨 저, 이한음 역, 『머신 플랫폼 크라우드: 트리플 레볼루션의 시대가
온다』, 청림출판, 2018.10.

에릭 브린욜프슨·앤드루 맥아피 저, 이한음 역, 『제2의 기계 시대: 인간과 기계의 공생이 시작된다』,
청림출판, 2014.10.

일본경제신문사 저, 서라미 역, 『AI 2045 인공지능 미래보고서: AI와 인간이 공존하는 세상의 시작』,
반니, 2019.3.

전자신문, "손정의 회장이 말하는 RPAI는 무엇인가…9월 4일 올쇼티비서 공개", 2019.8.29.

정두희, 『3년 후 AI 초격차 시대가 온다: 3000퍼센트 가치 창출의 시작』, 청림출판, 2019.7.

제리 카플란 저, 신동숙 역, 『인공지능의 미래: 상생과 공존을 위한 통찰과 해법들』, 한스미디어,
2017.2.

조선비즈, "손정의 비전 구현'…소프트뱅크, 새 펀드 조성해 AI 스타트업 투자", 2019.7.22.

주간경향, "손정의가 AI를 그토록 외친 이유", 2019.7.31.

조선비즈, "손정의 비전 구현'…소프트뱅크, 새 펀드 조성해 AI 스타트업 투자", 2019.7.22.

조선일보, "文대통령 만난 손정의 '韓, 첫째도 둘째도 셋째도 인공지능 집중해야'", 2019.7.4.

조성환·이용규·윤준탁·권지훈·곽준혁·임재완, 『인공지능 비즈니스 트렌드: 인공지능은 어떻게 비
즈니스의 미래를 지배하는가』, 와이즈맵, 2019.7.

히구치 신야·시로츠카 오토야 저, 이음연구소 번역팀 역, 『AI 비즈니스 전쟁: 미래 비즈니스에서 살아
남는 AI 활용법』, 어문학사, 2018.3.

Andrew McAfee, Erik Brynjolfsson, Machine, Platform, *Crowd: Harnessing Our Digital*

Future: Harnessing Our Digital Future, W. W. Norton & Company, 2018.9.

Bret Kinsella, "Why Tech Giants Are So Desperate to Provide Your Voice Assistant", *Harvard Business Review*, 2019.5.7.

Financial Times, "EU backs AI regulation while China and US favour technology", 2019.4.25.

Financial Times, "What Mary Poppins can teach us about raising ethical robots", 2019.4.25.

Financial Times, "Start-up makes robots small manufacturers can afford", 2019.4.25.

Financial Times, "China's unchecked expansion of data-powered AI raises civic concerns", 2019.4.25.

McKinsey, "Modeling the impact of AI on the world economy", 2018.9.

McKinsey, Artificial intelligence the next digital frontier?, 2017.6.

McKinsey, "Note from rhe AI front: Insights from hundred of Use Case", 2018.4.

Melanie Evans, "Amazon Wants You to Use Alexa to Track Health Care", *Wall Street Journal*, 2019.4.7.

Steven Feldstein, *Artificial Intelligence and Digital Repression: Global Challenges to Governance*. DRAFT Conference Paper. International Studies Association Annual Meeting, Boise State University, 2019.3.

2장 새로운 시장이 열린다, 비즈테크

03 VR | 개인 미디어로 돌파구를 찾다

과학기술정보통신부, "2018년도 통신서비스 품질평가 결과" 보도자료, 2018.12.31.

김해석, 「VR/AR 산업 현황 및 전망」, 정보통신산업진흥원(NIPA), 2018.10.29.

범원택 외 2명, 「VR/AR을 활용한 실감형 교육 콘텐츠 정책동향 및 사례 분석」, 정보통신산업진흥원(NIPA), 2019.6.17.

아틀라스(ATLAS), 「VR, 5G 시대 맞아 유력 킬러앱 후보로 부상」, 2019.6.27.

이자연, 「가상증강현실 산업의 발전 방향과 시사점」, 산업연구원(KIET), 2019.2.

임상우 외 1명, 「AR/VR 기술」, 한국과학기술기획평가원(KISTEP), 2018.7.10.

정보통신기술진흥센터(IITP), 주간기술동향 1868호, 2018.10.17.

한국가상증강현실산업협회(KOVRA), 「VR 콘텐츠 소비자 행태 분석」, 2019.7.25.

Alistair Gray, "Can tech save bricks and mortar retail?", *Financial Times*, 2019.1.22.

Ben Munson, "Only 8% of U.S. broadband households own VR headsets, Parks Associates says", *FierceVideo*, 2019.4.15.

Charles Singletary, "HTC Expands Viveport VR Platform With Windows Mixed Reality Support", *Forbes*, 2019.5.29.

Chuong Nguyen, "HTC Viveport Streaming delivers all-access VR gaming for one monthly fee", *Digital Trends*, 2019.8.1.

David M. Ewalt, "Oculus Unveils Its New VR Headset, The 'Rift S'", *Forbes*, 2019.5.20.

David Pierce, "Oculus Quest Review: A $400 Taste of the Future of Gaming", *Wall Street Journal*, 2019.4.30.

Emma Jacobs, "Can virtual reality inject more life into workplace training?", *Financial Times*, 2019.9.26.

IDC, "Worldwide Augmented and Virtual Reality Hardware Forecast: CY 3Q19", 2019.7.

Jeremy Horwitz, "Khronos releases OpenXR 1.0 for AR/VR, backed by Epic, Microsoft, and Oculus", *VentureBeat*, 2019.7.29.

Kevin Kelly, "AR Will Spark the Next Big Tech Platform—Call It Mirrorworld", *WIRED*, 2019.2.12.

Lucas Matney, "Oculus sold $5 million worth of Quest content in first 2 weeks on sale", *TechCrunch*, 2019.6.11.

Peter Rubin, "Facebook Can Make VR Avatars Look—and Move—Exactly Like You", *WIRED*, 2019.3.13.

Scott Stein, "Qualcomm's new 5G phone chips can power your AR, VR glasses", *Cnet*, 2019.2.25.

SuperData, "Oculus expected to sell 1.3M Quest units in 2019", 2019.1.24.

Tim Bradshaw, "What are you looking at? How eye-tracking became tech's new gold rush", *Financial Times*, 2019.6.12.

04 클라우드 | 황금알을 낳는 거위로 환골탈태하다

LG CNS, 스마트 팩토리 고도화로 가는 열스마트 팩토리 고도화로 가는 열쇠」, Cloud와 Edge, 2019.6.20.

강기준, "[MT리포트] 아마존 성장전략의 키워드 '플라이 휠'", 머니투데이, 2018.3.13.

강맹수, 「클라우드 컴퓨팅 시장 동향 및 향후 전망」, 산업기술리서치센터 산은조사월보 제758호, 2019.1.

강일용, "아마존 클라우드가 경쟁사를 앞지르는 5가지 이유", IT동아, 2019.1.23.

곽희양, "엣지 클라우드 경쟁, 시작됐다", 경향신문, 2019.5.12.

구경철, 「ICT 표준화전략맵」, 한국정보통신기술협회, 2019.

구글 클라우드 플랫폼 홈페이지, https://cloud.google.com/

김동우, 「KB지식비타민: 클라우드 컴퓨팅을 넘어서 엣지컴퓨팅의 개념과 사례」, 18-92호, KB금융지주경영연구소, 18.11.26.

류세나, "KT, 클라우드에 '5G' 입힌다…5년간 5000억 투자", 팍스넷뉴스, 2019.6.18.

마이크로소프트 애저 홈페이지, https://azure.microsoft.com/

마이크로소프트, "완벽한 하이브리드 클라우드 플랫폼 마이크로소프트, 애저 스택 국내 출시", 2017.8.8.

백연식, "KT, 5G 플랫폼 '엣지 클라우드' 서울 및 부산에 추가 구축", 디지털투데이, 2019.5.12.

삼성뉴스룸, 「엣지 컴퓨팅, 클라우드 컴퓨팅 시대의 새 장 열다」, 2017.5.17.

석대건, "MS, AT&T와 클라우드 전략적 제휴 맺어…예상 규모 2조 3,500억 원", 디지털투데이, 2019.7.18.

석대건, "클라우드 시장, 경쟁은 이제부터다", 디지털투데이, 2018.12.14.

아마존웹서비스 홈페이지, https://aws.amazon.com/ko/

유성민, "5G로 엣지 컴퓨팅 'MEC'이 뜬다", 더사이언스타임즈, 2019.5.20.

유인태, 「클라우드 컴퓨팅 기반 미국의 글로벌 플랫폼 구축 전략」, 미래연구포커스, 2018.

이나리, "클라우드에서 더 나아가 '엣지 컴퓨팅'이 주목 받는다", HelloT, 2018.11.5.

이은주, "[IoT] MS IoT 전략의 핵심, MS IoT Edge", 고우아이티 컨설팅, 2018.7.18.

이정민, "가트너, 올해 글로벌 퍼블릭 클라우드 서비스 시장 243조원 전망", 조선비즈, 2019.4.3.

이지영, "넷플릭스는 왜 데이터센터를 버리고 클라우드로 갔나", 블로터, 2016.2.16.

정보통신기획평가원 기술정책단, ICT Brief, 2019-27, 2019.7.18.

조성현·차아람, 「인공지능의 확산의 핵심 인프라, 클라우드 산업 동향 분석과 시사점」, 정보통신산업진흥원, 2019.6.10.

최진홍, "[AWS 공공부문 서밋] AWS, 누가 어떻게 활용하고 있나", 이코노믹리뷰, 2018.6.20.

한국정보화진흥원 클라우드스토어 씨앗, 클라우드 이슈리포트 2018 Cloud News, 2019.1.

한국정보화진흥원 클라우드스토어 씨앗, 클라우드 이슈리포트 하이브리드 클라우드-2019년에 주목해야 할 트렌드, 2019.3.

Andi Patrizio, "AT&T partners with IBM and Microsoft, focuses on network capabilities", *Networkworld*, 2019.7.22.

Brandon Butler, "Azure Stack: Microsoft's private-cloud platform and what IT pros need to know about it", *Networkworld*, 2017.7.14.

George Nott, "Google launches AutoML Vision in bid to 'democratise AI'", *Computerworld*, 2018.1.18.

Kasey Panetta, "Gartner Top 10 Strategic Technology Trends for 2018", Gartner, 2017.10.3.

Kate Conger et al., Microsoft Wins Pentagon's $10 Billion JEDI Contract, Thwarting Amazon, The New York Times, 2019.10.25

Ron Miller, "Update: Amazon has acquired Israeli disaster recovery service CloudEndure disaster recovery service CloudEndure for around $200M", *Techcrunch*, 2019.1.9.

05 스마트 모빌리티 | 세상 모든 탈것을 서비스화하는 세계

김회권, "우버·그랩·디디추싱…'승차공유' 지배한 손정의의 구상", 주간조선, 2019.2.25.

로아컨설팅, 「올인원 모빌리티 앱의 경쟁사는 Google Maps?: Axios」, 2019.2.28.

로아컨설팅, 「MaaS를 준비하는 Uber의 자세」, 2019.3.11.

로아컨설팅, 「Renault-Nissan과 손잡고 글로벌 자율주행 시장 진출」, 2019.6.21.

로아컨설팅, 「BMW-Daimler 2024년 자율주행차 출시를 위해 장기 파트너십 체결」, 2019.7.8.

로아컨설팅, 「스페셜 리포트: 15대 ICT 키워드 트렌드」, 2019.8.

박성수, 「KB지식 비타민: MaaS(서비스형 모빌리티)의 도래와 자동차그룹의 대응」, KB금융지주 경영연구소, 2019.3.27.

박형근, 「모빌리티 서비스의 미래, MaaS와 자율주행기술의 파급효과」, 포스코경영연구원, 2017.11.16.

서정주, 「KB지식 비타민: 스마트 모빌리티 현황과 전망」, KB경영지주 경영연구소, 2015.7.27.

심수민·이정아, 「모빌리티 4.0 시대의 혁신과 새로운 기회」, 한국정보화진흥원, 2016.11.30.

조영빈, 「스마트 모빌리티 서비스의 현황과 미래」, 한국정보화진흥원, 2019.4.5

차두원, 「이동의 미래 모빌리티 빅뱅, 누가 최후의 승자가 될 것인가?」, 한스미디어, 2018.12.10.

채희근, 「KB지식 비타민: CES 2019에서 선보인 새로운 자동차 기술 트렌드」, KB금융지주 경영연구소, 2019.1.21.

Alison Griswold, "Shared Scooters don't last long", *QUARTZ*, 2019.3.2.

Andrew J.Hawkins, "Uber reports brisk sales of train and bus tickets in Denver", *The Verge*, 2019.7.9.

Daniel Schellong, Philipp Sadek, Carsten Schaetzberger, and Tyler Barrack, "The Promise and Pitfalls of E-Scooter Sharing", Boston Consulting Group, 2019.5.16.

Florian Lennert, Cathy Macharis, Veronique van Acker, and Lukas Neckermann, "Smart Mobility and Services: Expert group report", EU, 2018.1.

Gartner, "Top Trends on the Gartner Hype Cycle for Artificial Intelligence 2019", 2019.9.12.

Megan Rose Dickey, "Bird is raising a Series D round led by Sequoia at $2.5 billion valuation", *TechCrunch*, 2019.7.23.

Megan Rose Dickey, "The electric scooter wars of 2018", *TechCrunch*, 2018.12.24.

Rita Liao, "Bike-sharing pioneer Mobike is retreating to china", *TechCrunch*, 2019.3.9.

Rolf Ganter, "Carl Berrisford and Kevin Dennean, Smart Mobility: Transport is getting more intelligent", *UBS*, 2019.3.11.

Scott Corwin, "The Future of Mobility", Deloitte, 2017.

Scott Corwin, "Realizing The Future of Mobility: Balancing Optimism And Cynicism", *Forbes*, 2019.3.25.

Shirin Ghaffary, "Bird's new scooter delivery service could become a clever hack around city regulation", *RECODE*, 2018.10.5.

The Economist, " Driverless Cars are stuck in a jam", 2019.10.10.

The Economist, "Chinese firms are taking a different route to driverless cars", 2019.10.12.

Vlad Savov, "Uber said to be negotiating a multibillion-dollar takeover of scooter-sharing startup", *The Verge*, 2018.12.1.

Warwick Goodall, Tiffany Dovey Fishman, Justine Bornstein, Brett Bonthron, "The rise of mobility as a service", Deloitte, 2017.3.8.

06 스마트 팩토리 | 5G로 생산성과 안전 두 마리 토끼를 잡는다

Adi Jang, "4차 산업혁명에 맞춘 아디다스의 미래제조공정기술", 아디다스 퓨쳐크래프트(Adidas Futurecraft), Weloveadidas, 2018.7.9.

KT경제경영연구소, 「세상 모든 새로움의 시작, 5G 당신의 산업을 바꿉니다」, 2019.

LG CNS, 「스마트 팩토리, 생산성의 극대화를 위한 '공장 자동화'」, 2019.2.14.

곽예하, "효율 20% 이상 높이는 디지털트윈으로 스마트해지는 제조업", TECHM, 2018.12.22.

김종민, "로봇산업 매년 두자릿수 성장…2020년엔 210조 시장", 중앙일보, 2019.1.3.

방제일, "2018년 현재 세계 로봇 시장은 가파르게 성장 중", FA저널 스마트 팩토리, 2018.11.12.

오다인, "블록체인을 활용하는 10가지 방법", 보안뉴스, 2017.12.22.

이승준, "디지털 트랜스포머, 어떻게 변신하고 있나?", 투이컨설팅, 2019.4.17.

장길수, "테슬라 '기가팩토리'에 투입되는 로봇들", 로봇신문, 2016.8.1.

Autudesk FORGE website, "Cloud-based developer tools from Autudesk", https://forge.autodesk.com/

CB Insights, "Future Factory: How Technology Is Transforming Manufacturing", *Research Briefs*, 2019.6.27.

Fred Lambert, "Tesla Gigafactory: a look at the robots and 'machine building the machine' at the battery factory", *Electrek*, 2016.7.31.

I-scoop, "The Industrial Internet of Things (IIoT): the business guide to Industrial IoT"

IFR, "World Robotics Report", 2018.

Sarah Saunders, "RoMA: Robotic 3D Printing and Augmented Reality Combine in Interactive Fabrication Platform", 3DPrint.com, 2018.2.15.

Tomas Kellner, "New 'Industrial Internet' Report From GE Finds That Combination of Networks and Machines Could Add $10 to $15 Trillion to Global GDP", *GE Reports*, 2012.11.26.

戸田建設, 「現場での資機材搬送の省力化を実現」, 2018.8.3.

07 클라우드 게임 | 5G 시대의 킬러 콘텐츠

Akito Tanaka, "A Netflix moment for gaming? Streaming challenges consoles in 5G era", *Nikkei*, 2019.7.24.

Arjun Kharpal, "Tencent's profit beats market as analysts predict stock will climb back above $500 billion in value", CNBC, 2019.8.14.

Frank Pallotta, "Netflix added record number of subscribers, but warns of tougher times ahead", CNN, 2019.4.17.

Giancarlo Valdes, "IHS Markit: Cloud gaming earned $387 million in 2018, and could grow to $2.5 billion by 2023", *VentureBeat*, 2019.5.20.

Kevin Murnane, "Game Stack Turns Microsoft's Data Centers Into Game Development

Platforms", *Forbes*, 2019.7.7.

Leo Lewis, "Sony and Microsoft redraw battle lines in games industry", *Financial Times*, 2019.5.21.

Morgan Stanley, "Streaming, Bundles and Ads: 3 Media Debates for 2019", 2019.2.25.

Morgan Stanley, "Video Gaming's Epic Battle in the Cloud", 2018.11.19.

Newzoo, "Cloud Gaming The Perfect Storm", 2019.8.

Richard Waters, "Google launches push into video game streaming", *Financial Times*, 2019.3.20.

Sarah E. Needleman, "Microsoft's New Xbox One S Won't Play Videogame Discs", *Wall Street Journal*, 2019.4.16.

Statista, "Cloud gaming market value worldwide from 2017 to 2023", 2018.11.12.

The Economist, "Fortnite's developer is entering the retail business", 2019.3.14.

The Economist, "Video gamers v couch potatoes", 2019.3.2.

The Economist, "Video gaming enters the cloud", 2019.6.15.

Tim Bradshaw, "Apple spends hundreds of millions on Arcade video game service", *Financial Times*, 2019.4.13.

08 프롭테크 | ICT와 부동산의 만남

로아컨설팅, 「스페셜 리포트: 15대 ICT 키워드 트렌드」, 2019.8.

박성수 · 양성택, 「KB지식 비타민: 프롭테크로 진화하는 부동산 서비스」, KB금융지주 경영연구소, 2018.2.19.

민혜진, "랜드북을 펼치면 내 땅의 미래가 보인다", VENTURE SQAURE, 2019.08.21.

송기욱, 「국내외 주거용 부동산 플랫폼 유형별 비즈니스 모델 전략 및 사례분석」, 주택금융공사, 2019.6.

스트라베이스(STRABASE), 「부동산 산업 혁신 동력 '프롭테크' 진화의 향방과 Key Player들의 경쟁력 분석」, 2019.6.3.

정수진, 「빅데이터로 부동산시장의 판을 바꾸다」, KDB산업은행 산업기술리서치센터, 2017.9.18.

조은샘, "2025년 택시가 날아다닌다, 우리 머리 위로", 조선일보, 2019.8.23.

허윤경 · 김성환, 「프롭테크 기업, 부동산 산업의 새로운 미래」, 한국건설산업연구원, 2019.3.

Andrew Baum, *PropTech 3.0: the future of real estate*, University of Oxford, 2017.8.23.

Angelica Krystle Donati, "AI ConTech Startup Closes $14 Million Series A Round", *Forbes*, 2019.8.3.

CB Insights, "How Blockchain Technology Could Disrupt Real Estate", 2019.2.21.

CISION PR Newwire, "Procore to Acquire Honest Buildings to Enhance Project Management for Owners", 2019.7.16.

David Snider and Matt Harris, "The Future of Real Estate Tech: How We Got Here And

What's Next In an Exploding New Ecosystem", *Forbes*, 2018.2.13.

Diana Olick, "Amazon Partners with Realogy, sending the real-estate brokerage giant's shares soaring", CNBC, 2019.7.23.

Don Tapscoot and Ricardo Viana Vargas, "How Blockchain Will Change Construction", *Havard Business Review*, 2019.7.26.

Hunter Perry, "Why Venture Capitalists Are Investing Billions Into Real Estate Technology", *Forbes*, 2018.6.27.

Louisa Xu, "Modernizing Real Estate: The Property Tech Opportunity", *Forbes*, 2019.2.22.

Melissa Marsh, "Office are collecting loads of data—how will they use it?", *QUARTZ at WORK*, 2019.5.1.

Peter Grant, "Brookfield's New Venture—Capital Unit Eyes Real—Estate Tech Startups", *Wall Street Journal*, 2018.4.24.

Peter Grant and Konrad Putzier, "Commercial Property Joins Tech Revolution as Spending Soars", *Forbes*, 2019.7.2.

Surabhi Kejriwal and Saurabh Mahajan, "Blockchain in Commercial real estate: The future is here", Deloitte, 2017.8.

3장 기술이 미래를 만든다, 퓨처테크

09 양자 컴퓨터 | 상상 초월의 속도로 미래를 지배할 컴퓨터

곽영직, 『양자역학으로 이해하는 원자의 세계』, 지브레인, 2016.4.1.

김상욱, 『김상욱의 양자 공부』, 사이언스북스, 2017.12.

니시모리 히데토시 외, 『1억배 빠른 양자 컴퓨터가 온다』, 로드북, 2016.

동아닷컴, "'구글 양자컴퓨터'가 슈퍼컴퓨터를 능가했다고?", 2019.9.30.

박성수 외, 「양자정보통신기술 현황과 전망」, 한국전자통신연구원, 2019.4.

빅반 외, 『좀비 고양이와 함께 배우는 양자 물리학』, 탐, 2018.11.26.

백충현 외, 「양자컴퓨팅 기술 연구개발 동향」, 한국전자통신연구원, 2018. 2.

사이언스러브닷컴(Sciencelove.com), "원자의 크기는 얼마나 작을까?—사물과 비교", 2013.4.17.

원종우·김상욱, 『김상욱의 양자역학 더 찔러보기』, 동아시아, 2016.3.

원종우·김상욱, 『김상욱의 양자역학 콕 찔러보기』, 동아시아, 2015.7.

이효정 외, 「양자정보통신, ICT의 새로운 미래」, 삼정 KPMG, 2017.11.

정호윤, 「양자 컴퓨터, 판도라의 상자는 열릴 것인가?」, 유진투자증권, 2018.2.

조성선, 「양자컴퓨터 개발 동향과 시사점」, 정보통신기술진흥센터, 2018.2.23.

최강신, 『우연에 가려진 세상: 실험으로 이해하는 양자역학』, 엠아이디, 2018.1.

필립 볼 외, 『개념 잡는 비주얼 양자역학책』, 궁리, 2018.1.10.

한국과학기술기획평가원, 「양자기술이 그리는 미래: 컴퓨팅의 현황과 이슈(KISTEP 수요포럼)」, 2019.5.8.

Accenture, "Accenture Labs and 1QBit Work with Biogen to Apply Quantum Computing to Accelerate Drug Discovery", 2017.6.14.

Automotive News Canada, "VW, Canadian tech company D—Wave team on quantum computing", 2019.5.16.

Bloomberg, "Why Quantum Computers Will Be Super Awesome, Someday", 2018.11.14.

Center for a New American Security, "Quantum Hegemony?: China's Ambitions and the challenge to U.S. Innovation Leadership", 2018.9.12.

David Schatsky & Ramya Kunnath Puliyakodil, "Signals for Strategists: From Fantasy to reality— Quantum computing is coming to the marketplace", Deloitte, 2017.

D—Wave, "Quantum Applications", 2019.5.

Financial Times, "Proof emerges that a quantum computer can outperform a classical one"

Fortune, "Microsoft Quantum Algorithm Boosts Medical Imaging", 2019.6.15.

Gabriel Popkin, "Quest for qubits", *Science* vol 354, 2016.12.

Google, "Announcing OpenFermion: The Open Source Chemistry Package for Quantum Computers", Google Blog, 2017.10.23.

IBM, "Exploring quantum computing use cases for manufacturing", 2019.6.

Jonathan Hui, "QC— What is a Quantum Computer", *Medium*, 2018.5.

J.P Morgan, "What is Quantum Computing", https://youtu.be/xeSMUPRd1WQ, 2019.4.25.

Robert Hackett, "Business Bets on a Quantum Leap", *Fortune*, 2019.5.

TechTarget, "Barclays Bank takes a crack at IBM's quantum computer", 2019.1.25.

The Economist, "Proof emerges that a quantum computer can outperform a classical one", 2019.9.26.

The National Academies of Sciences Engineering Medicine, "Quantum Computing: Progress and Prospects", 2019.

Vojtech Havlicek 외, "Supervised learning with quantum—enhanced feature spaces", *Nature*, 2019.3.

Wilfried Reimann, "Quantum Computing @ Daimler", Daimler, 2017.

WSJ, "VW Nears Commercialization of 'Quantum Routing' Technique", 2018.11.21.

Zorita—levine, "Quantum Computer", Slideserve.com, 2019.3.14.

10 AR 글래스 | 차세대 디바이스로 부상하다

정보통신산업진흥원(NIPA), 「홀로그램(hologram) 기술의 발전 양상과 상용화 전망」, 2013.6.

정보통신기술진흥센터(IITP), 주간기술동향 1857호, 2018.8.1.

AT&T, "Enabling Mobile Augmented and Virtual Reality with 5G Networks", 2017.2.27.

AT&T, "Blended Reality—The Future of Entertainment, 5G, and Mobile Edge Computing",

2018.9.24.

Brian Heater, "Facebook is exploring brain control for AR wearables", *TechCrunch*, 2019.7.31.

Charlie Fink, "The Secrets Of Magic Leap. Part Three", *Forbes*, 2019.5.7.

IDC, "Worldwide Augmented and Virtual Reality Hardware Forecast: CY 3Q19", 2019.7.

Kevin Kelly, "AR Will Spark the Next Big Tech Platform—Call It Mirrorworld", *WIRED*, 2019.2.12.

Lucas Matney, "Magic Leap buys Belgian startup building hologram teleconferencing software", *TechCrunch*, 2019.5.18.

Perkins Coie, "2018 Augmented and virtual reality survey report", 2018.3.

Randy Nelson, "ARKit—only Apps Surpass 13 Million Downloads in First Six Months, Nearly Half from Games", *Sensor Tower*, 2018.5.28.

Sharmishta Sarkar, "Apple's upcoming AR headset could work in concert with iPhones and iPads", *TechRadar*, 2019.5.1.

Sol Rogers, "How VR, AR And MR Are Making A Positive Impact On Enterprise", *Forbes*, 2019.5.9.

Tim Bradshaw, "Microsoft proves it is a pioneer in 'augmented reality'", *Financial Times*, 2019.2.25.

Tim Bradshaw, "Niantic buys London games developer Sensible Object", *Financial Times*, 2019.6.18.

Tim Bradshaw, "New Harry Potter game to usher in era of augmented reality", *Financial Times*, 2019.6.22.

Tom Warren, "Microsoft has a wild hologram that translates HoloLens keynotes into Japanese", *The Verge*, 2019.7.17.

Trefis Team, "How Does AT&T Benefit From Its Partnership With Magic Leap?", *Forbes*, 2018.7.16.

Vishy Nirakari, "Internet infrastructure isn't ready for the AR Cloud, but that's changing", *VentureBeat*, 2019.1.26.

11 밀리테크 | 새로운 한국의 성장동력

강승만, "과기정통·국방부, 초지능·무인화 미래 국방기술 발전전략…자율살상무기 활용 우려", the science monitor, 2018.8.16.

방위사업청-국방기술품질원, 「국방생체모방로봇 기술로드맵」 발간, 보도자료, 2019.5.9.

국방부, 「'차 산업혁명' 함께하는 미래 국군 그린다」, 보도자료, 2019.3.15.

김경동, "5G기술 군사분야 적용 되면, 중국 스마트 전쟁서 가공할 파워", 뉴스핌, 2019.6.14.

김명수, "밀리테크 4.0 '00조 시장 빅뱅", 매일경제, 2019.3.19.

김미영, "한국 국방과학기술 세계 9위…미국의 80% 수준", 한겨레, 2019.5.17.

김정은, "첨단戰 대비하는 프랑스…'미래에서 해법 찾기'", 데일리포스트, 2019.7.26.

김종열, 「미래 무기체계와 군사과학기술 발전 추세 분석: 미국을 중심으로」, 한국전략문제연구소, 전략연구 전략연구 제25권 제3호, 2018.11.

김한경, "국내 이공계 최상위권 인맥 형성 산실된 '과학기술전문사관'", 뉴스투데이, 2019.8.16.

노상우·송유하·최종미, 「4차 산업혁명 대응을 위한 국방기술기획 분석 및 개선방안 연구」, 국방기술품질원, Journal of the Korea Academic-Industrial cooperation Society, Vol. 19, No. 4 pp. 551-556, 2018.

대한민국 육군, "군사 무기·장비에 활용되는 3D프린터 기술!", 육군 아미누리 블로그, 2019.7.31

매일경제 국민보고대회팀, 「miliTECH 밀리테크4.0」, 매일경제신문사, 2019.3.20.

박남수, "[기획] 스마트국방 어디까지 왔나", 정보통신신문, 2019.5.20.

박동휘, "밀리테크 4.0 시대…8대 국방기술로 미래 전쟁 대비한다", 한국경제, 2019.6.24.

박동휘·임락근, "날지 못하는 軍 드론봇…1년 째 '개념 연구 중'", 한국경제, 2019.6.7.

박미영, "첨단과학기술과 국방과학기술이 융합된 신개념 기술 공모한다", 보안뉴스, 2019.8.13.

박미영, "미래 첨단무기체계 개발 선도할 국방핵심기술 찾아라", 보안뉴스, 2019.4.18.

박미영, "'4차 산업혁명 스마트 국방혁신 추진단' 논의내용 살펴보니", 보안뉴스, 2019.3.19.

박재현, "[사설] 안보·경제 게임체인저 될 밀리테크4.0", 매일경제, 2019.3.21.

방위사업청, "방위사업청-국방기술품질원,「국방생체모방로봇 기술로드맵」발간", 대한민국 정책브리핑, 2019.5.9.

방위사업청, "국방기술품질원, 미래 국방기술 예측으로 4차 산업혁명 주도한다", 보도자료, 2017.12.28.

산업통상자원부, 산업기술 Alchemist Project, 2019.3.26.

양승식·최인준, "美·中, AI가 모는 '벌떼 드론' 실전배치…한국은 무방비", 조선일보, 2019.6.4.

이경탁, "[단독] 6년후엔 로봇병사가 전투…정부, 5G기술 국방에 도입키로", 조선비즈, 2019.5.23.

이광형, "[이광형의 퍼스펙티브] 방위산업을 미래 먹거리 산업으로 키우자", 중앙일보, 2019.5.2.

이병윤, "美, '5G 선두주자' 화웨이 견제에 군사적 요인 있어", iPnomics, 2019.2.2.

이진명·김명환·황순민·양연호, "韓 밀리테크4.0 한 수 아래지만 R&D 집중하면 '제2 반도체' 가능", 매일경제, 2019.3.19.

진석용, 「미국 혁신적 연구의 산실 DARPA」, LGERI 리포트, 2013.7.31

최윤필, "[기억할 오늘] 미래 전쟁의 궁극 무기?", 한국일보, 2019.6.18.

황순민, "기술패권 시대 新성장 전략 '밀리테크4.0으로 소득 5만불 시대를'", 매일경제, 2019.3.27.

Ana Vanessa Herrero and Nicholas Casey, "Venezuelan President Targeted by Drone Attack, Officials Say", *New York Times*, 2018.8.4.

Daisuke Wakabayashi and Scott Shane, "Google Will Not Renew Pentagon Contract That Upset Employees", *New York Times*, 2018.6.1.

Ellen Ioanes, "8 mind-blowing technologies that will soon make armies fight like Marvel superheroes", *Business Insider*, 2019.8.6.

Jason Evangelho, "Microsoft Employees Upset About HoloLens As U.S. Military Weapon", *Forbes*, 2019.2.23.

J. Michael Cole, "5 Futuristic (And Terrifying) Weapons That Could Change Warfare Forever", *The National Interest*, 2018.5.25.

Joshua Brustein, "Microsoft Wins $480 Million Army Battlefield Contract", Bloomberg, 2018.11.29.

THALES, "Thales completes acQuisition of gemalto to become a global leader in digital identity and security", 2019.4.2.

The White House, "2017 National Security Strategy of the United States of America", 2017.12.

U.S. Department Of Defense, "Department of Defense Announces Successful Micro—Drone Demonstration", 2017.1.9.

12 협업 로봇 | 경쟁자에서 동반자로

김경택, "달콤커피, 로봇카페 '비트2E' 국내 출시", 매일경제, 2019.3.21.

김은영, "인간과 협업하는 '코봇' 주목", 사이언스타임즈, 2018.4.12.

김지영, "ABB, 비수술용 의료 협동 로봇 개발한다", 로봇신문, 2019.7.24.

김하루, "[지금일본은] 日, 벤처 붐과 함께 성장하는 스마트팜 시장", 푸드뉴스 트렌드 인사이트, 2019.9.16.

김호인, POSRI 이슈리포트 「스마트 팩토리, 인공지능으로 날개를 달다」, 포스코경영연구원 철강연구센터, 2017.5.18.

오은정, "빨갛게 잘 익은 딸기 수확 '로봇이 척척'", 농민신문, 2019.7.10.

을지대학교 을지병원, 최첨단의료장비 다빈치수술로봇, https://www.eulji.or.kr/data/data_pg05_06.jsp

이경민, "로봇의 오케스트라 지휘, 인간의 마음을 훔치다", 조선비즈, 2017.9.14.

이해성, "'수술로봇' 다빈치·마젤란 종횡무진 하는데…걸음마 하는 韓", 한국경제, 2019.5.9.

장길수, "[ROBO TECH] 실내 보안 로봇 시장의 개척자 '코발트 로보틱스'", TECHM, 2018.10.31.

장길수, "ATM 테스트 작업을 하는 ABB '유미' 로봇", 로봇신문, 2019.8.5.

전진우, 「4차 산업혁명 대응 산업용 로봇과 전문서비스 로봇 발전 방향, 인간과 함께 작업하는 협동로봇의 시대」, 한국로봇산업진흥원, 2018.6.

조규남, "작년 '세계 서비스 로봇 시장 15.3조원' 규모", 로봇신문, 2019.9.18.

Bernard Marr, "The Future Of Work: Are You Ready For Smart Cobots?", *Forbes*, 2018.8.29.

CB Insights, "Smaller Collaborative Robots Are Disrupting The Robotics Industry", 2018.7.18.

IFR, "World Robotics Report", 2019.9.

ResearchandMarkets, "Global Collaborative Robots Market Analysis Report 2019", 2019.6.24.

UN DESA, "World Population Prospects 2019", 2019.6.

Qualcomm 코리아, "5G 미션 크리티컬 서비스-퀄컴 CTO에게 듣다", Qualcomm 5G 블로그,
    2016.12.1.
강동철, "[Tech & BIZ] IT 기업들, 클라우드에 이어 '엣지 컴퓨팅' 뛰어들어", 조선비즈, 2018.11.15.
강일용, "[2016 IT총결산] 올해 대한민국을 뒤흔든 6대 IT 이슈", IT동아, 2016.12.20.
강해령, "'399달러' AI 슈퍼컴 나온다", 전자신문, 2019.11.7.
구글 클라우드 플랫폼 홈페이지, https://cloud.google.com/
김동우, 「KB지식비타민: 클라우드 컴퓨팅을 넘어서 엣지컴퓨팅의 개념과 사례」, 18-92호, KB금융지
    주경영연구소, 18.11.26.
김민수, "엔비디아, 세계 최초 AI 컴퓨터 '젯슨 자비에' 판매 시작", 노컷뉴스, 2018.9.11.
김진수, "MS·AT&T, 5G-엣지컴퓨팅 결합된 '유비쿼터스 컴퓨팅' 개발 협력", ITbiznews, 2019.7.19.
김태환, "엔비디아, 실시간 AI 수행하는 엣지 컴퓨팅 플랫폼 '엔비디아 EGX' 공개", 테크엠, 2019.5.28
동아일보, 「2018 Business Cases」, 동아비즈니스리뷰, 263호, 2018.12.11.
마이크로소프트 애저 홈페이지, https://azure.microsoft.com/
백지영, "AWS, AI 도입 문턱 낮췄다…아마존닷컴 추천 노하우도 공개", 디지털데일리, 2018.11.29
신동윤, "엣지 AI를 위한 AI 반도체 시장의 부상", 테크월드, 2019.7.2.
아마존웹서비스 홈페이지, https://aws.amazon.com/ko/
양대규, "엔비디아, 마이크로소프트와 '인텔리전트 엣지 컴퓨팅' 기술 협력", 디지털투데이,
    2019.10.22.
유인태, 「클라우드 컴퓨팅 기반 미국의 글로벌 플랫폼 구축 전략」, 미래연구포커스, 2018.
이상우, "퍼블릭 클라우드 전환 장벽 낮춘다, AWS 스노우볼", IT동아, 2019.8.20.
이정민, "가트너, 올해 글로벌 퍼블릭 클라우드 서비스 시장 243조원 전망", 조선비즈, 2019.4.3.
정보통신기술진흥센터, 「Mission-critical 서비스 관점의 Beyond 4G 및 5G 표준 기술」, 주간기술
    동향, 2018.4.11.
조해진, "2019년, 클라우드 컴퓨팅 트렌드는? '엣지(Edge)' 있는 컴퓨팅", 산업일보, 2018.12.24.
한국정보화진흥원·공공클라우드지원센터, 「5G, 클라우드 그리고 통신사업자의 새로운 도전」, 클라
    우드이슈리포트, Vol.11, 2018.12.
한국정보화진흥원·공공클라우드지원센터, 「엣지 컴퓨팅의 현황과 주요기업 전략」, 클라우드이슈리
    포트, Vol.01, 2018.3.
한상기, "엣지컴퓨팅, 자동차산업의 중심으로 떠오르다", Slownews, 2019.8.16.
한상기, 씨앗 이슈리포트 「엣지컴퓨팅과 자동차 산업」, 클라우드 스토어 씨앗, 2019.9.
5G ACIA, "5G Non-Public Networks for Industrial Scenarios", 2019.3.
CISCO, "Cisco Global Cloud Index: Forecast and Methodology, 2016-2021 White Paper",
    2018.11.19.

Gartner, "Top 10 Strategic Technology Trends for 2019: Empowered Edge", 2019.3.13.

IDC, "IDC FutureScape: Worldwide Internet of Things 2016 Predictions", 2015.11.

Jameson Zimmer, "Google Owns 63,605 Miles and 8.5% of Submarine Cables Worldwide", Broadbandnow, 2018.9.12.

Janakiram MSV, "Demystifying Edge Computing—Device Edge vs. Cloud Edge", *Forbes*, 2017.9.15.

Knud Lasse Lueth, "State of the IoT 2018: Number of IoT devices now at 7B—Market accelerating", IoT Analytics, 2018.8.8.

MarketsandMarkets, "Edge Computing Market by Component, Application, Organization Size, Vertical And Region—Global Forecast to 2022", 2017.11.

Norman P. Jouppi et al., "In—Datacenter Performance Analysis of a Tensor Processing Unit", ISCA, 2017.6.26.

14 저궤도 위성통신 | '초연결'의 열쇠

박홍진, 「저궤도 위성이 새로운 우주 경쟁인 이유」, KT경제경영연구소, 2019.8.21.

이데일리, "스페이스X, 스타링크 위성 60기 탑재한 로켓 발사등록", 2019.5.25.

진성민, 「[Economist] 저궤도 위성과 관련된 새로운 생태계」, KT경제경영연구소, 2019.6.19.

진성민, 「[MIT] 저궤도위성의 기술적 특성 비교 분석」, KT경제경영연구소, 2019.6.12.

진성민, 「[Economist] 저궤도 위성통신의 기술적 특징과 극복해야 할 과제들」, KT경제경영연구소, 2019.5.29.

진성민, 「New Space IoT의 부상과 위성통신 disruption」, KT경제경영연구소, 2019.5.14.

전자신문, "5G 시대 러브콜 받는 위성, 지성—위성망 하이브리드 주목", 2019.9.26.

한경비즈니스, "위성으로 세계를 잇는다…불붙은 우주 인터넷 경쟁", 2019.8.13.

The Economist, "Orbital Ecosystem: A New Business in small satellites orbiting the earth", 2019.6.15.

International Astronautical Congress(IAC), "A Technical Comparison of Three Low Earth Orbit Satellite Constellation Systems to Provide Global Broadband", 2018.10.

OVUM, Connecting everything with New Space IoT, 2019.4.15.

The Economist, "Satellites may connect the entire world to the internet", 2018.12.8.

Greg Ritchie, "Why Low—Earth Orbit Satellites are the New Space Race", *Washington Post*, 2019.8.15.

4장 세상의 변화에 주목하라, 테크이슈

15 미·중 분쟁 | 5G·AI로 격화되다

국제금융센터, 「미·중 무역분쟁 경과, 평가 및 향후 전망」, Issue Analysis, 2019.8.14.

금융연구원, "조강국을 목표로 한 「중국제조 2025」의 내용 및 평가" 금융브리프 27권 17호, 2018.8.

김대운·정준영, 「중국경제 개혁개방 40년, 성과와 과제, 해외경제포커스」, 2018-32호, 한국은행, 2018.8.

김동그라미, 「트럼프 행정부의 중국산 관세 부과 조치에 美 소매업계 반발」, 미국 뉴욕무역관, 2019.6.10.

김명수·박봉권·윤원섭·김세웅, "소로스 직격탄 '열린사회 최대의 적은 시진핑'", 매일경제, 2019.1.25.

박수현, "폼페이오 "중국이 美 무역원칙 수용하면 갈등 끝나", 매일경제, 2019.1.23.

산업연구원, 「한·중 신산업 정책동향 및 경쟁력 비교와 협력 방향」, 산업경제분석, 2019.6.

신춘범, "트럼프 취임사의 미국 우선주의(America First)란?", KBS뉴스, 2017.1.23.

안희권, "구글·화웨이의 스마트 스피커 공동개발 중단…이유는?", 아이뉴스24, 2019.7.30.

제현정, 「USTR 2018년 통상정책의제 주요 내용」, KITA 통상리포트, 2018.VOL04, 한국무역협회 통상지원단, 2018.3.

정보통신기획평가원, 「4차 산업혁명의 근간 'AI' 겨쟁력, 미국·중국·EU 순」, ICT Brief 2019-33, 2019.8.29.

조사국 국제경제부, 「중국의 첨단산업 발전 현황 및 주요 과제」, 해외경제 포커스 제2019-30호, 2019.8.2.

차대운, "中왕치산, 다보스 무대서 美 겨냥 '일방주의' 비판", 매일경제, 2019.1.24.

크리스토퍼 스콧, "2020년 재선 도전을 앞두고 벌인 트럼프의 관세 도박", ASIA TIMES, 2019.5.14.

한국연구재단, 「주요국의 과학기술정책 및 연구개발 동향 (1) 중국」, NRF R&D Brief 2019-29호, 2019.7.8.

한국연구재단, 「미중일의 과학기술정책 및 연구개발 동향 비교」, NRF R&D Brief 2019-37호, 2019.8.27.

한국은행, 「미국의 대중국 통상압력 강화 배경 및 전망」, 국제경제리뷰 제2018-22호, 2018.10.18.

한국은행, 「미중 무역갈등 이후 중국의 경제상황 및 리스크 요인 평가」, 국제경제리뷰 제2019-4호, 2019.3.7.

황준범, "트럼프 "중국 관세 10월부터 25%→30%"…미-중 보복전 악화일로", 한겨레, 2019.8.24.

Adi Robertson, "Magic Leap sues Nreal for allegedly stealing AR glasses design", *The Verge*, 2019.6.18.

Adi Robertson, "Nreal's AR sunglasses cost $499 and should ship in 'limited quantities' this year", *The Verge*, 2019.5.30.

Alan Beattie, "Technology: how the US, EU and China compete to set industry standards", *Financial Times*, 2019.7.24.

Catherine Lucey and Drew Hinshaw, "U.S. Signs 5G Agreement With Poland Amid Huawei Concerns", *Wall Street Journal*, 2019.9.2.

Economist, "A new kind of cold war", 2019.5.30.

Economist, "America's technological hegemony is under threat from China", 2018.5.15.

Economist, "China v America: The End of Engagement", 2018.10.18.

Economist, "Chip wars: China, America and silicon supremacy", 2018.12.1.

Economist, "Robots will help Chinese firms cope with wages and the trade war", 2109.1.5.

Economist, "The battle for digital supremacy", 2018.3.15.

Economist, "The challenger", 2018.3.15.

Economist, "The Chips are down", 2018.12.1.

Emily Feng and Kathrin Hille, "China vulnerable in war with US over computer chips", *Financial Times*, 2018.12.4.

Financial Times, "US—China trade war risks global technology split", 2019.6.13.

Gabriel Wildau, "China's central bank delays market entry for Visa and Mastercard", *Financial Times*, 2019.1.14.

Josh Chin, Sarah Krouse and Dan Strumpf, "The 5G Race: China and U.S. Battle to Control World's Fastest Wireless Internet", *Wall Street Journal*, 2019.9.9.

Kathrin Hille, Louise Lucas, Demetri Sevastopulo and Kiran Stacey, "Huawei executive's arrest threatens US—China trade talks", *Financial Times*, 2018.12.7.

Louis Columbus, "How China Is Dominating Artificial Intelligence", *Forbes*, 2018.12.16.

Michelle Jamrisko, "Americans Snap Up Imports From Vietnam at China's Expense", Bloomberg, 2019.5.28.

Paul Hannon and Greg Ip, "China's Vice President Decries Technological Hegemony", *Wall Street Journal*, 2019.1.23.

Peter Landers, "The Old U.S. Trade War With Japan Looms Over Today's Dispute With China", *Wall Street Journal*, 2018.12.13.

South China Morning Post, abacus, Edith Yeung, "China Internet Report 2019", 2019.7.

Stu Woo, "Huawei Rivals Nokia and Ericsson Struggle to Capitalize on U.S. Scrutiny", *Wall Street Journal*, 2018.12.31.

Uptin Saiidi, "China could surpass the US in artificial intelligence tech. Here's how", CNBC, 2018.12.13.

USTR, "2018 National Trade Estimate Report on Foreign Trade Barriers", March 2018.

16 블록체인 | 실제 해법 구축에 나서다

강미승, "투명성, 보안성, 생산성 높여줄 블록체인 어댑터 BaaS", 매일경제, 2019.5.27.

과학기술정보통신부·한국과학기술기획평가원, 「2018년 기술영향평가 결과보고 블록체인의 미래」, 2019.4.11.

금융위원회, 「리브라(Libra) 이해 및 관련 동향」, 2019.7.5.

박재형, "[전문가 코멘트] 비트코인이 야구라면 이제 겨우 1회말—윙클보스 형제", 블록미디어, 2019.7.15.

장미, "ICT기업들 '블록체인 ID 확산' 이끈다", IT 조선, 2019.7.17.

한민족과학기술자네트워크, 「블록체인 기술의 전망과 대응 자세」, KOSEN 분석 리포트, 2018.9.21.

Asia Blockchain Review, "로이터, 일본, SWIFT 대안 암호화폐 네트워크 준비 중 FATF 승인받아", TOKENPOST, 2019.7.18.

BlockTimesTV, "코인페이먼트, AI 블록체인 벨라스 출시", 2019.7.18.

Cointoday, "IMF 보고서, 비트코인 등의 암호화폐는 은행 및 전통화폐를 뛰어넘을 것", CoinToday, 2019.7.18.

KAIST 문술미래전략대학원·미래전략연구센터, 「카이스트 미래전략 2019」, 2018.10.26.

KT경제경영연구소, 「블록체인 비즈니스의 미래」, 한스미디어, 2018.12.21.

Lucas Mearian, "2019년 이후의 블록체인은…" 전문가 5인의 전망, CIO KOREA, 2018.12.24.

AnnaMaria Andriotis and Peter Rudegeair, "Visa, Mastercard, Others Reconsider Involvement in Facebook's Libra Network", *Wall Street Journal*, 2019.10.2.

CAROL GASZCZ, "McDonald's, Nestlé and Virgin Media enter media blockchain pilot", *The Block*, 2019.7.17.

Dave Michaels and Paul Vigna, "Facebook Questioned on Cryptocurrency, But Battle Looms With Global Regulators", *Wall Street Journal*, 2019.7.16.

David Schatsky, Amanpreet Arora, and Aniket Dongre, "Blockchain and the five vectors of progress", Deloitte, 2018.9.28.

Deloitte, "Deloitte's 2019 Global Blockchain Survey", 2019.5.6.

Economist, "Facebook wants to create a worldwide digital currency", 2019.6.20.

Economist, "What Facebook's new currency means for the banking system", 2019.6.20.

Economist, "What is Libra", 2019.7.12.

Gartner, "Forecast Blockchain Business Value", *Worldwide*, 2017–2030, 2017.3.2.

Gartner, "Gartner Survey Reveals the Scarcity of Current Blockchain Deployments", 2018.5.3.

Gartner, "Hype Cycle for Blockchain Business", 2019, 2019.7.

Gartner, "Hype Cycle for Emerging Technologies", 2019, 2019.8.

Gartner, "Practical Blockchain: A Gartner Trend Insight Report", 2017.3.

Harvard Business Review, "Blockchain", 2019.9.17.

Martha Bennett, Andras Cser, Jost Hoppermann, Charlie Dai, "Predictions 2018: Be Ready To Face The Realities Behind The Blockchain Hype", *Forrester*, 2017.11.9.

Michael del Castillo, "Facebook Crypto Chief Hopes Blockchain Will Reboot Trust In The Social Network", *Forbes*, 2019.7.16.

Steven Russolillo, "Washington Has Doubts About Facebook's Libra Payments Network", *Wall Street Journal*, 2019.7.12.

The Libra Association Members, "An Introduction to Libra, White paper", Facebook,

2019.6.21.

Tobias Adrian, "Tommaso Mancini—Griffoli", Fintech Notes, IMF, 2019.1.

17 디즈니 이펙트 | 미디어 왕좌에 도전한다

Anna Nicolaou 외 1명, "'Avengers: Endgame' smashes records with biggest—ever launch", *Financial Times*, 2019.4.29.

Beejoli Shahli, "Netflix Races to Make More Originals as Studios Pull Back", *The Information*, 2019.4.16.

Chris Welch, "The new Apple TV app launches today on iOS, Apple TV, and Samsung TVs", *The Verge*, 2019.5.13.

Geoff Colvin, "AT&T Has Become a New Kind of Media Giant", *Fortune*, 2019.5.21.

India Ross, "How Game of Thrones changed television", *Financial Times*, 2019.4.12.

Joanna Stern 외 1명, "Tech That Will Change Your Life in 2019", *Wall Street Journal*, 2019.1.8.

Joe Flint, "'Friends' to Move to HBO Max, WarnerMedia's New Streaming Service", *Wall Street Journal*, 2019.7.9.

Jonah Weiner, "The Great Race to Rule Streaming TV", *New York Times*, 2019.7.10.

John Archer, "Netflix Reveals That Its Biggest Threat Is…'Fortnite'", *Forbes*, 2019.1.17.

Julia Alexander, "Disney announces $12.99 bundle for Disney+, Hulu, and ESPN+", *The Verge*, 2019.8.6.

Oscar Gonzalez, "Netflix is headed to E3 with Stranger Things and more", *Cnet*, 2019.5.15.

Tanya Dua, "Jeffrey Katzenberg's Quibi is on an aggressive hiring spree and is luring talent from Snap and Netflix", *Business Insider*, 2019.8.16.

The Economist, "Disney, AT&T and Comcast v Netflix, Amazon and Apple", 2019.5.28.

Tim Bradshaw etc., "The race to make the next 'Game of Thrones'", *Financial Times*, 2019.4.10.

18 테크래시 | 테크 자이언트를 누가 막을 것인가

디지털데일리, "법무부, 페이스북·구글·아마존·애플 등 거대 IT기업 反독점 조사 나서", 2019.7.24.

아주경제, "美 IT공룡 수난시대…FTC 이어 美법무부도 조사 착수", 2019.7.24.

오화영, 「EU, 구글 등 Tech Giant에 대한 디지털세 부과 논의 난항」, KT경제경영연구소, 2018.11.19.

전수연, 「유럽의 개인정보보호법(GDPR) 시행 후 변화: 정부, 소비자, 기업의 대응전략」, KT경제경영연구소, 2019.3.15.

조선비즈, "세개의 칼이 한꺼번에…위기의 IT 사대천왕", 2019.9.17.

조성진, 「IMF의 Digital Tax 도입 방안 제안」, KT경제경영연구소, 2019.3.21.

최명호, 「미국, EU의 Tech Giant 규제방향 비교 검토」, KT경제경영연구소, 2019.4.3.

최명호, 「Tech Giant에 대한 글로벌 과세 논의 동향」, KT경제경영연구소, 2019.2.22.

The Economist, "Tech giants faces new threats from the government and regulators",

2019.3.14.

The Economist, "Why big tech should fear Europe", 2019.3.23.

The Economist, "Big tech faces competition and privacy concerns in Brussels", 2019.3.23.

European Commission, Antitrust, "Commission fines Google €1.49 Billion for abusive practices in online advertising", 2019.3.20.

Financial Times, "Big Tech warned on need for new digital watchdog", 2019.7.3.

Financial Times, "India should look to Europe as its model for data privacy", 2019.3.4.

Financial Times, "Data brokers and credit scorers accused of GDPR breaches", 2018.11.8.

Fortune, "France Wants EU Digital Tax Deal by the End of 2018", 2018.11.6.

MIT Technology Review, "Websites are (probably) making less money because of GDPR", 2019.7.24.

The New York Times, "Why a Big Tech Breakup Looks Better to Washington", 2019.3.17.

OECD, "International community makes important progress on the tax challenges of digitalisation", 2019.1.29.

Reuters, "Germany looks into tax more on foreign internet firm", 2019.2.15.

Reuters, "New Zealand to target online giants with digital tax", 2019.2.18.

Wall Street Journal, "World's Tax Collectors Look to Divvy Up Tech Giants' Billions", 2019.2.14.

19 헬스케어 | ICT와 병원이 만나 혁신을 이루다

강희정, 「환자중심 가치기반 의료시스템 구축을 위한 공급자 지불방식 개편 방향」, 한국보건사회연구원, 보건복지포럼, 2015.12.

고은지, 「헬스케어는 IT 기업들의 새로운 성장 동력이 될 수 있을까」, LG경제연구원, 2018.7.13.

국무조정실, 「규제자유특구 출범, 원격의료·블록체인·자율주행 등 58건의 규제가 확 풀립니다」, 제2차 규제특구위원회, 2019.7.24.

김상우, "CES 2019, 주목할 만한 다섯 가지 트렌드는?…③디지털 헬스 케어", CBC NEWS, 2018.11.28.

김시우·장환영, 「미국 헬스케어 산업」, 한국투자증권, 글로벌전략 이슈, 2018.6.11.

김용균, 「디지털 헬스케어 최근 동향과 시사점」, 정보통신기술진흥센터, 주간기술동향, 2018.5.16.

김태호, 「인공지능과 헬스케어 산업 혁신」, 소프트웨어정책연구소 선임연구원, 2020 ICT 산업전망컨퍼런스, 2019.11.

박혜경, 「인공지능(AI) 헬스케어산업 현황 및 동향」, 한국과학기술연구원 융합연구정책센터, 융합 FOCUS, vol. 148, 2019.6.24.

식품의약품안전처 식품의약품안전평가원, 「스마트 헬스케어 의료기기 기술·표준 전략 보고서」, 2018.8.

안희권, "아마존 진출로 美제약시장 재편 초읽기", 아이뉴스24, 2019.5.19.

오인규, "규제자유특구 지정 앞두고 '원격의료' 쟁점 부상", 의학신문, 2019.7.16.

이미영, 「5G는 헬스케어 산업 키울 방아쇠 전에 없던 데이터로 '의료 혁명' 이끈다」, 동아비즈니스리뷰, 275호, 2019년 6월 Issue 2.

이준영, 「디지털헬스케어 동향 및 시사점」, 정보통신산업진흥원, 이슈리포트 2019-03호, 2019.3.19.

이지현, "업체가 본 강원 원격진료사업 "규제에 묶여 오히려 답답", MedicalTimes, 2019.7.30.

이효인, "'원격의료' 논란 10년…누구를 위한 규제 완화?", PharmsNews, 2019.6.25.

임소현, 「5G, 미국 헬스케어 산업에 새로운 기회 창출」, 미국 뉴욕무역관, Kotra, 2019.3.5.

장시형, "시범사업만 19년째…원격진료, 언제까지 미룰건가", 조선비즈, 2019.5.4.

정보통신기획평가원, 「디지털 헬스케어 시장 활성화를 위한 의료 데이터 표준화 추진」, ICT Brief, 2019-30호, 2019.8.8.

한국산업기술평가관리원, 「미국, 주요 Tech기업의 헬스케어 기술개발 동향」, KEIT, 2018.9.18.

한태식, 「CES 2019 현장 3: 디지털 헬스케어, The Next Big Thing?」, 미국 뉴욕무역관, Kotra, 2019.2.1.

허영·정해근·김홍진, 「스마트 헬스케어의 현재와 미래」, 한국산업기술평가관리원, KEIT PD Issue Report, Vol. 18-3, 2018.3.

Erika Yoo, "중국 상하이 병원식당, 'AI 얼굴인식' 도입", 로봇신문, 2019.6.24.

IRS Global, AI × 헬스케어의 무한한 가능성, 2019.2.26.

NTT Docomo, 「日 도코모, 헬스케어 서비스 3종 발표, 원격의료 포석 마련」, Robostart, IoT News, 2019.4.3.

CB Insights, "Amazon In Healthcare: The E-Commerce Giant's Strategy For A $3 Trillion Market", 2019.7.

Frost&Sullivan, "Global Transformational Health Research Team, Future of Smart Hospitals", 2017.11.

Frost&Sullivan, "Global Transformational Health Research Team, Global Digital Health Outlook", 2020, 2019.8.

Greg Licholai, "Digital Healthcare Growth Drivers In 2019", *Forbes*, 2019.1.7.

Japan Brandvoice, "Kick-starting Japan's Healthcare Revolution", The Government of Japan, 2019.7.1.

Jared Council, "Health Care, Sales Software Draw Big AI Investments", *Wall Street Journal* Pro Artificial Intelligence, 2019.7.30.

Laurie Beaver, "Big Tech In Healthcare: How Alphabet, Amazon, Apple, and Microsoft are shaking up healthcare—and what it means for the future of the industry", *Business Insider*, 2918.7.20.

Michael Reddy, "Digital Transformation in Healthcare in 2019: 7 Key Trends", *Digital Authority Partners*, 2019.8.12.

로아컨설팅, 「스페셜 리포트: 15대 ICT 키워드 트렌드」, 2019.8.

손덕호, "40대에 유학 떠나고 80세에 앱 개발하는 일본인들 전문성 살려 재취업하고, 다니던 회사에 재고용도", 조선일보, 2017.9.18.

석대건, "교육 없이 인재 없다 한국 교육 시장 파고드는 해외IT 기업들", 디지털투데이, 2019.3.19.

안경애, "고교 전문대 통합한 5년제 'AI스쿨' 개교", 디지털타임스, 2019.3.4.

융합연구정책센터, 「교육과 ICT의 융합, 에듀테크(EduTech)」, 2017.10.

이상덕, "Z세대를 위한 '디지털 러닝 플랫폼'이 뜬다", 매일경제, 2019.7.8.

이주호, "[이주호의 퍼스펙티브] 'AI 맞춤학습'이 대량생산형 낡은 교육 바꾼다", 중앙일보, 2019.3.25.

조슬기나, 정현진, "[해외석학 인터뷰]스콧의 충고 한국, 출산율 급락…英美보다 타격 클 것", 아시아경제, 2019.8.27.

조은아, "린다 그래턴 교수 AI와 협업할수 있는 능력 길러라", 동아일보, 2017.9.26.

A.K. Thomson, "Personalised learning starts to change teaching methods", *Financial Times*, 2018.2.5.

Chip Cutter, "Amazon to Retrain a Third of Its U.S. Workforce", *Wall Street Journal*, 2019.7.11.

Natasha Singer, "How Google Took Over the Classroom", *New York Times*, 2019.5.13.

Nick Wingfield, "As Amazon Pushes Forward With Robots, Workers Find New Roles", *New York Times*, 2017.9.10.

Seb Murray, "Online courses allow learning to last a lifetime", *Financial Times*, 2019.3.5.

Susan Caminiti, "AT&T's $1 billion gambit: Retraining nearly half its workforce for jobs of the future", CNBC, 2018.3.13.

2020 빅 체인지

1판 1쇄 발행 | 2019년 11월 22일
1판 3쇄 발행 | 2020년 6월 10일

지은이 KT경제경영연구소
펴낸이 김기옥

경제경영팀장 모민원 기획 편집 변호이, 김광현
커뮤니케이션 플래너 박진모
경영지원 고광현, 임민진
제작 김형식

디자인 제이알컴
인쇄·제본 민언프린텍

펴낸곳 한스미디어(한즈미디어(주))
주소 121-839 서울특별시 마포구 양화로 11길 13(서교동, 강원빌딩 5층)
전화 02-707-0337 | 팩스 02-707-0198 | 홈페이지 www.hansmedia.com
출판신고번호 제 313-2003-227호 | 신고일자 2003년 6월 25일

ISBN 979-11-6007-416-1 13320